国家出版基金项目
"十三五"国家重点图书出版规划项目

主 编 石 斌

新兴大国崛起与全球秩序变革

第七卷 /

地区秩序与国际关系

宋德星 等 著

南京大学出版社

图书在版编目(CIP)数据

地区秩序与国际关系 / 宋德星等著. — 南京：南京大学出版社，2023.3
(新兴大国崛起与全球秩序变革 /石斌主编；第七卷)
ISBN 978-7-305-22820-9

Ⅰ. ①地… Ⅱ. ①宋… Ⅲ. ①国际关系－研究 Ⅳ. ①D81

中国版本图书馆 CIP 数据核字(2019)第 299744 号

出版发行	南京大学出版社		
社　　址	南京市汉口路 22 号	邮　编	210093

丛 书 名　新兴大国崛起与全球秩序变革·第七卷
丛书主编　石　斌
书　　名　地 区 秩 序 与 国 际 关 系
　　　　　　DIQU ZHIXU YU GUOJI GUANXI
著　　者　宋德星　董庆安　宋文志　巨威莉　张　静
　　　　　宫小飞　孔　刚　徐　菲　苏鹏宇
责任编辑　官欣欣　陈一凡

照　　排　南京南琳图文制作有限公司
印　　刷　苏州工业园区美柯乐制版印务有限责任公司
开　　本　718 mm×1000 mm　1/16　印张 31　字数 450 千
版　　次　2023 年 3 月第 1 版　2023 年 3 月第 1 次印刷
ISBN 978-7-305-22820-9
定　　价　178.00 元

网址：http://www.njupco.com
官方微博：http://weibo.com/njupco
官方微信号：njupress
销售咨询热线：(025) 83594756

* 版权所有，侵权必究
* 凡购买南大版图书，如有印装质量问题，请与所购
　图书销售部门联系调换

主　　　办　南京大学亚太发展研究中心

学术委员会
王月清（南京大学哲学系）
孔繁斌（南京大学政府管理学院）
石之瑜（台湾大学政治学系）
石　斌（南京大学亚太发展研究中心）
朱庆葆（南京大学历史学院）
孙　江（南京大学学衡研究院）
时殷弘（中国人民大学国际关系学院）
沈志华（华东师范大学周边国家研究院）
张凤阳（南京大学政府管理学院）
陈云松（南京大学社会学院）
陈冬华（南京大学商学院）
陈志敏（复旦大学国际关系与公共事务学院）
洪银兴（南京大学商学院）
秦亚青（外交学院暨山东大学政治学与公共管理学院）
阎学通（清华大学国际关系研究院）
蔡永顺（香港科技大学人文社会科学学院）
蔡佳禾（南京大学中美文化研究中心）
樊吉社（中国社会科学院美国研究所）

编辑部：
主　编：石　斌
副主编：毛维准
成　员：祁玲玲　蒋昭乙　殷　洁
　　　　曹　强　王婉潞

总　　序

"南京大学亚太发展研究中心"于2016年夏初创设并渐次成长,得"南京大学亚太发展研究基金"之专项全额资助,实乃一大助缘、大善举;众多师友、同道的鼓励、扶持乃至躬身力行,同样厥功至伟。

此一学术平台之构建,旨在通过机制创新与成果导向,以国际性、跨国性与全球性议题为枢纽,将人文社会科学诸领域具有内在关联之学科方向、研究内容与学术人才,集成为国际关系、国家治理、经济发展、社会文化等多个"研究群",对大亚太地区展开全方位、多层次、跨学科研究,并致力于承担学术研究、政策咨询、人才培养、社会服务与国际交流等功能。

所谓"亚太",取其广义,乃整个亚洲与环太平洋地区之谓。不特如此,对于相关全球性问题的关切,亦属题中之义。盖因世界虽大,却紧密相连。值此全球相互依存时代,人类命运实为一荣损相传、进退同步之共同体,断难截然分割。面对日益泛滥的全球性难题,东西南北,左邻右舍,各国各族,除了风雨同舟,合作共赢,又岂能独善其身,偷安苟且? 所谓"发展",固然有"政治发展"、"经济发展"、"社会发展"等多重意蕴,亦当有"和平发展"与"共同发展"之价值取向,其理亦然。

吾侪身为黉门中人,对于大学之使命,学人之天职,理当有所思虑。故欲旧话重提,在此重申:育人与问学,乃高等教育之两翼,相辅相成、缺一不可。大学之本是育人,育人之旨,在"养成人格",非徒灌输知识、传授技能;大学之根是学问,学问之道,在"善疑、求真、创获"。二者之上,更需有一灵魂,是为大学之魂。大学之魂乃文化,文化之内核,即人文价值与"大学精神":独立、开放、理性、包容、自由探索、追求真理、禀持理想与信念。大学之大,盖因有此三者矣!

南京大学乃享誉中外之百年老校,不独底蕴深厚、人文荟萃,且英才辈出、薪火相续。于此时代交替、万象更新之际,为开掘利用本校各相关领域之丰厚学术资源,凝聚研究团队,加强对外交流,促进学术发展,展示亚太中心学术同仁之研究成果与学术思想,彰显南京大学之研究水平与学术风格,我们在《南大亚太评论》、《现代国家治理》、《人文亚太》、《亚太艺术》等学术成果已相继问世的基础上,决定再做努力,编辑出版《南大亚太论丛》。

海纳百川,有容乃大。自设门户、画地为牢,绝非智者所为。所谓"智者融会,尽有阶差,譬如群流,归于大海",对于任何社会政治现象,唯有将各种研究途径所获得的知识联系起来,方能得到系统透彻的理解,否则便如朱子所言,"见一个事是一个理",难入融会贯通之境。办教育、兴学术,蔡元培先生主张"囊括大典,网罗众家,思想自由,兼容并包"。《论丛》的编纂,亦将遵循此种方针。

故此,《论丛》之内容,并不限于一般所谓国际问题论著。全球、区域、次区域及国家诸层面,内政外交、政治经济、典章制度与社会文化诸领域的重要议题,都在讨论范围之内。举凡个人专著、合作成果、优秀论文、会议文集,乃至特色鲜明、裨利教学的精品教材,海外名家、学术前沿的迻译之作,只要主题切合,立意新颖,言之有物,均在"网罗"、刊行之列。此外我们还将组织撰写或译介各种专题系列丛书,以便集中、深入探讨某些重要议题,推动相关研究进程,昭明自身学术特色。

要而言之,南京大学亚太发展研究中心所执守之学术立场,亦即《论丛》之编辑旨趣:一曰"本土关怀,世界眼光";再曰"秉持严谨求实之学风,倡导清新自然之文风";三曰"科学与人文并举,学术与思想共生,求真与致用平衡"。

一事之成,端赖众力。冀望学界同仁、海内贤达继续鼎力支持、共襄此举,以嘉惠学林,服务社会。值出版前夕,爰申数语,以志缘起。

石　斌

2018 年元旦于南京

主编的话

从跨学科视野理解"大变局"时代的全球秩序

这是由十个分卷构成的一部书,而不是各自完全独立、互不相干的十本书。虽然每一卷都有自己的研究重点和研究视角,包括不同的学科视角,因此也具有相对的独立性,但各分卷都是对主题的细化和展开,是一个不可分割的整体。

本书由来自国际关系、比较政治、国际法、经济学、历史学、军事学、环境科学等多个学科的 40 余位学者共同撰写,耗时多年且长达 300 余万字,因此需要交代的事情很多,然而篇幅本身已足够庞大,与其繁复累赘、画蛇添足,不如长话短说,仅就本书的研究目标、论述框架、研究方法和主要内容等略作说明。

一、研究之缘起与意义

从学术理论的角度看,国际秩序或内容更为广泛的全球秩序,其历史、现状与走向,是世界政治与国际关系发展进程中最具全局性、长期性与战略性的重大问题,因此是国际政治研究始终不可忽略的一个重要主题。由于民族国家迄今为止仍然是最重要的国际政治行为体,国际秩序自然也是世界秩序的核心内容,因此本书的研究重点和主要内容是"国际秩序",即主要与国家行为体有关、由民族国家交往互动所形成的秩序。然而很明显的是,当今世界的许多实际问题或现实议题已经远远超出了国家间关系和国际秩序的范围,需要从"世界政治""世界秩序"或"全球秩序"等更加广阔的视野来加以审视。要理解当今世界所面临的各种问题,仅仅关注国家间关系或国家间秩序是远远不够的。国际政治或国际关系研究日益走向世界政治研究或全球国际关系学,相应的世界秩序或全球秩序研究也日渐发展,实为与时俱进的合理之举和必然趋势。

从现实的角度看,当今世界正在发生许多堪称前所未有的深刻变化,"百年未有之大变局"便是就此提出的一个重大判断。这个大变局可能有多重含义,但核心是国际体系正在发生的结构性变迁,即国际力量对比的变化以及与此密切相关的国际秩序观念及国际交往规则、规范与制度的变化。这些变化的主要动力来自一批新兴大国和新兴市场经济体的崛起。国际体系的变化必然导致国际秩序产生相应的变化。近年来全球政治经济领域的一系列重要事态表明,国际秩序正处于某种调整或转型的关键时期。中共二十大报告指出,"世界百年未有之大变局加速演进,新一轮科技革命和产业变革深入发展,国际力量对比深刻调整,我国发展面临新的战略机遇。同时,世纪疫情影响深远,逆全球化思潮抬头,单边主义、保护主义明显上升,世界经济复苏乏力,局部冲突和动荡频发,全球性问题加剧,世界进入新的动荡变革期"。在这个背景下,国际秩序的走向再次成为国际社会普遍关注的一个重大问题。新一轮围绕国际秩序与全球治理体系变革的竞争正在迅速展开。各主要国际力量都在调整自己的对外战略,力图使国际秩序朝着有利于自身的方向发展。

21世纪是国际政治经济秩序大调整的时代,新兴国家群体的崛起是这个时代最具标志性的事件。战后以来,围绕国际秩序变革的斗争始终未曾停息,且出现过多次高潮,但由于发达国家在国际体系中的总体优势地位,改革进程步履艰难,国际秩序迄今主要反映的还是发达国家的权力、利益与价值偏好。因此,一大批新兴市场经济国家在冷战后的出现,特别是以中国为代表的新兴大国群体的崛起,为国际秩序变革提供了新的动力和可能性。在国际体系发生结构性变迁的过程中,新兴大国如何抓住机遇、应对挑战,推动国际秩序朝着更加公正、合理、和平的方向发展,同时进一步改善自己的国际地位与处境,是一个意义深远的重大课题。中国是最大的发展中国家和新兴大国中的佼佼者,是国际体系与国际秩序发展进程中的一个重要角色,中国学者更有责任从新兴大国的处境、需求和视角出发,就国际秩序与全球治理体系变革所涉及的各种理论与实践问题,特别是中国在其中的地位、目标与作用展开深入、细致的研究。

二、论述框架与研究方法

国际秩序或全球秩序是一个涉及国内、国际、全球等多个层面,政治、经济、安全、法律、文化等众多领域的宏大主题和复杂问题,任何单一学科的思维模式、研究路径或研究方法,都不免有盲人摸象之嫌,只有通过跨学科对话与交流才有可能获得更全面、更深入的理解。由于这个论题本身的重要性,有关国际秩序的研究论著即使称不上汗牛充栋,也可谓相当丰富,但总的来说还存在几个明显的不足:其一是缺乏跨学科综合研究,一般都是各相关学科按照自己的学科思维和研究路径,就自己擅长或关心的某些方面展开独立研究,鲜有学科间的对话与合作;其二是对具体实践领域的探讨还很不全面,一般都着重讨论传统的政治、安全或经济秩序问题,对金融、法律等重要领域或环境、能源、资源等重大新型挑战的关注还很不充分,对网络、外空、极地、深海等国际政治"新疆域"或"新场域"所涉及的秩序问题的探讨,甚至可以说还处于初始阶段;其三是以定性研究和规范研究为主,定量分析和实证研究很少见。国外的相关研究虽然更为丰富甚至更为深入,但也存在许多类似问题,何况国外尤其是西方学者的研究视角和智识关切与我们大不相同,因而并不能代替我们自己的独立思考。

因此,我们在研究设计上做了一些尝试,力图使我们的论述框架、研究内容和研究方法能够契合这一复杂主题本身的要求,更全面地反映国际秩序在理论、历史与现实等方面的发展脉络和重要议题,体现中国学者基于自身观察视角和价值关切所做出的学术努力。在研究视角上,我们主要立足于发展中国家的立场与视角,力图反映中国等新兴大国在国际秩序及其变革进程中的处境、地位、作用与需求;在研究框架上,我们试图建立一个相对完整的跨学科研究体系,将研究内容分为"历史考察→理论探索→议题研究→定量分析→战略思考"五个板块,并注意突出它们之间在逻辑上的相互联系和层次递进关系;在研究方法上,把定性研究与定量分析结合起来,使研究具有更多的科学—实证基础,以求获得逻辑与经验的统一;在研究议题上,除了讨论政治与安全秩序以及经济贸易与金融秩序问题,特别注意探讨国际政治学界过去较少讨论然而十分重要的国际法律秩序与制度规范问题,以及一些新兴政治场域和新兴战略领域的国际秩序问题。

总之,这是一项尝试将历史与现实、理论与实践、宏观战略思考与微观实证研究、定性研究与定量分析结合起来的跨学科探索。

三、主要内容与各卷主题

本书的总体目标,是从发展中国家的视角来探讨国际秩序的理论、历史、现状与发展趋势以及中国等新兴大国在国际秩序与全球治理体系变革过程中的地位与作用问题。基于对国际体系结构与国际秩序内涵的独立见解,本书试图从跨学科视野出发,构建一个相对完整的研究体系和有自身特色的分析框架,其中所涉及的基本要素包括:一种结构,即多极三元化的政治经济结构;三类国家,即发展中国家、新兴大国、发达国家;四个层次,即历史、理论、议题、战略;三大领域,即国际政治与安全秩序、经济贸易与金融秩序、国际法律秩序与制度规范。此外,国际体系与国际秩序还涉及一个更为深层、复杂且影响无处不在的因素,即作为其思想与观念支撑的文化价值基础与意识形态格局问题。这显然也是本书主题必然涉及一个重要方面,但我们没有采取集中论述的方式,而是在各卷相关部分联系具体问题加以讨论。

我们认为,当前国际政治经济体系早已超越了冷战时期的两极二元结构(东西政治两极和南北经济二元),日益呈现出一种多极三元化结构,即政治上日益多极化(包含中美俄日欧等多种政治力量),经济上日益三元化(发展中国家、新兴大国、发达国家三类经济水平)。就国际体系的力量结构以及与此密切相关的国际秩序观念与利益诉求而言,发达国家、发展中的新兴大国群体与一般发展中国家的三分法尽管也只是一种粗略划分,但相对于传统的南北关系或发达国家与发展中国家的二分法,可能更加贴近当今世界政治经济格局的现实。总之,我们有必要把中国等新兴大国视为具有许多独特性的国际政治经济力量。与此相关,发达国家、新兴大国、发展中国家这三类国家在国际体系中的实力地位以及它们在国际秩序观念与政策取向方面的共性与差异,或许是理解当今国际秩序稳定与变革问题的一个重要视角。就此而论,在中国的国际战略与对外政策实践中,如何区别对待和有效处理与这三类不同国家之间的关系,是一个值得深入研究的问题。此外我们还应该看到,中国等新兴大国目前尚未进入发达国家行列,但综合实力又明显强于大部分发展中国家,在某些领域甚至接近或超过了许多发达国家,因此随着主客观条件的变化,它们在国际身份、发展需求与实际作用等方面可能具有某种可进可退、可上可下的"两重性",这种两重性在国际秩序的变革进程中既是一种独特优势,也可能意味着某些特殊困难。深刻认识和准确把握这种两重性的实践含义,有助于新兴国家合理确定国际秩序的改革目标,准确定位自己的身份与作用,从而制定合理的外交战略,采用有效的政策工具。

本书内容由以下五个板块(十个分册)构成,它们在逻辑上具有内在联系,在研究层次上具有递进关系。

理论探索:即第一卷《国际秩序的理论探索》。旨在厘清国际秩序理论所涉及的核心问题;通过对当前国际政治经济体系结构及其发展趋势的重新界定和阐释,以及三类国家国际秩序观念及其成因的比较分析,揭示现有国际体系、国际秩序和全球治理相关理论在解释力上的价值与缺陷,特别是西方国际政治理论所蕴含的秩序观念、有关国际秩序的各种流行观点及其现实背景;最后着眼于新兴大国的理论需求与可能的理论贡献,为研究具体问题以及发展中国家参与国际秩序变革、应对各种实际问题提供理论参考或理论说明。

历史考察:即第二卷《战后国际秩序的历史演进》。目的是联系二战后国际体系的演变历程,厘清国际秩序的发展脉络,揭示当前国际秩序的历史根源、基本性质、主要特点和发展趋势;总结过去数十年里发展中国家在寻求国际政治经济秩序变革过程中的经验教训,凸显新兴大国在"大变局"时期所面临的机遇和挑战;此卷旨在为"理论探索"提供经验依据,为"议题研究"提供历史线索,为"战略思考"提供历史借鉴。

议题研究:包括第三卷《国际政治与安全秩序概观》、第四卷《国际安全治理重大议题》、第五卷《国际经济秩序的失衡与重构》、第六卷《国际秩序的法治化进阶》、第七卷《地区秩序与国际关系》。这是全书的重点内容,目的是讨论当代国际政治与安全秩序、国际经济贸易与金融秩序、国际法律秩序以及地区秩序等主要领域的具体、实际问题。其中对环境、能源等新型安全挑战,网络、外空、极地等新兴领域以及作为国际秩序之重要基础的国际法律体系的探讨,也许是本书最具特色的内容。从"问题—解决"的角度看,只有弄清楚这些重要实践领域的现状、趋势、关键问题及其性质,才能明确变革的方向、目标和重点。

定量分析:即第八卷《国际体系与国际秩序定量分析》。旨在通过比较分析新兴大国与主要发达国家在软硬实力方面的主要指标,了解中国等新兴大国在国际体系与国际秩序中的实际地位与发展需求,在重要实践领域的能力和影响力变化趋势,从而为合理的战略设计与政策选择提供较为具体、可靠的事实依据。

战略思考：包括第九卷《大国的国际秩序观念与战略实践》、第十卷《全球秩序变革与新兴大国的战略选择》。这个部分很大程度上是对上述议题的归纳、总结以及实践应用上的转换。国际关系是一个互动过程，在思考中国等新兴大国参与塑造国际秩序的理念与战略时，还应该了解其他国家的观点与政策，这样才能做到知己知彼。因此我们首先考察了各主要国家或国家集团的国际秩序观念、战略目标与相关政策取向，在此基础上进而探讨中国等新兴大国的战略选择。我们研究国际秩序问题，最终还必须联系中国特色大国外交的实践，回到当前中国自身的理念与政策上来。因此全书最后一章介绍了中国领导人的相关论述，实际上是对新时期中国的国际秩序观念和政策取向的一个分析和总结，故作为全书的一个"代结论"。总之，在思考中国等新兴大国推动国际秩序与全球治理体系变革的战略与策略问题时，我们主张遵循这样一些基本原则：吸取历史教训、注意理论反思、针对实际问题、基于客观条件、做出合理反应。

最后，感谢 40 余位作者的鼎力支持和辛勤劳动。各卷的主要作者，如宋德星、肖冰、葛腾飞、崔建树、舒建中、蒋昭乙、毛维准、祁玲玲等等，都是各自学科领域的优秀学者，也是与我们长期合作的学术同道；许多同行也给我们提供了很多非常具体、中肯和富于启发性的意见和建议，在此表示衷心感谢。特别要感谢南京大学出版社金鑫荣社长、杨金荣主任和诸位编辑工作者的支持和鼓励。尤其是责任编辑官欣欣女士，她不仅以极大的热情和坚韧的毅力襄助我们这项困难重重、久拖不决、有时几乎令人绝望的工作，还参与了有关章节的撰写和修订。

此书的研究和写作，先后被列入"十三五"国家重点出版规划项目和国家出版基金支持项目，这至少表明，此项研究本身以及我们的跨学科尝试，是一项有意义的工作。然而国际秩序或全球秩序是一个极为复杂的主题，且正处于一个重大转型时期。开放式的跨学科探索，其好处自不待言，但由于学科思维的不同,研究途径与方法的多元,观点上的差异乃至分歧也在所难免,对一些相关概念的理解也不尽相同,我们无法、似乎也不宜强求统一。我们的初衷是跨学科对话,在基本宗旨和核心关切尽可能一致的前提下,不同学科的作者可以从各自专业视角出发提出自己的见解。当然,在同一个论述框架内如何避免逻辑上的矛盾,如何更合理地求同存异,尤其是在核心概念和重要问题上尽可能形成共识,仍是一项需要继续努力磨合的工作。

更重要的是,由于此项研究本身前后耗时多年,研究内容复杂、时空跨度较大,而正处于"百年未有之大变局"的世界,变化之大、变速之快,出乎很多人的预料,许多新现象、新问题我们甚至还来不及仔细思考,遑论在书稿中反映出来。一些章节由于写作时间较早,文献资料或论断不免显得有些陈旧,我们也只能在有限的时间内尽可能做一些更新工作。尽管对这一主题的研究和思考不会结束,但由于各种主客观条件的限制,此项工作本身却不能无限期拖延下去。因此,缺点乃至谬误都在所难免,许多观点还很不成熟,各部分的内容和质量也可能不够平衡。总之,较大规模的跨学科研究其实是一件非常困难的事情。我们虽然自不量力做了多年努力,仍然有事倍而功半之感,希望将来还有进一步完善的机会。敬请学界同仁和读者诸君予以谅解并提供宝贵意见。

石斌

2022 年 10 月 1 日于南京

目 录

导语 动荡变革期对地区秩序多维理解之必要（宋德星）……… 1
 一、后冷战时代世界秩序基本风貌 ……………………………… 2
 二、动荡变革期对地区秩序多维理解之必要 …………………… 6
 三、本书的篇章安排与主要写作思路 …………………………… 10

第一章 权力转移背景下东北亚地区秩序与国际关系（董庆安、宋文志）
……………………………………………………………………… 15
 第一节 东北亚地区权力的动态转移与权力结构 ……………… 16
  一、后冷战时代东北亚地区的权力结构 ………………………… 17
  二、新时代以来东北亚权力格局的发展变化 …………………… 20
 第二节 危机事态牵引下的东北亚地区国际关系 ……………… 28
  一、东北亚地区的主要安全问题 ………………………………… 29
  二、东北亚地区政治安全生态的流变 …………………………… 41
  三、东北亚区域一体化建设现状 ………………………………… 48
 第三节 东北亚地区秩序的构建与基本路径构想 ……………… 51
  一、东北亚区域安全合作的困境 ………………………………… 51
  二、大国竞争时代东北亚地区安全秩序的建构 ………………… 54
  三、东北亚地区安全秩序构想 …………………………………… 58

第二章 稳定与变革——东南亚地区秩序与国际关系（巨威莉）…… 63
 第一节 东南亚地区秩序的发展脉络 …………………………… 64

1

一、冷战背景下的地区秩序 ································· 64
二、后冷战多向秩序互构态势的形成 ······················· 67
三、新时代权力转移进程中地区新秩序的形塑 ··············· 70

第二节 稳中有忧的地区安全秩序 ······························· 72
一、东南亚国家的政治转型与趋稳 ························· 72
二、东南亚区域政治安全一体化：协商民主 ················· 74
三、域外力量对东南亚地区安全秩序的建构 ················· 77
四、东南亚地区安全秩序面临的双重挑战 ··················· 80

第三节 以合作与发展为基调的地区经济秩序 ····················· 82
一、东南亚国家经济建设成就与东盟经济共同体的建立 ······· 82
二、对外经济合作与东南亚地区经贸秩序 ··················· 87

第四节 包容性竞争——东南亚地区国际关系 ····················· 92
一、松散型联盟——东南亚区域内部关系 ··················· 93
二、主要域外大国在东南亚地区的角色作用发挥 ············· 95
三、互为重要周边——中国与东盟的关系 ·················· 107

第三章 中心—边缘结构下南亚地区秩序与国际关系（张　静、宋德星）
··· 110

第一节 南亚地区"中心—边缘"结构 ····························· 111
一、南亚地缘政治构造催生了地区"中心—边缘"结构 ······· 111
二、权势分布状况决定了"中心—边缘"结构的形成 ········· 113
三、宗教构成是"中心—边缘"结构产生的文化基础 ········· 118
四、巴基斯坦的战略选择进一步凸显了地区"中心—边缘"
　　结构的意义 ··· 122
五、现有地区制度安排强化了印度的中心地位 ·············· 125

第二节 南亚区域合作联盟的运行原则及其对秩序生成的效用 ······ 130

目　录

　　一、具有双边性质的多边机构 ·················· 130

　　二、低级政治属性致南盟在秩序生成方面作用有限 ········ 132

　　三、阻碍南盟积极塑造地区秩序的根本原因 ············ 135

第三节　南亚地区国家间关系与主要问题 ················ 138

　　一、印巴安全困境 ························· 138

　　二、南亚小国安全认知错位及战略选择的有限性 ········· 141

　　三、南亚地区经济发展不平衡性 ················· 145

　　四、民族与宗教问题频发 ····················· 149

第四节　"印太"背景下影响南亚秩序生成的主要域外力量 ······ 156

　　一、地缘政治板块重组及其对南亚地区秩序的影响 ······· 156

　　二、美国的地位作用 ······················· 159

　　三、中国的地位作用 ······················· 164

　　四、日本的地位作用 ······················· 167

　　五、俄罗斯的地位作用 ······················ 170

第四章　碎片化的中东地区秩序与国际关系（宫小飞）········· 176

第一节　中东地区格局的碎片化 ···················· 177

　　一、地缘政治格局重新洗牌 ···················· 177

　　二、地区安全形势持续恶化 ···················· 180

　　三、地区经济秩序严重分化 ···················· 185

第二节　域外大国地区博弈格局的变化 ················· 189

　　一、"持续收缩"的美国 ······················ 189

　　二、勉力"重返"的俄罗斯 ···················· 198

　　三、"进退失据"的欧盟 ······················ 209

第三节　域内强国的地缘竞争加剧 ··················· 216

　　一、伊朗和沙特之间的战略博弈 ·················· 216

　　二、土耳其和沙特之间的权势较量 ………………………… 221
　　三、伊朗和以色列的尖锐对抗 …………………………………… 226
　　四、阿拉伯国家内部的权力争斗 ………………………………… 230

第四节　中东国家治理面临多重困境 …………………………………… 235
　　一、中东地区国家认同困境 ……………………………………… 236
　　二、中东国家经济发展困境 ……………………………………… 241
　　三、中东国家政治转型困境 ……………………………………… 244

第五节　中东地区秩序碎片化的多维图景与中国的中东政策 ……… 248

第五章　凝聚与疏离：当代欧洲安全防务秩序与大国关系（孔　刚）　257
第一节　欧洲政治生态核心要素与政治统合大趋势 ………………… 258
　　一、欧洲国家的政党政治生态 …………………………………… 258
　　二、当代欧洲跨国政治思潮及其社会效应 …………………… 261
　　三、欧盟的政治建设与欧洲政治的统合 ……………………… 264

第二节　冷战后欧洲安全秩序与大国关系 …………………………… 268
　　一、欧洲安全秩序的构成要素 …………………………………… 269
　　二、欧洲安全秩序面临的转型难题 ……………………………… 274
　　三、影响欧洲安全秩序的大国因素 ……………………………… 276

第三节　新的博弈——北约内美欧同盟关系的新调适 ……………… 281
　　一、冷战后北约内部矛盾积累导致的日益失衡 ……………… 281
　　二、特朗普政府时期美国调整北约内部关系的努力 ………… 284
　　三、欧洲盟国对美国意图的反应 ………………………………… 287

第四节　关键变量——英国脱离欧盟共同防务架构 ………………… 292
　　一、英国对欧盟共同防务的参与 ………………………………… 293
　　二、英国脱离欧盟防务框架的主要影响 ……………………… 296

第五节　重新凝聚——法德主导推动欧洲防务一体化 ……………… 302

一、法德双边防务合作的重要进展 …………………………… 302

　　二、欧洲安全防务合作制度架构的进一步完善 ………………… 306

　　三、欧盟防务一体化框架内的重要进展 ………………………… 313

第六章　从无望到希望——转型期非洲地区秩序与国际关系（徐　菲）
………………………………………………………………………… 318

　第一节　从分裂到统一：非洲一体化在曲折中前进 ……………… 319

　　一、非洲的国家转型探索 ………………………………………… 320

　　二、非洲次区域一体化的兴起与发展 …………………………… 322

　　三、非洲大陆一体化的动力和阻力 ……………………………… 328

　第二节　从动荡到稳定：非洲安全治理面临的新旧挑战 ………… 332

　　一、政治暴力的现状、变化及原因 ……………………………… 332

　　二、恐怖主义在非洲的蔓延 ……………………………………… 340

　　三、公共卫生状况的改善与困境 ………………………………… 345

　第三节　从贫穷到发展：非洲经济的结构性转型及其挑战 ……… 349

　　一、宏观经济在震荡中发展 ……………………………………… 350

　　二、经济结构性转型面临挑战 …………………………………… 357

　　三、促进区域经济一体化，扩大国际合作 ……………………… 362

　第四节　从边缘走来：全球秩序变革下的非洲复兴与秩序塑造 … 364

　　一、全球秩序变革在非洲的体现 ………………………………… 364

　　二、非洲复兴中的国际合作与秩序塑造 ………………………… 373

　　三、中非合作的现状、挑战及建议 ……………………………… 376

第七章　权力与制度视野下拉丁美洲地区秩序与国际关系（苏鹏宇）…… 384

　第一节　拉丁美洲的地缘政治权力格局 …………………………… 385

　　一、中部美洲的地缘政治权力格局 ……………………………… 385

　　二、南美洲的地缘政治权力格局 ………………………………… 390

第二节　拉美地区大国权势影响及其政策效应 …………………… 397
　　一、美国在拉美地区实力的相对衰落与霸权护持政策 ………… 397
　　二、中国与拉美地区国家关系的发展 …………………………… 401
　　三、拉美地区国家的崛起及其对外战略 ………………………… 404
第三节　拉丁美洲的地区制度机制建设 ………………………………… 407
　　一、美洲国家组织 ………………………………………………… 409
　　二、美国主导的自由贸易协定 …………………………………… 411
　　三、南方共同市场 ………………………………………………… 416
　　四、南美国家联盟 ………………………………………………… 420
　　五、美洲玻利瓦尔联盟 …………………………………………… 425
　　六、太平洋联盟 …………………………………………………… 428
　　七、拉美和加勒比国家共同体 …………………………………… 432
　　八、拉美地区制度建设的主线和特征 …………………………… 435

参考文献 …………………………………………………………………… 441
索　引 …………………………………………………………………… 464

导语
动荡变革期对地区秩序多维理解之必要
（宋德星）

自 1991 年冷战结束以来，围绕世界秩序问题[①]的争论和较量不仅从未停止，而且越来越具有全球战略意义。早在 1990 年，美国时任总统乔治·布什（George H. W. Bush）就宣布美国领导下的"世界新秩序"已经诞生，"法治"将取代"弱肉强食"。[②] 美国政治学家弗朗西斯·福山（Francis Fukuyama）更是断言"历史的终结"已经到来，因为封闭的专制社会缺乏必要的创造力来进行经济或军事竞争，如果它们想要生存和繁荣，就需要拥抱自由资本主义。[③] 然而，事实不仅证明了布什总统和福山上述观点的错误，而且揭示出美国领导下的所谓"世界新秩序"维护的依然是美国的霸权，且不可避免地催生出诸多现实问题、矛盾冲突乃至战争阴霾。及至 21 世纪的第二个十年，美国不仅失去了支撑其权力傲慢和战略自信的、一度较其他大国更为显著的压倒性优势，

[①] 学界关于秩序问题的讨论由来已久，用语也有很大的不同，如"国际秩序""世界秩序""全球秩序"等。本书使用"世界秩序"一词指代国际体系层面的秩序生成问题，意在关照以国际权势等级结构为核心的国际秩序，同时也关照突出彰显非国家行为体作用的全球秩序。

[②] George Bush, "The UN: World Parliament of Peace," *U. S. Department of State Dispatch*, Vol. 1. No. 6, October 8, 1990, p. 152.

[③] Francis Fukuyama, *The End of History and the Last Man*, New York: The Free Press, 1992, pp. 3–71.

而且在面对新的不确定性时表现出较先前更为明显的战略焦虑。就像阿米塔·阿查亚(Amitav Acharya)和巴里·布赞(Barry Buzan)这两位学者所指出的,到2017年,"西方的全球主导地位已经接近尾声。一种后西方世界秩序正在形成,在这种秩序中,西方已经不再是唯一的,或占主导地位的财富、权力和文化合法性的中心"。① 也就是说,由于同时在多维领域占有压倒性优势的超级大国不复存在(如同冷战时期在各个领域都发挥全球影响力的美国和苏联),人们所熟悉的单一世界秩序结构也就不复存在。取而代之,我们将见证多重秩序,这些秩序在功能上相互区隔但又相互叠加,共同作用于国际体系和国家间关系,从而使得当今国际关系呈现出不同于以往的风貌,由此带来的世界秩序之争更趋激烈,并首先直接映射在地区秩序的构建之中。可见,对地区秩序予以应有的重视和多维理解实乃势所必然。

一、后冷战时代世界秩序基本风貌

就像中国共产党第二十次全国代表大会报告所指出的,"世界进入新的动荡变革期"。② "新的动荡变革期"的生成,很大程度上与冷战结束以来世界秩序的深刻变化以及由此催生的战略焦虑紧密相关。借用美国已故国务卿亨利·基辛格(Henry Alfred Kissinger)的话说,就是"先前从未有过一个新的世界秩序不得不基于如此众多的不同观念,或者如此普遍的全球规模。先前同样从未有过任何秩序不得不将下面两者结合起来:一是历史上的均势体系属性,二是全球性的民主舆论和现时代爆炸性的技术发展"。③ 故后冷战时代

---

① [加]阿米塔·阿查亚、[英]巴里·布赞:《全球国际关系学的构建:百年国际关系学的起源和演进》,刘德斌等译,上海:上海人民出版社2021年版,"导言",第5—6页。
② 习近平:《高举中国特色社会主义伟大旗帜 为全面建设社会主义现代化国家而团结奋斗——在中国共产党第二十次全国代表大会上的报告(2022年10月16日)》,北京:人民出版社2022年版,第26页。
③ Henry Kissinger, *Diplomacy*, New York: Simon & Schuster, 1994, p.27.

堪称是一个"战略焦虑时代",因不确定性催生的战略焦虑情绪在国际社会普遍蔓延,并直接映射在战略缔造之中。① 例如,2023年10月13日时任新加坡副总理兼财政部长黄循财在与美国战略与国际研究中心(CSIS)高级顾问兼日本问题主任克里斯托弗·约翰斯通(Christopher B. Johnstone)的访谈中,就强调"我们正从一个良性的全球化时代,进入一个大国竞争的新时期。我们将迎来一个更加分裂的世界,一个更加不确定的世界,会有更多的尾部风险,更多的波动,更多的给全球经济带来巨大不确定性的动荡事件"。②

从历史上看,越是在动荡变革期,决策精英们在战略运筹时越是遵从地缘政治的逻辑,从权势对比的变化出发,反复阐释政治地理的时代意义,渴望借此揭示国家间关系的空间逻辑,并将之贯彻到对外战略和国家关系之中。对此,美国前国家安全事务助理兹比格纽·布热津斯基(Zbigniew Brzezinski)强调指出,冷战后国际政治的一个重要方面便是苏联解体开启的全球地缘政治重大变更过程,促使各主要大国"必须根据实力的新现实调整……对政治地理重要性的理解"。③ 所以,当我们对冷战结束至今的30多年做整体性地缘政治思考时就会发现世界安全秩序在以下两个方面的深刻变化。其一,美西方地缘政治的聚焦点,也就是其首要战略方向选择,发生了具有重大战略意义的变化,即从冷战结束后早期聚焦欧亚大陆事态,演变为在21世纪第二个十年开始聚焦"印太"事态,从大陆转向海洋。其中,美国地缘政治聚焦点的变化,不仅在整体上造就了由陆向海的战略趋向,而且在这种趋向中强化了美国及其领导的海洋国家联合阵线与崛起中国之间的战略博弈。兰德公司一项研

---

① 宋德星:《后冷战时代大战略缔造特有的困难——兼论中国大战略缔造问题》,载《外交评论》2008年第6期,第19—26页。
② Prime Minister's Office of Singapore, "DPM Lawrence Wong's Dialogue at the Center for Strategic and International Studies (CSIS)," Oct. 13, 2023, https://www.pmo.gov.sg/Newsroom?page=1&type=Dialogue.
③ [美]兹比格纽·布热津斯基:《大棋局——美国的首要地位及其地缘战略》,中国国际问题研究所译,上海:上海人民出版社1998年版,第53页。

究认为："中美之间战略竞争日益加剧的程度是冷战结束以来从未有过的。两国在广泛的问题上争夺影响力和领导地位,从安全和政治影响力到贸易和投资,竞争已经从亚太地区扩展到全球范围。"①其二,地区事态或曰地区层面围绕秩序问题的博弈越来越激烈,且由于主要大国和力量中心围绕世界秩序问题的斗争严重影响了国际关系基本格局,它们就世界秩序的核心思想理念、基本规则规范、重要制度机制、主要运行程序等问题的争论不断,难以达成基本共识,地区秩序在国际政治中变得越来越重要,甚至被视为通向世界秩序的重要前提,至少深刻影响着世界秩序的生成和基本面。正因如此,随着像冷战那样高度结构化的体系的崩塌,以及权势转移在体系和地区层面的同步展开,地区强国与域内国家之间、域外大国与地区强国之间、域外大国与域内国家之间开始了新一轮的多元互动,共同塑造着地区秩序的基本风貌。

在世界安全秩序发生上述深刻变化的同时,世界经济秩序也日益呈现新的向度。这样的世界经济秩序一方面不可避免地被打上以往经济秩序的某些烙印,另一方面又具有新质的一面。根本上,它反映了经济领域全球权力被广泛分享的现实。其中最大的变化,就是国家、市场和公民社会之间的权力重新分配。"在全球化的经济中,各国政府失去的不仅仅是自治权。它们还与企业、国际组织、众多的公民团体这些非政府组织(NGO)分享权力——包括分享作为主权权力核心的政治、社会和安全权力。"②在这种态势下,世界经济秩序呈现出不同于以往的新质发展属性和政策要求,究其根本在于以下三个方面。首先,与全球化密不可分。今天,全球化的新意何在呢? 用罗伯特·基欧汉(Robert Keohane)和约瑟夫·奈(Joseph S. Nye, Jr)的话说,全球化催生的

---

① Michael J. Mazarr, Samuel Charap, eds., *Stabilizing Great-Power Rivalries*, Santa Monica, California: The RAND Corporation, 2021, p. 208.
② Jessica T. Mathews, "Power Shift," *Foreign Affairs*, Vol. 76, Issue 1, 1997, p. 50.

日益深化的网络联系,"常常带来意想不到的系统性效应",①包括正反两方面的系统性效应,而这正是国家必须面对的问题。其次,与高新技术革命密不可分。对于身处全球化浪潮之中的国家来说,其面对的高新技术革命在变化速度和地理范围上都是史无前例的,②更为关键的是,要想获得财富和服务,就必须利用高新技术,这也是国家间高新技术竞争越来越激烈的原因所在。再次,与全球性制度机制密不可分。"在目前全球性问题占支配性地位的全球社会中,政府间国际组织越来越依赖非国家主体,同样非国家主体为了发挥自己的作用也越来越依赖于政府间国际组织。"③由此造就了国际制度规范方面的深度融合与嵌入式发展,进而形成对国家间关系具有更大影响力的超国家间关系网络。④

在这样的时代,世界秩序及其基本走势对于国际社会来说无疑具有重要的意义。那么,今天的世界秩序呈现出怎样的风貌呢?一项研究认为,当前的国际体系不同于过去的多极、两极或单极国际体系,未来国际体系可能囊括多重秩序,这些多向重叠又相互映射的"秩序"被嵌套在一个整体的国际体系中,"从而形成一种'秩序间'关系(inter-order relationships)的复杂网络,这一网络将决定未来'多重秩序世界'(multi-order world)的基本特征"。⑤

---

① [美]罗伯特·基欧汉、约瑟夫·奈:《权力与相互依赖》(第 3 版),门洪华译,北京:北京大学出版社 2002 年版,第 298 页。
② Ernst H. Preeg, "Who's Benefiting Whom?: A Trade Agenda for High-technology Industries," in Brad Robert, ed., *New Forces in the World Economy*, Cambridge: The MIT Press, 1996, p.139.
③ [日]星野昭吉:《全球化时代的世界政治——世界政治的行为主体与结构》,刘小林、梁云祥译,北京:社会科学文献出版社 2004 年版,第 201 页。
④ 星野昭吉:《全球化时代的世界政治》,第 209 页。
⑤ T. Flockhart, "The Coming Multi-order World," *Contemporary Security Policy*, Vol. 37, No. 1, 2016, pp.18-26.

二、动荡变革期对地区秩序多维理解之必要

世界秩序是国际关系研究中的基本概念,它常与国际体系、国际格局、国际规范相互联系,但又相互区别。国内外已有的研究中,学者们对世界秩序进行了不同的解读和认知。根据赫德利·布尔(Hedley Bull)的观点,世界秩序来源于国际社会,指的是国际活动的一种模式或安排,支持国际社会那些基本的、主要的或普遍的目标。国际秩序追求的目标包括:维护国际社会的稳定;确保成员国的独立与生存;维护和平;维持确保国际社会有序所需的基本规范,包括限制暴力行为、信守承诺及所有权的稳定性等。[1] 约瑟夫·奈则归纳总结了不同国际关系理论流派对国际秩序的解读,其中现实主义认为秩序是国家间实力结构的反映,自由主义和建构主义认为冲突及其预防是由相关国家的国内结构、价值、身份、文化以及跨国挑战决定的,国际机构在其中发挥着重要作用。[2]

根据路易斯·坎托里(Louis Cantori)和斯蒂芬·施皮格尔(Steven Spiegel)的研究,地区作为一个子系统包括"一个或两个以上地域相邻的相互影响的国家,它们拥有相同的种族、语言、文化、社会和历史等方面的联系"。[3] "一个地区子系统所必需的充分条件包括:互动行为要有规律性和一定的强度,以使一个部分的变化能影响到其他部分;行为体之间的近似性;子系统的

---

[1] Hedley Bull, *The Anarchical Society: A Study of Order in World Politics*, Beijing: Peking University Press, 2007, p. 8.

[2] Joseph S. Nye, JR, *Understanding International Conflicts: An Introduction to Theory and History*, New York: Pearson Longman, 2009, p. 276.

[3] Louis J. Cantori and Steven L. Spiegel, *The International Politics of Regions: A Comparative Approach*, Englewood Cliffs, NJ: Prentice Hall, 1970, p. 607, 转引自[美]詹姆斯·多尔蒂、小罗伯特·普法尔茨格拉夫:《争论中的国际关系理论(第五版)》,阎学通、陈寒溪等译,北京:世界知识出版社2013年版,第141页。

独特性要得到系统内部和外部的承认;子系统至少有两个以上的行为体。"[1] 基于这一观点,地区秩序显然具有某种自动生成的逻辑。但就国际政治而言,地区秩序就像世界秩序一样,是各种因素复杂互动的结果,而不仅仅指代一种系统性的原初状态。

本着这样的认识,可以把地区秩序理解为地区主要行为体的实力对比及其战略关系,以及地区国家之间在互动中形成并对其国家行为具有不同约束力的习惯、规则、规范,即地区秩序包括地区格局(主要是实力对比及战略关系)与地区规范两个方面的核心内容。[2] 其中,地区格局指在一定时期内占支配地位的主导性大国的实力对比及战略关系。地区规范指国家间正式或非正式的安排,这些安排为国家提供了一种可预测的、稳定的国际环境,使它们能够通过基于规则的互动来追求集体目标,如和平解决争端、实现政治变革等。[3] 巴里·布赞的"安全共同体"理论强调,在地理因素基础上,地区秩序要注重考察国家间安全的相互依赖关系对地区秩序形成的作用。基辛格则认为,地区秩序和世界秩序一样,"均建立在两个因素之上:一套明确规定了允许采取行为的界限且被各国接受的规则,以及规则受到破坏时强制各方自我克制的一种均势"。[4]

上述定义和理解说明了地区秩序首先深受世界秩序的影响,特别是其中

---

[1] William R. Thompson, "The Regional Subsystem: A Conceptual Explication and a Propositional Inventory," *International Studies Quarterly*, Vol. 17, No. 1, March 1973, p. 101, 转引自[美]詹姆斯·多尔蒂、小罗伯特·普法尔茨格拉夫:《争论中的国际关系理论(第五版)》,第142页。

[2] [美]彼得·卡赞斯坦:《地区构成的世界:美国帝权中的亚洲和欧洲》,秦亚青、魏玲译,北京:北京大学出版社2007年版,第41页;[英]赫德利·布尔:《无政府社会:世界政治秩序研究》,北京:世界知识出版社2003年版,第2—15页;高程:《区域公共产品供求关系与地区秩序及其变迁——以东亚秩序的演化路径为案例》,载《世界经济与政治》2012年第11期,第5页。

[3] Muthiah Alagappa, ed., *Asian Security Order: Instrumental and Normative Features* [s. l.], Stanford University Press, 2003, p. 39.

[4] [美]亨利·基辛格:《世界秩序》,胡利平、林华、曹爱菊译,北京:中信出版社2015年版,第18页。

的世界安全秩序和世界经济秩序的影响,这是因为,其一,国际体系层面的权势等级结构、世界经济分工与基本制度安排映射出的世界经济运行模式,直接影响甚至决定着地区秩序的基本面貌和基本走向;其二,地区秩序作为世界秩序的有机组成部分,既反映着世界秩序的某些基本方面,又有其自身特性,并按照地区逻辑发展演进,结果使得不同地区间秩序差异明显;其三,无论是力量格局还是基本规范,都首先体现在地区层面的国际关系实践之中,从而使得秩序问题呈现多维特性,即世界秩序、地区秩序和次区域秩序不仅共生,而且相互作用。

就地区秩序来说,概而言之,主要有三种基本类型。一是破碎型地区秩序。这主要是由于域内矛盾重重且经久难解,为域外大国势力的卷入提供了契机,从而使某些地区和次区域成为所谓的"破碎地带"(shatter belt),在此基础上生成破碎型地区秩序,例如中东地区。"破碎地带"这一概念首先由乔治·霍夫曼(George Hoffman)采用,他使用这一术语专门指代当时的东欧社会主义小国构成的地区,包括波兰、捷克斯洛伐克、匈牙利、罗马尼亚、保加利亚、南斯拉夫、阿尔巴尼亚。"这一术语清楚地表明了自然地理、民族、语言、宗教、人口密度、农业标准、工业成就,以及城镇、村庄和文化中心的明显过渡性和多样性。"[①]美国著名地缘政治学家索尔·科恩(Saul Cohen)对这一概念进行了改造,他将破碎地带定义为"一个庞大的且战略位置优越的地区,该地区存在大量互相冲突的国家且受到利益冲突的大国的干涉"。[②] 国内学者吴仕海、阎建忠认为,破碎地带呈现三个基本特征。一是外部挤压性,破碎地带因其重要战略价值成为至少两个域外大国的干预对象。二是内部的分裂性和过

[①] George W. Hoffman, "The Shatter-Belt in Relation to the East-West Conflict," *Journal of Geography*, Vol. 51, No. 7, 1952, p. 255.

[②] Saul Cohen, *Geography and Politics in a World Divided* (2nd Edition), New York: Oxford University Press, 1973, p. 85.

渡性,主要是指破碎地带内自然环境和人文环境独特而复杂,域内国家政治不稳定且经济落后脆弱。三是过程的动态性,即破碎地带的地位因全球地缘政治格局的变化和大国的兴衰而产生巨大变动。①

二是一体化地区秩序。一体化作为地区秩序生成的内在动能,其功能价值越来越为人们所肯定,并被视为超越破碎型地区秩序的一大战略途径。实际上,一体化不仅仅取决于地区身份认同和地区主义的发展,还取决于国际体系提供的机遇和主要大国发挥的积极作用,特别表现为地区制度机制的创设及其解决地区问题的战略效能。这方面,欧盟和东盟的发展演进具有典型代表性。得益于一体化地区秩序的构建,超国家行为体欧盟和东盟无论是在决策能力、运行模式还是在理念牵引方面,均具有不可替代的价值,其对地区主义和多边协商合作的坚守,成就了其中心地位,也成就了良好的地区秩序。

三是竞争型地区秩序。毫无疑问,该类秩序与权力转移紧密相关。权力转移理论认为,国际体系呈现等级制特征,即主导性大国处于权力等级结构的顶层,下面则是几个实力相当的大国,接着便是数量更多的中等国家和小国。由于主导性大国控制了体系内大部分资源,因而必然会运用它拥有的权力推出一套制度规范来维护体系的稳固,同时促进自身利益。② 由此也就催生了主导性大国之间、主导性大国与地区大国之间的权势博弈和利益争夺,从而使得地区秩序呈现鲜明的竞争色彩,如东北亚地区和南亚地区。进入 21 世纪后,随着地区力量自身的发展和域外大国地区战略的调整变化,国际体系层面的权力转移与区域内的权力转移几乎同步展开,直接催生了竞争型地区秩序。

总之,影响地区秩序的主要因素有五个维度。一是世界秩序与国际格局

---

① 吴仕海、阎建忠:《地缘破碎带研究进展及展望》,载《地理科学进展》2022 年第 6 期,第 1111—1112 页。
② 朱锋、罗伯特·罗斯主编:《中国崛起:理论与政策视角》,上海:上海人民出版社 2008 年版,第 4—5 页。

的辐射性影响。其中,大国关系及其力量对比的变化以及由之而来的大国权势斗争,是地区秩序生成过程中不容忽视的体系性结构因素。二是区域自身的地缘属性、国家间关系和一体化发展程度。它们在地区秩序建构方面作用重要,属于关键性的地区变量。三是地区大国和体系大国的关系互动。作为权势辐射作用最强的行为体,大国因素直接关乎地区国家关系与地区秩序的基本面。四是非国家行为体和非传统安全问题的交互影响。它们不仅直接作用于国家关系,而且使得地区秩序的建构格外复杂和困难。五是地区主义及其主流思想观念的生成与发展。它们不仅直接造就了地区身份认同,而且有助于地区制度规范的功能价值发挥。上述五个维度的共同作用,深刻影响着地区秩序及其国际关系走势。正是在这些因素的相互影响和复杂互动下,在某一历史转折时期,旧有的秩序及观念不再理所当然,尽管其作用、影响某种程度上还得以保留,结果还是一种与时俱进的、朝向某种新秩序转变的过程必然开启,多种力量随之卷入其中,纷纷提出各自关于新秩序的政策主张,并力图在相关政策实践中予以强化,其最重要的标志就是一系列地区重大事态或动向的出现、演变与深远影响。

三、本书的篇章安排与主要写作思路

基于上述学理逻辑,在探讨变革世界中的地区秩序与国际关系这一主题时,本书通过导语和七个篇章来展开论述。

导语部分由国防科技大学外国语学院宋德星教授撰写,强调在后冷战时代,由于同时在多维领域占有压倒性优势的超级大国不复存在,人们所熟悉的单一世界秩序结构也就不复存在,相反将见证多重秩序,这些秩序虽在功能上相互区隔但又相互叠加,共同作用于国际体系和国家间关系,从而使得当今国际关系呈现不同于以往的风貌,由此带来的世界秩序之争更趋激烈,并首先直接映射在地区秩序的构建之中。可见,对地区秩序予以应有的重视和多维理

解实乃势所必然。

第一章由国防科技大学外国语学院董庆安教授和北京大学外国语学院宋文志副教授共同撰写,强调近代以来,东北亚地区秩序随着俄罗斯、日本、美国、中国四大国的权势涨落而急剧演变。其间,俄罗斯和日本把国家版图和势力范围向东北亚积极扩张,不仅导致该地区的地缘政治格局出现重大变化,而且引起了新老世界霸主——美国和英国——在该地区的权势争夺,它们之间的复杂关系和权势博弈成为影响东北亚地区秩序生成的主要因素。进入21世纪,世界主要大国中国、美国、俄罗斯、日本在该地区利益交汇、矛盾交织,既有难解的历史性问题、主权权益争端问题,也有因权力转移导致的结构性矛盾,它们共同作用于东北亚地区格局的构建和地区秩序的重塑。

第二章关于东南亚地区秩序,由合肥工业大学马克思主义学院巨威莉博士撰写。她认为,21世纪以来,随着国际格局的变化和地区国际关系的发展,东南亚地区秩序也随之发生重大变化,以东盟为中心的东南亚多极化格局雏形已然显现。毫无疑问,东盟一体化进程的深化成为地区秩序建构的一大动源,中美日印等大国与东盟的紧密互动、共同作用,则塑造着该地区国际关系的基本风貌。其中,很重要的一点就是相关大国和东盟在有关地区制度安排和规则规范问题上,已经有了起码的共识,表现为中美日印等大国相继加入《东南亚友好合作条约》,与东盟定期举行双边峰会或多边首脑会议,定期协商地区重大安全问题,致力于维护该地区的和平、稳定与发展。

第三章由国防科技大学外国语学院张静副教授和宋德星教授合作撰写。作者认为,南亚地区呈现鲜明的"中心—边缘"特征,系统内国家为维护国家主权、安全和发展,以及提升国际影响力,在双边关系的基础上生成并建立了具有区域主义性质的地区机制。正是这种基于双边关系之上的多边制度安排,一定程度上阻碍了南亚区域合作联盟在地区秩序塑造上的应有价值发挥,结果是南亚地区国家间的互动未能脱离双边轨道,并直接导致了一系列问题的出现,其中印巴之间、印度与主要邻国之间的矛盾问题,成为域外大国影响南亚地区秩序的一大缘由。冷战结束后,特别是21世纪以来,随着印度的快速崛起、中美战略竞争的加剧、"印太"地区战略权重的上升,主要相关方在南亚印度洋地区展开新一轮日渐激烈的战略博弈,这意味着南亚安全秩序正处于重构之中,南亚主导国印度与域外大国美国和中国之间的战略互动与关系发展,将在很大程度上决定南亚地区秩序转型的方向。

第四章中东地区秩序由中国社会科学院美国研究所宫小飞博士撰写。作者强调,从地缘政治视角看,中东地区长期处于动乱与纷争之中,这里是大国博弈和争夺的焦点,是宗教与民族矛盾的交织地带,是地区国家纵横捭阖的角斗场。进入21世纪后,中东地区形势严重恶化。从"基地"组织到"伊斯兰国",恐怖主义持续泛滥,极端思潮暗流涌动;从阿富汗战争到伊拉克战争,美国主导的地区战争收效甚微,反而加剧了中东局势的动荡;从突尼斯革命到叙利亚危机,"阿拉伯之春"席卷几乎整个中东,未给中东人民带来民主与繁荣,却严重削弱了民族国家功能,使国家治理沦为空谈。可以说,碎片化一词大致能够概括中东地区格局和地区秩序的主要特征。

第五章由国防科技大学外国语学院孔刚副教授撰写,重点探讨当代欧洲防务秩序转型问题。作者认为,冷战结束后20余年比较稳定的欧洲防务秩序正面临着一系列深刻调整,多种力量卷入了对新秩序的探索与塑造过程。其中最重要的指标是一系列重大事态或动向的出现与演变,其中包括特朗普总统执政以来北大西洋公约组织出现的波澜,英国脱离欧盟的进程,以及欧盟防务一体化在新条件下的推进,等等。这些主要事态的出现和发展,既反映出各种力量的此消彼长,也反映了观念的此起彼伏。它们在制造或消除各种矛盾的同时,也在建立新的彼此间联系。总体而言,各种事态的交互影响正在有力推动着欧洲防务秩序的转型。

第六章由南京审计大学徐菲博士撰写。作者认为,作为一个古老又年轻的大陆,非洲尽管面临的现实困扰有目共睹,却在新世纪里展现了巨大的发展潜力,其在全球南方中的地位作用日益明显,目前正处在转型升级的十字路口。非洲许多国家的经济依然过多倚重初级产品出口,应对国际贸易动荡的能力较差,经济发展的结构性矛盾逐渐暴露;非洲目前的安全形势总体稳定,但同时局部动荡、恐怖主义威胁等安全问题严峻,公共卫生等领域的治理水平仍然处于低位。非洲的政治秩序、经济秩序、安全秩序正面临新形势,机遇与挑战并存。显然,只有打破旧秩序的桎梏,探索符合非洲实际情况的发展道路,非洲复兴才有希望。其中,新兴大国是助推非洲复兴的重要伙伴,而非洲的复兴又能进一步支持国际秩序的变革,二者相辅相成。

第七章由南京晓庄学院苏鹏宇讲师撰写。作者强调,进入新世纪后,由于美国自身实力的相对衰落和在拉美地区影响力的减退,拉美国家在对外事务上的主动性明显增强,自主探索地区一体化道路的进程加快,在构建地区秩序方面也取得了一定的成果。但任何国际制度安排根本上离不开权力分配的影响,拉美地区的权力分布很大程度上决定了地区关系的发展变化,因而决定了地区秩序的基本风貌。总体上,拉丁美洲地区秩序深受地区地缘政治格局、地区内外大国权力对比和互动、地区制度安排这三大因素的影响。正是在内外因素的作用下,冷战后拉美地区秩序的总体风貌是:美国在拉美地区的霸权秩序于2000年后在功能层面和地理层面呈现非对称性衰退,即美国在南美洲的权势衰退要明显快于中美洲;随着美国影响力的削弱,拉美地区部分大国(巴西、委内瑞拉、墨西哥)跃跃欲试,意图推动新的制度安排来追求与自身实力相称的国际地位。在可预见的未来,拉美国家之间不会出现高强度的地缘政治博弈,拉美地区大国间也不会出现激烈的战略竞争,而只会在各类地区性制度框架内进行地位和影响力的竞争。从经济实力和地缘政治角度看,拉美整体上仍然处于国际体系的相对次要位置,这类竞争不会对国际格局产生重要影响。

受制于认识水平、专业领域偏好和研究动态跟踪能力,各章撰写尽管力求系统呈现、客观规范和论说有力,特别是强调突出地区特性、研究主线和重点问题领域,但缺点错误在所难免,对此我们将认真听取各位专家学者的意见,以期在后续的研究中进一步修改完善。

第一章
权力转移背景下东北亚地区秩序与国际关系
（董庆安、宋文志）

地理上，东北亚包括蒙古高原、东北平原、朝鲜半岛、日本列岛及俄罗斯多山的远东地区，涵盖了日本、朝鲜半岛、中国东北地区、俄罗斯远东地区和蒙古国，以及将上述国家既分隔开来又联系在一起的广阔海域。东北亚作为一个独立的区域研究范畴，其历史并不长。实际上，此前的东北亚研究从属于"远东"国际政治范畴，而现当代人们习惯于用"东亚"指西北太平洋地区，如中国、日本、韩国等，用"东南亚"指西南太平洋国家，如越南、泰国、印度尼西亚等国。但国际关系中的"地区"概念不仅仅是地理意义上的，同时也具有经济与安全层面的意义。[①] 考虑到国家之间的经济、安全联系以及日趋复杂的政治关系，"东北亚"地区不仅包括全部或部分国土位于东北亚地理范围内的中国、俄罗斯、蒙古国、日本、朝鲜、韩国，还包括在东北亚具有重要政治、经济、军事利益存在的美国。

回顾历史，近代以来，东北亚地缘政治格局随着俄罗斯、日本、美国、中国

---

① 巴里·布赞的安全复合体理论强调国家间安全联系对于地区观念形成的重要作用。[英]巴里·布赞、[丹]奥利·维夫：《地区安全复合体与国际安全结构》，潘忠岐译，上海：上海人民出版社2010年版。

四大国的权势涨落而急剧变迁。其间,俄罗斯和日本把国家版图和势力范围向东北亚积极扩张,不仅导致该地区的地缘政治格局出现重大变化,而且引起了新老世界霸主——美国和英国——在该地区的权势争夺。进入21世纪,世界主要大国中国、美国、俄罗斯、日本在该地区利益交汇、矛盾交织,既有难解的历史性问题、主权权益争端,也有因权力转移导致的结构性矛盾,它们共同作用于东北亚地区格局的构建和地区秩序的重塑。当前东北亚地区秩序有如下特点:力量态势方面,体现为中国的崛起,以及随之而来的中美两国、中日两国之间力量对比的变化;地区战略关系方面,安全上,美国主导的同盟体系正在朝着网状结构演进,并与中国展开全方位战略博弈,经济上,虽然地区内主要国家间经济相互依存程度不断加深,但大国战略竞争的加剧导致所谓"去风险化""脱钩"的趋势出现,尤其是在高科技领域。尽管地区主要国家都在试图为地区经济秩序提供制度框架,但东北亚仍然缺乏一个完整统一且为各国所接受的地区经济合作协议。这是由于东北亚地区尚未形成得到普遍认可的区域秩序安排,各种秩序观并存并相互折冲成为当前东北亚地区秩序建构的一大特征。

第一节　东北亚地区权力的动态转移与权力结构

东北亚地区国家间力量对比的变化尽管有其相对稳定的一面,即美、中、日、俄作为地区主要大国处于第一方阵,韩国、朝鲜和蒙古国作为地区中小国家处于第二方阵,但由于发展不平衡,地区国家之间的实力消长变化依然不可避免。依据美国、中国、日本、俄罗斯、韩国、朝鲜这六个国家经济实力、军事实力等核心指标数据,大致可以描绘并解释东北亚地区的权力结构。

一、后冷战时代东北亚地区的权力结构

后冷战时代,①东北亚地区格局进入了加速演进期,最明显的变化是中国的快速崛起,以及随之而来的中国与美、日、俄力量对比的变化。从20世纪90年代中期开始,中国的国内生产总值(GDP)较长时间保持了年均10%以上的增长,经济规模逐渐扩大。中国GDP规模占世界GDP总额的比例,从1995年的2.38%增长到2022年的18%,比例增长6倍多。中国经济总量于2005年、2006年、2007年、2010年先后超过法国、英国、德国和日本,跃居世界第二,之后一直稳居世界第二大经济体的地位。同样,从20世纪90年代中期开始,中国军费支出总额占世界军费支出总额的比例开始持续增长,从1995年的2.56%上升到2018年的13.72%,②比例增长超过4倍。2000年中国军费支出位居世界第四,位于英国和法国之后,2007年中国军费支出同时超过英法两国,成为世界第二,至今中国军费支出一直保持世界第二的位置。中国虽然与世界第一的美国在军费支出上还有较大差距,但也逐渐拉开了与东北亚其他国家军费开支的差距。

根据已有研究,人口规模、经济实力、科技实力、军事实力等核心指标大致能够折射出东北亚各国的综合实力。③据此,东北亚各国综合国力的对比如图1-1所示。

---

① 20世纪90年代初冷战结束,世界进入了后冷战时代,但后冷战时代延续到何时,长期以来未有定论。近年来,世界主要国家包括中国、美国、日本、俄罗斯等普遍认为21世纪10年代末20年代初后冷战时代已经结束,认为世界正逐渐进入一个新时代。
② 斯德哥尔摩国际和平研究所(SIPRI)2019年的数据显示,2018年中国军费支出占世界军费支出的13.72%,https://www.sipri.org/media/press-release/2019/world-military-expenditure-grows-18-trillion-2018。
③ 祁怀高、李开盛、潘亚玲、吴其胜:《未来十年东北亚地缘政治结构的变化及其影响》,载《世界经济与政治》2016年第8期,第133页。

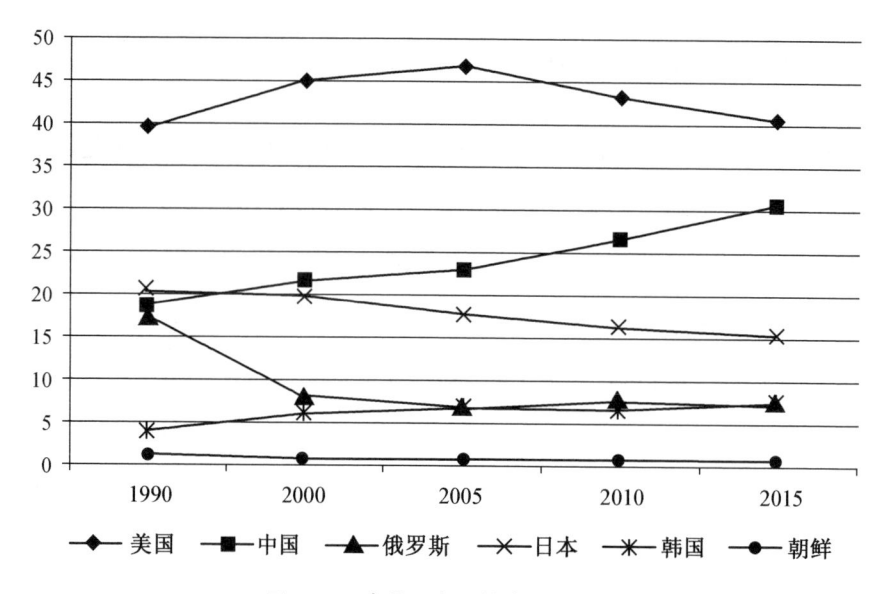

图 1-1 东北亚各国综合国力比重

数据来源：联合国人口司（UNPD）；世界银行（World Bank）"世界发展指数（WDI）"数据库；美国中央情报局《世界各国年鉴》（CIA World Factbook）；美国国务院《2015年世界军费开支与武器转让》（World Military Expenditures and Arms Transfers 2015）；美国丹佛大学国际趋势项目（Ifs）数据库；斯德哥尔摩国际和平研究所（SIPRI）军费开支数据库；战争相关性数据库（The Correlates of War）。相关网站数据获取时间：2016年3月30日。

从图中可以看出东北亚地区权力格局的基本形态。首先，中国逐渐拉大了同除美国以外其他东北亚地区国家的实力差距，中国的综合国力增长明显。从中日实力对比看，近代以来很长时间里中国都处于弱势，但后冷战时代，中日两国之间力量对比态势发生了根本性转变，近代以来东北亚地区"日强中弱"的局面朝着中日两强并立甚至"中强日弱"的局面转变。从经济总量看，自2010年中国国内生产总值超越日本以来，中日两国的实力对比便处于快速变化之中，且总体上有利于中国，结果是中日间的战略竞争态势加剧。相对于中国的增长，日本的综合国力在东北亚所占的比重从冷战结束时的20%下降到2015年的15.1%。对于俄罗斯来说，出于苏联解体等原因，其综合国力呈现较大幅度的下降,从冷战结束时的17%下降到2015年的7.2%。韩国的相对国力在过去25年间则呈现小幅增加,从1990年的4%增加到2015年的6.8%,接近俄罗斯的综合国力水平(7.2%)。①

其次,中国与美国的国力差距在缩小,但仍难以撼动美国在东北亚地区的霸主地位。根本上,决定东北亚地区当前和未来权力格局态势的是中美之间实力对比的变化。从综合国力方面看,冷战结束到2015年,美国综合国力在东北亚地区所占比例始终维持在40%—46%之间,并且远超其他国家,但是这种现象从2015年开始发生改变。最为突出的表现是美国在该地区综合国力开始逐渐下降,从高峰期的46%下降到2015年的40%。而中国综合国力在东北亚地区所占比例则逐步提升,从冷战结束时的18.6%上升到2015年的30.1%,中国与美国在相对国力上的差距逐渐缩小。② 也就是说,美国主导的东北亚地区单极格局逐步弱化,地区权力转移明显加速。

再次,军事安全方面,在东北亚地区,中美两国的军事实力各有优势。从美国方面来讲,其亚太海空优势仍然十分明显,且拥有日本、韩国等盟国。从中国的角度看,首先,中国陆上力量优势依然明显。其次,考虑到中美两国作战范围的不对称性,中国可以将大部分力量投入东北亚或东亚,而美国却要考虑其他区域投入力量的比例问题。③ 再次,中国在该区域的利益涉及中国国家安全与领土主权等核心利益,相较于美国的地区利益追求,中国在该区域守

---

① 相关数据参见祁怀高、李开盛、潘亚玲、吴其胜:《未来十年东北亚地缘政治结构的变化及其影响》,第136页。
② 相关数据参见祁怀高、李开盛、潘亚玲、吴其胜:《未来十年东北亚地缘政治结构的变化及其影响》,第136页。
③ 尽管我们说冷战后是一个美国单极或霸权的世界体系,但在东亚、中亚、中东、西欧和南美,霸权国的渗透能力和主导水平都存在显著差异。作为地理上并不位于东亚的国家,美国以军事存在、地区盟友和安全网络为依托,建立并长期维持着一个局部霸权体系。尽管目前中美海军的差距依然巨大,但在东亚海域,中美双方的投入比例与程度存在显著差异,美国在此可投入的力量相对有限,而中国则可就近集中几乎所有的最优兵力。详见胡波:《中美东亚海上权力转移:风险、机会及战略》,载《世界经济与政治》2013年第3期,第29页。

护自己利益的决心更为坚决。为此,多家智库得出了以下结论:中美在东亚,具体来说在"第一岛链"附近海域,两国间的战略平衡将大致维持。美国海军情报办公室的评估报告称,中美间确实还存在巨大的质量和能力鸿沟,但由于中美作战范围的不对称性,中国海军毫无疑问会在东亚近海获得体量优势,这将在一定程度上弥补质的差距。再加上中国庞大的陆基空中力量和导弹部队的加入,未来力量的天平势必向中国倾斜。[1]

总体上,冷战结束后的十多年里,东北亚地区总体上呈现一种"一超多强"的地区权力结构。从以GDP为代表的经济总量和以国防开支为体现的军事实力上看,美国遥遥领先于地区其他国家。正如美国著名战略理论家布热津斯基所言,对手苏联的垮台,使得美国处于一种独一无二的地位。它成为第一个也是唯一的真正的全球性大国,这在东北亚地区同样也有战略映射。东北亚地区,也不存在实力不及美国的地区国家为了抗衡美国的霸权而联合起来制衡美国的外交努力。理由很简单,冷战后地区国家大战略的重点在国内经济,而不是对外战略。美国在东北亚的联盟体系——美日和美韩同盟,经过冷战后几年的"漂移"和重新定位后,不仅没有解体和弱化,反而随着任务的扩展而得到凝聚和加强,同盟的职能和地域合作范围都比冷战时期大大拓展了。所以,在后冷战时代,东北亚地区的权力格局总体上呈现"一超多强"的格局,但随着中国的快速崛起,美国的"一超"地位也呈弱化之势。

二、新时代以来东北亚权力格局的发展变化

从主要大国战略互动、国家实力消长和未来数字经济时代特征来看,新时代以来东北亚的权力结构实际上开始从"一超多强"的地区格局向以中国和美国为核心的"准两极化"方向发展。目前,东北亚地区中国与美国的实力差距

---

[1] 胡波:《中美东亚海上权力转移:风险、机会及战略》,第29页。

日益缩小,和其他国家的实力对比在不断拉大,同时其他国家作为多元力量也发挥着重要的作用,使东北亚地区趋向于一种有别于严格的两极格局的"两强多元力量并行"的格局。

首先,从综合国力看,中美两国实力在东北亚地区呈鹤立鸡群之势。2022中国GDP约为18万亿美元,美国GDP约为25万亿美元,中国GDP超过了美国GDP的70%,尽管美国在东北亚地区的主导权尤其是在安全领域的主导权依然强大,但其经济领域的主导权已明显弱化。更重要的是,中国的国际影响力稳步提升,国防和军事现代化也进入了历史快车道,无论是国防经费支出还是军事力量建设都大大超过东北亚其他国家,成为该地区仅次于美国的军事力量。相关研究认为,2020—2030年,中国和美国将处于东北亚权力结构的第一层级。美国的相对国力占比预测将从2020年的42.0%缓慢下降到2030年的35.9%,而中国的国力占比预测将从2020年的32.3%持续上升到2030年的37.8%。[①] 2030年,中美两国不仅在东北亚的权势占比几乎相等,而且两国国力之和约占据东北亚地区的四分之三。

对于中国而言,地缘上北方强邻的消失,使中国自近代以来首次不再面临外部强国从陆上入侵的危险,国家本土安全利益有了基本保障。同时,除西南部分国境线尚待谈判划定外,中国亦与主要陆上邻国达成了边界勘定协议,实现了关系正常化,确保了边境地区的基本安定和常态化管理。随着战略安全环境的优化,中国终于可以聚精会神推进改革开放事业和现代化建设,以提升综合国力。凭借广袤国土带来的战略纵深、资源储备,以及以庞大人口为基础的人力资源优势,同时依靠核武器的战略威慑力和保有联合国安理会常任理事国席位等国际威望等级的加持,中国以独立自主的昂扬姿态持续崛起,并在

---

① 祁怀高、李开盛:《21世纪第三个十年东北亚权力结构演变》,2023年8月8日,http://www.icc.org.cn/publications/internationaloberservation/1869.html。

很大程度上影响了东北亚地区的权力格局。

美国在东北亚的霸权仅局限于大陆边缘海域和岛群,并未实现"地理全覆盖"。虽然美国综合国力在全球首屈一指,但由于其本土与东北亚远隔重洋,其在该地区只维持了相对有限的军力和海外基地,而且主体兵力是海空军部队。美国在东北亚的驻军及其强化盟友伙伴关系是其海权向大陆投射的"地理极限"的体现,是美国无法控制陆权的结果。在核时代大国战争难以想象的情境下,美国不得不放弃向陆扩张的图谋,转而依靠传统海空优势,通过两种方式实现地区霸权和战略利益:一是所谓的"海空自由航行",即美国必须掌控大陆近海交通线、海峡水道、关键基地的控制权,严防任何对手挑战其海上霸权;二是"保持地区均势",通过构建军事同盟与安全伙伴体系,参与地区经济活动和规则制定,确保美国足以领导、干预、影响地区权力分配与规则秩序,坚决防止某个地区大国"独霸一方"。

其次,中美关系的战略转型加速了东北亚"准两极化"趋势演进。进入21世纪第二个十年,随着国内外形势的变化,特别是当中国的经济、科技和军事实力日益接近美国甚至出现"超日""赶美"之势后,大国权力转移催生的安全困境效应终于成倍显现。历史地看,当一个国家的GDP总值达到美国70%左右时,美国就会进入某种战略焦虑模式。所以近年来,美国对中国愈发显得有些歇斯底里,美国统治精英对中国的战略认知出现根本性变化,冷战思维、零和博弈和民族狭隘思想死灰复燃,偏执地相信中国是美国"海空航行自由""保持地区均势"两大地区安全利益的严峻威胁,盲目地认为中国要把美国"排挤"出亚太。结果是美国对华身份定性由"朋友""伙伴"变为"竞争者""对手",对华政策亦逐步由"接触+遏制"变为"竞争""遏制""敌视",并直接折射到了美国的地区政策上。奥巴马政府时期的"转向亚洲""亚太再平衡"虽已流露"对华戒备"与"隐性围堵"的含义,但一定程度上还表达了在"对立"与"合作"、"对手"与"伙伴"关系之间求取平衡的意愿。

如果说奥巴马政府总体上还对中国寄予合作期望的话,那么特朗普政府上台后,美国则将中美关系定性为"大国战略竞争"。2017年11月18日,特朗普政府出台了首个《美国国家安全战略报告》文件,大谈"美国优先"和"有原则的现实主义",将大国关系推向了战略竞争时代。这份报告将中国和俄罗斯定义为"修正主义国家""改变现状的国家",污蔑中国和俄罗斯共同尝试改变国际秩序,挑战美国的实力、影响力和全球利益,污称中国侵害美国的国家安全和繁荣,对美国主导下的世界秩序构成严重挑战。报告明确指出:"从印度西海岸到美国西海岸,自由世界秩序和压迫性世界秩序的地缘政治竞争正在发生",认为美国当前所处的世界正迎来更激烈的竞争,世界的权力平衡正朝着对美国不利的方向发展。[1]

及至拜登政府,美国延续了上届政府对华霸道、霸凌、霸权做法,继续把中美关系定性为"大国战略竞争"。更甚的是,拜登政府不仅继承了特朗普政府的大国战略竞争基调,更是将这种竞争定义为"民主与威权"的竞争(Competition Between Democracies and Autocracies),是价值观之争,是道路之争,是发展模式之争,也是国际秩序与国际规则等领域的制度性竞争。2022年10月发布的《美国国家安全战略报告》称,中国是美国面对的"最严重的地缘政治挑战"(most consequential geopolitical challenge),认为中国是唯一既有意愿也有能力重塑国际秩序的竞争者。这份报告有近60次提及"中国",并称未来10年是美国与中国进行较量的"决定性十年",[2]如此等等。据此,美国在政治上频频对华发难,花样繁多地以各种政策工具攻击、打压、抹黑中国的政治体制、产业发展、外贸出口、商业投资、人文交流、国际形象和国防发展,

---

[1] The White House, "National Security Strategy of the United States of America," Washington, D. C., December 12, 2017, http://nssarchive.us/wp-content/uploads/2020/04/2017.pdf, p.46.

[2] The White House, "National Security Strategy of the United States of America," Washington, D. C., October 2022, pp.23-25.

妄图以"极限施压"逼迫中国屈服就范。在军事上，不断向中国周边调派先进作战平台和优势作战兵力，加强对华抵近侦察、监视、巡航与军演的频度和密度。在联盟与外交上，美国竭力纠集形形色色的"盟友""伙伴"群起发力，如组建"印太经济框架"（IPEF）、美欧贸易技术理事会、美英澳三边安全伙伴关系（AUKUS）等组织，升级美日印澳四边安全对话（QUAD）级别，提升"全球基础设施伙伴关系"（PGII），召开所谓"全球民主峰会"等。拜登政府更强调采用"经济、外交、军事"三位一体的全方位竞争，奉行"投资、结盟、竞争"的对华战略方针，追求"竞而胜之"（out-competing）的目标，争取在关键和新兴领域的规则主导权，塑造所谓"公平竞争"环境，维护美国的全球领导力。

对此，中国政府一方面寻求对美沟通和对话，始终希望通过对话确保中美关系止跌企稳，希望美方客观看待中国的发展，理性处理对华关系，把中美关系带回健康稳定、持久发展的正确轨道。另一方面，对于美国的强势、霸凌和遏制打压，中国基于有理、有利、有节的斗争原则，对美方的各类挑衅予以坚决斗争。2021年7月的中美会谈，中国向美国明确了三条底线，即美国不得挑战、诋毁甚至试图颠覆中国特色社会主义道路和制度，美国不得试图阻挠甚至打断中国的发展进程，美国不得侵犯中国国家主权，更不能破坏中国领土完整。

正是上述这种战略竞争态势，使得中美在亚太特别是在东北亚地区的较量呈现某种结构特征，即朝着"准两极"方向发展。双方领导层如何运用政治智慧调整认知、修正目标、协调利益、管控分歧，不仅将直接影响东北亚地区的和平稳定，而且将在很大程度上决定地区权力格局的基本面貌。

最后，从东北亚地区的国家实力来看，日俄两国在东北亚地区的权力值进入了近代以来的低谷。且不说俄罗斯面临西方制裁和俄乌军事冲突导致的东北亚的权力值继续下降，就日本而言，其在东北亚的权力值也呈缓慢下降之势，并深刻地反映在中日两国的国力对比之中。

从经济总量来看,2022年,中国的国内生产总值为18万亿美元,同年日本的国内生产总值约4.3万亿美元,前者约为后者的4.2倍。2010—2021年的12年间,中国的年平均增长率为7.25%,日本为1.35%,前者约为后者的5.37倍。[①] 日本的GDP长期维持在550万亿日元左右,而中国的GDP则从2010年的41.21万亿人民币,增长到2022年的121.02万亿人民币。也就是说,在经济实力对比上,中国在短时间内就对日本形成了绝对优势。虽然中国经济增长速度在放缓,但未来仍能够保持远远高于日本的速度,这意味着中日之间的经济实力差距还将进一步扩大。

在贸易方面,2022年中国货物贸易总额为42.07万亿元,按美元计价,进出口总额6.31万亿美元,日本为1.622 8万亿美元。[②] 投资方面,尽管日本早已完成从贸易大国向投资大国的转变,2021年日本海外总资产达1 249.8万亿日元,并且已经连续31年成为"世界最大的对外净资产国",海外净资产达411万亿日元。但2022年,中国对外直接投资流量达1631.2亿美元,位居全球第二,且连续七年占全球份额超过一成。2022年末,中国对外直接投资存量达2.75万亿美元,连续六年排名全球前三。中国境内投资者共在全球190个国家和地区设立境外企业4.7万家。其中,在共建"一带一路"国家设立境外企业1.6万家,[③] 约占中国境外企业总量的三分之一,中国地区经济中心地位比日本更加突出,而且这一优势还会随着中国强劲的经济增长势头而扩大。

军事上,中日两国的总体发展态势同样如此。在军费预算上,2022年中日两国的国防预算分别是14 504.5亿元和5.479 7万亿日元(折合人民币约3 200亿元)。军事装备方面,以海军舰艇建造为例,如果以舰艇总吨位计算,

---

① https://data.worldbank.org.cn/indicator/NY.GDP.MKTP.KD.ZG?locations=CN-JP&name_desc=true.
② https://www.ndrc.gov.cn/fgsj/tjsj/jjsjgl1/202301/t20230131_1348080.html.
③ 中华人民共和国商务部、国家统计局和国家外汇管理局:《2022年度中国对外直接投资统计公报》,2023年10月7日,https://www.gov.cn/lianbo/bumen/202310/content_6907593.htm.

中国2014年以来建造的舰艇总量,大概相当于日本海军的总规模,而且中国海军已经形成了双航母在线,第三艘航母即将海试,不久就将形成3个航母战斗群,海军实力目前已经跃居世界第二,仅次于美国海军。

综合经济和军事两个领域,中国都在以前所未有的速度超越日本,而且差距越来越大。这一过程具有两个特点:其一,由于中国实力超越日本的速度迅速,中日在东北亚地区的格局由过去的两强并立向"中强日弱"的方向发展,且在日本的不适应中加速这种权力转移;其二,中日两国完成权力转移的速度太快,这使得日本战略界充满了战略焦虑,并试图制衡中国。这两个特点在当前以及未来都会成为中日权力格局的基本特征。

尽管2010年之前的一段时期内,日本在经济总量上位居世界第二,科技研发和人力资源素质也名列前茅,如日本1994年时的国内生产总值曾相当于美国的80%。但其国土狭小、资源贫乏、人口老龄化严重,政治上相对内视保守,外交和国防上受制于"盟主"美国的意志等劣势明显。经历"泡沫经济破灭"和长达三十年的经济增长停滞后,战后日本往昔的实力王牌——产业和通商优势,也荣光不再。近年来,日本的国内生产总值已急剧缩小到只有美国的20%左右。"日本第一""日本奇迹""日本模式"等学说随之跌下神坛,日本的"和平衰落"已成不争事实。总之,日本国力基础有天然短板,缺乏长远持续崛起的后劲,不太可能改变"对美搭车"之战略处境。

俄罗斯虽也是地区强国,但同样缺乏可独立构成东北亚"一极"的实力与机会。俄罗斯继承了苏联大部分"强国"实力基础,包括全部的核力量以及联合国安理会常任理事国地位,地缘上横跨欧亚、领土面积世界第一和自然资源丰沛更使其傲视群雄。但俄罗斯的国家转型和"休克疗法"经济改革的失败使其元气大伤,经济军事实力迅速萎缩,人口也呈减少之势。据统计,俄罗斯经济转轨的20世纪90年代,经济总水平倒退了20年,其危机程度超过了20世纪30年代西方大萧条时美国国民生产总值的下降程度,也超过了第二次世界大战期间战争给苏联经济造成的破坏程度。更为重要的是,俄罗斯政治经济的核心在国土的欧洲部分,俄罗斯四分之三左右的人口都生活在欧洲部分的领土上,而远东联邦区则是俄罗斯广袤国土之中距离欧洲本部最远的,且地广人稀,总面积约为621.59万平方公里,人口却只有约629万。这里发展严重滞后,基础设施和劳动力长期不足。以上因素导致俄罗斯长期无法向东北亚方向投入充足的外交精力和战略资源,难以对中美日形成有效制衡,更遑论成为中美之外的地区"第三极"。2022年2月爆发的俄乌冲突进一步损害了俄罗斯的综合实力,俄罗斯远东联邦区发展的滞后状态在未来可预见时间内依然是俄罗斯维护和伸张权势的短板,加上国际政治空间的恶化,俄罗斯降为区域"次等强国"在所难免。

总体而言,21世纪20年代以来,东北亚地区的权力格局逐渐演化成中美两大力量为中心的结构。不仅经济总量上美国和中国居前两位,而且这两个国家与其他国家也逐渐拉开距离。军事实力方面也是如此。根据瑞典斯德哥尔摩国际和平研究所2020年年度报告,中国和美国的军费支出总和达到世界的一半。[①] 中美两国军费开支占东北亚地区总开支85%以上。虽然中国与美国在综合国力方面存在一定的实力鸿沟,但地区内其他国家与中国之间实力鸿沟也越拉越大。有学者认为,2022—2030年,俄罗斯国力在东北亚地区中的占比将在6.0%—6.6%之间,日本的占比将在9%—12%之间,韩国的占比将在7%左右。[②] 这与中国和美国35%—40%的占比存在很大差距。崛起的中国和现存的美国及其同盟体系的力量对比变化必然会在地区权力结构中体现出来。随着区域内国家对中国经济、贸易和市场的依赖日益加深,区域内原

---

① "SIPRI Yearbook 2020," November 28, 2020, https://www.sipri.org/sites/default/files/2020-06/yb20_summary_en_v2.pdf.
② 祁怀高、李开盛:《21世纪第三个十年东北亚权力结构演变》,2023年8月8日,http://www.icc.org.cn/publications/internationaloberservation/1869.html。

本集中于美国的领导力逐渐分化并向中国转移。根据美国卡内基国际和平基金会报告,未来15—20年间,中美的经济和军事实力差距将会缩小,中国的军事优势在其周边水域对美日同盟构成越来越大的挑战,美国主导地位会受到挤压,从而出现一种"被侵蚀的平衡"。[①] 由于中国坚持"人类命运共同体"和新型国际关系理念,并努力将其付诸实施,中美之间并没有形成类似冷战时期美苏那样的军事对抗的局面,且双方主导的领域不同,东北亚地区权力分布也没有形成严格意义上的两极均势,而是逐渐形成一种"准两极"格局,体现为两强多元权力并行,相应地东北亚地区秩序也必然要体现这种权力格局的转变。

第二节 危机事态牵引下的东北亚地区国际关系

地缘上,东北亚是陆权力量和海权势力的战略交汇点,直接反映在中、美、俄、日等大国的地区权势博弈之中。近代以来,战争的反复蹂躏和美苏争霸导致的对峙给地区政治版图打下了深深的烙印,诸多安全难题至今仍待化解,实现真正的持久和平与长治久安仍是东北亚各国孜孜以求的美好愿景。冷战后,有关东北亚国际经济交流与区域一体化的大讨论一度带来超越权力政治的乐观情绪,但随后的事实证明,那些经年累月沉积的互疑、戒备、敌意、竞争与对抗并非仅凭利益分享和制度疏导就可轻易消除,自由主义理论家们的热情主张终究无法抵消现实主义政治冷冰冰的铁律。因此,要构思和求索推进区域和平与发展的蓝图方案,首先需要准确认识现有的主要地区安全问题以及由此导致的主要国家战略关系的转变。

[①] Carnegie Endowment for International Peace, "China's Military & the U.S.-Japan Alliance in 2030: A Strategic Net Assessment," May 3, 2013, p.236.

一、东北亚地区的主要安全问题

目前,东北亚最复杂最棘手的安全问题主要有三个,即朝鲜半岛问题、地区领土和海洋权益争端,以及主要国家战略转型带来的安全挑战。

首先,朝鲜半岛问题及其频发的危机事件长期以来成为东北亚地区安全问题的焦点。

朝鲜半岛问题是冷战的产物,历经 70 余年仍是世界的热点问题。20 世纪 90 年代初随着冷战的结束,朝鲜半岛南北关系也随之发生重大变化,进入了缓和、交流、紧张交替循环的关系状态。1991 年 9 月 17 日,朝鲜和韩国以主权国家身份加入联合国,实质上双方都默认并接受了对方政权的合法存在,为南北对话创造了氛围。随后,双方签署了《关于南北和解、互不侵犯与合作交流协议》和《关于朝鲜半岛无核化共同宣言》,并于 1992 年 2 月生效,成为半岛向着和平、合作、统一方向迈进的重大事件。和解进程的开启也为南北双方试图解决半岛问题提供了动力。1997 年 12 月,旨在解决半岛停战问题的中、美、朝、韩四方会谈正式召开,尽管由于分歧太大没有达到预期目的,但毕竟相关当事方坐到一起,致力于寻求解决冷战遗留问题的方法这一共识就是一大进步。1998 年,以金大中就任韩国总统为契机,朝韩关系开上了和解的快车道。金大中的"阳光政策"由此也迎来了冷战后朝韩关系良性互动的高峰。2000 年 6 月 13 日,朝韩两国首脑实现了历史性会晤,这是朝鲜半岛分裂 55 年来的首次南北首脑会晤,发表的《南北共同宣言》也成为指导南北关系的最重要文件之一。金大中的继任者卢武铉在继承"阳光政策"的基础上,提出了"和平繁荣"对朝政策,不仅主张南北和解合作,而且以朝鲜半岛和东北亚共同繁荣为目标。2007 年 10 月卢武铉总统徒步跨过朝韩军事分界线,由陆路前往朝鲜访问,与金正日实现了第二次首脑会晤,双方签署的《南北关系发展与和平繁荣宣言》巩固了 2000 年第一次韩朝首脑会谈所开创的南北关系新局面。

朝韩关系虽然表面上缓和并向和平、和解、合作的方向发展,但是双方关系在政策理念、核危机以及突发事件等问题的影响下仍然危机四伏。随着朝鲜核问题的恶化和韩国国内"韩美同盟派"压倒"自主外交派"再次成为社会主流的政治生态,韩国保守势力重新掌控了韩国政坛,直接导致了南北关系的变化。2008年上台的李明博政府放弃了前两届政府实行的对朝包容与合作政策,提出以朝鲜弃核为前提,执行以"无核、开放、3000"构想为主要内容、以务实和效率为基础,以相生共荣为战略目标的对朝新政策,这遭到了朝鲜方面的全面否定,双方关系不断恶化,摩擦不断。李明博政府对朝强硬政策换来的是南北关系的不断降温、恶化、紧张对峙的加剧。2010年的"天安舰事件"和延坪岛炮击事件更是让半岛上空弥漫着战争的阴云。朴槿惠的对朝政策"朝鲜半岛信任进程"也没有换来朝鲜正面回应。在核问题上,韩国追随美国制裁朝鲜,朝韩双方更是剑拔弩张。2013年3月,朝鲜宣布全面废除关于朝韩之间互不侵犯的所有协议,宣布《朝鲜半岛无核化共同宣言》完全无效,并关闭朝韩板门店联络渠道,朝韩关系进入战时状态,所有朝韩之间的问题将根据战时状态来处理。

2017年,韩国"自主外交派"的共同民主党领导人文在寅上台执政,他继承了金大中和卢武铉总统以和平与繁荣为核心的对朝政策,以2018年平昌冬奥会为契机,朝韩关系加速改善。在这一年里,朝韩首脑举行了史无前例的3次会晤,朝韩关系再次得到了一定程度的改善。双方签署了《关于实现半岛和平、繁荣及统一的板门店宣言》和《9月平壤共同宣言》两份重要文件。然而,积极的愿望和短暂的热情互动也难以融化朝韩长期尖锐对峙的坚冰。2019年,朝韩关系趋冷使得两国军事关系再次陷入胶着僵持状态,两国度过了"令人失望和愤怒的一年"。2020年5月底"脱北者"散发反朝传单事件后,朝方有关部门彻底断绝并废除通过朝韩共同联络办公室一直维持的朝韩通信联络线、朝韩军方之间的东西海通信联络线、朝韩通信试验联络线、朝鲜劳动党中央本部大楼和青瓦台之间的热线,并于6月16日将位于开城工业园区内的朝韩联络办公室大楼爆破。此后,两国关系延续着起起落落的态势,但南北关系紧张这一主线始终清晰可见。

就半岛问题而言,朝核危机引发的关注和博弈同样影响深远。

20世纪50年代,出于国家安全和民族自强的考虑,朝鲜开始着手发展核技术。随着20世纪80年代末、90年代初东欧剧变、苏联解体以及中朝关系出现波折,朝鲜的国际战略环境骤然恶化。于是,朝鲜开始加紧建立自己的核威慑力量。在1994年签署的《核框架协议》失败和第二次核危机后,朝鲜公开表明了拥核意志。2006年10月,朝鲜宣布成功进行了地下核试验,成为事实核国家,半岛无核化状态被打破;2009年5月,朝鲜再次进行核试验和导弹试射活动。进入金正恩时代,朝鲜加快了核与导弹开发的进程,从2013到2017年的5年时间里,朝鲜进行了4次核试验,近百次各种导弹试射活动,在不断制造半岛危机的同时,朝鲜也成功地实现了核战略目标,即"拥有了任何力量用任何方法都无法撤除的强有力的、可靠的战争遏制力"。[1]

朝鲜对于核武器及其远程投送能力的追求,使得朝鲜半岛成为国际社会关注的焦点,引发的国际政治效应尤其是美国和朝鲜之间的紧张对峙,催生了一轮又一轮的地区危机,使东北亚各国不可避免地卷入到这场战略游戏之中。朝核问题中的利益博弈不仅仅涉及朝鲜寻求国家安全以求自保的问题,它还影响着包括中国、美国、日本、俄罗斯在内各方的利益。而大国力量的介入,一方面为朝核危机的解决注入了有利因素,另一方面也使得朝核问题的演变扑朔迷离。

---

[1] 朝中社:《김정은동지께서 새해 신년사를 하시였다》,2018年1月1日,http://www.kcna.kp/kcna.user.article.retrieveNewsViewInfoList.kcmsf#this。

其次,地区领土领海争端经常性地引发地区国际关系紧张。这方面主要包括中日间的钓鱼岛争端以及东海划界问题、俄日间的南千岛群岛(日方称北方四岛)问题和韩日间的独岛(日方称竹岛)问题。

就中日领土争端问题来看,20世纪70年代,中国沿海渔民就在钓鱼岛一带与日本海上保安厅发生过渔业纠纷。但在当时中日邦交正常化的环境下,钓鱼岛争端处于共同搁置的状态。进入新世纪后,日方一再挑衅,在钓鱼岛私自修建建筑物,肆意冲撞中国渔船,屡次抓捕中国渔民,钓鱼岛和东海划界争端持续发酵。

钓鱼岛争端在2012年达到高潮。2012年4月,日本东京都知事石原慎太郎在访问美国时,公然宣称:"中方欲打破日本对钓鱼岛的'实际控制',这听起来和宣战布告差不多。"[1]石原慎太郎主张由东京都政府出面购买钓鱼岛,顿时引起了轩然大波。同年9月,日本野田佳彦内阁动用20.5亿日元(约1.66亿元)的价格从栗原弘行手中"买岛",妄称将钓鱼岛"国有化"。钓鱼岛及其附属岛屿将交由日本海上保安厅"管理"。2012年9月12日,日本政府正式宣布,已经完成了对钓鱼岛所谓"国有化"的"土地登记手续","土地所有者"正式变更为国家。针对日本改变钓鱼岛主权归属的不法行为,中国针对性地采取了必要措施,持续开展维护钓鱼岛主权和海洋权益的斗争,通过一系列针锋相对的举措,有力地回击日方的种种挑衅,有力地维护了国家主权和海洋权益。至今,中日双方围绕钓鱼岛问题的争端尽管处于总体可控状态,但这一问题对于双边关系的影响依然如故。

东海划界问题是中日两国领土领海争端中又一个重要而复杂的问题。东海划界问题与领土、能源问题交织在一起,中日两国在这一问题上的分歧之

---

[1] 《石原慎太郎:中国反对日本购钓鱼岛 无异于宣战》,2012年4月19日,http://www.cb.com.cn/index/show/sd/cv/cv135144291319/p/1.html。

大、矛盾之深,使得这一问题的解决困难重重。

21世纪以来,中日围绕东海问题的争端始于东海的油气开发。从20世纪70年代开始,中方就向日方提出在不涉及钓鱼岛主权的前提下,共同开发钓鱼岛附近海域的设想。直到1998年3月,中方还曾向日本提议,以有利于石油资源的勘探开发为出发点,选择东海浙东凹陷和台北凹陷(包括钓鱼岛北部凹陷)的部分区域作为共同开发区,并希望与日方协商确定方案,但日方没有响应中方的提议。2003年,中国两家石油公司与美国两家公司签订开发东海油气的西湖凹陷作业合同,其地理位置在两国争议海域中方一侧,目的就是不希望引起争端。但日方频繁出动舰船和飞机到中方作业现场进行监视、侦察和骚扰,有时甚至进入无争议的中国海域,中方为了不使事态扩大,依然采取克制态度,但日方还是在各种场合散布所谓"吸管效应",称中方开发活动"吸走了"日本油气资源。

2004年5月27日,《东京新闻》记者和杏林大学教授平松茂雄乘飞机对正在兴建中的中国东海"春晓"天然气开采设施的建设情况进行所谓"调查",随后几天,题为《中国在日中边界海域兴建天然气开发设施》《日中两国间新的悬案》等报道和评论在《东京新闻》上连续刊出。其中充斥着"中国向东海扩张""中国企图独占东海资源"等煽动性文字。而日本大小数百家网站立即进行了转帖,结果导致日本民众在这种恶意舆论鼓动下产生严重的不满情绪,日本媒体进而开始批评小泉纯一郎政府"反应迟钝""损害国家利益"。同时,一些有政治目的的政客和强硬势力也参与进来,要求小泉政府立即采取行动,"维护本国海洋权益"。

在这种背景下,日本政府的行为也逐步升级。2004年6月23日,经济产业相中川昭一乘直升机飞到东海上空对中国的"天外天""平湖"和"春晓"三个油气田进行了约一个小时的"视察",并认定中国侵犯了日本的海域经济权益。6月29日,中川对外表示,日本政府已经决定7月上旬派出海洋调查船前往东海海域"中间线"日本一侧进行海底资源调查。在当月举行的两国外长会谈中,时任日本外相的川口顺子向中国外交部李肇星部长表示,日本希望中方能提供开发区域海底的地质构造数据,遭中方拒绝,但中方同意就此问题与日方展开磋商。同月,原本参与中国东海油气田开发的美国公司突然宣布单方面退出,两国的东海纠纷正式走上台前。

2004年10月,中日两国外交部就东海问题首次进行正式磋商,在日本公司无力进行独立开采的客观条件下,2004年10月至2007年4月,经过两年半的衡量和协商以后,日本从切身利益出发选择接受中国提出的共同开发要求。2007年4月,中国国务院总理温家宝访问日本期间与日本首相福田康夫就妥善处理东海问题达成共识,双方表示中日两国将根据互惠原则,在双方都能接受的较大海域进行共同开发。2008年6月,中日双方通过平等协商,就东海问题达成原则共识。第一,关于中日在东海的合作。根据2007年4月和12月中日两国领导人达成的新共识,在实现划界前的过渡期间,在不损害双方法律立场的情况下进行合作。第二,中日关于东海共同开发的谅解。用坐标点顺序连线围成区域作为双方共同开发区块,其中选择双方一致同意的地点进行共同开发。第三,关于日本参加春晓油气田开发的谅解。中国企业欢迎日本法人按照中国对外合作开采海洋石油资源的有关法律,参加对春晓现有油气田的开发。中日两国政府对此予以确认,并努力就进行必要的换文达成一致,以期尽早缔结。

然而,共识和两个备忘录并没有换来东海的和平稳定与发展。2012年9月,日本单方面宣布"钓鱼岛国有化",打破了让东海成为和平之海的约定。同年12月,中国政府向联合国秘书处提交东海部分海域200海里以外大陆架外部界限划界案,指出地貌与地质特征表明东海大陆架是中国陆地领土的自然延伸,冲绳海槽是具有显著隔断特点的重要地理单元,是中国东海大陆架延伸的终止。中国东海大陆架宽度从测算中国领海宽度的基线量起超过200海里。2013年7月,针对日本媒体称中国海洋石油总公司等正在准备向中国政府申请新开发东海七处油气田一事,日本政府表示不承认中国有单方面开采的权利,日本官房长官菅义伟称"如果是中国单方面开发,日方绝对不能容许",东海局势再次紧张起来。

2015年7月,日本公布了偷拍到的照片,称中国在东海"中日中间线"附近建造16处油气田钻井平台,其中4处继续进行开发,指责中国没有遵守2008年的共识。日本发布新版《防卫白皮书》,特别提及中国在东海的油气开发,要求中国立即停止开采行为。日本坚守的所谓"中间线"原则和钓鱼岛争端交织在一起,使得东海油气田矛盾升级。

中日两国政府关于东海油气开发相关谈判于2010年中断后,中国在"中方一侧海域"建造了共16座油气田开采设施,持续推进单独开发。日本政府对中国的单独开发一直保持密切关注。2019年2月,日本外务省称,中国1月移动了开采船,已着手采取可能是新的试开采的行动,并通过外交渠道向中国政府提出抗议。官房长官菅义伟在记者会上表示:"中方继续采取单方面旨在开发的行为,令人极其遗憾。"2022年5月,日本政府称发现中国在争议海域建造了17台钻机并完成钻井平台建设,于是多次通过外交渠道表达抗议,6月,日本首相岸田文雄参加新加坡香格里拉对话时称,中国正在单方面改变东海海域现状,呼吁日本与其他国家进行海上合作,提升海上安保能力,维持印太地区的海洋秩序,共同应对中国在海洋上的"扩张"行为。从上可见,主要由于日本方面的顽固立场和对华疑忌与不信任,东海问题争端不断升级。

日本与俄罗斯和韩国也存在难解的领土争端问题。日俄两国的领土争端是南千岛群岛(日方称北方四岛)问题。岛屿的地理位置大致在库页岛以南、北海道以北,包括择捉、齿舞、色丹、国后四岛,总面积约5 000平方公里。第二次世界大战(以下简称"二战")前长期归日本所有,1945年9月3日苏联对日宣战,占领北方四岛并宣布拥有该地主权。从此,岛屿归属问题成为俄日两国几十年来悬而未决的难题。由于对争议领土问题所依据的有关法律文件的不同解读，两国至今未能签署和平条约，俄日关系也未能正常化。2004年，日本政府提出对俄外交新方针，重提"一揽子归还"北方四岛方案，但俄罗斯坚持1956年《苏日宣言》"准备向日方归还两个岛屿"的方针，两国关系重回"领土优先"原点。2009年7月，日本参议院通过《促进北方领土问题解决特别法》修正案，明确"北方领土为我国固有领土"，将北方四岛归属法律化。这遭到俄罗斯的强烈谴责，2010年11月1日，俄罗斯总统梅德韦杰夫登上国后岛。这是21世纪以来，俄罗斯国家元首首次视察南千岛群岛，俄日围绕岛屿归属问题的争端逐步升级。2018年，普京总统直接向南千岛群岛增兵，并拨款70亿卢布提升当地驻军的武器水平。2022年，日本参与了对俄罗斯的全面制裁行动，并在2023年的日本外交文件宣称被"俄罗斯非法占领"的北方四岛是"日本不可分割的一部分"，这引发俄罗斯方面的强烈反击，俄方拒绝继续就包括南千岛群岛在内的领土争议问题进行和平谈判。

除了殖民问题，横亘在韩日两国之间的另一个障碍就是独岛（日方称竹岛）问题。《旧金山和约》让日本放弃"包括济州岛、巨文岛、郁陵岛在内的朝鲜地区"，但是没有提到独岛（竹岛），这在独岛（竹岛）的归属问题上留下一个隐患。在二战结束后的几十年时间里，独岛（竹岛）反复出现在两国的外交照会中。从1954年开始，日本向韩国递交了50多份外交抗议文件，宣称竹岛是日本固有领土，并将此争议提交海牙国际法庭，但被韩国以"主权问题不容谈判"为由驳回。2005年3月16日，日本岛根县议会表决通过了"竹岛日"的条例提案，正式把2月22日定为"竹岛日"。一石激起千层浪，引发了韩日两国间的对抗。2012年8月10日，韩国总统李明博搭乘直升机登临独岛，成为首次登上这座韩日争议岛屿的韩国在任总统。韩国人对独岛争端的认知是：这不仅是一座无人居住的岛屿的归属问题，更是韩国对日本侵略历史难以释怀的一种映射。

如今，无论是东北亚地区的领土主权争端还是海洋权益争端，至今仍看不到解决的希望，这既是历史遗留恩怨仍无法释怀的体现，也是地区国际关系矛盾的真实反映，是地区国家间关系的"晴雨表"，未来仍是解决地区安全问题和国家间关系绕不过的坎。

再次，主要国家战略转型增加了地区战略困境。

进入21世纪以来，尤其是21世纪第二个十年以来，东北亚地区主要国家在"百年未有之大变局"背景下都积极调整各自国家内外政策，特别是美国和日本，其带有零和博弈思维的战略转型成为影响地区稳定的主要因素。

随着中美实力的消长，美国对华焦虑日益上升。正如哈佛大学教授艾利森（Graham Allison）在其著作中所述："对于长期活在'老大'世界里的美国人来说，中国将取代美国成为世界最大经济体的想法是不可想象的。许多美国人认为，经济首要地位是一种不容剥夺的权利，以至于这成了美国国家身份的一部分。"[1]

正是基于此种战略情势和恐慌心理，美国2017年上台的特朗普政府提出要回归大国战略竞争，同时特别强调不仅要"让美国再次伟大"，更是在对外战略上高举"美国优先"的狭隘自私大旗。显然，美国从自身实力的角度上讲，已不再具备冷战刚结束时的绝对强势地位，特朗普政府对"美国优先"的强调，实际上是基于美国实力地位相对下降的现实，以及对先前自由国际主义大战略反思的结果，"美国优先"的主要关注点也就变成如何在降低手段运用成本的同时实现国家利益最大化，即调整或打破目前存在的不利于美国的国际规则及制度，从而达到"让美国再次伟大"的目的。2017年《美国国家安全战略报告》开篇即点明，"美国优先"的国家安全战略是建立在美国原则、对美国利益

---

[1] Graham Allison, *Destined For War: Can America and China Escape Thucydides's Trap?* New York: Houghton Mifflin Harcourt Publishing Company, 2017, Part One "the Rise of China", pp. 9-10.

的清晰评估和应对挑战的决心之上。① 美国认为,其当前最主要的"国家利益"(即美国的霸权地位)正受到"侵蚀"。在美国战略界看来,中国的崛起不仅是对美国现实利益和国际地位的挑战,更是对美国的制度和价值输出的威胁。而美国战略界对华反思的结论是,过去几十年的对华接触政策已经宣告失败,中国在各领域不断挑战美国的领导地位,因此,同中国的大国竞争刻不容缓。2017年《美国国家安全战略报告》尽管也承认竞争并不总是意味着敌意,并非必然导致冲突,但又坚持认为国际政治中的竞争不可能是短暂的,而将是一种长期的趋势,并要求美国持续地予以关注。② 2021年拜登政府上台,基于内外多重挑战与困境的叠加,拜登政府在反思特朗普政府内外政策的基础上推进国家安全战略调整重塑,主要表现在:聚焦提升美国国内的经济和社会竞争力,加大对美国国内基础设施和高科技创新产业的投入,从根本上强化美国的长期实力和竞争优势;聚焦大国竞争,在"竞合"中实现对大国的"胜出";突出价值观外交,将其置于外交政策的中心,将大国竞争归结为"民主与专制的较量",并称这将决定未来国际秩序的走向;强化联盟外交,不仅强化和构建同盟关系,而且推动北约与亚太同盟体系的连接,加大对中国制衡的同时,重振美国的国际领导力。2022年《美国国家安全战略报告》称,国际秩序在一个地区的崩溃最终会使其他地区的秩序陷入危险境地。美国希望欧洲盟友能够在印太地区发挥更大作用,同时推动日本、韩国、澳大利亚、印度等"印太"盟友与欧盟、英国展开更深入的合作,共同应对与中国的竞争。③ 总体而言,拜登政府

---

① The White House, "National Security Strategy of the United States of America," Washington, D. C., December 2017, http://nssarchive.us/wp-content/uploads/2020/04/2017.pdf, p. 1.

② The White House, "National Security Strategy of the United States of America," Washington, D. C., December 2017, http://nssarchive.us/wp-content/uploads/2020/04/2017.pdf, p. 4.

③ The White House, "National Security Strategy of the United States of America," Washington, D. C., October 2022, p. 17.

国家安全战略的核心目标是采取更加精巧的方式深化大国竞争,将推进美国国内政策议程、提升美国自身长期竞争力与美国的对外战略深度结合,在应对跨国挑战的进程中增强美国的国际领导力,同时打造针对中国等对手的新的战略优势。[①]

除了美国强化大国战略竞争这一战略转型,东北亚地区另一个典型意义的战略转型国家就是日本,其追求"正常国家"地位的行为挑动着地区和国际社会的神经。随着冷战后日本社会右倾化,尤其是安倍晋三首相第二次执政以来,日本政府不仅在历史问题上严重倒退,而且积极推动外交安保政策的转型,企图摘掉战败国帽子,摆脱战后秩序对日本的约束,实现"正常国家"目标。总体而言,日本的战略转型主要体现在以下四个方面。

一是歪曲历史,企图通过否认侵略战争为日本的"正常国家"地位营造舆论环境。2013年安倍抛出"侵略"定义未定论,试图通过否认战争的侵略性质摆脱所谓战犯国的帽子,从而成为"可以进行战争的国家",即"能战"国家。

二是通过修改和平宪法解释,架空和平宪法,推进防卫政策转型。作为顽固的右翼分子,安倍的毕生追求是修改和平宪法,推动日本"正常国家"化。2006年其第一次执政就积极推动防卫体制改革,将防卫厅升级为防卫省。2012年第二次执政后,安倍加快了日本安全战略的转型。从修改"武器出口三原则"到强力推行解禁集体自卫权,日本逐步推进海外出兵的常态化,推进自卫队全球化,进而达到架空和平宪法、摆脱战后秩序的目的。解禁集体自卫权,意味着日本从此将抛弃"专守防卫"政策,日本自卫队就可以打着所谓的"积极和平主义"旗号,在"武力行使三条件"的宽泛框架内,不受地理和任务性质限制在海外开展军事行动。而2022年12月通过的"安保三文件"《国家安

---

① 赵明昊:《把控世界政治"拐点":美国国家安全战略的调整》,载《美国研究》2022年第6期,第76页。

全保障战略》《国家防卫战略》《防卫力量整备计划》规定的保有打击敌方导弹发射设施的"反击能力",彻底掏空了"专守防卫"的传统防卫政策,意味着日本将走向一个攻守能力兼备的"正常国家"。

三是大力增加防卫投入,抛弃自卫队虚名,加快走向军事大国的步伐。鉴于将中国定性为日本"最大战略性挑战",以及面临朝鲜核导现实威胁,日本加速扩军、走向军事大国的目标。自20世纪60年代以来,日本防卫费长期保持在其GDP的1%以下。然而2021年,日本防卫费达到了1.24%,这是半个多世纪以来,日本防卫费首次超过国内生产总值的1%。岸田文雄内阁甚至取消了防卫预算上限。2022年年底通过的"安保三文件"将2023至2027年度日本防卫费总额定为约43万亿日元,是现行《中期防卫力量整备计划》(2019至2023年度)约27万亿日元总额的近1.6倍,并规定要在2027年度实现防卫费占GDP2%的目标,届时日本将成为全球第三大军费支出国。日本传统的"吉田路线"逐渐弱化,强化自主防卫、集体防卫、走向军事大国的势头难以逆转。

四是与时俱进,打造全域、全功能的美日同盟。美日同盟一直处于战后日本安全战略的核心地位。冷战后,美日同盟从冷战时期的"专守防卫"向地区周边事态转型。1997年美日修订的《防卫合作指针》在应对"周边事态"时,将美日分工分成平时、"日本有事"和"周边有事"三类,规定在"周边有事"时,日本自卫队为美军提供"后方支援"。2015年日美再次修订《防卫合作指针》,要求在强化同盟协调的同时增强同盟"威慑力",确保覆盖"灰色事态","无间隙"保卫日本。而集体自卫权的解禁意味着在日本"危急事态"下日美可以实现域外的协同作战。

五是对外方面,积极拓展全方位外交和多层次多边国际安全体系,提升日本的国际威望。安倍在第二任期时提出了"俯瞰地球仪外交""战略性外交""积极和平主义""价值观外交"等外交政策新理念,努力提升战略自主,拓展国际空间，塑造并构建有利于日本的国际战略格局。仅就"俯瞰地球仪外交"而言，安倍第二次执政后的四年时间里，就访问了100多个国家和地区，创造了二战后日本首相出访次数之最。后安倍时代，日本基本沿着安倍外交路线，与欧美寻求推进"自由开放的印度洋太平洋"构想，发展日澳、日英等的"准同盟"关系，并打着维护"航行自由"和"法治"的旗号，构建由美日澳印组成的"民主安全菱形"机制，谋求日本外交的战略自主性。同时，日本借放宽"防卫装备转移三原则"的契机扩大武器出口和技术合作，与所谓"志同道合国家"及北约等军事组织深化安全战略合作，深度介入国际安全事务。

当然，为了顺利推动战后体制的转型，给国内民众一个合理的借口，安倍内阁把自己打扮成"受害者"，为此不断渲染"中国威胁论"，将中国界定为日本的"最大战略性挑战"，在中国军力发展、东海防空识别区、中日军机"异常接近"、东海问题、南海问题、台海问题等方面对中国无端指责，污蔑中国在海洋事务上采取"高压"做法，正在成为地区不稳定因素。对此，中国政府进行了义正词严的驳斥，对其战略挑衅进行了有理有利有节的斗争。

二、东北亚地区政治安全生态的流变

随着主要国家战略转型而来的是地区政治安全生态的变化，其直接表现就是东北亚地区霸权日趋削弱的美国抱持冷战思维试图重塑地区安全态势，并直接反映在地区安全秩序转型之中。

首先，基于冷战思维和霸权战略的需要，美国不断强化并升级其与东北亚主要盟友的关系。美国在东北亚的同盟体系是其维持东北亚地区主导地位的基石，也是美国维护其东北亚利益的重要力量。二战结束后，美国建立了"轮辐式"地区安全同盟结构，成为地区安全事务的主导力量，为区域内盟国持续提供安全保护，而地区盟国一直接受美国的领导地位，认可美国的安全保护作用，甚至借此巩固国内执政的合法性。因此，整个同盟体系在冷战后依然保持了较高程度的联合性,其内聚力短期内不会削弱。

就美国而言,美日和美韩这两对双边同盟关系至今仍是东北亚安全结构中最牢固和最持久的构成要素。[1] 其中,美国将美日同盟定位为保持亚太稳定的基石,认为正像德国对欧洲至关重要一样,日本是亚洲安全的关键。随着21世纪以来日本政治和社会整体右倾化的转向,借着美国战略重心转向亚太的历史机遇,日本加快了国家"正常化"步伐。2014年7月1日,在自卫队成立60周年纪念日当天,日本内阁会议不仅通过了修改宪法解释,而且还通过了解禁集体自卫权的内阁决议案。这为日美同盟的进一步深化提供了法律基础。对此,美国前国防部长哈格尔(Chuck Hagel)指出,日本政府新的集体防卫政策使得日本自卫队可投入范围较广的任务,美日联盟将更有效,也使同盟的现代化更趋完善。[2] 在通过解禁集体自卫权后,美日酝酿已久的日美《防卫合作指针》的修订在2015年4月终于尘埃落定,从而实现了日本防卫政策转型和同盟深化的无缝对接。

随着日本在美国亚太安全战略中的地位提升,美日安全防卫的平等性也有所加强,日本借机将军事安全合作的视野投向了日美同盟框架之外,为将来军事介入地区或国际事务埋下了自主裁量权。新版美日《防卫合作指针》规定了美军和日本自卫队在针对日本岛屿的武装袭击中的作用,美国首次承诺保卫日本近海岛屿,并强调了《日美安保条约》第五条适用于"尖阁诸岛"(即我钓鱼岛及其附属岛屿)。其合作内容从日本提供基地设施、美国提供安全保护扩展到日本向美国的军事行动提供补给、运输、维修、通信、警戒等多项支援,以及两国在搜集情报、公海扫雷、人道主义援助、紧急疏散、海上封锁和空间管制等多个领域协同行动。近年来,美日又将合作领域向太空等新兴领域拓展。

---

[1] 李志斐:《东亚安全:合作模式与结构》,载《当代亚太》2010年第6期,第110—114页。
[2] U. S. Department of Defense, "Hagel Welcomes Japan's New Collective Self-defense Policy," http://www.defense.gov/News-Article-View/Article/602808.

2023年1月的"2+2"会议,美日两国在《日美安保条约》中正式添加外太空合作内容,明确表示"来自太空和太空内部的攻击"可能触发该条约的共同防御条款。

韩国是美国在东北亚地区的另一个坚定盟友,虽然韩美两国在韩美同盟的定位问题上一直存在分歧,但两国关系仍然继续提升。美韩同盟已经实现了战略转型,由军事合作为主向共同价值为基础的一揽子战略同盟转变。当前,韩美同盟的深化主要体现在三个方面。一是同盟合作领域大大拓展。2013年5月趁着纪念韩美同盟60周年之际,美韩两国将"全面战略同盟关系"提升为"全球伙伴关系",开创了韩美在东北亚和全球事务中合作的新时代。尹锡悦政府上台后,韩国又着力将韩美关系提升至"全球全面战略同盟"水平,以所谓"自由民主价值观"为基础,扩大和深化韩美在军事等领域的合作。新常态下,美韩同盟也不再集中于军事和安保领域,而是向经济领域和非传统安全领域扩展,如气候变化、清洁能源、能源安全、人权、人道主义支援、打击恐怖主义、防止核扩散等。尤其是《韩美自由贸易协定》生效后,经济合作成为美韩合作的重要领域。如2015年10月朴槿惠访美,韩国派出多达166人的史上最大规模的经济使团,举行了高端产业合作论坛和韩美经济界圆桌会议。2022年5月,韩国尹锡悦政府宣布加入美国主导的"印太经济框架",旨在加强与美国在全球供应链、数字转型、清洁能源等新贸易议题上的合作。二是深化美韩对朝鲜的遏制体系。近年来,针对朝鲜的核与导弹威胁,美国强化了对韩国的安全保障。2009年美国向韩国提供包括核保护伞、防范常规武器和导弹进攻能力在内的全方位军事力量的"延伸遏制力"安全保障。2013年10月的第45次韩美安保协议会上(SCM),又通过了共同应对朝鲜的核武器及大规模杀伤性武器威胁的"量身定制型延伸遏制战略",将美国向韩国承诺的"延伸遏制力"进一步具体化,并通过演习等形式定期检验这一战略的功效。2023年4月,在韩美同盟70周年之际,韩美发表《华盛顿宣言》再次升级美对韩提供的"延伸威慑",称美将通过扩大美韩核危机磋商、新增美韩军事训练和模拟演习、成立"美韩核磋商小组"机制、向半岛附近海域机动部署战略核潜艇、扩大半岛周边美战略资产出动等措施提升对韩"延伸威慑"。同时韩美安保防务合作也取得新进展。如继续完善具有完备作战能力的美军在朝鲜半岛轮换部署;驻韩美军获准在韩国部署萨德(THAAD)反导系统(含X波段雷达),使韩国向加入美国的地区导弹防御系统(MD)靠近了一步;两国国防部缔结了"关于共享太空态势感知服务与信息共享的谅解备忘录"。此外,韩美还签署了《新导弹政策宣言》,规定韩国弹道导弹射程标准将从原来的300公里延长至800公里,飞行距离300公里以上的无人机载运重量也从原来的500公斤增至2.5吨。考虑到战时作战指挥权的移交,美国逐渐将美韩联合军事演习的主导权向韩国转移,2015年的"关键决心·鹞鹰"演习就是首次由韩国联合参谋本部主导、独立拟定计划和预案的演习。三是为了提升韩国自身的防卫能力,美韩军事合作进一步提升。为了应对来自朝鲜的威胁,韩美启动了新的对朝作战计划,即2015年6月签署的《作战计划5015》,以取代《作战计划5027》,旨在摧毁朝鲜的核武器和导弹、生化武器等大规模杀伤性武器,在朝鲜半岛发生突发事态时采取先发制人的行动。同时,为应对朝鲜非对称威胁,美国帮助韩国构建了自己的"杀伤链"系统,如美国同意卖给韩国4架世界先进水平的"全球鹰"无人侦察机,这将使韩国未来可对朝鲜全境进行24小时监视,极大地提高其情报、监视和侦察能力。同时,为了替换日益老旧的F-4和F-5战斗机,美国于2018—2022年共向韩国提供40架总价达69亿美元的F-35A战斗机,这标志着韩国正式成为继以色列(2010年)、日本(2011年)之后选购F-35A的第三个非联合研制国家。

其次,美国坚持《美日安保条约》《美韩共同防御条约》等双边安全条约的有效性,通过设立基地、驻军、签订军事准入协定、定期军事演习等形式保持其在东北亚地区的前沿军事部署。美国在东北亚的军事基地主要设立在日本、韩国。其中,驻日美军约3.6万人,驻日美军基地和设施设在日本全国约85个地方,基地面积共约309平方公里,相当于东京23个区面积的一半。其中33处位于冲绳,面积约为229平方公里,相当于全国基地面积的3/4。驻韩美军的总兵力近年来一直维持在3.7万余人,其中陆军2.8万多人,空军8 700多人,海军陆战队400多人。另外,美国陆军唯一部署在海外战区的集团军司令部就驻扎在首尔。美国在东北亚的军事基地与驻军与其在东亚外围的夏威夷、关岛、阿拉斯加等基地遥相呼应,共同承担起"军事防御与应急任务"。

随着"亚太再平衡"战略和"印太战略"的推进,美国国防部将美国海军和空军60%的力量部署在亚太地区。同时,美国继续把最先进的武器系统部署到亚太地区,提升和加强美军前沿军事基地的实力。

定期与东北亚盟国举行各种规模的联合军事演习和训练是强化同盟和提升同盟的基本手段。美韩军队主要的联合演习训练项目包括:关键决心(KR)、乙支自由卫士演习(UFG)、阿尔索伊演习(RSOI)、鹞鹰演习(FE)、环太平洋训练(RIMPAC)等联合演习和训练。具体而言,"关键决心"美韩联合军事演习是美国和韩国每年度举行的联合军事演习行动,并且每次都会通告朝方,军演包括实弹射击、空中打击演习和城市巷战训练等内容;"乙支自由卫士"演习是1954年以来在"联合国军"司令部指挥下的"焦点透镜"演习和1968年以来韩国军队的"乙支"演习的有机整合,是一种大规模的综合演习,自1976年开始实施以来每年都要进行一次,主要内容是测试战争初期韩国政府的危机管理程序和韩美联军联合危机管理程序,同时演练假设的各种战争状态下的作战计划;阿尔索伊演习是一种联合战时增援演习,在韩美联军司令部指挥下进行,主要演练在战时韩国军队与美军增援兵力之间的接纳、待命、前进以及整合,包括战时支援、相互之间的后勤保障等内容;鹞鹰演习是一种联合与合同野战性的机动演习,旨在遏制朝鲜半岛爆发战争、完善韩美联军的联合与合同作战;环太平洋训练是在美军第三舰队司令部主导下实行的多国联合海上综合机动训练,旨在增进太平洋沿海国家海军之间的协调与联合作战能力,确保太平洋海上交通安全,提高共同应对海上纠纷的能力,从1971年开始,每两年举行一次,韩国海军从1990年开始参加这一训练。

美国和日本的军事演习主要有"铁拳(Iron Fist)"、"利剑"及"马拉巴尔"军事演习等。"铁拳"是美日年度联合军演,通常一方为日本陆上自卫队,一方为美国海军陆战队,演习的主要目的是交流两栖作战技巧。2023年年初,日本陆上自卫队第1两栖快速部署团与美国海军陆战队第31远征部队在日本德野岛进行联合演练,这次军演是第一次在日本境内举行。美军和日本自卫队间规模最大的年度演习"利剑"联合军演从1986年开始,每两年举行一次,主要围绕双方认定的未来可能发生的军事冲突而设计,演习代号以下一年的时间来确定,比如2022年的演习代号就是"利剑23",主要研究美日大规模联合作战问题并实施演练,两国主要军种都要参加,美军参加人员在一万人上下,日本参演兵力一般在3万人以上,最高峰的2018年达到47 000余人。"马拉巴尔"大规模海上联合演习始于1992年,起初是美国和印度之间的双边海军演习,日本和澳大利亚分别于2015年和2020年正式加入该军演,如今已变成美日印澳年度例行军演。

再次,美国推动同盟体系由"轮辐式"向"网状式"转变。二战结束后,不同于欧洲——大西洋地区有美国主导的、西欧主要国家参与的集体安全组织"北约",美国在亚太地区主要构建的是"轮辐式"同盟关系模式,这一模式使得美国通过与这一地区重要国家建立双边安全同盟体系确保其地区主导权。21世纪以来,随着亚太地区形势的发展变化,美国东北亚双边同盟体系开始向"网状式"方向发展,即在美国的主导下,盟国间的安全合作逐渐展开,美国与盟国、盟国与盟国间开展小多边合作,横向联系大幅加强,如日澳、美日韩、美日印、美日澳、美日印澳等不同形式的安全合作。这些"网状式"的小多边安全合作具有两方面的特征。一是合作机制化。如以朝鲜威胁为由,1999年6月美日韩正式建立对朝政策协调机制——"三边协调与监督小组"(TCOG)。其后,三边磋商协调机制从司局级、副部级、部级提升到首脑级会晤。三国防长和首脑会晤机制不断完善,美日韩在2009年香格里拉对话间隙举行了首次防长会,2012年决定将三边防长会定期化,三边首脑会晤也成为三国参加国际多边会议的重要议程之一。二是安全合作的深化。一方面就地区和全球议题协调立场,另一方面推进各领域安全合作。美日韩三边合作范围近年来有从朝鲜半岛向亚太乃至全球扩展之势,开始将维护"亚太和全球的稳定和安全"作为"共同的事业和责任"。[①]

在东北亚地区,美国一直努力撮合日本和韩国之间的军事合作。"天安舰事件"和延坪岛炮击事件后,日本首次派员观摩美韩"不屈的意志"联合军演,韩国也首次派员观摩了美日"利剑"联合军演。从2008年开始,美日韩三国就开始了针对朝鲜水下威胁的联合军事演习。2023年4月,暂停了8年的针对朝鲜的反潜联合军演再次上演,美日韩三国于2023年4月3日起在韩国济州岛南部公海实施了为期两天的反潜和搜救联合演习,旨在提升三国联合应对"朝鲜日益升级的潜射导弹等水下威胁"的能力。2023年4月14日的第13次美日韩安全会议决定三国将常态化举行反导反潜演习,并重启海上拦截和反海盗演习。与此同时,美日韩的情报信息合作也日益机制化。2016年,在美国的积极撮合下,在美日、美韩《军事情报保护协定》基础上,韩日也签订了《军事情报保护协定》,以强化国防部门间的沟通与合作。2023年4月,为"遏制朝鲜核和导弹威胁,增进朝鲜半岛和印太地区和平稳定",美日韩三国又决定基于美日韩《三边军情共享协定》在内的情报体系,实时共享导弹预警信息,美日韩版的"三眼联盟"情报合作机构初步成形。

随着美国"亚太再平衡"向"印太战略"的转型,以美日同盟为基础的东北

[①] 孙茹:《美国亚太同盟体系的网络化及前景》,载《国际问题研究》2012年第4期,第42页。

亚联盟体系实现了跨区域的安全合作连接。以美日同盟为基础,美国和日本构建了多个"战略三角",如"美日澳"和"美日印"三方战略对话与安全合作。"美日澳"三方安全对话启动于 2002 年,并于 2006 年升级为部长级别,形成华盛顿—堪培拉—东京战略三角。"美日澳"战略三角已建立了较为成熟的三方对话机制,每年围绕地区安全问题、加强三方安全合作等进行磋商,在朝鲜半岛、东海、南海及反恐行动中密切合作。美日印三边合作始于军事领域,日本在 2007 年以非永久性参与者的身份首次参加印度和美国发起的"马拉巴尔"演习,2015 年 12 月日本成为"马拉巴尔"军演的永久性参与者。演习的海域也从阿拉伯海西北部水域拓展到日本冲绳以东海域。2011 年,美、日、印在华盛顿召开首次三方对话,确立了三方高官定期会晤机制。2015 年 9 月,美日印三方对话正式升格为外长级,标志着"美日印"三方对话框架的生成,形成了较为成熟的安全合作关系。

三、东北亚区域一体化建设现状

20 世纪 90 年代以来,随着冷战的结束,在经济全球化和区域一体化的国际大背景下,在东南亚金融危机的刺激下,在各国寻求经济增长的驱动下,区域合作逐步展开。冷战后形成的"雁型"东亚经济模式以及出口导向的外向型经济发展模式,使得中、日、韩之间的经济相互依存关系不断加深。从中国与东北亚国家的贸易和投资关系来看,1995 年,中日、中韩、中俄的贸易总额分别为 576.67 亿美元、169.8 亿美元和 54.63 亿美元,[①]到 2010 年分别增长至 3 018.5 亿美元、2 071.7 亿美元和 554.487 8 亿美元,分别增长了 4.2 倍、11.2

---

① 以上数据参见王胜今、于潇:《东北亚地区建立自由贸易区的现状与趋势》,载《东北亚论坛》2007 年第 4 期。

倍和9.1倍。^① 2019年,中国和韩国分别是日本第二和第三大出口贸易伙伴;同时中国还是日本第一大进口贸易伙伴,中日双边进出口贸易总额达3 039.1亿美元;中国是韩国第一大进出口贸易伙伴,中韩双边进出口贸易总额2 434.3亿美元;日本是韩国第三大进口贸易伙伴。就投资来看,截至2021年年底,韩国对华实际投资累计达902.3亿美元,中国对韩国实际投资累计也达到了76.1亿美元。两国累计相互投资达近千亿美元。经过30年的稳步发展,中国已经成为韩国第二大投资对象国,韩国则成为中国第二大外资来源国。

20世纪90年代以来,日本加快对华投资,其中1991—1996年,日本对华直接投资保持了年均约40%的增长速度,尽管受1997年亚洲金融危机的影响,但随着中国加入世贸组织,日本对华投资长期保持在年均60亿—70亿美元,到2015年,日本成为第一个对华直接投资实际投入累计额达到1 000亿美元的国家。[②]

日益紧密的经贸联系使得东北亚国家围绕经济合作机制化建设问题进行了大量的实践和探索。首先是中日韩自贸区的建设。借着亚洲金融危机的契机,韩国总统金大中在1998年东盟"10+3"会议上提出建立中日韩自贸区的主张。进入21世纪以来,东北亚地区的中、日、韩将组建自由贸易区作为一种具有综合性的对外战略,加速探讨建立符合各自政治、经济、安全利益的自由贸易区(FTA),2003年,中日韩正式开展自由贸易区的联合研究。经过近10年时间的磋商和筹备,2012年11月20日,三国领导人在柬埔寨金边第21届东盟及其系列峰会期间宣布启动中日韩自贸区谈判。至今,三国就自贸区建设问题进行了近20轮的谈判,显示出三国经济合作机制化之路的艰难。究其

---

① http://news.xinmin.cn/rollnews/2011/02/19/9382106.html; http://www.heihe.gov.cn/html/2011-01/10-15-58-34252.shtml; http://www.sccon.gov.cn/xxfb/priManager.do?behavior=pri&id=53554page=/page/hyzx/pri.jsp.

② 相关数据参见徐梅:《日本对华直接投资:中日建交50年回顾、思考与展望》,载《现代日本经济》2022年第5期。

原因,除了三国在一些敏感领域(如农业领域)的利益差异和政治因素干扰,近年来,三国在经济产业、贸易领域合作的互补性与竞争性交织也导致谈判不易。有研究指出,中日韩三国双边出口贸易中,中日之间的相对互补性最强,中韩次之,日韩之间相对竞争性最强。虽然中日之间的产业互补性最强,但日本更关注政治因素。[①] 所以,中国和韩国在2015建立了FTA,而中日、韩日间的FTA依然看不到希望。

其次,与中日韩三国自贸区建设停滞不前不同,三国参与的全球规模最大的自由贸易协定——《区域全面经济伙伴关系协定》(RCEP)于2022年1月正式生效,中日韩三国终于以另一种方式一定程度实现了自由贸易区建设。[②] RCEP帮助中日韩三国首次建立自贸关系,也使中日、日韩首次建立了自贸区关系,这是历史性突破。RCEP促进三国间产业链和价值链进一步深化融合,贸易便利化和投资自由化程度将显著提高,因而也将有利于中日韩自由贸易谈判取得进展。

再次,与机制化建设停滞不前形成对照的是,中日韩三国在合作开发第三国市场方面取得阶段性成果。借鉴"一带一路"建设中的"第三方市场合作"概念,2019年中日韩三国外长会议在北京发布了《"中日韩+X"合作概念文件》(简称《文件》),"X"即在另外一个可能的发展中国家,发挥中日韩各自的优势,在第三方国家共同合作开发项目,实现互利共赢。"中日韩+X"模式在产能合作、减贫、灾害管理、节能环保等领域实施联合项目,发挥三方在装备、技术、资金、工程建设等方面的各自优势,带动和促进本地区国家实现更好更快

---

① 刘文、徐荣丽:《"双轮驱动"自贸区战略与中日韩贸易研究》,载《山东社会科学》2020年第10期,第148页。
② 根据RCEP附件一《中国对日本关税承诺表》,有25%的日本产品在协议生效时直接降为零关税,中国对日本最终免关税的产品比例将从原来的8.02%扩大到86%。同时,日本对中国产品的免关税比例也将达到86%。中韩降至零关税商品项数占比为38.6%,最终零关税商品项数占比为86%。对日韩贸易而言,日本对韩国出口的免税商品比例也将从原有的19%上升至92%。

发展。①《文件》也确立了一批"中日韩＋X"早期收获项目,涉及的领域主要为环保、减灾和疾病防控等。②

尽管有上述显著进展,但东北亚地区现有的经济合作并没有产生各方所期待的"外溢"效应,即经济上的相互依存并没有催生出东北亚地区的区域一体化,更没有促成一套包括政治、经济、安全、外交等领域的地区国际秩序。总之,东北亚区域各国经济的相互联系与依存不断加深,但区域经济一体化的建立依然任重道远。

第三节 东北亚地区秩序的构建与基本路径构想

长期以来,东北亚地区基本政治现实呈现如下特点:一是东北亚地区安全的不稳定性;二是东北亚各国战略互信程度不高、管控危机的区域性协调与合作机制缺失。这些因素相互作用,使得权力、安全、主权等高级政治议题争端不断,爆发军事冲突的可能性始终不能排除。另外,东北亚地区不仅没有形成一个涵盖整个地区的地区安全合作机制,而且出现了"区块化竞争"现象。未来,东北亚地区的秩序安排,根本上取决于地区权力格局的演化和地区大国间的战略互动。

一、东北亚区域安全合作的困境

当前,东北亚正面临着深刻的国际体系和地区秩序的转型,地区合作尽管

---

① 李克强:《打造"中日韩＋X"合作模式》,http://www.gov.cn/guowuyuan/2018－05/09/content_5289449.htm。
② "中日韩＋蒙古国"沙尘暴防治、"中日韩＋缅甸、柬埔寨"热带病防控、"中日韩＋东盟相关国家"肿瘤登记工作能力提升、"中日韩＋东盟相关国家"应对海洋塑料垃圾等合作项目。

以各种不同形式展开,但至今没有形成一个涵盖整个地区的地区合作机制,成为世界上地区机制发展最为缓慢的地区之一,其障碍主要在于四种矛盾在历史与现实交织中复杂难解。

首先,历史恩怨是地区合作与秩序构建的绊脚石。近代以来,东北亚是大陆势力和海洋势力的交汇之处,是中、美、俄、日等大国争夺利益与权势的矛盾焦点。朝鲜半岛不仅因分裂导致南北关系跌宕起伏,更因核问题变得更加复杂。同时,日本与邻国的关系始终没能跨越历史的鸿沟,尤其是进入"衰退年代"后,日本社会和政治精英集体右倾化,并在民族主义刺激下实施强硬的对华、对朝和对韩政策。日本右翼势力一再否定侵略历史,一些政要高调参拜靖国神社,不仅安倍政府抛出了"侵略未定义论",而且菅义伟内阁2021年以"从军慰安妇"一词"可能招致误解"为由,删去"从军"二字,以"慰安妇"进行替代,如此等等。历史的纠葛及其衍生的民族主义、民粹主义相互作用,与东北亚地区安全合作与机制构建完全错位。

其次,东北亚相关国家领土主权统一问题与领海权益争端是阻碍地区关系与秩序构建的关键制约因素。如前所述,东北亚地区是世界上冷战遗存最多的地区,不仅面临着国家的统一问题,而且各主要国家间都不同程度上存在领土主权和领海纠纷问题,主要包括中日钓鱼岛领土主权争端和东海划界问题,俄日南千岛群岛(北方四岛)问题、韩日独岛(竹岛)领土主权争端等。这些问题积重难解,既涉及领土主权这个敏感问题,也牵涉民族情感和历史问题,久拖不决,成为地区安全合作跨不过去的现实性障碍。

再次,意识形态领域的对立是影响地区合作的深层次因素。冷战结束后,意识形态因素在一国对外战略中的地位逐渐下降,这主要是由于冷战后各国对外战略的重心由政治军事较量转向了以经济为主的综合国力竞争,发展经济成为各国的主要任务,所以在经济全球化、区域经济一体化的背景下,人们有意淡化意识形态外交,使其不再成为不同社会制度国家进行交往的阻碍。

但意识形态本身的对立并没有消失,尤其是在世界上冷战遗存最多的东北亚地区,意识形态因素有着较为明显的印迹。拜登政府上台后召开的所谓"全球民主峰会",更是将中美战略竞争引向了意识形态领域。

在鼓吹意识形态外交方面,日本表现得淋漓尽致。在《迈向美丽之国》一书中,安倍就宣扬"价值观外交",标榜日本是一个崇尚和尊重自由、民主、人权、市场的法治社会,应加强与拥有共同价值观的国家之间的合作,提出"从战略出发召开日美澳印首脑或外长会议,为使普世价值观与亚洲其他国家共享而合作"。2006年9月安倍执政后称,日本不仅要继续推进与东盟合作,也要向亚洲以及世界扩大自由、民主范围,要与澳大利亚、印度等相同价值观的国家进行高级别乃至首脑级别的战略对话,与这些国家构筑所谓"自由与繁荣之弧"。担任安倍内阁官员的麻生太郎也提出"自由与繁荣之弧"的价值观外交,目的旨在联合美国、印度和澳大利亚"围堵中国"。2010年,日本菅直人政府以朝鲜半岛危机为契机,称日本要强化与韩国等具有相同价值观和市场理念国家的关系,称日韩两国"具有民主主义、自由主义及市场经济等共同的价值取向,是最重要的亲密邻国",所以"为维护东亚地区以及世界的和平与稳定,将进一步加强与韩国的信赖关系"。[①] 与此相反,日本对中国则表现出强硬的立场。在2013年2月28日的施政演说中,安倍提出的日本"战略外交,价值观外交和积极主动的外交"的"外交三原则"中,强调以紧密的日美同盟为基轴,深化与澳大利亚、印度、东盟等海洋国家的合作,以应对所谓的来自中国的挑战。

最后,大国战略竞争成为地区安全合作的结构性障碍。实际上,就次区域而言,东北亚是大国高度集中的地区,汇集了除欧洲传统强国之外的几乎所有大国。如果用尼克松经典的"五大力量中心"的概念衡量,这里占据了四个。

---

① 参见姜红、吕耀东:《瞭望:菅直人新政力求日美韩安全合作》,新华网,http://news.xinhuanet.com/mil/2010-09/18/c_12583109.htm。

除美国这个当今世界唯一的超级大国外,中国、俄罗斯和日本都是有世界影响的大国。即便作为较小的国家,韩国目前经济实力也居世界第 10 位,是亚洲第四大经济体。

大国的集中,尤其是随着大国实力的此消彼长,东北亚地区的大国关系也格外复杂。其中最为关键的是,随着中国的快速崛起,美国越来越担心中国会挑战其世界领导地位。尤其是 2009 年日本前首相鸠山由纪夫提出"东亚共同体"构想后,美国加深了对这种危机的认识,结果使得东北亚地区深受守成大国与崛起大国关系问题的影响。

总之,在东北亚地区,以往的二元对立国际政治结构正朝着政治层面对立、冲突、竞争和经济层面合作依存的格局演化。这一格局的演化趋势成为东北亚区域秩序生成的一个十分重要的动因。①

二、大国竞争时代东北亚地区安全秩序的建构

东北亚地区安全秩序是指东北亚地区国家(包括美国)之间形成的地区国际关系,以及为地区安全与发展所建构的一系列政治、经济、安全等领域的协议和规则,从而形成的相对稳定的地区安全结构。从东北亚地区安全形势的历史演变来看,该地区安全秩序大致可以分为美国主导的战略联盟机制、大国协调机制和区域战略对话机制等多元安全模式。

长期以来,学界对于东亚权力格局转换以及地区秩序的探讨,可谓成果丰硕。② 尤其是进入新时代后,学者们对当今东亚地区秩序走向的分析也是见

---

① 金景一、金强一:《东北亚国际秩序转型与大国的角色定位》,载《东北亚论坛》2013 年第 1 期,第 37—38 页。
② 如孙学峰、黄宇兴:《中国崛起与东亚地区秩序演变》,载《当代亚太》2011 年第 1 期;庞中英:《亚洲地区秩序的转变与中国》,载《外交评论》2005 年第 4 期;苏浩:《地区主义与东亚区域合作机制的建立》,载《外交学院学报》2003 年第 1 期;周方银:《中国崛起、东亚格局变迁与东亚秩序的发展方向》,载《当代亚太》2012 年第 5 期;徐进:《东亚多边安全合作机制:问题与构想》,载《当代亚太》2011 年第 4 期;孙学峰、刘若楠等:《东亚安全秩序与中国周边政策转型》,北京:社会科学文献出版社 2017 年版。

仁见智。孙学峰等学者在《东亚安全秩序与中国周边政策转型》一书中认为,决定东亚地区秩序未来的关键是美国的东亚同盟体系如何应对中国崛起,指出"中国的地区影响上升但难以成为主导力量","美国主导的东亚安全等级体系依然延续",东亚的和平与安全有赖于中国与美国同盟体系间的协调共治。[1]

作为地区格局中的首要行为体和现行秩序的主要塑造者[2],域外大国美国的作用不容忽视。巩固区域内既定霸权、持续保持全球影响力,是美国实施东北亚地区政策的根本出发点。区域大国中国和日本也处于结构性竞争状态。两国关于东北亚合作愿景的主张各不相同,围绕地区性制度的制衡和竞争逐渐公开化。20世纪80年代,日本依靠其在亚洲地区的经济及技术优势,积极组建以日本为中心的生产和流通网络。当时,日本积极将中国纳入自己的经济体系之中,中国也通过与日本生产流通网络的交流发展经济,日本完全是地区经济主导者。进入21世纪,中国经济总量在区域经济占比中逐渐发生质变,中日两国开始在区域经济制度主导权上产生分歧。日本希望东亚区域内合作机制更多接收域外国家参与,以抵消来自中国的压力,因此积极拉拢印度和澳大利亚进入东盟"10+3"机制;在东亚峰会(EAS)成员国范围设定问题上,中国倡导东亚范围内的合作,而日本积极拉美国进入,企图通过美国来平衡中国的区域影响。[3] 这场关于合作制度的竞争表面上体现为话语权的争夺,实质则是中日两国对地区合作进程主导权的争夺。如果两国不能形成有效和有序的竞争协作模式,其代价可能是东北亚合作进程的停滞。[4]

---

[1] 孙学峰、刘若楠等:《东亚安全秩序与中国周边政策转型》,第94—110页。
[2] 吴心伯:《论亚太大变局》,载《世界经济与政治》2017年第6期,第32—59页。
[3] [韩]崔永宗:《东亚的战略性地区主义:中日竞争与中等强国的作用》,首尔:亚研出版社2016年版。
[4] Kai He, *Institutional Balancing in the Asia Pacific: Economic Interdependence and China's Rise*, London: Routledge, 2009, p. 10; Kai He, "Undermining Adversaries: Unipolarity, Threat Perception, and Negative Balancing Strategies after the Cold War," *Security Studies*, Vol. 22, No. 2, 2012, pp. 154-191.

作为一个中等强国,韩国的地区主义政策始终在制衡和追随之间摇摆。当域内出现大国竞争或对某一大国严重依赖的时候,韩国通过积极推动地区主义的制度化进程来平衡大国的影响力,以期摆脱大国竞争带来的战略选择困境。就现阶段而言,韩国的选择更多地体现在积极参与方面,并不着重考虑自身行为对区域合作产生的影响。例如,在东北亚范围内,中韩 FTA、韩美 FTA 已经签订;在东亚范围内,由东盟提出的区域全面经济伙伴关系已经生效,虽然美国被排除在外,但是韩国仍参与其中;在亚太地区议程上,2017 年美国特朗普政府宣布退出"跨太平洋伙伴关系协定"(Trans-Pacific Partnership Agreement,简称 TPP)后,韩国国内关于 TPP 的讨论也随之销声匿迹。[①] 但 2020 年年底,韩国开始考虑加入"瘦身版"的 TPP,即全面与进步跨太平洋伙伴关系协定(CPTPP)。韩国产业通商资源部贸易谈判代表团团长吕翰九(Yeo Han-koo)2022 年 3 月甚至表示,从 2021 年年底开始,韩国已启动内部讨论和开展筹备工作,目前韩国已正式启动加入 CPTPP 的程序。[②]

表 1-1 东北亚区域制度安排

领域	制度	年度	参加国家 中	美	俄	日	朝	韩	现状
安全	亚太安全理事会	1992	*	*	*	*	*	*	进行中
	朝核问题六方会谈	2003	*	*	*	*	*	*	停滞
	上海合作组织	2001	*		*				进行中
	美日同盟	1951		*		*			进行中
	美韩同盟	1953		*				*	进行中

---

① 宋文志:《在制衡与依赖之间:韩国地区主义战略的进程与特点》,载《上海交通大学学报(哲学社会科学版)》2017 年第 4 期,第 23—31 页。

② 韩国希望越南支持其加入《全面与进步跨太平洋伙伴关系协定》,详见 https://cn.baochinhphu.vn/11622 0324110653518.htm。

(续表)

领域	制度	年度	参加国家 中	美	俄	日	朝	韩	现状
政治	东亚峰会	2005	＊	＊	＊	＊		＊	进行中
	中日韩峰会	2008	＊			＊		＊	进行中
	东盟地区论坛	1994	＊	＊	＊	＊	＊	＊	进行中
	跨太平洋伙伴关系协定	2013		＊		＊		＊	停滞
	博鳌亚洲论坛	2001	＊						进行中
	亚太经合组织	1989	＊	＊	＊	＊		＊	进行中
经济环境等领域	区域全面经济伙伴关系协定	2012				＊		＊	进行中
	东北亚经济论坛	1991	＊	＊	＊	＊		＊	进行中
	双边货币互换《清迈协定》	2000	＊			＊		＊	进行中
	图们江区域合作开发项目	1992	＊		＊		＊	＊	停滞
	亚太NGO环境会议	1993	＊			＊		＊	进行中
	中日韩卫生部长会议	2007	＊			＊		＊	进行中
	中日韩环境部长会议	1999	＊			＊		＊	进行中
	东北亚环境合作会议	1992	＊		＊	＊	＊	＊	进行中
	中日蒙朝韩防治沙尘暴工作组	2002	＊			＊	＊	＊	进行中

＊注：＊号表示参加。

表1-2 东北亚主要国家对地区经济合作机制的偏好

国家	偏好的机制	战略目的
美国	亚太经合组织 跨太平洋战略伙伴关系(TPP)	保持对区域经济整合的介入，维持影响力，牵制中国。
中国	东盟10＋1,10＋3；中日韩峰会	防止域外大国（美国）干扰地区合作进程
日本	东亚峰会（2010年以后）	通过与域外大国美国合作制衡中国
韩国	东盟10＋1,10＋3；中日韩峰会	在大国之间维持均衡

通过观察本区域现有合作机制及其运行情况可以看出,各国显然更加关注国际合作中的权力相对收益,区域合作机制常被看作制衡与牵制他国的工具。① 从各种机制出现的背景及发展状况来看,这些机制之间存在着明显的竞争关系。美国对于东北亚的区域合作主要基于一种现实主义的逻辑:第一,美国始终把双边同盟关系放在首位,以强化自身在东北亚地区的合法性与领导力;第二,当需要弱化区域制度对自身的约束或者制衡区域内的其他大国时,美国则会采取"魅力攻势"(charm offensive),以推进它所期望的制度。后一种情况下,美国通过采取扩大区域制度范围的方法,随意拉拢其盟国进入,推行跨区域性制度,结果造成东北亚国家参与的多数区域合作属于跨区域性质。②

三、东北亚地区安全秩序构想

受制于历史问题、地缘政治、中美竞合等多重因素的影响,当前东北亚地区秩序仍然处于转型重构之中。地区主要国家围绕地区安全稳定与发展合作问题进行了不懈努力和探索,提供了一些制度和规则框架,但始终未能成为地区各国所共同接受和遵守的秩序规范。区域间的交流合作、安全互动尽管也取得了一定进展,但相比之下,区域一体化程度仍然有限。在可预见的未来,地区国家间力量对比的变化还将进一步加剧这种不稳定状态。可以说建构东北亚地区秩序的任务依然繁重艰巨。

总体上,关于东北亚地区秩序的探索主要涉及三个相关问题。第一是关于东北亚地区权力格局的问题。目前学界的观点主要分为单极论、两极论和

---

① 李开盛:《东北亚地区碎片化的形成与治理——基于分析折中主义的考察》,载《世界经济与政治》2014年第4期,第21—38页。
② 宋伟:《捍卫霸权利益:美国地区一体化战略的演变(1945—2005)》,北京:北京大学出版社2014年版。

二元论三种。关于单极论,约翰·伊肯伯里(G. John Ikenberry)认为,美国领导的"轮辐体系"始终是维持地区稳定的基石,该体系的存在使得地区国家之间错综复杂的政治和经济相互依赖关系得以形成。① 吴翠玲(Evelyn Goh)认为,美国在东亚的霸权存在并非完全依赖其自身的超强实力,地区国家对这种霸权的支持也是美国霸权存在的重要原因。② 康灿雄(David Kang)通过对东亚历史的分析,认为一个强有力的主导国能让东亚维持稳定,周边国家能够接受中国崛起,中国的崛起不会破坏地区的稳定性。③ 两极论认为,中国是陆上强国,美国是海上强国。这种两极格局导致东亚地区的大陆国家与海洋国家发生战略上的分化,那些大陆国家会倒向中国一方,而海洋国家会站在美国一边。④ 刘鸣认为,东北亚地区权力格局正在从美国主导向不对称的中美两极结构转型。⑤ 所谓二元论,包括两种观点,其一如黄凤志等认为,东北亚地区可以概括为"一超主导三强并存"局面,即美国主导与中国、日本、俄罗斯三强并存,东北亚地区权力结构现既非均势结构又非完整的霸权结构。⑥ 其二根据地区经济与政治分离的"二元结构"现实,强调东北亚国家在经济上依赖中国、在安全上依赖美国,东亚地区形成中美"双领导体制"。⑦

第二是关于东北亚地区战略安全问题。地区秩序与安全尤其是战略安全

---

① G. John Ikenberry, "American Hegemony and East Asian Order," *Australian Journal of International Affairs*, Vol. 58, No. 3, 2004, pp. 353-367.

② Evelyn Goh, *The Struggle for Order: Hegemony, Hierarchy, and Transition in Post-Cold War East Asia*, Oxford: Oxford University Press, 2014.

③ 康灿雄:《西方之前的东亚:朝贡贸易五百年》,北京:社会科学文献出版社2016年版。

④ Robert Ross, "The Geography of the Peace: East Asia in the Twenty-First Century," *International Security*, Vol. 23, No. 4, 1999, pp. 81-118.

⑤ Liu Ming, "Northeast Asia Order after WWⅡ: Continuity, Compliance, Power-Transition and Challenges," *The Korean Journal of Defense Analysis*, Vol. 27, No. 2, 2015, pp. 163-186.

⑥ 黄凤志、吕平:《中国东北亚地区政治安全探析》,载《现代国际关系》2011年第6期,第36页。

⑦ 周方银:《中国崛起、东亚格局变迁与东亚秩序的发展方向》,载《当代亚太》2012年第5期,第4—32页;赵全胜:《中美关系和亚太地区的"双领导体制"》,载《美国研究》2012年第1期,第7—26页;刘丰:《东亚地区秩序转型:安全与经济关联的视角》,载《世界经济与政治》2016年第5期,第33—55页。

密不可分。冷战结束后,东北亚各国战略互信程度不高,管控危机的区域性协调与合作机制缺失,使得众多安全问题相互影响,权力、安全、主权等高级政治议题争端频仍,爆发军事性冲突的可能性始终不能排除,以至一些研究认为"欧洲的过去就是东亚的未来"。[1] 然而,世易时移,历史不会重演,东北亚区域内出现的诸多危机并没有走向大规模武力冲突或战争。在 1996 年的台海危机、2002 年的南海撞机事件中,中美两国都保持了必要的克制;在朝核危机、炮击延坪岛等冲突中,朝鲜半岛双方也最终谨慎地避免了事态的升级。[2] 但问题是在"百年未有之大变局"加速演进、中美战略博弈日益加剧的背景下,这些安全问题能否像以前一样继续得到有效管控,日本社会的右倾化是否会进一步加剧东北亚地区结构性的"安全困境",并最终滑向大国冲突的轨道,这都是当代该地区急需破解的战略性安全问题。

第三是关于东北亚未来秩序安排问题。冷战结束后,以美苏对抗为主要特征的"两极"均势发生了深刻变化,随着该地区主要国家实力的此消彼长和战略转型,地区秩序进入了转型重塑期,不仅主要国家的地区秩序观存在某种竞争性和对抗性,而且地区安全合作的努力也面临诸多困难,至今仍缺乏有效的地区安全机制,未来发展前景还存在很大的不确定性。历史地看,冷战时期由美国主导、美日韩共助体系支撑的所谓"轮辐式"安全体系,也并非东北亚地区安全秩序的全部。当前,在"百年未有之大变局"的时代背景下,东北亚地区秩序的构建依然面临严峻挑战,这主要体现在以下几个方面:一是冷战的遗留问题尚待解决,美国及其盟友的冷战思维依然存在;二是历史的包袱尚未甩

---

[1] Ja Ian Chong and Todd H. Hall, "The Lessons of 1914 for East Asia Today: Missing the Trees for the Forest," *International Security*, Vol. 39, No. 1, 2014, pp. 7 - 43; Adam P. Liff and G. John Ikenberry, "Racing towards Tragedy? China's Rise, Military Competition in Asia Pacific, and the Security Dilemma," *International Security*, Vol. 39, No. 2, 2014, pp. 52 - 91.

[2] Timo Kivimaki, "East Asian Relative Peace-Does it Exits? What is it?" *The Pacific Review*, Vol. 23, No. 4, 2010, pp. 503 - 526.

掉，同时现实的矛盾问题不断叠加，导致局势更加复杂；三是经济合作艰难前进，政治关系的困境很大程度上加剧了裂痕，致使地区经济合作多停留在双边意义上；四是传统安全领域的竞争博弈持续，新兴领域的较量暗流涌动，国家间新旧领域的竞争加剧；五是地区主要国家的战略转型叠加战略互信赤字，增加了地区安全的不确定性，大国战略博弈加剧了地区秩序构建的困难；六是区域内主要国家的安全机制构想存在巨大差异，即美日和中俄韩对东北亚地区安全结构的态度完全不同，作为美国地区盟友的日韩也对地区安全机制持有截然不同的态度。目前，关于东北亚安全机制的构想主要有同盟安全、集体安全、合作安全以及复合型安全机制，但如何从构想变成现实仍然遥不可及。特别是构建一种符合时代精神和地区特质的地区新秩序，是东北亚国家的当务之急，因为原有机制已然失去了解决东北亚复杂问题的实际效力。

鉴于多年的地区安全合作步履维艰，东北亚地区秩序的构建需创新思路。以地区安全稳定和国家利益维护为基本目标，中国积极主动回应地区相关国家的重大利益关切，尽可能利用本国的经济实力和战略平衡能力，为缓解核安全困境创造条件。总体而言，东北亚地区秩序的构建应主要包括但不限于以下四点原则。一是在地区国家身份认同难以协调的时代背景下，东北亚国家需要在沟通和管理地区安全问题过程中，形成一种共同的地区安全认同，并在此基础上形成共同接受和受约束的行事原则和规范，凝聚地区安全共识。二是在大国利益难以协调和地区问题复杂难解的情况下，实力原则或者说均衡原则仍是保持地区稳定的关键变量。三是包容性参与原则，尤其是所有地区大国的协调性参与必不可少。同时，地区秩序的构建不仅要体现大国的意志和利益，也要照顾到地区其他国家的安全诉求和利益分享，因此东北亚地区需要一种超越双边的多边框架来平衡各方的安全关切。四是东北亚地区秩序的构建应符合时代潮流，代表人类社会发展的前进方向，即"应该积极倡导共同、综合、合作、可持续的亚洲安全观，创新安全理念，搭建地区安全和合作新架构,努力走出一条共建、共享、共赢的亚洲安全之路"①。也即东北亚秩序的构建不仅要解决当下问题,更要从地区未来的长治久安与繁荣考虑。其实,东北亚未来秩序的构建最核心的问题就是如何解决权力转移带来的地区信任赤字问题——安全困境不解决,地区秩序的构建会困难重重。

---

① 习近平:《积极树立亚洲安全观,共创安全合作新局面》,《习近平谈治国理政》,北京:外文出版社2014年版,第354页。

第二章
稳定与变革——东南亚地区秩序与国际关系
（巨威莉）

位于东亚大陆南缘的东南亚地区,不仅有着丰富的自然资源和众多的人口,而且地理上靠陆向海,遏控着太平洋和印度洋之间的通道,具有十分重要的战略价值,成为各种力量争相作用的焦点之一。21世纪以来,随着国际格局的变化和地区国际关系的发展,东南亚地区秩序也随之发生重大变化,以东盟为中心的东南亚多极化格局雏形已然显现。毫无疑问,东盟一体化进程的深化成为地区秩序建构的一大动源,中美日印等大国与东盟的紧密互动、共同作用则塑造着该地区国际关系的基本风貌。其中,很重要的一点就是相关大国和东盟在有关地区制度安排和规则规范问题上,已经有了起码的共识,表现为中美日印等大国相继加入《东南亚友好合作条约》,与东盟定期举行双边峰会或多边首脑会议,定期协商地区重大安全问题,致力于维护该地区的和平、稳定与发展。从基本态势看,中国、美国、日本、印度与东盟的关系虽然不断调整变化,但均处于一种相对稳定的状态。[①] 这是因为主要大国无不认识到,它们能否在该地区实现合作共赢,很大程度上取决于东盟影响和作用的发挥。

---

① 曹云华:《论东南亚地区秩序》,载《东南亚研究》2011年第5期,第4页。

正是在这个意义上,东南亚地区秩序的建构与维护是多元力量因素复杂互动的结果,也是地区一体化和地区主义生成的结果,并持续影响和作用于地区事态与国际关系。

第一节 东南亚地区秩序的发展脉络

关于国家间关系和国际秩序,建构主义认为,国家虽然是国际关系的主要行为体,但国际体系的主要结构是主体间观念互动而形成的主体间性而非物质性,国家认同及国家利益在很大程度上是按照这些观念结构形塑的。据此,建构主义提出了国际关系中三种无政府文化:霍布斯式文化、洛克式文化和康德式文化。与之相对应的是三种在体系中占主导位置的角色关系:敌人、竞争对手和朋友。[1] 在东南亚地区秩序演进中,相关力量无不经历了建构主义所述的这种角色关系的变化,塑造了独具特色的东南亚地区秩序。历史上,东南亚各国经历了朝贡秩序下的曼陀罗体系,由资本主义列强主导的殖民秩序,冷战时期美苏争霸背景下的两极对抗秩序,以及冷战后逐渐发展起来的多向互构秩序。据此,本节将重点阐述冷战以来东南亚地区秩序的发展演进情况。

一、冷战背景下的地区秩序

二战后,东南亚地区国家在陆续摆脱殖民统治后走上了独立发展的道路,之前被殖民体系掩盖的领土争端和种族冲突等问题不断涌现,地区局势动荡不安,从而为域外大国的介入和干涉创造了条件。所以,冷战时期的东南亚各

---

[1] [美]亚历山大·温特:《国际政治的社会理论》,秦亚青译,上海:上海人民出版社2000年版,第313—387页。

国均受到美苏的操控和影响,当时的东南亚地区也成为美苏争夺的焦点地区之一。①

冷战时期,美国政府对于东南亚的政策立场根本上受冷战格局的影响。特别是杜鲁门主义的出台,改变了美国评估其东南亚政策的视角,使遏制共产主义在东南亚的蔓延成为美国应对东南亚反殖民运动的基本政策出发点。②1949年4月,美国情报部门做了关于苏联政策和共产主义意识形态在远东具有普遍吸引力的论断,并认为美国在远东的中国和东南亚地区已处于不利地位。③两个半月后,美国国家安全委员会出台了题为"美国对东南亚政策"的NSC-51号文件,这是美国决策层第一份专门针对东南亚的政策文件,标志着东南亚在美国对外战略中的地位开始上升。NSC-51号文件认为一旦美苏战争爆发,东南亚将是"自由世界"获得橡胶、锡、石油等天然资源的产地,同时也是连通全球东西、南北的交通枢纽,美国的利益在于阻止这些资源落入敌人手中。为此,西方世界必须在东南亚建立有效的抵抗力量。

基于上述文件,1952年6月,美国政府调整了对东南亚的政策方针,将对东南亚的战略目标定义为:"阻止东南亚国家滑入共产主义轨道,帮助它们发展从内到外抵抗共产主义的意志和能力,并使其有助于'自由世界'的巩固。"④这样,美国在东南亚的冷战战略基本确立,并坚定地认为东南亚"自由力量"的倒台会引起世界其他地区倒向共产主义的"多米诺骨牌"效应。⑤ 为

---

① Khurshid Hyder, "Strategic Balance in South and Southeast Asia," *Pakistan Horizon*, Vol. 24, No. 4, 1971, pp. 11-13.
② 高艳杰:《美国对印尼领土问题的政策与美—印尼关系》,华东师范大学博士论文,2012年5月,第20页。
③ Review of the World Situation as it Relates to the Security of the United States, April 20, 1949, DDRS, Document No. CK3100376028.
④ The United States Objectives and Courses of Acton with Respect to Southeast Asian, June 19,1952, DNSA, Item No. PD00283.
⑤ United States Objectives and Courses of Acton with Respect to Southeast Asian, June 19, 1952, DNSA, Item No. PD00283.

此,美国在政治、军事和经济三个方面进行了战略部署:政治上全面遏制共产主义;军事上直接卷入越南战争;经济上利用援助扩大地区影响。

战后初期,苏联忙于处理欧洲事务,对东南亚并不是特别重视。主要原因有三:首先,美苏冷战的主战场在欧洲;其次,东欧局势急需稳定;再次,战后的苏联经济实力不足,无暇顾及东南亚。但是随着国际形势的变化以及自身实力的复苏,苏联开始将目光投向了东南亚。冷战期间,苏联在东南亚的主要关注点集中于越南和东盟。在越南,苏联支持北越对抗美国支持的南越,最终北越取得胜利;对于东盟,由于其成立之初采取的亲西方外交政策,苏联对其持敌视态度,认为东盟是美国在东南亚的反共工具。之后随着东盟政策的调整,苏联对于东盟的态度也发生明显改变。20世纪60年代末,苏联转而接受东盟的原因主要有二:一是苏联想填补英美势力撤退后留下的权力真空;二是苏联想拉拢东盟国家。

回顾冷战初期美苏在东南亚争霸的历史不难发现,东南亚地缘上陆海分野明显,安全上长期处于战乱和动荡之中,三次印支战争让东南亚国家苦不堪言;外交上两极对抗格局迫使东南亚国家必须选边站,大部分国家归入了两个对立的阵营,即以越南为代表的亲苏国家和以泰国、菲律宾和马来亚为代表的亲美西方国家。[1] 当然还有主张中立和不结盟的印尼、缅甸、老挝和柬埔寨等国,虽然没有选边,但是其安全与发展受到了冷战格局的严重限制;[2]意识形态上,东南亚一些国家在亲美反共的同时妖魔化共产主义,让民众产生"恐共"心理,这为它们推行威权政治提供了方便。[3]

在上述两极对抗结构的作用下,东南亚地区先后经历了印度支那战争、东南亚国家联盟的组建、越南侵略柬埔寨等重大事件,以及围绕这类事件国家间

---

[1] 尤洪波:《冷战期间苏联对东南亚的政策》,载《东南亚研究》2001年第3期,第40页。
[2] 张锡镇:《当代东南亚政治》,南宁:广西人民出版社1995年版,第443页。
[3] 尤洪波:《冷战期间苏联对东南亚的政策》,第40页。

关系的分化组合与多元多向对冲博弈,地区形势格外复杂和动荡,地区秩序深受体系结构的影响和美苏地区战略的牵引。东南亚国家和东盟作为地区力量势单力薄,尽管也有东南亚国家希望通过加入和借助不结盟运动来减缓美苏对抗的地区影响,但效用甚微。可以说,整个冷战时期,东南亚地区秩序呈现两极对抗、内乱频仍、战事多发、外力主导等鲜明特征,属于典型的地缘破碎地带。

二、后冷战多向秩序互构态势的形成

冷战结束后,随着两极格局的瓦解,东南亚面临一个充满未知的未来。面对美国的一家独大、日本的"正常国家"化追求,以及中国和印度力量的迅速崛起,东南亚国家非常担忧地区发展前景。为了在复杂的国际局势中赢得战略先机和主动,东南亚国家决定进一步联合起来以扩大东盟的影响力,将东南亚事务的主导权牢牢掌握在自己手中。于是,东盟积极推行"大东盟"战略,把东南亚主要国家全部吸纳到东盟之中:1995年越南加入东盟,1997年缅甸和老挝加入东盟,1999年柬埔寨加入东盟,至此"大东盟"正式形成。随着"大东盟"目标的实现,东盟区域内合作迅速展开,并致力于以一个声音在国际舞台上发声。2015年12月31日,东盟轮值主席国马来西亚的外长宣布,由东盟经济共同体、东盟安全共同体和东盟社会文化共同体构成的东盟共同体正式成立,标志着东盟国家之间的关系更加紧密,东盟将以一体化的共同体身份参与世界和地区秩序塑造。

实际上,东南亚地区秩序一直经历着域内和域外力量的双重塑造。就域外力量而言,美国、中国、日本、印度和俄罗斯的作用明显。

1991年12月苏联解体,冷战结束,两极格局瓦解,美国成为世界上唯一的超级大国。在东南亚地区,随着苏联威胁的消失,美国也顺势对其东南亚地区战略做出调整。冷战后,美国在东南亚地区的利益追求主要体现为五个方面：一是保证亚洲市场的持续可进入；二是保持地区军事存在；三是防止其他大国单方面主导地区事务；四是发展与东盟的战略合作关系；五是促进所谓民主。① 特别是东欧剧变和苏联解体，使得美西方对于自己的政治制度和自由主义意识形态信心大增，输出民主成为这一时期美国的基本政策取向之一。对于美国的这种做法，东南亚国家并不接受。1993年东盟外长会议上，马来西亚总理马哈蒂尔(Mahathir Mohamad)指出："我们不同意民主只有一种定义，或只以某种特殊标准来衡量一个政治制度是否民主。同样的，人权标准在每个社会也有所不同，即使在同一个社会，不同阶段也有不同的标准。"②

中国历来重视发展包括东南亚国家在内的周边国家关系，积极开展睦邻友好外交。冷战结束后，中国与东盟国家的关系逐步正常化。在此基础上，中国积极参加东盟倡导的多边合作机制。1991年7月，东盟首次邀请中国参加东盟外长会议；1993年7月，中国加入东盟地区论坛；1994年，中国参加首届东盟地区论坛；1996年，中国成为东盟的对话伙伴国。之后，随着双边和多边关系的推进，中国与东南亚国家的互利合作不断拓展深化，其中最重要的成果是中国—东盟自由贸易区的建立，这为东亚经济合作找到了一个突破口。③ 随着经济关系的夯实，中国与东南亚国家在安全领域也展开了有益的合作。回顾历史不难发现，后冷战时期，中国在东南亚地区的影响力呈现稳步上升的趋势，成为东南亚地区秩序塑造中一支不可忽视的力量。

日本一直试图在东南亚发挥大国作用，其核心目标有二：其一是与中国竞争地区影响力，其二是想成为联合国安理会常任理事国，以摆脱战败国的历史

---

① Michael McDevitt, "The 2006 Quadrennial Defense Review and National Security Strategy: Is There an American Strategic Vision for East Asia?" *Issues and Insights Pacific Forum CSIS*, Vol. 7, No. 1, 2007, pp. 1-3.

② 转引自贺圣达、马勇、王士录：《走向21世纪的东南亚与中国》，昆明：云南大学出版社1998年版，第337—338页。

③ 李一平：《冷战后中国与东盟国家关系探析》，载《世界历史》2004年第5期，第36页。

包袱。在这两个方面,日本都离不开东盟的支持。为此,日本不放过任何可以拉拢东盟的机会,尤其是在东南亚遭遇金融危机之时,日本是向该地区提供经济援助最多的国家,包括直接援助和间接援助。对于日本的帮助,东盟国家给予了积极回应,东盟曾不顾美国的反对,支持以日本为主导建立亚洲货币基金。在东南亚的双边和多边合作中,一直可以看见日本的身影,日本也逐渐成为影响东南亚地区秩序的一支重要力量。

作为新兴大国,印度在东南亚地区的利益存在广泛影响力且提升势头正猛。无论是20世纪末的"东向政策"(Look East Policy)还是21世纪初的"东向行动政策"(Act East Policy),印度一直致力于深化与东盟的关系,扩大其在东南亚地区的大国影响。相比美国和日本,印度拥有它们所不具备的三大优势:地缘优势、历史优势和文化优势。再加上印度作为新兴经济体的巨大吸引力,其对于东南亚的影响同样有目共睹。

俄罗斯在独立初期一度推行"欧洲—大西洋主义"外交,主动倒向西方,但这一政策调整并未能换来美西方的善意回应,在发展与西方国家关系的道路上,俄罗斯屡屡受挫。有鉴于此,俄罗斯再次调整对外政策,强调东西方兼顾,开始重返东南亚。[1] 总体上,俄罗斯的作用主要体现在以下两个方面:一是利用其与传统盟友越南的关系,重返东南亚;二是充分发挥其武器装备物美价廉的优势,成为东盟各国先进武器装备的重要来源国。[2] 但是由于俄罗斯自身发展面临困难和西方国家打压的影响,俄罗斯东南亚战略的推行并不顺利。故在后冷战时代,俄罗斯对东南亚地区秩序的影响相对于苏联时期更加微弱。

纵观历史可以发现,影响东南亚地区秩序与国际关系的核心变量主要是以下四方面因素。一是国际秩序与国际格局的变化,尤其是大国关系及其力

---

[1] 康霖:《俄罗斯东南亚政策演变及其对南海问题的影响》,载《太平洋学报》2012年第11期,第31页。
[2] 曹云华:《论当前东南亚局势》,载《东南亚研究》2017年第2期,第16页。

量对比的变化。其中,域外大国的影响力是不容忽视的因素。实际上,自地理大发现以来,域外大国一直在东南亚地区秩序的建立中扮演着重要角色。正如一位外国学者所言:"域外大国一直决定着东南亚国际关系发展的形势和内容。"[1]二是东南亚区域自身的发展,特别是东盟实力与观念的变化,同样建构着这一地区的秩序与国家间关系。"东盟方式"成为该地区双边与多边合作坚守的原则,东盟中心地位成为大国在发展与东盟关系时的战略共识便充分说明了这一点。三是东盟主要大国和核心国家的稳定,直接关乎地区国家关系与地区秩序。四是东南亚地区民族与宗教问题成为影响国家间关系与地区秩序的一大变量。在上述四个维度的共同作用下,目前东南亚地区秩序总体稳定,地区国家关系发展态势良好,但同时也面临着大国博弈加剧、自由贸易秩序遭到破坏、东盟组织不够团结和民族与宗教问题带来的分裂与恐怖主义等问题的挑战,这些问题正在且仍将继续影响着东南亚地区秩序与国际关系的未来。

三、新时代权力转移进程中地区新秩序的形塑

对于东南亚地区来说,权力转移并不是 21 世纪才有的新生现象,早在 1975 年越南战争结束、美国从越南撤退之时就初见端倪。冷战结束后特别是 21 世纪以来,随着中国和印度作为新兴大国的崛起,以及东盟作为中心力量地位的稳固,国际权力转移进程明显加速。可以说,在东南亚地区发生的权力转移,对于东南亚地区秩序的构建起到了不可忽视的作用。[2] 当然,随着权力转移而来的必然是崛起中的大国在该地区影响力的持续上升。中国与日本迅

---

[1] N. Ganesan, "ASEAN's Relation with Major External Powers," *Contemporary Southeast Asia*, Vol. 22, No. 2, 2000.

[2] 刘阿明:《权力转移过程中的东南亚地区秩序——美国、中国与东南亚的角色》,载《世界经济与政治》2009 年第 6 期。

速填补苏联留下的真空,印度也借"东向行动"政策深化与东盟的合作,从而与美国在东南亚共同形成四国五方"鼎立"的局面,东南亚的地区格局呈现多极化趋势。可以说,美、中、日、印和东盟作为四国五方,对于地区新秩序的构建既怀有强烈的政治意愿,又具备这方面的战略能力,因而它们之间的关系互动和观念认知对于东南亚地区秩序的形塑至关重要。

作为唯一超级大国,美国渴望地区主导地位,因而与东盟坚持的多极化政策取向相左。不仅如此,美国认为其在东南亚地区的权力影响正在深受中国崛起的冲击。[1] 应当看到,美国在东南亚的重要性尽管有所下降,但是其影响力依然稳固。其中,奥巴马政府对东南亚的政策主要体现为三个方面:一是亚太再平衡战略;二是积极推销TPP;三是鼓励传统盟友日本、澳大利亚等国在东南亚发挥更大的作用以弥补美国的缺位。[2] 特朗普执政初期进行的一系列外交政策调整,颇有摒弃前任奥巴马东南亚政策的色彩,以至于美国国内学者曾认为美国正在失去东南亚。[3] 但随着特朗普政府"印太战略"的出台,东盟的重要性再次彰显;拜登政府则延续了特朗普政府"印太战略"关于东南亚战略重要性的表述,其对于东南亚的战略关注进一步增强。正如一位研究者所说,美国并没有把东南亚丢给中国,而只是改变了自己发挥影响的方式。[4]

进入21世纪后,随着东盟自身的发展和域外大国东南亚战略的调整变化,国际体系层面的权力转移与区域内权力转移几乎同步展开,直接催生了东南亚地区新秩序。其中,就政治安全秩序而言,东南亚区域政治安全共同体已

---

[1] Committee on Foreign Relations, U. S. Senate, "China's Foreign Policy and Soft Power in South America, Asia, and Africa," April 2008, Washington: U. S. Government Printing Office, 2008, pp. 88 – 89.

[2] 曹云华:《论当前东南亚局势》,第15页。

[3] James Guild, "How the US is Losing to China in Southeast Asia," *The Diplomat*, October 25, 2017.

[4] Alice Ba, "Systemic Neglect? A Reconsideration of US-Southeast Asian Policy," *Contemporary Southeast Asia*, Vol. 31, No. 3, 2009, p. 391.

经建立,协商与民主是东盟政治安全一体化中一直坚守的原则;而域外大国特别是美国在东南亚的军事存在,以及域外国家与组织在东南亚搭建的多边与双边合作机制,都是塑造东南亚地区政治安全秩序的重要力量。就经贸秩序而言,合作与发展是东南亚地区经济的主要关切,为此东盟各国齐心协力推进地区经济一体化,希望在2030年让东盟成为世界第四大经济体。除推动区域经济一体化之外,发展与域外国家的经贸济合作关系也是东南亚国家和东盟组织的重要战略举措,理由很简单:外资与外贸是东南亚地区经济发展的两大外生动力。地缘战略上强调东盟的中心地位,拒绝在大国之间选边站队,同时奉行大国平衡外交,注重发展与主要大国的关系,其中心地位也为各主要力量所认可,东盟日益成为东南亚地区秩序塑造的主导性力量。

第二节 稳中有忧的地区安全秩序

冷战的结束是东南亚地区秩序构建的一个重要转折点。就地区安全秩序而言,出现了三个显著变化:第一,东南亚国家致力于政治稳定,奋力推进经济社会改革,极大地降低了域外力量对地区政治的影响;第二,积极开展从未有过的区域内政治与安全深度合作,东盟政治安全一体化不断加强;第三,多元域外力量共同建构着东南亚地区安全秩序,接受并维护东盟中心地位。这些良性变化保证了东南亚安全秩序的总体稳定,即由原来的对抗性安全秩序转变为以协商与合作为主要特色的安全秩序。在此过程中,东南亚地区安全秩序也面临着来自域内外的双重挑战。

一、东南亚国家的政治转型与趋稳

冷战结束以来,东南亚国家的政治生态普遍经历了从威权政治到民主政治的过渡,政治制度逐步趋于完善和法制化。根据一项研究,东南亚国家从威权政治过渡到民主政治的方式主要有以下三种[①]。其一,1997年金融危机引发政治危机,国家原有的强势领导人被迫下台,威权政治体制被迫瓦解,例如印度尼西亚。印尼的民主化转型是通过旧政权中的鸽派和反对派中的温和势力达成约定实现的,是权力精英之间讨价还价和幕后交易带来的民主。[②] 1998年5月21日,通过军事政变上台、连续执政32年的印尼总统苏哈托辞职,没有军事背景的哈比比继任,政党发展由多党制取代了一党独大,国家政权从一人独裁走向监督与制衡,军队的双重职能被终结。1999年印尼开启了第一次自由的议会与总统选举,标志着印尼政治制度发生了根本性的改变。2004年印尼历史上首位直选总统苏西洛上台执政,民主化得以进一步推进。2014年佐科·维多多赢得总统选举之后,加大力度推进各项民主化事业,印尼的民主化逐渐从形式民主转向深层民主。

其二,军人政权失去民心,文官政府取而代之,例如菲律宾。1992年6月30日,拉莫斯总统上台后,使用政治和其他手段削弱军队权力,建立了一个强有力的新政府。之后埃斯特拉达总统和阿罗约总统在任期间,权威不断受到军队的挑战,期间发生过多次兵变。2010年阿基诺三世打着反腐的旗号高票当选菲律宾总统,2016年5月杜特尔特成功当选,2022年小马科斯当选菲律宾总统,文官政府得以稳固。作为一个总统共和制国家,菲律宾国内政治体制照搬了美国的三权分立制度,其运作经受了历史的考验,开始走向稳定和正轨。

其三,老一辈强势领导人顺应历史潮流,主动移交权力,例如新加坡。[③]自新加坡成立以来,李光耀认为新加坡想迅速发展就不能不走民主路线。但

[①] 曹云华:《东南亚地区形势:2006年》,载《东南亚研究》2006年第2期,第6页。
[②] 李春华:《印度尼西亚民主化进程的评价与展望》,载《东南亚纵横》2002年第11期,第25页。
[③] 曹云华:《东南亚地区形势:2006年》,第6页。

直到20世纪80年代,民主才在新加坡初见端倪,主要表现为精英民主显现,人民行动党让渡国会席位给反对党,并实行非选区议员和管委议员制度。20世纪90年代至21世纪初,新加坡民主得到进一步发展,主要表现为进一步给予反对党在国会中的发展空间,扩大言论自由和实行民选总统制。2004年8月,李显龙成为新加坡第三位领导人,李显龙上台之后关注民意,进一步扩大国民的言论自由,国内政治面貌趋向协商民主和参与式民主。

可以说,冷战结束至今,东盟国家的民主化取得了显著成就,[①]为本国的发展赢得了新的机遇,为东盟的发展打下良好基础,为之后东盟共同体的推进准备了宽松的政治环境。可以说,东南亚国家的政治民主建设尽管还在探索和深化之中,一些国家甚至出现了反复与动荡,但仍不失其固有的特性和历史逻辑,一定程度上反映了地区政治的基本风貌。

二、东南亚区域政治安全一体化:协商民主

东盟自1967年成立以来,始终致力于加强东南亚国家间的团结与合作,希望东南亚的地区事务能由东盟国家主导。经过50多年的风雨兼程,东盟的成员国从最初的5国变成11国,东盟日益成为东南亚地区政治与安全合作的重要组织,签署了一系列保障东南亚政治稳定与安全合作的重要文件,建立了稳定的合作机制,确立了独具东盟特色的政治原则和行为准则,使东南亚的政治安全一体化愿景得以逐步实现。根据政治安全一体化的完成程度,可以将东南亚政治安全一体化分为三个阶段。

第一,构想与起步阶段。冷战时期东南亚国家就希望推进区域一体化,当时的国际政治环境和东南亚国家之间的争端与冲突,让部分审时度势的东南

---

① 当然,根据美国政治学家霍华德·威亚尔达对民主程度的划分,即完全民主国家、部分民主国家和专制国家,东南亚国家最多可以被称为部分民主国家。参见[美]霍华德·威亚尔达主编:《民主与民主化比较研究》,榕远译,北京:北京大学出版社2004年版,第2—4页。

亚国家认识到地区主义和一体化对于它们的重要性。早在二战结束以后,美国就曾倡导在东南亚地区成立一个与北约相似的军事同盟——1954年东南亚条约组织,但是东南亚区域内只有两个国家参与其中。之后,东南亚协会和马菲印联邦相继成立,这些都为东盟的成立打下了基础。1967年8月8日,印尼、马来西亚、新加坡、泰国与菲律宾在泰国曼谷召开外长会议,发表《曼谷宣言》,标志着东南亚国家联盟的成立,也标志着东南亚一体化进程的开始。《曼谷宣言》是东盟的第一个重要文件,但当时东盟成立的最主要意图是促进地区政治和安全合作,以实现地区的稳定与发展。需要特别注意的是,宣言对东南亚地区未来走向"共同体"设定了明确的目标:"以平等和伙伴关系的精神,通过共同努力加速本地区的经济增长、社会进步和文化发展,为建立一个繁荣与和平的东南亚国家共同体奠定坚实的基础。"

东盟成立之后,东盟成员国努力深化政治合作。1976年东盟首次峰会在印度尼西亚的巴厘岛举行,此次会议对于东南亚政治一体化具有里程碑意义。会上东盟五国签署了《巴厘第一协定》(Declaration of ASEAN Concord)和《东南亚友好合作条约》,这两个文件确立了东盟政治一体化的发展方向、基本原则与目标,并且提出了综合安全的概念,即强调国家抗御力和地区抗御力。[①] 冷战后期,柬埔寨问题是东南亚地区政治与安全一体化的一大挑战。东盟在数十年的时间里强烈谴责越南的侵略行为,致力于和平解决柬埔寨问题,努力推动柬埔寨问题进入联合国议程,呼吁越南从柬埔寨撤兵。1991年《柬埔寨冲突全面政治解决协定》的签署及随后柬埔寨问题的和平解决,有利于加强东盟内部的团结,是东盟政治与安全合作战略的巨大成功,为东盟在其他方面的合作铺平了道路。

---

① Ludo Cuyvers, Lurong Chen, Philippe De Lombaerde, "50 Years of Regional Integration in ASEAN," *Asia Pacific Business Review*, Vol. 25, 2019, p. 610.

第二,推进与发展阶段。冷战结束后,两极格局的瓦解和东盟前期的努力为东南亚政治与安全一体化的推进提供了有利条件。这一阶段,东南亚政治安全一体化最主要的表现为"大东盟"战略的实施。扩大东盟一直是东盟老成员国的愿景,但是冷战两极对抗让这一构想很难推进。冷战结束后,东盟抓住机会迅速着手扩大成员国,1999年柬埔寨的加入标志着该战略取得完全成功。"大东盟"战略的实施增强了东盟的实力和国际影响力,也推动了东南亚地区政治与安全的一体化,为之后地区的和平与发展夯实了基础。

第三,东盟政治安全共同体的成立。进入21世纪以后,完成"大东盟"战略的东盟开始加快东盟政治安全共同体的构建。2003年10月东盟第九次首脑峰会上,东盟10国签署了《巴厘第二协定》(Declaration of ASEAN Concord II),指出将在2020年建立东盟共同体。2005年12月,在东盟第十一次首脑峰会上,东盟10国通过《吉隆坡宣言》,强调东盟将进一步加速整合,并于2015年成立东盟共同体。2007年11月,在东盟第十三次首脑峰会上,东盟国家签署了《东南亚国家联盟宪章》(简称《东盟宪章》),这是东盟成立40年来第一份具有普遍法律意义的文件。这一文件的签署是东盟在机制化和法制化建设上的重要举措,是建立东盟共同体的重要法律保障。2015年11月,东盟发布《东盟政治安全共同体蓝图(2025)》(ASEAN Political-Security Community Blueprint,2025),宣告成立东盟政治安全共同体,目标是区域内各国和平相处、和平解决问题,以及坚持全面安全的原则。可以说,这是东南亚地区政治安全一体化建设的又一里程碑事件。

《东盟政治安全共同体蓝图(2025)》强调,东盟致力于建立具有规则基础、分享价值与规范的共同体,其目标是强化民主、深化良治和规则、确保人权和基础自由;努力建设聚力、和平、稳定和具有活力的地区,并负责全面安全;承诺致力于预防冲突、建立信任措施、冲突后和平建设;在全球相互依赖中建立充满活力和外向型的地区。①

在东南亚地区政治安全一体化进程中,协商与民主一直是东盟坚持的原则,无论是柬埔寨问题的解决,还是大东盟战略的推进,协商与民主一直贯穿其中。可以说,非对抗的协商一致方式是"东盟方式"最主要的特征之一,是东盟国家可以坐到一起进一步讨论问题的基础,没有表决,也不存在否决,这样的政治原则对于政治经济发展不平衡、社会文化迥异的东盟国家来说是必不可少的。② 协商与民主还体现为坚持不干涉内政原则。在成员国内部或是成员国之间出现冲突与矛盾时,东盟均采取谨慎且适度的方式进行调节,前提是不干涉内政,这一政治原则是东盟的根本制度保障。③

三、域外力量对东南亚地区安全秩序的建构

当我们考察地区秩序时,域外力量是不可忽视的一个重要变量。受地缘因素和历史因素的影响,东南亚地区一直是大国必争之地,域外力量对该地区政治安全秩序的建构起着十分重要的作用。

第一,区域内大国关系。在东南亚地区,大国关系经历了一系列阶段性的变化,其中又以中美关系对东南亚地区政治安全秩序的影响最为深远。进入21世纪以后,美国的战略重心开始东移,并借反恐之名迅速恢复和强化了在东南亚地区的军事存在和安全影响。与此同时,中国也不断扩大和深化与东南亚国家的合作。尤其是进入21世纪的第二个十年以来,中美在区域内的竞合关系,潜移默化地构建着该区域的政治安全秩序。中国与美国在东南亚的竞争主要体现为理念与目标之争,即美国的战略目标是为了主导包括东盟在

---

① ASEAN Secretariat,"ASEAN Political-Security Community Blueprint," June 2009. http://www.aseansec.org/5187-18.pdf.
② 段小平:《东盟方式与东盟的发展》,载《湖北社会科学》2004年第9期,第110—111页。
③ 陈寒溪:《"东盟方式"与东盟地区一体化》,载《当代亚太》2002年第12期,第47—51页。

内的亚太地区事务,担心崛起的中国挑战其地区领导地位;中国则倡导"世界多极化",支持东盟中心地位和作用发挥,具体涉及南海问题的处理、地区公共产品的提供,以及与东盟国家的双边和多边关系。中美在东南亚也有共同利益,两国都希望维护东南亚地区的安全稳定,特别是在非传统安全领域趋向于合作。①

第二,美国在东南亚的军事存在。美国在东南亚的军事存在是一个历史问题,因为现存的军事同盟关系起源于冷战时期;同时也是一个现实问题,军事存在是美国维护其在东南亚霸权的重要工具,是影响东南亚地区安全的重要因素。随着中国的崛起和地区影响力的上升,美国认为其在东南亚面临着增强军事存在、强化与盟国的关系和提高其领导力的战略机遇,为此积极推进与相关国家的合作以建立可持续的军事存在。② 目前,美国在东南亚的军事存在主要体现为四个方面:美菲同盟与美泰同盟、军事基地驻军、双边与多边军事演习,以及军事资助与军售。

首先,美菲同盟成立于1951年8月30日,以《美菲共同防御条约》的签订为标志。冷战期间,菲律宾是美国坚定的盟友;后冷战时期,美菲军事关系经历了弱化、停顿、复苏和发展的过程。美国在东南亚的另一个盟国是泰国,两者同盟关系也确立于冷战时期,在冷战期间泰国曾为越战中的美国提供军事基地,冷战结束后同盟关系历经挑战,尤其是1997年金融危机,泰国对美国的表现颇为不满,后来出于反恐需要,两者关系再度密切。

其次,美国在东南亚的军事基地目前主要有菲律宾的克拉克空军基地和新加坡的樟宜海军基地。1992年之前,以菲律宾苏比克湾海军基地和克拉克空军基地为中心的东南亚基地群原为美国"岛链"中承上启下的一环,1992年

---

① 张贵洪:《东南亚地区安全与中美关系》,载《国际论坛》2004年第3期,第54—59页。
② Ely Ratner, "Resident Power: Building a Politically Sustainable U. S. Military Presence in Southeast Asia and Australia," Center for a New American Security Report, October 2013.

11月苏比克湾海军基地交还菲律宾后,美国丧失了"岛链"中重要一环。2014年,美菲再次达成《菲美加强防御合作协议》,允许美国在菲律宾的海军和空军基地重新驻扎,为了方便美军临时借用克拉克空军基地,菲律宾政府还专门在该空军基地修建了机库。对于美军来说,新加坡的樟宜海军基地战略地位十分重要。美国海军使用樟宜基地,可以方便地通过南海和安达曼海连接太平洋和印度洋。

再次,双边与多边军事演习是美国彰显军事力量的重要手段。始于1991年的"肩并肩"行动是美国与菲律宾举行的双边年度军事演习;"金色眼镜蛇"演习始于1982年,是每年在泰国举行的海陆空多边联合演习,以非传统安全为主要内容,是美泰军事合作的支柱,也是美国在东南亚发挥军事安全主导作用的重要平台。此外还有"卡拉"演习,是美国与多数东南亚国家及部分印度洋国家分别举行的双边年度军演,卡拉演习是美国在南海海域彰显力量的重要方式。[①]

最后,美国大力资助东南亚各国军事人员到美国接受培训,同时还向东南亚国家出售武器,以深化军事合作。[②] 美国在东南亚的军事存在一方面加速了东南亚军事现代化,促进了东南亚地区的安全合作,另一方面也使得地区安全形势复杂化。

第三,域外国家参与的多边合作机制。多边政治安全合作主要体现为域外力量积极参与东盟倡导的合作机制,主要有"10+模式"、东亚峰会、东盟地区论坛、东盟防长扩大会和东盟海事论坛。"10+模式"经历了"10+1""10+3"到"10+6"的演变,1最初是指中国,3是指中日韩,6是指中日韩、印度、澳大利亚与新西兰,"10+6"也就是现在的东亚峰会。2011年,美国与俄罗斯加

---

① 赵毅:《当前美国在东南亚的军事存在探析》,载《东南亚研究》2014年第5期,第61页。
② 赵毅:《当前美国在东南亚的军事存在探析》,第62页。

入东亚峰会,由此"10+6"变为"10+8"。东盟地区论坛是亚太地区主要的官方多边安全对话与合作平台,目前该论坛有 27 个成员,主要亚太国家都参与其中。东盟防长扩大会成立的基础是东盟防长会议,成立的目的是进一步深化各国在东南亚的非传统安全合作和强化原有的传统安全合作。东盟海事论坛是专门针对海洋安全建立的多边合作机制,是各国参与处理东南亚海事问题的重要平台,中日韩和美澳新均是该论坛扩大会议的重要参与国。

东盟倡导的上述多边合作机制,为各国共同商讨地区政治准则和应对传统与非传统安全问题提供了平台,对于维护东南亚地区安全秩序起到了保障作用。

四、东南亚地区安全秩序面临的双重挑战

目前,东南亚地区安全秩序在东盟的努力和域外力量的共同作用之下,呈现出稳定与有序的态势。但是与此同时,也面临着各种挑战。

首先就域内而言,挑战主要来自三个方面。其一,东南亚国家虽然实现了所谓的政治民主化,但是没有足够肥沃的土壤来养育西式民主,民主进程一波三折,军人政治的影子一直存在,可以说东南亚国家内部的政治改革道阻且长。其二,东盟的实力相对不足。首先表现为经济能力的不足。虽然 1997 年金融危机之后,东盟国家凭借自身的努力和对外经贸合作改善了经济面貌,但是经济发展水平依然较为落后。其次,地区防务方面对外依赖严重。东盟国家的军事技术水平低下,高端武器依赖域外国家的军售;地区防务方面,东盟各国的武装力量缺乏应有的协调与合作能力,大多选择与域外国家的双边或多边防务合作来满足自身安全需求。最后,东盟内部的黏合度较低。虽然东盟国家已经宣告东盟政治安全共同体成立,但是成立并不意味着建成,其发展依然面临诸多挑战。其三,民族和宗教因素的影响。东南亚地区民族众多,各国都是多民族国家,印尼拥有超过 100 个民族,菲律宾拥有 90 多个民族,越南

有超过 50 个民族,东盟各国很难在民族方面完全认同彼此,这影响了东盟内部的团结,使东盟国家在政治与安全行动上难以协调统一。① 在宗教方面,穆斯林遍布东盟国家,在人口数量占比上仅次于中东,所以宗教极端势力在东盟有泛滥之势,加之东盟各国在意识形态、经济发展、社会稳定和政府管控能力等方面的差异性,东南亚地区成为恐怖活动多发的地区之一,恐怖主义目前已经成为东南亚地区面临的非常严重的非传统安全问题之一,严重影响着东南亚地区的稳定。

其次,就域外而言,挑战主要来自两个方面。其一,东南亚是大国博弈场,东南亚特殊的地理位置决定了该地区的政治与安全秩序不可能摆脱域外大国的影响。冷战之后,域外大国出于国家利益或者长远战略考量,都将东南亚视为必争之地。中、美、日、印、俄等国都有较为成熟的东南亚政策,东盟也审时度势地对这些政策给予回应。尽管东盟所倡导的多边合作机制离不开这些国家的参与与支持,但是大国积极参与和支持的出发点是本国的利益,所以当大国在区域内的利益受损或者东盟倡导的机制不利于其自身利益的实现时,它们对多边合作机制的热情就会降低,对东盟中心地位的支持也会减弱,从而影响东南亚地区安全秩序。其二,中美竞合关系成为影响东南亚地区安全秩序的最为重要的一组大国关系。很长一段时间里,虽然战略取向不同,但是中美在东南亚区域内的良性竞合关系保障了东南亚地区的安全,也让东盟国家有充足的战略空间来维护地区稳定。但是,特朗普上台之后,强调大国战略竞争,美国将中国定位为战略竞争对手和重大威胁,致使中美关系不断交恶;拜登政府执政后,为了与中国展开战略竞争,更加积极地拉拢东南亚相关国家,并在南海问题和台湾问题上挑战中国,显著冲击着东南亚地区安全秩序。

---

① 陈衍德、彭慧:《当代东南亚民族关系模式探析》,载《厦门大学学报(哲学社会科学版)》2010年第 4 期,第 74 页。

第三节 以合作与发展为基调的地区经济秩序

近年来,东盟区域经济一体化加速发展,在亚太经济中的地位不断上升。据统计,1996年东盟的GDP为7 254.7亿美元,1998年受金融危机的影响降低至4 726.2亿美元,2004年为7 964.8亿美元,经济复苏到金融危机前的水平,2006年突破1万亿美元,2008年东盟GDP达到1.5万亿美元,2011年超过2万亿美元。[①] 2019年12月26日,在东盟宣布建立经济共同体即将进入第五年之际,东盟秘书处发布年度《东盟融合报告》指出,东盟以3万亿美元的体量跃升为全球第五大经济体,较4年前上升两位。在全球经济动荡和贸易紧张局势加剧情况下,2019年东盟对外贸易规模达2.8万亿美元,较2015年增长了23.9%;吸引外国直接投资规模达1 547亿美元,较2015年增长了30.4%,创下历史最高纪录,这一成绩为东盟2020年进一步加强共同体建设、推进区域一体化进程提振了士气。但是,2020年年初突发的新冠疫情打破了东盟经济连续增长的良好势头,使东盟经济遭到自1997年金融危机以来最大的冲击,经济下行已成定势,东盟在2030年成为世界第四大经济体的愿景也因此面临更多不确定性与挑战。

一、东南亚国家经济建设成就与东盟经济共同体的建立

东盟是亚洲第三大经济体、世界第五大经济体和第四大进出口贸易区,也是发展中国家吸收外商直接投资的主要地区。近年来,东盟国家经济增长整

---

① 王勤:《东盟区域经济一体化新格局与中国》,载《北京论坛2013:文明的和谐与共同的繁荣》2013年11月,第180页。

体保持较高的速度。具体地,东盟国家可以分为三类:高速增长国家、中速增长国家和低速增长国家。① 新冠疫情之前,经济高速增长的东盟国家包括菲律宾、柬埔寨、老挝、缅甸和越南五国。1980—2005 年,菲律宾的经济一直处于低增长状态,但在国内需求和出口贸易的推动下,菲律宾经济近年来保持了约 6% 的增长率,2017 年为 6.7%,2018 年为 6.1%,2019 年为 5.9%。柬埔寨的高速经济增长得益于经济转型,经济增长率一度超过菲律宾达到 7%,2017 年为 6.9%,2018 年为 7.25%,2019 年为 7.1%,人均 GDP 从 1967 年的 44 美元增长到超过 1 000 美元,从亚洲最贫困的国家发展成为经济增长较快的国家之一。越南的经济自 1986 年实施革新开放政策以来一直保持着较高的增长率,同时越南国内经济运行平稳,营商环境较为宽松,私营企业给国内经济注入了巨大活力,经济增长率在 2017 年达到 6.81%,2018 年上升为 7.08%,2019 年保持为 7.02%。老挝是东盟唯一的内陆农业国,相对落后,但是老挝拥有丰富的自然资源,矿业和电力的出口一度是其经济支柱,老挝还进口大量的机械设备和原材料用于建设工业园区,增加了本国的产品出口,经济年增长率也保持在 6% 以上,2017 年为 6.89%,2018 年为 6.25%,2019 年为 6.7%。缅甸的纺织业和其他轻工业发展迅速,农业也因国际市场产品价格的上涨得到新的发展,以旅游业为主的服务业也是其经济快速增长的重要引擎,其经济增长率一直保持在 6% 以上,2017—2019 年的经济增长率分别为 6.76%、6.2%、6.6%。

中速增长国家有印尼、马来西亚和泰国。印尼是东盟最大的经济体,经济总量居世界第 16 位。从 2011 年开始,印尼经济增长有下滑的势头,但是依然保持在 5% 左右(2017 年 5.07%,2018 年 5.17%,2019 年 5.02%),这主要得

---

① 陈迎春:《东盟经济分析与展望》,载《国际经济分析与展望 2017—2018》2018 年 4 月,第 107 页。

益于其优越的地理位置、丰富的自然资源,以及廉价而充沛的劳动力。马来西亚在过去的几年里经济表现整体良好,内需与外资共同拉动其经济增长,2017年的增长率为5.9%,2018年为4.7%,2019年为4.3%。泰国的经济一直处于复苏之中,年经济增长率为3%左右(2017年3.9%,2018年4.13%,2019年2.4%)。近年来,泰国消费通胀率几乎为零,失业率接近1%,这为泰国经济发展创造了良好条件。

低速增长国家为新加坡和文莱,新加坡是全球人均收入最高的发达国家之一,有"东方瑞士"之称,其制造业和服务业非常发达。近几年,由于商品进出口出现收缩、外国直接投资下降和世界经济不确定性增加,新加坡经济增长的速度大约保持在3%,2017年是3.5%,2018年是3.3%,2019年一度降到0.7%,创下近十年来最低,因为新加坡的经济主要依赖国际贸易,2019年国际贸易疲软对其经济造成重创。文莱是东盟人口和面积最小的国家,经济支柱是油气产业,产值占经济总量的一半,近年来文莱扭转了经济负增长的局面,但是增长率依然很低,在1%—2%之间徘徊,2017年为1.33%,2018年仅为0.05%,2019年文莱经济增长率创十三年来新高,达到3.9%。

新冠疫情暴发后,由于受到疫情防控政策的影响,东南亚国家的经济增长动力不足,经济增速急转直下,国内消费和国际投资均出现下滑态势,国内生产总量与进出口额呈断崖式下跌,尤其是作为经济增长支柱之一的旅游业因为疫情遭遇重创。在此经济环境之下,东南亚国家纷纷下调经济增长预期。新冠疫情引发了数十年来程度最深的全球经济衰退,东南亚国家也不可避免地受到冲击。2020年东南亚主要国家的经济增长率分别为:印度尼西亚－2.1%,菲律宾－9.3%,新加坡－5.4%,马来西亚－5.6%,泰国－6.1%,越南2.9%。2021年,东南亚国家经济增长由负转正,呈现复苏的迹象。东盟的经济数据显示,印度尼西亚的经济增长率达到3.69%,菲律宾为5.6%,新加坡为7.2%,马来西亚为3.1%,越南为2.58%,泰国依然较低,为1.6%。2022

年,东南亚前六大经济体的经济增长率分别为:印度尼西亚 3.1%,菲律宾 7.6%,新加坡 3.6%,马来西亚 8.7%,泰国 2.6%,越南 8.02%。2023 年东南亚国家的经济持续复苏,但仍难以达到新冠疫情之前的水平。相关数据显示,新加坡全年经济增长率 1.2%,泰国经济增长率 2.3%,越南经济增长率 5.05%,印度尼西亚经济增长率维持在 5%左右,老挝经济增长率达到 3.7%。此外,多方数据预测 2024 年东南亚经济将出现新的增长,但仍将面临严峻挑战。

虽然东南亚国家在 20 世纪 80 年代末就鼓吹自由开放,[①]并逐步战胜了经济民族主义,[②]但是东南亚区域内经济合作的真正起步要到冷战结束之后,因为此际各国把经济合作视为实现政治安全目标的辅助手段,而不是合作的重点所在。冷战后,欧洲一体化的加速、北美自贸区的建成,以及中国和印度经济的快速发展,使东南亚经济面临巨大的外部压力。更重要的是,东南亚国家迫切需要摆脱贫困,发展经济成为各国的第一要务,所以东盟开始将经济合作放到和政治安全合作同等重要的地位。1992 年东盟六国在第四次首脑会议上决定设立东盟自由贸易区(ASEAN Free Trade Area,简称 AFTA),这是东盟经济一体化的第一个里程碑。会议决定从 1993 年年初起至 2008 年,用 15 年的时间建立东盟自由贸易区,希望以此提高地区凝聚力,最终自贸区在 2002 年提前建成。[③] 1997 年爆发的金融危机是东南亚经济一体化进程中一个重要的转折点,它的爆发让东盟国家十分重视加强成员国间的经济合作,促使东盟国家进一步明确东盟经济一体化进程的目标。1997 年 12 月东盟国家通过《东盟愿景 2020》,决定在 2020 年成立东盟经济共同体。在 2007 年 11

---

① Richard Stubbs, "Signing on to Liberalization: AFTA and the Politics of Regional Economic Cooperation," *The Pacific Review*, Vol. 13, Issue 2, 2000, p. 297.

② Helen E. S. Nesadurai, *Globalization, Domestic Politics and Regionalism: The ASEAN Free Trade Area*, London and New York: Routledge, 2003, p. 44.

③ 杨新华:《东盟经济共同体建设路径及展望》,载《东南亚纵横》2017 年第 5 期,第 10 页。

月召开的东盟第十三次首脑会议上,东盟国家领导人签署了《东盟经济共同体蓝图》。该蓝图对东盟经济一体化进行了总体规划,决定在2015年成立经济共同体,并制定了经济共同体的四大目标:单一市场与生产基地、形成区域竞争力、经济均衡发展和融入世界经济体系。[1] 据此,2008年东盟秘书处设计了计分卡制度,以便评估东盟各国的蓝图实施情况。2009年东盟国家正式签署《东盟商品贸易协定》,2010年东盟国家在加大关税减免方面取得巨大进步,区域内近90%的货物贸易实现了零关税,截至2013年蓝图中规划的229个重点项目完成了82.1%。2015年东盟经济共同体宣告成立。亚洲开发银行发布的《亚洲自由贸易区模式》报告指出,东盟经济共同体建成后,将大力促进亚洲多个自由贸易协定的整合,从而为世界经济增长提供重要引擎。[2]

东盟经济共同体宣告成立后,一些框架协议得到了落实,例如东盟服务贸易框架协定、东盟贸易便利化协定、东盟食品安全规则和东盟关税查询系统等。[3] 2018年11月,东盟经济共同体理事会就《东盟全面投资协定》第4份修正议定书的内容基本达成共识,该协议致力于促进自由、开放、透明、一体化的投资环境建设。[4] 2019年东盟各国继续推进合作,积极落实《东盟一体化倡议第三份工作计划》和《东盟互联互通总体规划2025》,不断完善东盟经济共同体建设,目标是到2030年将东盟建设成为世界第四大经济体。但是,新冠疫情的暴发重创了东南亚经济,2020年东南亚多国的经济面临严重衰退,一度出现负增长。当前,东南亚经济能否迎来新的增长期,还有待进一步观察。

---

[1] Ludo Cuyvers, Lurong Chen, Philippe De Lombaerde "50 Years of Regional Integration in ASEAN," *Asia Pacific Business Review*, Vol. 25, 2019, p. 612.
[2] 杨新华:《东盟经济共同体建设路径及展望》,载《东南亚纵横》2017年第5期,第9—11页。
[3] 本刊编辑部:《东南亚地区形势2016—2017年回顾与展望:专家访谈录》,载《东南亚纵横》2017年第1期,第6页。
[4] 本刊编辑部:《东南亚地区形势2018—2019年回顾与展望:专家访谈录》,载《东南亚纵横》2019年第1期,第7页。

二、对外经济合作与东南亚地区经贸秩序

除了推动地区经济一体化,东盟经济安排的另一项重要内容就是与域外国家与组织的交往与合作,对外经济合作是塑造东南亚地区经济秩序的重要力量。

(一) 从"10+1"自贸区到RCEP

2001年11月,中国与东盟宣布决定在2010年建成中国—东盟自贸区,随后日本、印度、韩国、澳大利亚和新西兰也纷纷与东盟开展"10+1"自贸区谈判。2010年,中国—东盟自贸区如约建成。东盟和印度2003年决定在2011年建成东盟—印度自贸区,但谈判过程曲折,直到2012年年底才完成服务贸易和投资的谈判。东盟和日本在2003年10月开始谈判,2008年4月双方正式签署全面经济伙伴关系协定。东盟与韩国的自贸区谈判起步比较晚,但是进展较快,2004年11月开始,2006年5月就签署了货物贸易协议,2007年11月签署了服务贸易协议,2009年6月签署了投资协议。东盟与澳大利亚和新西兰的谈判起步最晚,2005年3月才开始推进,2009年2月分别签署自由贸易区协议。[①]

为了更好地维护东盟主张的多边主义和自由贸易,抵御贸易保护主义和单边主义的风险,实现可持续发展,2011年11月东盟领导人一致同意建立区域全面经济伙伴关系协议(Regional Comprehensive Economic Partnership,简称RCEP)。若RCEP建成,将是亚太地区最重要的自由贸易协定,覆盖35亿人口,GDP总和高达23万亿美元,占全球经济总量约30%,预计贸易额将达10.3万亿美元,届时将成为世界最大的自贸区。参与RCEP谈判的国家

---

① 王勤:《东盟区域经济一体化新格局与中国》,载《北京论坛2013:文明的和谐与共同的繁荣》2013年11月,第178页。

有东盟十国、中国、日本、韩国、澳大利亚、印度和新西兰。RCEP 涵盖 16 个国家,其重点是整合现有的"10+1"自贸区协议,谈判囊括货物贸易、服务贸易、投资和经济技术合作等领域,目的是达成一个全面、优质、互惠的区域自由贸易协定。① 2004 年中国曾提议"10+3"(东盟与中日韩),日本也曾于 2006 年提出"10+6"(东盟与中日韩澳新印),但是以中日为首的区域内各国意见难以统一,这两个设想停留在了谈判阶段,但 RCEP 突破了这一窘境。RCEP 由与东盟分别签订自贸协定的 6 国自愿加入。2012 年 RCEP 正式启动,谈判计划始于 2013 年年初,完成于 2015 年年底,但是由于谈判国追求的目标不同,整合多重利益诉求的难度较大。中国始终支持东盟在东亚合作中发挥中心作用,所以积极支持 RCEP 谈判,中国一直希望早日完成谈判,为东亚经济一体化奠定基础。② 日本一边支持 RCEP 谈判,一边更加重视 TPP 的谈判,因为它认为 TPP 能为自己带来更多的利益,这导致日本与其他谈判国在贸易自由化思想方面存在重大差异,因而拖累了谈判进程。③ 区域合作战略一直是韩国的重要关切,它积极支持自由多边贸易,希望协调中日之间的关系以加快 RCEP 的谈判进程,但是由于自身实力和本国区域合作战略重点的转移,韩国在推动 RCEP 谈判中难以大展拳脚。澳大利亚和新西兰因担心被区域合作排除在外而被动加入东亚地区的区域合作,此外通过 RCEP 谈判,澳大利亚和新西兰也能获得更多的经济利益。印度参加 RCEP 的谈判更多的是出于非经济因素的考虑,即出于国家战略和政治因素的考量,但是印度又担心开放市场后,印度产业可能面临巨大压力,所以对于 RCEP 的态度一直是模棱两可的。④ 东盟与中韩两国希望尽快完成 RCEP 谈判,但是日本、印度、澳大利

---

① 王勤:《东盟区域经济一体化新格局与中国》,第 182 页。
② 朱振明:《东盟国家为发展经济抢时间》,载《环球时报》2019 年 11 月 7 日,第 014 版。
③ 沈铭辉:《RCEP 谈判中的区域合作博弈与东北亚国家的角色》,载《东北亚学刊》2018 年第 5 期,第 27 页。
④ 沈铭辉:《RCEP 谈判中的区域合作博弈与东北亚国家的角色》,第 28 页。

亚和新西兰及部分东盟国家的消极态度导致谈判进程缓慢。最后,经历了7年的谈判,2019年11月除印度之外的15个国家结束了长达20章节的谈判,印度由于对协定部分内容持不同意见而拒绝加入。2020年11月,东盟十国以及中国、日本、韩国、澳大利亚和新西兰共15个国家在第四次区域全面经济伙伴关系领导人会议上正式签署区域全面经济伙伴关系协定,这标志着历经八年谈判的全球规模最大的自由贸易协定正式达成,①印度是否加入取决于其最终的决定。

对于RCEP,美国并不反对,但也没有明确表示支持。在亚太经贸合作中,美国当时将更多的精力放在"跨太平洋伙伴关系协定"上,希望通过TPP全面介入亚太地区的经济整合,以期主导亚太区域经济一体化。在RCEP谈判的过程中,美国政府出现更替,特朗普上台并提出"美国优先"的政策,就职当天宣布退出TPP。之后,美国对中国发起贸易战,对越南和泰国等中小国家提高关税,严重破坏了世界贸易环境。② 在此背景下,各国对于RCEP的期待更高。但是RCEP不是对原有自贸区的简单整合,而是16国之间多重的双边经济利益诉求的组合,理论上是高达120组双边经贸谈判的组合,由此可见RCEP签署的难度之大。③

(二) 开放而松散的APEC

亚太经合组织(Asia-Pacific Economic Cooperation,简称APEC)作为特别重要的区域经济合作机制之一,尽管提供的是一个广泛而松散的合作框架,但在推动亚太地区自由贸易和投资方面发挥着十分重要的作用。一直以来,APEC很难达成高标准和高水平的谈判协议以及一体化的合作,因为这一合

---

① 参见 https://asean.org/asean-hits-historic-milestone-signing-rcep/。
② 朱振明:《东盟国家为发展经济抢时间》,载《环球时报》2019年11月7日,第014版。
③ Shintaro Hamanaka, "Evolutionary Paths toward a Region-wide Economic Agreement in Asia," *Journal of Asian Economic*, Vol. 23, 2012, pp. 383-390.

作框架的机制性较弱,而且成员具有很强的多样性和多层次性。东盟六国、美国和日本都是APEC的创始国,中国于1991年11月正式加入APEC,俄罗斯于1998年11月正式成为APEC成员。亚太经合组织中既有美国、日本等发达国家,也有中国和东盟各国等发展中国家,尤其是美日的参与让东盟对该组织的态度十分复杂。在确立亚太经合组织的性质和运作方式上,东盟同美国存在着严重的分歧。美国希望把亚太经合组织建成一个由它主导的正式的高度机制化的"亚太经济共同体",形成对成员的约束力,而且还试图改变其经济合作的性质,将政治与安全的目标纳入其中。日本也想凭借自身的影响力成为APEC的主导方。[1] 东盟则极力主张亚太经合组织应该是一个松散的、协商性的经济论坛,是一个开放的而非排他性的、非封闭性的、非强制性的正式机构。中国同意东盟的观点,认为高度机制化和有强大约束力的组织将很容易受到美国这样的大国控制。中国领导人江泽民在1993年的西雅图亚太经合组织非正式首脑会议上提出"自愿、协商一致、自主性"原则,明确主张APEC应该是磋商机构,不搞封闭的机制化的经济集团。东盟联合中国成功地维护了亚太经合组织的经济合作性质,抵制了美国"新太平洋共同体"的主张,有效制约了美国在亚太经合组织中的霸权作用。

众所周知,APEC是在新一轮区域经济一体化浪潮中应运而生的,1989年宣告成立,历经三十多年,如今已经成长为亚太地区乃至全球具有较高影响力的合作组织,在区域经济合作方面取得了引人注目的成就,但同时也面临诸多挑战。在区域经济合作方式和指导原则方面,APEC形成了独具特色的"APEC方式",即各成员在自主自愿和协商一致的基础上开展合作,以集体行动计划为指导,但同时也不阻碍成员从自己的实际情况出发制定单边行动计划;在APEC合作中坚持灵活性与循序渐进;开放的地区主义是APEC重要

---

[1] 陆建人:《东盟的APEC政策与作用》,载《太平洋学报》1996年第3期,第65页。

的运行方式。在主要合作领域,APEC也取得了丰硕成果,其中最具代表性的当属"茂物目标"的进展与成果。在成立的第六个年头,APEC第二次领导人会议设定了"茂物目标",即APEC的发达成员和发展中成员分别力争在2010年和2020年实现贸易投资自由化。1989—2018年,APEC成员的最惠国平均关税率从17%降到5.3%,货物和服务总贸易额从3.1万亿美元增至24万亿美元;1994—2018年,APEC内的外国直接投资流入存量的年均增长率为11%,2018年达16万亿美元。当前,亚太区域经济一体化呈现新的特点与走向,区域内大国博弈加剧,全球化迎来"4.0时代",新一轮工业革命已经兴起,APEC的未来面临着新的机遇与挑战。[①]

(三) 区域间的ASEM

与国际组织开展经济交往与合作一直是东盟对外活动的重要内容之一。历史上,东盟积极参与联合国贸易与发展会议、关贸总协定、世界贸易组织和其他国际组织和国际会议。东盟与关贸总协定、国际货币基金组织和世界银行打交道最多,这三个组织成为东盟就贸易、投资和发展及金融问题在国际舞台上表达立场的主要场所。除与全球性国际组织开展合作之外,区域组织也是东盟希望合作的重要对象,亚欧会议(Asia-Europe Meeting,简称ASEM)就是一个典型案例。

20世纪末的东盟一直希望与欧盟开展对话与经济合作。1994年7月13日,欧盟宣布制定《走向亚洲新战略》,主张与亚洲开展广泛对话,并建立建设性、稳定和平等的伙伴关系。时任新加坡总理吴作栋正是在这一背景下提出建立亚欧会议的倡议,此倡议得到了东盟国家的赞同,中日韩三国也认为这是一个建设性的提议,均给予积极的支持。1996年9月,在第一届亚欧会议召

---

① 赵晨阳、曹以伦:《APEC三十年与我国参与亚太区域经济合作的战略新思考》,载《东北亚论坛》2020年第2期,第7页。

开之后,中国即发表《中国关于亚欧会议的基本立场》文件,希望与会各国能够达成共识与深化合作。① 之后在 ASEM 的扩大化进程中,印度与俄罗斯也成为正式成员。美国没有参与 ASEM,因为亚欧双方都希望将其排除在外,以抑制美国的霸权;美国对 ASEM 的关注也较少,因为成立之初亚洲即遭遇了金融危机,导致美国对该机制没有兴趣。近 30 年来,亚欧会议已经成为亚洲与欧洲之间一种多层次、多维度的新型国际合作机制,经历了 5 轮扩大化之后,ASEM 的成员从最初的 26 个增加到现在的 53 个,地区和国际影响力上升明显,如今的 ASEM 几乎囊括了世界上所有重要的经济力量,经济和贸易总额占全球总额的 60%,其倡导的相互合作与平等对话已经成为国际合作中的"亚欧模式"。当然,这一合作机制依然面临很多挑战,实际效能和合作效率是其当前面临的重大挑战。

第四节 包容性竞争——东南亚地区国际关系

战后的东南亚地区国际关系经历了两次大的转折,一是冷战的爆发,受美苏两极权力格局的影响,东南亚地区国际关系充满意识形态色彩,合作与竞争的焦点都集中在政治安全领域;二是冷战的结束,东南亚地区国际关系的主体增多,领域扩大。本节就东南亚地区国际关系的分析主要由三个部分构成:一是东南亚区域内部的关系,可以分为东盟国家的双边关系和多边关系;二是东南亚国家与主要域外大国的关系;三是中国与东南亚国家的关系。

---

① 余建华:《世纪之交以来亚欧会议合作机制评估》,载《国际关系研究》2016 年第 4 期,第 36 页。

第二章 稳定与变革——东南亚地区秩序与国际关系

一、松散型联盟——东南亚区域内部关系

关于东南亚区域内部的关系,可以从两个层面进行考察:双边层面与多边层面。虽然东南亚主要国家都在一个联盟之内,在国际舞台上大多以整体发声,但是东盟11国之间的亲疏关系不同,双边关系复杂脆弱;就多边而言,东盟自成立以来,一直致力于扩大东盟和密切成员国之间的关系,之后提出建立东盟共同体,东盟共同体自2015年宣告成立以来取得了一些成果,同时也面临着诸多挑战。

(一)复杂脆弱的双边关系

东南亚地区的主要国家都是东盟成员国,它们在对外事务和各种会议上经常表现得团结一致,但是就其内部双边关系而言,并不只是和谐共生。历史遗留纠纷、地缘政治考虑、民族与宗教等因素使它们之间的关系错综复杂,成员国之间的双边关系实际上很脆弱,时常因为一些突发事件出现紧张,甚至面临危机。[①] 例如,马来西亚政府曾于1997年9月宣布,所有在本国生产的货物必须通过马来西亚自己的港口和机场出口,以减少本国的外汇流失。马来西亚这一决策明显有针对新加坡的考量。尽管新加坡没有对此给出正面回应,但是马来西亚的这一决定无疑对双边关系造成了损害。此外,马来西亚和新加坡之间还存在领土主权纠纷,双方在白礁岛的主权问题上互不相让。印度尼西亚与马来西亚的双边关系也曾遭遇领土纠纷的冲击。在领土问题上,印度尼西亚与马来西亚因为苏威拉西海域主权争端一度剑拔弩张,两国出于对西巴丹岛和吉丹岛附近海域两座油田开采权的争夺曾相继派遣海军舰艇到该区域示威。

[①] 东南亚国家双边紧张关系的论述可参见曹云华:《论东盟内部的关系——东盟区域一体化的发展及其主要成员国间的关系》,载《东南亚研究》2006年第5期,第18—20页。

非传统安全因素对于东盟国家关系的冲击同样明显。马来西亚与泰国曾因非法移民问题和宗教问题交恶。1997年,为了防止泰国向马来西亚移民,马来西亚在两国边境修建了长达21公里的水泥墙,泰国对马来西亚这一举动感到非常愤怒,派出几十架直升机到双方有争议的地段巡逻,严重影响了马泰关系。马来西亚与泰国还曾因泰国南部动乱出现裂痕。2004年在第10届东盟首脑会议上,马来西亚外长坚持:"泰国南部动乱已经演变成为对本土的安全威胁,可能会导致地区紧张与冲突,不再是泰国的内部事务。"对此,泰国总理他信愤怒指出这是泰国内政,不容他国干涉。之后泰国以退出首脑会议相威胁,马来西亚做出妥协。除此之外,环境问题和资源问题也给东盟内部双边关系带来损害。

(二)多边关系

成立于1967年的东盟,经历了多个历史阶段。成立之初的东盟,其性质是政治安全组织,是西方国家的战略盟友。因受美苏冷战格局的影响,东南亚当时的地区局势动荡不安,为了稳定地区形势,东盟将战略重心放在了政治安全领域。之后,东盟成员国数量不断增加,1999年柬埔寨的加入标志着东盟完成了"大东盟"建设目标,至此东盟几乎囊括了东南亚所有的国家。在"大东盟"建设的过程中,经济合作逐渐被东盟视作重点合作领域。尤其是1997年金融危机之后,东盟的主要合作领域由政治安全转向经济合作,因为经历了金融危机的东盟国家普遍认识到,只有在政治、经济、安全、社会与文化等领域加强合作,才能保证区域的安全、稳定与发展,于是建立一个类似于欧盟的"东盟共同体"的设想应运而生。

2003年10月,第九届东盟首脑会议发表了《巴厘第二协定》,正式宣布将于2020年建成东盟共同体,其三大支柱分别是"安全共同体""经济共同体"和"社会文化共同体",这标志着东盟将由较为松散的、以经济合作为主的地区联盟转变为关系更加密切的、一体化的区域性组织。2007年11月,第十三届东盟首脑会议通过了《东南亚国家联盟宪章》,将建立东盟共同体的战略目标明确写入宪章,此次会议还通过了《东盟经济共同体蓝图》,重申在 2015 年之前建成东盟经济共同体,这是东盟经济一体化建设的总体规划,也是一份指导性文件。2009 年 3 月,第十四届东盟峰会发表《东盟共同体 2009—2015 年路线图宣言》,并签署《东盟政治—安全共同体蓝图》和《东盟社会文化共同体蓝图》,就如期(2015 年)实现东盟共同体提出了战略构想、具体目标和行动计划。2012 年 11 月 18 日,柬埔寨外交与国际合作部国务秘书高金洪在第 21 届东盟峰会后举行的发布会上表示,在当天召开的全体会议上,东盟十国领导人同意在 2015 年年底建立东盟共同体。2015 年 12 月 31 日,东盟轮值主席国马来西亚的外长阿尼法发表声明,宣告东盟共同体正式成立。①

应该说,东盟内部的合作总体上是成功的,在增强东盟国家的实力、促进东盟国家的经济发展和保证东盟在东南亚事务的主导权方面都发挥了巨大作用。但是东盟国家的经济发展不平衡制约了东盟的进一步发展和整体实力的上升,东盟国家内部的各种矛盾使成立之后的东盟共同体面临诸多挑战,特别是东盟中心地位深受大国战略竞争态势的冲击,希望用一个声音说话的东盟实际上受到了明显的掣肘。

二、主要域外大国在东南亚地区的角色作用发挥

鉴于东南亚地缘战略地位重要,主要域外大国重视发展与东盟国家的关系,这是主要域外大国东南亚政策的共同点,但由于主要域外大国的东南亚战略侧重点各不相同,因而与东南亚国家在政治、安全和经济等领域的亲疏远近关系也大为不同。

---

① 成汉平、邵萌、宦玉娟:《前路漫漫的东盟共同体》,载《唯实》2016 年第 7 期,第 87 页。

（一）美国与东盟的关系

冷战结束之前，美国对东南亚的政策主要基于解决地区冲突、防止苏联扩张两个主要目标。进入 21 世纪，面对中国的快速崛起，美国逐渐将中国视为挑战者，将东南亚视为应对中国崛起的重要制衡力量。"9·11"事件发生后，反恐成为美国对外战略中的重要任务，美国将东南亚视为反恐的"第二战场"，逐步加强在东南亚的军事存在和军事活动。虽然将东盟视为反恐伙伴，将东南亚视为反恐前线，但是在小布什政府时期，美国对东盟在某种程度上还有一些漠视。[①] 同期东南亚与中国和日本的关系则发展顺利，美国在东南亚的影响力不再像以前那样拥有主导性优势。[②]

奥巴马政府上台之后一改小布什政府的政策立场，对东南亚给予高度重视，随着 2012 年"亚太再平衡"战略的实施，美国逐步实现了其与东盟国家关系的重构。"全方位介入"是奥巴马政府东盟政策最为主要的特点，主要体现为以下几个方面。一是加强双边军事合作。小布什时期美国专注反恐，与东盟的军事合作以反恐军事合作为主；奥巴马政府上台后，为大力推动"亚太再平衡"战略，全面推进与东盟的军事合作，具体包括双边多边军事演习、军事援助、武器出售和情报分享等。美国同时与东盟十国建立了军事合作关系，在国别和地缘布局上基本实现全覆盖，而东盟国家也积极提升与美国的军事合作水平，以加快军事现代化，增强维护本国和地区安全的能力。双方合作形式丰富，范围扩大，在诸多领域有重大突破性进展。[③]

二是推动 TPP 谈判。由于 2008 年金融危机的冲击，美国特别重视东亚

[①] Diane K. Mauzy and Brain L. Job, "U. S. Policy in Southeast Asia: Limited Re-engagement after Years of Being Neglect," *Asian Survey*, Vol. 47, No. 4, 2007, pp. 622–641.

[②] Alice Ba, "Systemic Neglect? A Reconsideration of US-Southeast Asia Policy," *Contemporary Southeast Asia*, Vol. 31, No. 3, 2009, p. 391.

[③] 宋清润：《"亚太再平衡"战略背景下的美国与东南亚军事关系：2009—2014》，北京：社会科学出版社 2015 年版，第 235—236 页。

经济在世界经济中的作用,意识到东亚经济的发展关乎美国经济前景。为了更加深入地参与东亚经济事务,美国积极推动TPP谈判。TPP谈判由亚太经济合作组织成员中的新西兰、新加坡、智利和文莱四国发起。2009年11月14日,奥巴马总统在其亚洲之行中正式宣布美国将参与TPP谈判。2015年,TPP取得实质性突破,美国、日本和其他10个泛太平洋国家就TPP达成一致。2016年2月4日,美国、日本、澳大利亚、文莱、加拿大、智利、马来西亚、墨西哥、新西兰、秘鲁、新加坡和越南等12个国家在奥克兰正式签署了TPP。[1] TPP表面看是自由贸易协定,但实际上是美国通过贸易规则的制定,与中国争夺地区经济的主导权。奥巴马曾表示:"TPP将确保由美国而不是中国引领全球贸易之路,作为一个太平洋国家,美国推动搭建一个高标准的跨太平洋贸易协定,这个协定要将美国工人的利益置于优先地位,并确保我们可以制定21世纪全球贸易的规则,美国应执规则制定之牛耳,其他国家应依美国和其伙伴制定之规则而行。"[2]

三是推动缅甸民主进程。在奥巴马政府时期,美国国务卿希拉里·克林顿(Hillary Clinton)上任后首次访问亚洲就提出:"奥巴马政府还准备将我们的接触延伸到政府大楼和官方会议厅之外……我们准备与公民社会接触;让良好治理、自由选举和自由媒体、更广泛的受教育机会、更强大的健保体系、宗教包容以及人权所需的基础更加巩固。"美国副国务卿斯科特·马歇尔(Scot Marciel)在希拉里之后访问越南时也表示,美国要求与东盟国家合作,以推动缅甸的改革、开放以及政治民主的进程。[3] 据此,美国等西方国家积极介入缅

---

[1] 陈奕平:《从奥巴马到特朗普:美国东南亚政策的走势》,载《东南亚研究》2017年第1期,第111页。

[2] "President Obama: The TPP would Let America, not China, Lead the Way on Global Trade," May 2, 2016, http://www.washingtonpost.com.

[3] 陈奕平:《改革与延续:奥巴马政府的东亚政策与东亚一体化》,载《东南亚研究》2009年第5期。

甸事务,以期推动缅甸政治变革,核心是支持昂山素季领导的民盟。当缅甸军方发动政变推翻民选政府后,美西方则借口民主政治对缅甸军政府实施制裁,致使双边关系紧张。

四是助力菲律宾挑起南海仲裁案。2013年1月22日,菲律宾单方面向国际海洋法法庭提请针对中国的所谓"仲裁"。2016年7月12日,海牙国际仲裁法庭对南海仲裁案做出所谓"最终裁决",判决菲律宾"胜诉",否定中国的"九段线",宣称中国对南海海域不具有"历史性所有权"。虽然中国宣称所谓南海仲裁案是披着法律外衣的政治闹剧,是废纸一张,但这一判决带来的地区和国际影响非常大。[1] 从相关资料看,美国毋庸置疑是南海仲裁案背后的重要推手,具体体现在以下方面:美国怂恿菲律宾单方面提起仲裁,对中国发动法律战和舆论战;美国为菲律宾有关仲裁活动提供多方面的支持和帮助;美国对南海仲裁案仲裁庭施加影响;美国拉拢盟国及其他国家就南海问题及南海仲裁案对中国施压;美国多方迫使中国执行南海仲裁裁决;美国要求台湾不得在南海问题上与大陆合作。[2]

特朗普政府上台后,特别强调"美国优先"与"以实力求和平"。对于东南亚,特朗普政府持一种"忽视态度",不再继续推进"全方位介入"的政策,降低了该地区的战略等级,改变了多边贸易政策,退出了TPP谈判。[3] 直到2017年下半年,东南亚才进入特朗普政府的视野,特朗普政府开始加强同东盟的接触,向该地区释放出"再确认"的信号。特朗普政府在2017年下半年所采取的多项措施表明,东南亚仍然是美国东亚战略的重要组成部分,其"印太战略"进一步表明了东南亚的重要性。在这一战略框架之下,美国与东盟的经济、政

---

[1] 陈奕平:《从奥巴马到特朗普:美国东南亚政策的走势》,载《东南亚研究》2017年第1期,第111—112页。
[2] 郑永年:《美国亚洲政策新未来》,http://www.zaobao.com/forum/viewa/opinion/story20160712_640268。
[3] 任远喆:《特朗普政府的东南亚政策解析》,载《美国研究》2019年第1期,第54—55页。

治、安全和贸易合作继续得以推进或强化。从特朗普对东南亚地区的两次访问和美国副总统、国务卿等政府高官对该地区的到访和政策宣示来看，美国正在试图重新提升东南亚地区和东盟的战略价值，回归传统的亚洲政策路经。①拜登上台后，再次强调盟伴关系和多边主义的重要性，美国与东盟的关系继续稳步提升，其针对中国的政策意图愈加明显。对此，东盟国家一方面表达了不选边站队的意愿，一方面推行对冲战略，即经济上依赖中国，安全上依赖美国。

（二）日本与东盟的关系

在东盟成立之前，日本与东南亚国家的外交关系主要是通过"赔偿外交"的方式建立的。东盟成立不久，日本就与东盟走上了合作的道路。② 战后初期，作为战败国的日本国力不足且急需发展经济，其东南亚政策的基调也是"经济外交"，经济关系是双边关系的主要内容，很少涉及政治和安全等领域。但是此时日本的"经济外交"思维具有战前的殖民色彩，而不是平等的经济关系。换言之，日本将东南亚视为其背后的"农村"，视其为实现自身经济利益最大化的工具。③ 20世纪60年代末至70年代中期，日本的外交政策先后遭到"尼克松冲击"、"石油冲击"和"东南亚冲击"。在三大"冲击"之下，日本政府被迫对其"经济外交"政策进行反思。1975年田中角荣首相出访东南亚时，在曼谷和雅加达遭遇大规模"反日"示威活动。这次冲击再次迫使日本不得不审视并制定新的东南亚政策。④ 1977年，日本首相福田赳夫出席马来西亚吉隆坡会议，与东盟五国首脑会谈，并在菲律宾马尼拉发表了被后人称为"福田主义"

---

① 任远喆：《特朗普政府的东南亚政策解析》，第60页。
② 胡志刚：《日本东盟外交政策的历史考察》，西南大学硕士学位论文，2013年4月，第9页。
③ 卓南生：《日本外交》，北京：世界知识出版社2006年版，第50页。
④ 韦明：《论日本与东盟的相互认知及双边关系的演进》，载《国际政治研究》2009年第1期，第26页。

(Fukuda Doctrine)①的演说。"福田主义"成为日本与东盟关系的历史拐点,为双方合作营造了积极的政治氛围。② 福田主义出台后,历任日本政府都致力于密切与东南亚地区的经济关系,力图以经济关系为突破口与东南亚开展政治、安全与文化等方面的合作,由此日本与东盟的合作迎来了新局面,取得了较快的发展。③ 经济关系方面,日本推行贸易、投资和政府开发援助"三位一体"的经济政策;政治外交关系方面,日本积极参与东盟地区的政治事务的解决,参与东盟主持召开的地区及国际会议;双方文化关系的发展是"福田主义"的一大特色,通过文化交流活动,日本加强了与东盟的文化联系,增进了双方的友好关系。④

冷战结束后,东南亚出现了前所未有的权力真空,日本及时调整了东南亚政策,与东盟的关系也迎来了新阶段。在经济领域,日本与东盟的经济关系进一步发展,特别是在1997年东南亚金融危机期间,日本向东南亚提供了诸多经济援助,赢得了东南亚国家的高度评价。政治与安全方面,日本积极参与以东盟为中心的多边对话机制,例如"东盟地区论坛""10+3""10+1"等协商机制。东盟也将日本视为自己"大国平衡"战略中的重要力量,目的是借助日本的力量来平衡其他主要域外大国的影响。与冷战时期相比,政治与安全合作已然成为日本对东盟外交政策的重要方面,究其原因主要有三:其一,进一步赢得东盟对日本在联合国"入常"问题上的支持,促进日本"国家正常化";其二,赢得东盟在亚太地区问题上的信任和支持,进而遏制所谓的中国权力扩张;其三,提升日本在亚太地区影响力,增强日本在日美同盟关系中的独立性

---

① "福田主义"表明日本对东南亚政策的三大支柱:一是日本不做军事大国;二是与东南亚建立互信关系;三是日本以平等合作之立场为东南亚地区的和平与繁荣作出贡献。
② Donald G. McCloud, *System and Process in Southeast Asia: The Evolution of a Region*, [s.l.]: Westview Press, 1986, p.181.
③ 韦明:《论日本与东盟的相互认知及双边关系的演进》,第27页。
④ 胡志刚:《日本东盟外交政策的历史考察》,第17—18页。

和话语权。

当前,日本与东盟已形成全方位和多领域的合作关系。未来经济合作仍然会是日本与东盟外交关系的支柱,同时出于地缘和国家利益考量,日本也将继续深化与东盟的政治安全合作,以提升自己的大国地位和争夺东亚事务的话语权。

(三) 印度与东盟的关系

对于印度而言,在东南亚地区追逐经济与政治利益,进而实现在亚太地区的利益,对其实现世界大国梦想来说至关紧要。1991年12月,印度拉奥政府强调了新亚洲外交政策的重要性,正式提出以经济合作为先导,旨在加强与亚洲国家双边和多边关系的"东向政策"。基于这一政策逻辑,印度致力于发展与东盟的合作关系。1992年印度成为东盟的"行业对话国",1995年升级为"正式对话伙伴",1997年在其主导下建立了印度、孟加拉国、缅甸、斯里兰卡、泰国等五国参加的"经济合作组织",1998年印度与东盟举行首次"安全战略高级官员会议",双边交流合作开始逐步由经济领域向安全领域拓展。2000年11月,印度与泰国、缅甸、柬埔寨、老挝、越南等国建立"湄公河—恒河合作组织"。该阶段,印度"东向政策"的初衷是希望分享东南亚经济繁荣的红利,改善当时面临的经济困境,使东南亚国家的资本、技术和市场为印度的经济改革提供必要的支持,并使东南亚成为其进入全球市场的跳板,为此印度积极谋求与东南亚国家发展务实的交流与合作,推动构建全面伙伴关系。进入21世纪以来,印度最初设定的"东向"目标基本实现,它与东盟在政治、安全和经济等领域的合作得到了深化,双方大约建立了30个对话机制。[①]

"9·11"事件发生后,南亚地区恐怖主义危害日益严重,特别是克什米尔

---

① Rezaul H. Laskar, Kuala Lumpur, "ASEAN Creats New Economic Community That's Larger Than EU," *Hindustan Times*, November 22, 2015.

地区秩序与国际关系

地区和印缅、印孟边境地区国际恐怖组织、宗教极端势力和地方叛乱武装频繁制造恐怖袭击事件。在此背景下,印度赋予"东向政策"更多安全合作的内容,旨在应对日益严峻的非传统安全威胁。2002年11月,印度与东盟首次举行国家领导人会议,建立了印度与东盟间的合作框架。2003年印度加入《东南亚友好合作条约》,与东盟国家建立了政治互信与安全领域的合作。2004年10月,印度海军东部舰队5艘舰艇首次对亚太五国展开为期45天的港口访问及联合军事演习。印度还先后与缅甸、孟加拉国签署加强边境管控协议,联合开展反叛乱、防暴恐行动;与斯里兰卡、新加坡、马来西亚建立海上反海盗情报交流合作机制;与泰国、菲律宾建立军事交流和反恐合作机制。这一阶段,印度实施"东向政策"主要以反恐合作为切入点,力图达成"强化陆上边境安全、巩固海上既得利益、运筹周边战略格局"的多重目的。①

2014年,印度总理莫迪上台后,鉴于亚太地区与全球形势的变化,将印度实施二十多年的"东向政策"升级为"东向行动政策",凸显了印度向东扩展权势的决心。与"东向政策"一样,"东向行动政策"重视发展与东南亚国家的政治经济关系,但"东向行动政策"跳出了传统的经济层面考量,向着地缘政治和战略目标迈进,据此印度积极寻求发展与东北亚国家的政治经济军事关系,重视在南海问题上发挥作用,凸显了印度参与亚太地区事务的决心。特别是随着美国政府提出并实施"印太战略",强化对印关系,提升印度在美国全球战略中的战略权重,印度对此给予积极呼应,随之提出了自己的"印太战略构想"。印度的"印太战略构想"鼓吹基于规则的"印太"秩序,强调国际法、国际规范与规则的重要性,重视互联互通。②虽然与美国的"印太战略"内容不完全一致,但是总体而言两国的合作动力远大于阻力。美国将印度视为重要的战略伙

---

① 刘伟博:《冷战后印度的"东向"政策探析》,载《法制与社会》2017年11月上旬,第117页。
② 楼春豪:《印度的"印太构想":演讲、实践与前瞻》,载《印度洋经济体演讲》2019年第1期,第36页。

伴,欲借印度平衡中国的影响;美国鼓励印度在亚太地区积极作为,想借印度之力整合东南亚地区,共同抗衡中国的崛起;印度则以美国为桥梁,将"东向行动政策"的战略目标延伸至除东南亚以外的更广阔的亚太地区,以期进一步推进印度的大国梦想。① 这样,在东南亚地区,印度与美国在一定程度上实现了战略上的对接,印度与东盟的关系也更趋紧密。

(四) 俄罗斯与东盟的关系

1991年冷战结束,俄罗斯独立之初实行亲西方的外交政策,在这一外交观念的影响下,俄罗斯同亚洲的关系十分薄弱,同东盟的关系发展得十分缓慢,一度停留在建交层面,没有实质性的互动。1993年之后,俄罗斯意识到自己的外交缺陷,着手调整外交政策方向,由"看向西方"政策调整为东西方兼顾的"双头鹰"政策。自此,俄罗斯开始重视东南亚地区,并积极与东盟国家改善和发展关系。但是,1997年的金融危机成为双方关系前进道路上的拦路虎,双方关系再次冷淡下来。2000年普京上台,俄罗斯开始重视亚洲地区。2000年7月24日,俄罗斯外交部长伊万诺夫(Nicholas A. Ivanov)在上海举行新闻发布会并发表声明称:"亚洲在我们的对外政策中有着并将有着越来越重要的意义,因为俄罗斯直接属于这个迅速发展的地区。"②结果是普京政府上台伊始,就致力于积极发展与东盟的关系,目的在于借力东盟制衡美欧,提升自己在亚太地区事务中的影响力,为实现俄罗斯的"大国复兴"战略助力。

2005年12月,在吉隆坡召开的首届东盟—俄罗斯峰会成为双方对话伙伴关系史上的里程碑事件,俄罗斯总统普京参加了此次会议。会议签署了《东盟—俄罗斯发展全面伙伴关系联合宣言》,强调俄罗斯和东盟在平等、互利和共同责任的基础上,共同致力于促进亚太地区的和平、稳定、安全和繁荣。会

---

① 娄亚萍、庾润清:《"亚太再平衡"背景下印度的"东向政策":调整、影响及对策》,载《美国问题研究》2016年第2期。
② 邢广程:《2006年:俄罗斯东欧中亚国家发展报告》,北京:社会科学文献出版社2006年版。

议还通过了《东盟—俄罗斯经济发展合作协议》[①]和《2005—2015年东盟—俄罗斯全面合作行动纲领》。[②] 研读这两份文件可以发现，双方对政治合作的关注超过经济合作，根本在于尽管明确了经济合作潜在的诸多领域，但缺乏具体行动纲领。[③]

对于峰会，俄罗斯和东盟一致同意应定期召开，至少每二至三年召开一次，前景是一年一次，但遗憾的是，这一设想未能实现，只是在2009年4月俄罗斯和东盟代表在马尼拉举行副外长级别会晤时才达成了关于筹备召开第二届东盟—俄罗斯峰会的协议。2010年10月，在越南首都河内举办纪念建城千年庆典之际，同时举办了第二届东盟—俄罗斯峰会，俄罗斯总统梅德韦杰夫参加了上述会议，会后还对越南进行了正式访问。在此次东盟俄罗斯峰会上，梅德韦杰夫总统提议绘制贸易、经济和投资领域合作的详细"路线图"，在会后发表的联合声明中，重申了第一次峰会确定的发展对话伙伴关系的法律基础和合作方向，表示将进一步努力巩固和深化双边关系，同时还签署了《俄罗斯联邦政府和东盟各国政府在文化领域合作的协议》，希望通过双方实业界、社会各界、文化团体的交流，增加了解和信任。[④] 如果说首届东盟俄罗斯峰会为双方合作奠定了法律基础和指明了方向，那么，第二届东盟俄罗斯峰会则把双方合作提升到了一个新的水平。[⑤]

对于俄罗斯来说，其发展与东盟的关系不仅在于谋求政治影响，而且希望借助东盟积极参与地区经济合作，尽快融入亚太经济一体化进程，把东盟变成

[①] 东盟秘书处：《东盟—俄罗斯经济发展合作协议》，http://www.aseansec.org/18070.htm。
[②] 东盟秘书处：《2005—2015年东盟—俄罗斯全面合作纲领》，http://www.aseansec.org/18073.htm。
[③] 转引自吕雪峰：《东盟—俄罗斯对话伙伴关系20年述评(1994—2014)》，载《东北亚论坛》2016年第1期，第79页。
[④] 俄联邦外交部国立国际关系学院东盟研究中心：《俄罗斯联邦政府和东盟各国政府在文化领域合作的协议》，http://www.asean.mgimo.ru/。
[⑤] 吕雪峰：《东盟—俄罗斯对话伙伴关系20年述评(1994—2014)》，第77—78页。

俄罗斯同西方在亚太地区博弈的政治筹码。2013年,俄罗斯在圣彼得堡举行了"俄罗斯—东盟"经贸论坛,共同成立了"俄罗斯—东盟经贸委员会",密切了俄罗斯与东盟的经济关系。2016年5月,在俄罗斯与东盟建立对话伙伴关系20周年之际,双方在俄罗斯的索契举行了第三届俄罗斯—东盟峰会,会上普京总统强调双方应扩大经贸合作,希望在欧亚经济联盟与东盟之间建立一个广泛的自由贸易区。俄罗斯出口中心总裁弗拉德科夫称,目前俄罗斯在东盟国家的市场份额仅为1.5%,俄打算在2020年将份额扩大到10%。[1] 2023年9月5日,俄罗斯—东盟商务理事会主席伊万·波利亚科夫表示,首届俄罗斯东盟经济峰会将有望于2024年在老挝举行,反映了俄罗斯寻求发展与东盟经贸关系的强烈愿望。[2]

(五)欧盟与东盟的关系

冷战结束后,东南亚地区出现权力真空,主要域外大国希望借机在东南亚分一杯羹,欧盟也不例外。近年来,随着世界政治经济中心的东移,东南亚的战略地位显著提升,欧盟更加希望提高在该地区的影响力。[3]

欧盟与东盟关系的发展,大体可分为四个时期。一是东盟成立初期。东盟希望借助欧盟减少自身对美国和日本的依赖,以增加外交独立性,为此主动发展与欧盟的关系。1972年,东盟成员国驻欧共体外交代表成立了东盟—布鲁塞尔委员会,希望与欧共体就国际事务展开交流;同年,欧共体特别协调委员会成为东盟首个对话伙伴,与东盟建立了非正式关系。[4] 二是初步发展期。1980年,欧共体与东盟在吉隆坡签署《欧共体与东盟合作协定》,成为两者进

---

[1] 《俄主办东盟峰会提速东进 要做域内"第三股力量"》,环球网,2016年5月20日,https://m.huanqiu.com/article/9CaKrnJVzeC。
[2] 《首届俄罗斯—东盟经济峰会将于2024年在老挝举行》,俄罗斯卫星通讯社,2023年9月5日,https://sputniknews.cn/20230905/1053070428.html。
[3] 任琳、程然然:《欧盟东南亚政策论析》,载《欧洲研究》2005年第3期,第27页。
[4] 何军民:《欧盟与东盟经济关系的新发展及其特点》,载《亚太经济》2008年第3期,第19页。

一步深化合作的基石；1985年，欧共体—东盟第一次经济部长会议成功召开，进一步促进了经济合作的展开。① 三是曲折过渡期。冷战结束后，欧盟的东南亚政策逐现雏形，1994年，欧盟发布其首份针对亚洲区域的官方政策文件，即"新亚洲战略"，其中关于东南亚部分，欧盟强调要逐步加强与东盟在各领域的合作，希望共同推动东南亚地区经济一体化。1996年首届亚欧会议在泰国曼谷召开，为欧盟与东盟的经济合作搭建了新的平台。但是，1997年缅甸加入东盟将欧盟与东盟的关系带入僵局，因为缅甸长期实行军人政治，拒绝进行西方国家所谓的民主改革，欧盟对缅甸此种行为特别不满并加以制裁，因此缅甸入盟让欧盟对东盟的期待降到冰点，欧盟由此冻结了对东盟的所有援助项目，双方合作基本停滞。直到千禧年的到来，双方关系才有了新的发展。2000年，时隔三年的欧盟—东盟部长级会议重启，会议通过《万象宣言》，双方决定搁置争议，共同发展，该文件的通过标志着欧盟与东盟的关系迈入新时期。② 四是平稳发展期。双方关系趋稳之后，欧盟提出与东盟建立新型伙伴关系，其对东南亚的政策从经济合作逐渐转向经济、政治和安全交流并重。

总之，21世纪以来，欧盟与东盟关系总体趋稳，合作内容不断扩大与深化。就经济合作而言，欧盟已经成为东盟的第二大贸易伙伴，并积极与东盟分享地区经济一体化经验，共同探讨区域经济一体化的优化之道。在政治安全合作方面，欧盟官员与东盟国家领导人沟通频繁，共同商讨政治原则与安全问题的应对，加速介入东南亚地区的安全与防务事务。③ 2018年，东盟与欧盟发布《东盟—欧盟行动计划（2018—2022）》，双方针对合作的不同议题制订了详细的合作计划；2020年12月，"东盟—欧盟部长级会议"正式召开，会上欧盟

---

① 杨保筠：《东盟与欧盟关系三十年评析》，载《东南亚研究》2007年第6期，第64页。
② 杨保筠：《东盟与欧盟关系三十年评析》，第66页。
③ 徐静：《欧盟—东盟合作的动因、机制及前景分析》，载《东南亚研究》2010年第6期，第40—42页。

与东盟决定将双方的对话伙伴关系上升为战略伙伴关系;2022年12月,东盟与欧盟举行东盟—欧盟建立外交关系45周年纪念峰会,强调要进一步深化双边合作。

三、互为重要周边——中国与东盟的关系

东南亚是中国重要的周边,中国也是东南亚重要的邻居。中国与东南亚的外交一直坚持"以邻为伴,与邻为善""睦邻、安邻、富邻"和"亲诚惠容"的周边外交方针,希望以此为中国的发展营造和平、和谐与稳定的周边环境,以保护中国的安全和经济利益。[①]

20世纪90年代以来,东盟国家逐一与中国建交,东盟各国与中国之间的高层接触与对话逐渐增多,其中1993年最为频繁,西方学者将其称为中国的"东盟年"。[②] 国家领导人和高级领导人的频繁沟通让中国和东盟国家之间的误会得以消除,信任得以建立,为之后中国与东盟的关系发展打下了良好的基础。在冷战结束的30多年里,双方关系实现了从全面友好合作(20世纪90年代初至1997年12月)到睦邻互信伙伴(1997年12月至2003年10月),再到面向和平与繁荣的战略伙伴关系(2003年10月至今)。在政治关系方面,中国加入《东南亚友好合作条约》,在一些重大国际和地区议题上,坚持互利互惠的原则,加强对话、协调与支持。中国支持东盟所倡导的"东盟方式",支持东盟中心地位。在安全领域,南海问题一直是双方最为重要的关切,双方于2002年签署了《南海各方行动宣言》,在非传统安全领域双方也展开密切合作,共同打击恐怖主义、毒品交易和跨国犯罪活动等。在经济关系方面,双方共同建立了"10+1"、中国—东盟自由贸易区(CAFTA)等合作机制。其中最

[①] 李晨阳:《对冷战后中国与东盟关系的反思》,载《外交评论》2012年第4期,第11页。
[②] 曹云华:《变化中的中国—东盟关系》,载《国际关系论坛》1995年第5期,第12页。

为突出的成就是中国—东盟自贸区的建立,其重要意义不仅在于带来的经济合作效益,更重要的是中国与东南亚国家有史以来第一次发现了基于一致利益的政治互信对于双边关系的极端重要性。[①] 此外,建立"区域全面经济伙伴关系"也是双方经济合作的重要方面。

2013年,中国政府提出了"一带一路"倡议,并先后组织了三届高峰论坛,以推动"一带一路"建设。东南亚是"一带一路"倡议特别是"21世纪海上丝绸之路"建设的重要环节。在"一带一路"倡议下,中国与东南亚的合作关系更加密切。与此同时,东盟作为一个高度开放的组织,奉行"大国平衡"战略,尽管不主张在中美竞争中选边站队,但也不希望某一方在区域内有过高的影响,从而冲击其中心地位。所以,在"一带一路"建设推进过程中,中国与东盟国家需要在战略对接的基础上,排除外来干扰,共谋发展大业。

总体而言,在发展对华关系时,东盟一方面给予了应有的重视,但也存在某种保留,表现为政治上愿意与中国亲近,但又对崛起的中国可能导致的大国战略竞争怀抱忧虑;经济上希望加强与中国的合作以促进自身经济的发展,但同时又担心过度依赖中国会带来经济上的脆弱面;安全上受西方鼓吹的"中国威胁论"影响,欲借助美西方力量制衡中国。[②] 对此,中国与东盟之间一方面需要深化战略共识,一方面需要致力于求同存异,以推动各领域务实合作。

回顾历史可以发现,在大国中,中国第一个同东盟建立战略伙伴关系,第一个加入《东南亚友好合作条约》,第一个表示愿意签署《东南亚无核武器区条

---

① Sheng Li Jun, "China-ASEAN Free Trade Area: Origins, Developments and Strategic Motivations," ISEAS Working Papers: International and Political and Security Issues, 2000, p. 1.
② 我国一些学者将东南亚国家对中国的态度概括为"近而不亲",如李晨阳:《对冷战后中国与东盟关系的反思》,第12页。

约》议定书,第一个与东盟建成世界上最大的自由贸易区。[①] 在过去几十年里,中国与东南亚国家以及东盟组织的关系取得了丰硕的成果,未来在中国与东盟的共同努力下,双边关系一定会取得更多的成就,为东亚地区的繁荣与稳定贡献力量。

[①] 曹云华:《后东盟共同体时代的中国—东盟关系》,载《人民论坛·学术前沿》2016年第20期,第44页。

第三章
中心—边缘结构下南亚地区秩序与国际关系
（张　静、宋德星）

南亚次大陆介于东南亚与西亚之间，北面有中国和俄罗斯两个大国，其他三面则为海洋所包围，即东部濒临孟加拉湾，西部连接阿拉伯海，南部则面对浩瀚的印度洋。本书考察的南亚地区包括七个国家：次大陆上的五个国家即印度、巴基斯坦、孟加拉国、尼泊尔、不丹，以及位于次大陆边缘的斯里兰卡和马尔代夫两个岛国。在漫长的历史演变与现代国家的构建与互动过程中，南亚地区可被视作一个相对独立的系统。在这个系统中，体系结构呈现明显的"中心—边缘"特征，系统内国家为维护主权、安全和发展及其国际影响，在双边关系的基础上生成并建立了具有区域主义性质的地区机制。正是这种双边之上的多边制度安排，一定程度上阻碍了南亚区域合作联盟对于地区秩序塑造应有的价值发挥，结果是南亚地区国家间互动未能脱离双边轨道，并直接导致了一系列问题的出现，其中印巴之间、印度与主要邻国之间的矛盾问题，成为主要域外大国影响南亚地区秩序的一大缘由。冷战结束后，特别是21世纪以来，印度的快速崛起、中美战略竞争的加剧、"印太"地区战略权重的上升，促使主要相关方在南亚印度洋地区展开新一轮日渐激烈的战略博弈，这意味着南亚安全秩序正处于重构之中，南亚主导国印度与主要域外大国美国和中国之间的战略互动与关系发展,将在很大程度上决定南亚地区秩序转型的方向。

第一节 南亚地区"中心—边缘"结构

所谓南亚地区的"中心—边缘"结构,即印度依赖其得天独厚的地缘条件与无可匹敌的实力,成为南亚地区当仁不让的"中心",南亚其他国家则被视为深受中心影响的"边缘"。

一、南亚地缘政治构造催生了地区"中心—边缘"结构

研究一个地区的国际政治形势,首先应当了解该地区的地缘政治构造。南亚国家中,除了斯里兰卡和马尔代夫两个岛国,其他国家均位于次大陆之上。历史地看,南亚就是一个地理上与其他地区有着明显区别的战略整体。[①] 次大陆北部的喜马拉雅山脉、喀喇昆仑山脉和兴都库什山脉都是难以逾越的巨大地理屏障,东北部把阿萨姆和缅甸分开的那加山脉和丛林也很难通行,再加上孟加拉湾、阿拉伯海、南印度洋分别从东、西、南三面隔断,使得南亚地区总体呈现为一个相对封闭同时又特色鲜明的地理单元。

得益于这种地缘特性,在古代和中世纪,对次大陆的入侵仅来自陆上西北部的开伯尔等山口,其他疆域基本安全。存在于东亚的封贡体系虽与次大陆相邻,但对于次大陆秩序的形成几乎没有直接影响,二者大致相互独立。16世纪以后,随着欧洲列强特别是英国势力进入印度洋,次大陆开始面临日益严重的海上威胁。但是,大英帝国在完成对南亚地区的破坏性使命的同时,也构建了一个地缘政治上空前统一的次大陆。英国人把印度作为一个行政单位来

[①] 宋德星:《南亚地缘政治构造与印度的安全战略》,载《南亚研究》2004年第1期,第24页。

管理,这对于实现印度统一意义重大。可以说,英国人唤醒了印度作为遭受外国统治的单一实体的意识,激起了人们的独立信念,即要打败外来统治,就必须团结为一个国家。①不过,统一起来的南亚依然是一个相对封闭、分裂的世界,这也使得印巴分治后的南亚呈现典型的"中心—边缘"结构特征。

在政治地理上,当代南亚地区的显著特点是各国幅员悬殊。印度的国土面积约为298万平方公里(不含被印度实际控制的争议领土),占了地区总面积的70%以上。巴基斯坦的面积将近80万平方公里;孟加拉国的面积为14.4万平方公里;坐落在喜马拉雅山南麓的两个王国——尼泊尔和不丹的面积分别为14万平方公里和4.7万平方公里;斯里兰卡是位于次大陆南端的印度洋岛国,面积6.6万平方公里;面积最小的是印度洋上的群岛国家——马尔代夫,其领土由19组环礁和1 200多个珊瑚岛组成,面积还不到300平方公里。②

南亚地区的另一个特点是各国在地理位置上的特殊性。印度北部与尼泊尔、不丹及中国接壤;西北与巴基斯坦交界;东部和东北部分别与孟加拉国和缅甸毗连;南部则与斯里兰卡及马尔代夫隔海相望。在锡金于1975年被印度吞并之后,南亚地区各国在地理位置上便形成了这样一种局面:印度地处南亚中心,其邻国散布于印度边缘且均与之交界,而彼此之间却互不相邻,与印度呈"众星拱月"之态。这种态势一方面使南亚国家的安全考虑都以印度为主要相关方(除了巴基斯坦—孟加拉国分治时期),另一方面如果没有印度的过境许可,其他国家之间发展双边贸易将不得不面对高昂的运输成本。③尤其是尼泊尔与不丹这样的内陆国家,对外贸易严重依赖印度的通道和出海口。南

---

① [美]亨利·基辛格:《世界秩序》,胡利平、林华、曹爱菊译,北京:中信出版社2015年版,第258页。
② 孙士海主编:《南亚的政治、国际关系及安全》,北京:中国社会科学出版社1998年版,第6页。
③ 杨晓萍:《南亚安全架构:结构性失衡与断裂性融合》,载《世界经济与政治》2012年第2期,第84页。

亚的这种地缘结构对该地区的国家关系产生了非常重要的影响。在这半封闭的"中心—边缘"结构中,印度依赖其得天独厚的地缘条件自诩为南亚地区当仁不让的"中心国家",其他国家则成为附着于该中心的"边缘"。

二、权势分布状况决定了"中心—边缘"结构的形成

就南亚地区的权势分布状况而言,大致存在三类权势等级:一是渴望成为且有实力成为地区体系领导者的印度;二是依靠外部力量的帮助有能力遏制印度霸权抱负的地区枢纽国家巴基斯坦;三是能力十分有限且在与印度的双边关系中极具脆弱性的尼泊尔、不丹、孟加拉国、斯里兰卡和马尔代夫等小国。由于印度在政治、经济、军事等方面的权势优势使南亚其他国家相形见绌,这种关系表现为明显的"不对称性",进而决定了次大陆的地区秩序:"在次大陆存在一个核心与边缘,核心即独立后的印度,边缘则是环绕在其周边的小国。"[①]

具体地,通过对南亚国家基本数据的分析可以看出,印度在领土面积、人口规模、经济和军事实力等基本指标上均占有压倒性优势:第一,如前所述,印度国土面积占南亚地区总面积70%以上,是南亚其他各国面积总和的2.7倍。第二,印度人口远超其南亚邻国人口总和。2020年印度人口为13.8亿,而同期南亚其他国家总人口为4.8亿。第三,印度的经济实力在南亚首屈一指。新冠疫情暴发前的2019年,印度国内生产总值(GDP)为28 751.4亿美元,占南亚GDP总额的80%,是南亚其他国家(孟加拉国3 025.7亿美元,巴基斯坦2 782.2亿美元,斯里兰卡840亿美元,尼泊尔306.4亿美元,马尔代

[①] Kanti P. Bajpai and Amitabh Mattoo, eds., *Securing India: Strategic Thought and Practice*, New Delhi: Manohar, 1996, p.17.

夫57亿美元,不丹25亿美元)GDP总额的4倍多,^①而且印度GDP在疫情暴发前的五年一直保持高增长。虽然在疫情暴发后,印度2020年的GDP增长率大幅下降(−6.6%),但是根据CEIC数据库,印度2022年GDP增长率为6.7%,2023财年则为7.3%。^② 第四,在军事力量方面,根据军事网站"环球火力"(Global Firepower)公布的《2022年军力排名》报告,印度排名世界第四,而在南亚唯一可在军事方面与印度较量的巴基斯坦则排名第九[③],双方差距明显。且"环球火力"的排名除了参考军队数量、空中力量、火炮数量、舰艇数量以及核武器力量,也将后备人力、自然资源、后勤能力、经济力量以及外债情况等纳入考核范围。由此可见,印度的总体实力远超其他南亚邻国的总和,享有无可挑战的权势力量优势。

由于各方面所彰显出来的压倒性地区权势优势,印度在南亚地区渴望并切实追求地区霸主地位。无论是开国元勋尼赫鲁还是其继任者,都秉持着一贯的地区秩序观——南亚版"门罗主义"。这一理论的基本逻辑为:由于印度在南亚显而易见的权势地位,印度理应扮演地区安全监护者这一特殊的角色。当代印度著名战略评论家拉贾·莫汉(C. Raja Mohan)提出:印度的大战略是将世界划分为三个"同心圆",其中第一个同心圆包含了直接邻国即南亚地区国家,印度应维持在这一地区的首要地位,并对域外大国的行动拥有否决权。^④

当然,印度的战略目标远不止如此,其战略视野早已超越南亚,投向对于世界大国地位的终极追求。印度的大国雄心源自古印度的战略文化传统,在

---

① https://data.worldbank.org.cn/indicator/NY.GDP.MKTP.CD?end=2019&locations=CN&start=2019&view=bar, June 11, 2020.

② 参见https://www.ceicdata.com.cn/zh-hans/country/India。

③ "2022 Military Strength Ranking," May 20, 2022, https://www.globalfirepower.com/countries-listing.

④ 陶亮:《理想主义与地区权力政治:冷战时期印度的对外政策》,昆明:云南大学出版社2014年版,第49页。

当代印度政治精英们的反复定义与宣扬中被固化。印度在历史上占有重要地位的第一个帝国政权——孔雀王朝时期便形成了帝国观念,这一观念对之后的印度政治产生了不可估量的影响。历经数千年沉淀的社会观念与传统使印度雄心勃勃的大国梦想深深渗透至民族战略文化之中。为了实现所谓世界大国地位,独立后印度的几代政治领袖都做了巨大的努力。尼赫鲁曾指出,"印度以它现在所处的地位,是不能在世界上扮演二等角色的,要么做一个有声有色的大国,要么就销声匿迹"[①]。自此,世界大国地位追求便成为印度某种宿命般的道路选择。

2014年以莫迪为首的印度人民党政府执政后,提出要将印度建设成为领导型大国(a leading power),充分体现了当今印度政治精英对于印度世界角色的新构想。2015年2月7日,莫迪对他的高级外交官们就提出了如下要求:"致力于将印度在全球舞台上定性为领导型力量,而不仅仅是一个平衡力量。"[②]同年7月,时任外交秘书的苏布拉马尼亚姆·苏杰生(Subrahmanyam Jaishankar)声称印度现在渴望成为"多极化世界"(a multi-polar world)中的"领导型大国",采取有原则的立场并承担责任。[③] 基于"领导型大国"角色构想,印度将通过在国内的选择和在国外的行动,优化在全球和地区层面的能力分配,以确保自己能够成长为一个真正的大国。实际上,在莫迪政府眼中,强国是体系建造者,而国际秩序依赖以强国为中心的"大国俱乐部"的塑造。显然,莫迪政府正试图将印度从一个有影响力的地区大国转变成一个力量与选

[①] [印]贾瓦哈拉尔·尼赫鲁:《印度的发现》,齐文译,北京:世界知识出版社1956年版,第57页。

[②] Ian Hall, *Modi and the Reinvention of Indian Foreign Policy*, Bristol: Bristol University Press, 2019, p. 8.

[③] Ian Hall, *Modi and the Reinvention of Indian Foreign Policy*, Bristol: Bristol University Press, 2019, p. 8.

择能够影响国际政治的强权角色。①

印度的世界大国追求和南亚地区霸主地位的巩固相辅相成。对印度而言,其作为大国的崛起意味着扩大战略影响与提升国际声望,这将导致其努力超越所处的南亚地区,进而寻求更大的发展空间,而这一过程始于邻国,随后便是向更广阔的周边延伸,进而在此基础上向世界辐射。正是在追求世界大国地位的过程中,印度不断增长的权势不仅巩固了其在南亚的霸主地位,而且客观上进一步强化了南亚地区的"中心—边缘"结构。

在印度走向地区大国甚至世界大国的征程上,处于南亚第二权势等级的巴基斯坦对印度构成了某种实质性挑战。1947年的分治导致了南亚地区体系中出现了两个对抗型国家。其中,印度是一个主要大国,而巴基斯坦是一个不寻常的竞争者,后者一直以一种平衡前者影响力的角色长期被前者视为对手。

巴基斯坦建国后至其被印度肢解前(1947—1971年),印巴之间的行为模式是复杂的。一方面,印度显然是一个拥有地区主导权的大国。但在独立后的20多年间,巴基斯坦的相对军事实力与印度相比达到了某种足以令人惊讶的、可在一定程度上抗衡印度的地步。② 巴基斯坦与印度发生了两场战争,有学者承认第一次印巴战争至少部分证明了巴基斯坦抗衡印度的"乐观"心态有一定的道理,因为在这场战争中巴基斯坦控制了克什米尔大约三分之一的地区。③ 同时,巴基斯坦也认识到在地区层面难以完全凭借自身实力形成与印度的均势,于是引入域外大国力量制衡印度便成为一项基本的战略选择。巴基斯坦加入美国冷战联盟,于1954年成为东南亚条约组织成员,又于1955年

---

① Ashley J. Tellis, "India as a Leading Power," April 30, 2016, http://carnegieendowment.org/2016/04/04/india-as-leading-power/iwlr.

② Stephen P. Cohen, *The Idea of Pakistan*, New Delhi: Oxford University Press, p.103.

③ [美]苏米特·甘古利主编:《印度外交政策分析:回顾与展望》,高尚涛等译,北京:世界知识出版社2015年版,第12页。

加入中央条约组织,这种"外部平衡"举措似乎帮助巴基斯坦获得了短暂的优势。

20世纪70年代,巴基斯坦的权势由于孟加拉国的独立被显著削弱。1971年,巴基斯坦选择用军事力量解决日益激烈的内部冲突,而这一解决方式产生了与其初衷相反的结果,印度利用第三次印巴战争分裂了巴基斯坦,于1971年12月制造了一个独立的孟加拉国。从此以后,直到20世纪80年代中期,印度与巴基斯坦关系一直遵循强国/弱国关系模式。在地区体系结构中,印度是强国,巴基斯坦是较弱的一方。到了80年代中期,印度的军事实力远远超过巴基斯坦。1985年,印度的军费开支是89.21亿美元,而巴基斯坦只有29.57亿美元。[①] 为了弥补其军事实力的不足,巴基斯坦开始坚定追求核武化。1998年5月,印度进行了五次核试验,而巴基斯坦为了与之抗衡,于5月28日和30日在俾路支省查盖地区进行了六次核试验,由此与印度在南亚地区形成了核对抗态势并持续至今。尽管如此,印度依然凭借整体实力与常规兵力优势在二者的较量中更胜一筹,且随着印度经济实力与科技实力的不断增长,巴基斯坦在权势方面与印度的差距还在不断扩大。

至于其他南亚国家,由于它们与地区核心国家印度之间的权势对比悬殊,对外战略选择的空间相当有限,几乎都屈从于印度的南亚版"门罗主义"。正如基辛格所指出的,亚洲历史上国际体系的组织原则是等级尊卑而非主权平等,国力体现为统治者的至尊地位和奉其为最高权威的权力结构,而不是地图上具体国界的划分。[②] 这一点在南亚地区十分典型。一方面,由于印度与南亚小国经济上的非对称性相互依赖,南亚小国对印度政策变化产生的敏感性与脆弱性都远大于它们能给印度带来的影响。于是,印度将操纵经济政策作

[①] Amaury de Riencourt, "India and Pakistan in the Shadow of Afghanistan," *Foreign Affairs*, Vol. 81, No. 2, 1982/1983, p. 433.

[②] [美]亨利·基辛格:《世界秩序》,第228页。

为吸引和控制南亚小国的手段之一,迫使尼泊尔与不丹在经贸领域完全依附印度,马尔代夫、斯里兰卡、孟加拉国则处于半依附地位。2015年,印度借口尼泊尔新宪法未能保障尼泊尔南部的印度裔马德西人的政治权利而对尼泊尔进行经济封锁,使得遭受特大地震灾难之后的尼泊尔经济雪上加霜,只能被迫接受宪法"七条修正案"。另一方面,南亚小国也无力抗衡印度的强权政治。印度于1975年强行吞并喜马拉雅山区国家锡金;1987年印度维和部队干预斯里兰卡的国家内战;1988年借口马尔代夫遭到外国雇佣军袭击对其进行干预;以条约形式实现对不丹的"保护"合法化。故在印度的邻国眼里,它更像一个地区霸主,甚至是地区的统治力量。[1]

三、宗教构成是"中心—边缘"结构产生的文化基础

南亚地区伴随着战后的非殖民化进程形成了大小不一的国家,以威斯特伐利亚体系原则为前提、以国家利益为基础的外交政策逐渐成为南亚的主流,但南亚地区秩序却远不能被简单化地形容为"威斯特伐利亚式"的。[2] 宗教构成是影响南亚地区秩序的重要因素之一。塞缪尔·亨廷顿就认为,宗教信仰和文化传统等"精神因素"同经济利益和实力等"物质因素"相比,更能影响政治结果。像南亚这样拥有众多不同宗教信仰的地区,由于次大陆信仰人数最多的宗教为印度教,而作为第二大宗教伊斯兰教的主要代表国家巴基斯坦又具有强烈的与印度斗争的倾向,且其他宗教暂不具备足以挑战印度教主体地位的能力,于是在南亚地区的文化中便形成了印度教与其他宗教之间的"中心—边缘"结构特征。

在南亚,印度教的辐射范围相当广泛。K. M. 潘尼迦曾提出:印度这个概

---

[1] [美]斯蒂芬·科恩:《大象和孔雀——解读印度大战略》,刘满贯等译,北京:新华出版社2002年版,第265页。

[2] [美]亨利·基辛格:《世界秩序》,第228页。

念是随着印度教文明的发展而形成的。在这里,"印度"一词不仅包含今天的现代国家印度,而且囊括整个南亚次大陆。早期印度教的最高成就是在成分繁杂的印度居民中创造出一种文明和社会结构。[①] 印度教经历了从吠陀教到婆罗门教,最后到印度教的演变过程。公元前 1775 年雅利安人进入印度,带来了以《吠陀经》为主要经典的吠陀教。到了公元前 7 世纪,吠陀教发展为婆罗门教。到了 8 世纪,商羯罗把婆罗门教改革为现在的印度教。[②] 另外,在佛教、耆那教、锡克教创立之初,人们并没有把它们看作一门独立的宗教,而视为印度教的支派。如果把印度教比作一棵大树,佛教、耆那教和锡克教则是大树上长出的三股大枝,这些树枝逐步生长为独立的大树。[③]

南亚宗教发展过程中产生了种姓制度,随之催生等级世界观念。起源于南亚次大陆的宗教(印度教、佛教、耆那教、锡克教等)可以被视作泛印度宗教体系,它们的思想观念大多源于经典吠陀时期,拥有类似的因果轮回世界观。种姓制度正是对因果轮回世界观深度而广泛的实践,基于"阶序原理"[④]而缔结。在南亚地区长达数千年的历史发展演变之中,种姓制度被保留下来,并成为印度教的主导特征。但更为广泛地说,种姓制度被整个南亚次大陆所有居民接受,并深刻影响了次大陆其他宗教,甚至连伊斯兰教、犹太教、基督教都受其影响。[⑤] 例如,14 世纪德里苏丹国政治思想家齐亚杜·巴拉尼(Ziauddun Barani)曾提出将穆斯林分为贵族(Ashrafs)、平民(Ajlafs)、贱民(Arzals)三个等级,实行隔离制和内婚制。印度教文明在从核心区向周边扩散的过程中,那

---

① [印]K. M. 潘尼迦:《印度简史》,简宁译,北京:新世界出版社 2016 年版,第 4 页。
② 毛世昌、刘雪岚主编:《辉煌灿烂的印度文化的主流:印度教》,北京:中国社会科学出版社 2011 年版,第 7 页。
③ 毛世昌、刘雪岚主编:《辉煌灿烂的印度文化的主流:印度教》,第 2 页。
④ "阶序原理"依据人与超自然力量("终极实在")的距离将人排列,测量距离的标准是宗教上的"洁净"与"污秽"程度。
⑤ Stephen P. Cohen, *India: Emerging Power*, Washington, D. C.: Brookings Institution Press, 2001, p. 20.

些居住在边缘地区的部落或族群,通常在接受印度教的一些信仰和行为规范之后成为一个独特的、内部通婚的种姓集团。[1] 历经千年保存至今的垂直性等级制度对南亚地区秩序的建构产生了不可磨灭的影响。曾有印度学者将南亚地区比拟为印度的世袭等级制,印度是位于顶峰的婆罗门种姓,其他邻国是位居其下的种姓。虽然这一比喻可能失之偏颇,但体现了种姓制度所传递的等级制观念深深烙印在南亚国际政治的发展进程之中,成为其"中心—边缘"结构产生的社会基础。

虽然在印度独立后,以尼赫鲁总理为首的印度政府把印度定性为世俗化国家,并在法律上废除种姓制度,但这并不意味着印度教的消亡或种姓观念的消失。传承千年的印度教不仅成为印度社会理所当然的主要宗教,更被视为一种生活方式。即使是非印度教徒的印度人,他们的思维方式、生活方式中也不免折射出印度教的影响。其实,近代以来,印度教逐渐被赋予超越狭义宗教范畴的更为宽泛的含义。在 1923 年出版的《印度教特性》(*Essentials of Hinduism*)一书中,印度教意识形态理论家 V. D. 萨瓦尔卡尔(V. D. Savarkar)首创"Hindutva"(印度教特质)一词,用以阐释深深扎根于印度土壤的民族主义,赋予了"Hindu"(印度教的)更为广泛和积极的含义。萨瓦尔卡尔强调:印度教特质"不是一个词汇,而是一段历史,它不仅是我们人民的精神或宗教史……而且是全部的历史。印度教(Hinduism)仅仅……是印度教特质的一部分。"[2]这与狭义的印度教概念形成了鲜明对比。按照这位印度教思想家的说法,原则上而言,所有信仰印度教、佛教、锡克教、耆那教等源于印度次大陆的宗教的信徒,都可以算是"印度宗教徒",甚至穆斯林和基督教徒如果

---

[1] 尚会鹏:《论古代南亚国际体系——"大法体系"的特点及原理》,载《国际政治研究》2015 年第 5 期,第 23 页。

[2] Pratap Chandra Swain, *Bharatiya Janata Party: Profile and Performance*, New Delhi: A. P. H. Publishing Corporation, 2001, p. 50.

愿意融入印度的主流文化,也可以成为"印度宗教徒"。在萨瓦尔卡尔独特的观点中,使一个人成为"印度宗教徒"的不是拥护宗教信仰或实践,而是符合"生活在印度次大陆内部、共享一系列种族特征、共享地区文化"这三条标准,他借用一个梵语术语将其称为"sanskriti"。① 这一定义使萨瓦尔卡尔能够断言,当地的基督徒、穆斯林和其他符合他的三个标准的人实际上是"印度宗教徒"。现今,越来越多的印度学者同意和支持这一观点,认为"印度教特质"应作为一种政治概念,其内涵并非仅表现为宗教意义,而应涵盖政治、经济、社会、文化和教育等更加宽泛、更加复杂的内容。按照对"印度教特质"和"印度宗教徒"的解释,这种意识形态的目标是将整个南亚次大陆的不同宗教、民族进行同化。

近年来,随着印度人民党在印度执政及其所表现的强烈的印度教民族主义倾向,印度教在南亚地区的辐射力得到进一步加强。尤其是莫迪执政以来,其推行印度教民族主义的意愿不断增强。莫迪在印度人民党期间,先后被任命为印度人民党全国秘书、全印总书记,还曾积极参与旨在"重建罗摩神庙"的带有强烈印度教色彩的"战车游行"运动。曾与莫迪一起在德里共事的印度人民党领导人说:"那些日子里,莫迪是坚定的印度教民族主义支持者,后来才开始锁定致力发展的政治路线。当时他很可能渴望回到乱作一团的印度教民族主义的阵营里主持秩序。"② 自 2014 年执政后,莫迪试图重塑印度的外交政策,并称其为"由(印度)文明精神塑造的"外交政策。③ 某种程度上,莫迪追求对印度的重塑,因为其相信印度教民族主义的政治思想提供了一个更好的国

---

① Ian Hall, *Modi and the Reinvention of Indian Foreign Policy*, Bristol: Bristol University Press, 2019, p. 48.
② [印]金舒克·纳格:《莫迪传:从街头小贩到大国总理之路》,陈义华、霍舒缓译,广州:花城出版社 2015 年版,第 86 页。
③ Ian Hall, *Modi and the Reinvention of Indian Foreign Policy*, Bristol: Bristol University Press, 2019, p. 10.

内外政策制定基础,甚至比最初塑造印度的尼赫鲁式思想更胜一筹。用印度教民族主义的语言重塑印度的外交政策,不仅能在选举中获得优势,还可以让莫迪被描绘成一个"变革型领导人",甚至与尼赫鲁相提并论,拥有自己独特的政治和外交哲学。[①] 莫迪政府在对外政策上带有的印度教民族主义意识形态取向,实际上强化了印度教在南亚的主导地位。更为重要的是,莫迪政府在一定程度上采纳了"印度教特质"的思想,认为印度所独有的社会秩序不仅局限于印度教内,而且根植于印度教徒之外的众多集团之中,甚至代表了已被整个印度次大陆所有居民接受和沿袭的习俗和信念集合。

四、巴基斯坦的战略选择进一步凸显了地区"中心—边缘"结构的意义

与印度教在南亚寻求更广泛的影响力不同,伊斯兰教在南亚地区似乎带有某种"离心"倾向,这与南亚地区最大的伊斯兰国家巴基斯坦的战略选择密切相关。在巴基斯坦特有的三重属性——南亚属性、中亚属性和穆斯林属性——之中,穆斯林属性是巴基斯坦重点强调的。巴基斯坦的南亚属性意味着它将始终感受强大邻国印度的威胁。换言之,巴基斯坦在南亚地区追求与印度之间的权势均衡,部分地就是因为地区力量失衡而产生的本能恐惧。中亚属性则意味着它在大国全球战略中特有的地缘价值,这也就是巴基斯坦得以长期借助域外大国的力量制衡印度、追求地区战略平衡的根本原因所在。而穆斯林属性使巴基斯坦在强化与印度的领土边界分野之外,又多了一重保护壳,即为了不被在南亚独占战略和文化优势的印度吞并,巴基斯坦不得不构

---

① Ian Hall, *Modi and the Reinvention of Indian Foreign Policy*, Bristol: Bristol University Press, 2019, p.148.

建一个特殊的掩体——伊斯兰教。① 这也意味着南亚地区最主要的伊斯兰国家在意识形态属性上强调其自身的独特性,不认同所谓"印度教特质",而是致力于加强与西亚及中亚穆斯林世界的联系。

独立伊始,巴基斯坦就强调构建强有力的伊斯兰世界东方战线的重要性,并明确提出阿富汗、伊朗和巴基斯坦应组建一个联邦。利亚卡特·阿里·汗(Liaquat Ali Khan)曾经说过:如果西方国家为了保护他们的行为方式而组成条约,如果社会主义国家在拥有同样意识形态的基础上形成一个保护网,为什么穆斯林不能团结起来保护他们自己,并向世界展示他们所拥有的意识形态和行为方式能够确保世界的和平与和谐。巴基斯坦大力倡导"伊斯兰斯坦"思想和"穆斯林北约"计划,甚至明确提出阿富汗、伊朗和巴基斯坦应建立一个联邦的构想。② 可以说,巴基斯坦致力于穆斯林一体化的政策,特别是巴阿联盟的设想首先是出于安全和战略考虑。如此,巴基斯坦在与南亚强邻印度的对抗中便有了战略纵深和后方支援,同时还消除了来自苏联的威胁。其次,穆斯林联邦政策还基于历史因素。作为伊斯兰国家,巴基斯坦重点朝向国土西部的伊斯兰世界,因为伊斯兰世界在这里产生并走向强大。虽然地理上巴基斯坦与其国土东面的印度更加紧密,但文化上,巴基斯坦认为自己与西部伊斯兰世界同出一宗。次大陆西北地区早期的穆斯林统治阶层和宗教精英来自南部和西部的伊斯兰社会,宗教身份强化了巴基斯坦人与西亚有相同信仰者的血脉联系。③ 而且在某种程度上,为了确保国家的独立,巴基斯坦特别需要突出印巴之间的差异。无疑,巴基斯坦国家的穆斯林属性进一步加深了它与印度之间领土边界的分野,突出了自己的国家特质,相应地也强化了它与西部伊斯

---

① 宋德星:《论巴基斯坦的安全战略——地缘政治方面的强制性因素》,载《战略与管理》2001年第6期,第106—112页。
② 中国现代国际关系研究所:《亚太战略场》,北京:时事出版社2002年版,第413页。
③ [巴]伊夫提哈尔.H.马里克:《巴基斯坦史》,张文涛译,北京:中国大百科全书出版社2010年版,第9页。

兰世界加强联系的倾向。

在巴基斯坦面向伊斯兰世界的同时，其地缘上的中亚属性也得以强化，这在冷战后体现得尤为明显。随着1991年12月苏联的解体，中亚地缘政治也出现了历史性的变化。新独立的中亚五国尽管是独联体的成员，但其伊斯兰属性更加明显。由于缺乏现代外交传统和治理经验，它们最有可能在伊斯兰国家寻找一种模式，并主要与伊斯兰国家建立紧密的经济和政治联系。由此造成的地缘政治图景之一便是：巴基斯坦主要依凭其伊斯兰属性和中亚属性，借助阿富汗的羸弱和因苏联入侵阿富汗而逐步发展起来的巴阿双边关系，适时推进"西进战略"。这样，南亚伊斯兰国家巴基斯坦便与中亚和西南亚的伊斯兰国家连成了一体。巴基斯坦通过泛伊斯兰的旗号大力发展与中亚各国之间的双边关系，进而影响中亚国家对印巴双边问题的立场。实际上，除吉尔吉斯斯坦外，其他中亚国家的领导人或明示或隐晦地表示支持巴基斯坦。更重要的是，巴基斯坦还致力于新的地区安全安排。2021年8月，随着美国和北约军队撤离、塔利班重掌政权，历史上与塔利班维持良好关系的巴基斯坦利用自身为阿富汗邻国的显著地缘优势，推动建立阿富汗邻国协调合作机制。9月，应巴基斯坦政府倡议，第一次阿富汗邻国外长会议以视频方式举行，巴基斯坦、中国、伊朗、塔吉克斯坦、乌兹别克斯坦、土库曼斯坦外长或副外长参会，共同商讨阿富汗问题。随后的10月及2022年3月，第二次和第三次阿富汗邻国外长会议也得以举行。2021年11月，阿富汗问题"中美俄＋"磋商机制扩大会议在巴基斯坦伊斯兰堡举行。很明显，在巴基斯坦的地区安全安排中，印度势必将被排除在外。

由于巴基斯坦对外战略中对伊斯兰属性的强调，它对西南亚及中亚伊斯兰世界过分青睐，而对南亚地区除印度外的其他国家相对疏离，造成的结果便是南亚其他小国的地区外交政策主要围绕印度而非巴基斯坦制定，地区的"中心—边缘"结构逐渐趋于稳定。

五、现有地区制度安排强化了印度的中心地位

南亚地区现有的制度安排几乎都围绕印度这个中心展开,其中包括印度与他国的双边条约体系,以及印度主导的区域或跨区域多边机制。此类制度安排使印度得以充分发挥优势,进一步强化了其在南亚地区的中心地位。

1. 南亚地区双边条约体系

鉴于特殊的地缘位置及与印度历史上形成的特殊关系,在南亚次大陆分治后,不丹、尼泊尔这两个山地国家均采取了对印度"一边倒"的政策。1949年签署的《印度—不丹永久和平与友好条约》规定:不丹的外交政策受印度"指导";在印度政府协助和批准的前提下,不丹可以从印度或经由印度进口武器、弹药、机械、战争物资,只要印度政府仍然判定不丹政府(对印度)持有友好态度,此项进口对印度不构成危险,则此项安排长期有效。印度还负责训练不丹军队,不丹境内的一切道路都由印度国防边境公路机构承建。印度实际上成了不丹的"保护国",不丹只能在不触怒印度和1949年印不条约的框架内谨慎发展对外关系。[①] 1961年不丹与印度签署联合防务协议,并同意部署印度军事训练队(IMTRAT);1965年又与印度签署《安全伞协议》。虽然2007年修改后的条约规定不丹可以自主决定外交事务,并可以从其他国家购买非杀伤性武器装备,但附带了"不能损害印度的战略利益"这一前提条件。

与不丹略显不同,尼泊尔尝试逐渐削弱印度在双边关系中的控制地位并取得了一定的效果。1950年7月30日,印度利用尼泊尔拉纳家族对自身安全的严重担忧和恐惧心理,迫其签订了《印度—尼泊尔和平友好条约》。通过这一条约,尼泊尔与印度建立了特殊的军事与防务关系,印度以提供军援和帮

[①] 孙士海主编:《南亚的政治、国际关系及安全》,北京:中国社会科学出版社1998年版,第175页。

助训练为名,对尼军进行渗透和控制。条约规定尼泊尔在防务和安全上必须与印度进行磋商,且必须从印度或者通过印度采购武器,未经印度允许不得私自向其他国家购买武器装备。但在马亨德拉国王和比兰德拉国王时期,尼泊尔开始力图摆脱对印度的安全依赖。1970年,在尼泊尔的强烈要求下,印军人员全部撤离尼泊尔。此后,尼印军事关系逐渐降温。即便如此,尼泊尔作为背靠喜马拉雅山的山地小国,无法摆脱印度对其经济命脉的控制。如两国间的贸易一直依据条约中的"特别贸易安排"进行,一旦印度关闭两国边境贸易口岸,将导致尼泊尔经济瘫痪。因此,尼泊尔在经济、军事、外交等方面依然受制于印度。

1971年在孟加拉国建国时,印度曾给予了大力的支持和援助。1971—1975年谢赫穆吉布·拉赫曼(Sheikh Mujibur Rahaman)当政时期,两国关系比较密切。1972年3月,双方签署了为期25年的《印孟和平友好合作条约》。按照条约规定,双方均不得参加针对对方的军事联盟;在一方受到攻击或受到攻击威胁时,双方将立即进行磋商,采取有效措施消除威胁,以便确保两国的和平与安全。但随着1975年穆吉布政权被推翻,两国最初的亲密关系很快就陷入了相互猜忌,在一些双边问题尤其是恒河河水分配和廷比加走廊问题上的争议也开始激化。进入90年代后,由于两国一些悬而未决的问题得到落实或解决,印孟双边关系得以改善。2014年莫迪政府上台后,继续与孟加拉国保持密切交往。2017年4月,孟加拉国哈西娜总理对印度进行国事访问,两国签署了五项国防合作协议。

印度与斯里兰卡和马尔代夫虽未签订正式防务条约,但也签署了一系列安保协议,保障了印度军事行动的合法化。1987年7月,印度与斯里兰卡签订"和平协议",几万印度维和部队开进斯里兰卡帮助斯里兰卡政府解决泰米尔"猛虎"组织问题。马尔代夫主要靠印度保障其安全。印度以帮助马尔代夫免遭恐怖主义威胁为由,与其签署一系列安保协议,包括在马尔代夫26个环礁上建雷达站,将马尔代夫海域列入印度南部海防等。

2. 多边条约体系

在南亚及周边地区已建立的区域或次区域组织中,印度无不致力于寻求成为主导方,体现为:在所有印度参加的南亚区域或次区域组织中,印度都明确声明不讨论双边争议问题,且由于印度是这些组织中最大的政治实体与经济体,因此组织中的大部分问题都围绕印度展开,从而确保了印度在多边体系中依然占据主导地位。

南亚区域合作联盟(以下简称南盟)作为唯一包含南亚所有国家的区域组织,从1985年成立至今已近40个年头。然而,南盟的发展总体而言仍然十分缓慢。从欧盟和东盟的经验来看,区域组织的发展壮大离不开少数核心国家的带头作用。尽管印度处于连接次大陆的中心位置,但受印度和巴基斯坦之间紧张关系的影响,南盟的发展一直断断续续。有学者认为,由于印度和巴基斯坦在克什米尔地区一直纷争不断,南亚区域组织早已成为双方政治局势的"人质"。在很长一段时间,印度处理南盟僵局问题的策略是通过双边主义推动合作来绕过南盟。[①]

由于南盟一体化进程缓慢,次区域组织被看作南盟在区域合作中的补充物。次区域组织主要是地理上相互毗邻的成员国之间的合作,[②]这有助于印度在排除对手巴基斯坦的情况下与其他南亚国家进行合作,从而有效保障其在组织中的绝对主导地位。目前为止,次区域组织主要集中于印度与其东部邻国之间,与印度的"东向行动政策"保持一致。

南亚在次区域组织的建构方面做出过一系列努力。1997年提出的南亚增长四边形模式(South Asian Growth Quadrangle,SAGQ)包括尼泊尔、不

[①] 朱翠萍、[印]斯瓦兰·辛格编著:《孟中印缅经济走廊建设:中印视角》,北京:社会科学文献出版社2015年版,第113—116页。
[②] 朱翠萍、[印]斯瓦兰·辛格编著:《孟中印缅经济走廊建设:中印视角》,第116页。

丹、孟加拉国和印度东部和东北部地区的11个邦,目的在于通过一些工程项目上的合作来创造一个促进区域经济快速增长的环境。但这一提议起初在印度并没有引起过多关注,也未引起国内的严肃讨论。2001年,为了支持次区域经济合作的发展,亚洲开发银行将SAGQ改建为南亚次区域经济合作(South Asia Sub-regional Economic Cooperation,SASEC)这一新型发展计划,在交通与通信、能源与电力、自然环境、旅游、贸易、投资与私有部门合作等领域为这四个国家提供技术支持。不过,根据亚洲开发银行的研究,虽然次区域的形式给具有水力发电能力的尼泊尔和不丹、有煤炭的孟加拉邦和比哈尔地区、有油气的孟加拉国和阿萨姆邦及特里普拉邦地区的能源贸易带来巨大发展潜力,但是"南亚次区域经济合作的愿景是开发、利用和优化能源连接,目前取得的进展有限"。[①] 其他的次区域组织和计划还包括孟中印缅经济走廊、湄公河—恒河合作等,但与SASEC类似,这些次区域组织或计划的进展速度依然缓慢,有的甚至处于停滞状态。

"环孟加拉湾多领域技术经济合作倡议"(BIMSTEC,简称"环孟倡议")可谓印度主导的南亚地区次区域组织中最为成功的范例,并被印度视为排除巴基斯坦的跨区域合作平台和推行印度"东向行动政策"的重要抓手。最初,这一次区域组织由4个国家构成,名称为BIST-EC(孟加拉国、印度、斯里兰卡和泰国经济合作)。随后,缅甸于1997年年底加入该组织,尼泊尔和不丹于2003年加入该组织。2004年,该组织的名称修改为"环孟加拉湾多领域技术经济合作倡议"。它是当前南亚最具活力的次区域组织,其合作领域十分广泛,包括贸易投资、技术、能源、交通与通信、旅游业、渔业、农业、文化合作、环境及灾害防控、公共卫生、人文交流、减少贫困、反恐及打击跨国犯罪,以及气

[①] "Infrastructure for a Seamless Asia," September 13, 2019, https://www.adb.org/sites/default/files/publication/159348/adbi-infrastructure-seamless-asia.pdf.

候变化共14个领域。① 近年来,在印度的主导下,"环孟倡议"逐渐体现出向政治安全组织转变的趋势,2021年更是在安全领域实现了新拓展。首先,各国在反恐方面取得了一定的共识。2021年3月,"环孟倡议"的《合作打击国际恐怖主义、跨国有组织犯罪和非法毒品贩运公约》正式生效。12月2日,由印度主持的打击极端化和恐怖主义合作小组第二次会议以线上会议的形式举行。其次,各国大力推进多边联合军演。2021年12月20—22日,"环孟倡议"成员国参与的三军人道主义援助和救灾演习PANEX-21在印度浦那举行,由印度陆军南部司令部组织。② 最后,"环孟倡议"为深化成员国之间的合作,增加了更多安全议题,包括为加强成员国之间的海上安全合作制订全面的行动计划;加强成员国之间的空间安全合作,并为此制定具体建议;成立核心小组以制定集体战略;建立1.5轨的安全对话论坛;建立联合论坛以加强成员国的网络安全;在成员国各自机构之间建立合作,以增强人道主义援助和救灾能力;加强安全相关部门的能力建设;加快实施信息共享中心等。③

综上所述,除了印度近年来大力推进的"环孟倡议",南亚地区构建的大部分区域或次区域组织的成效有限。究其原因,是南亚国家发展水平的限制,但更重要的是印度在区域合作中过于强调自身的中心性,阻碍了区域一体化的发展。可以说,印度的战略某种程度上体现为区域强国对权力优势的滥用,即让南亚地区合作组织在小问题上发挥作用,而不是在经济纽带的基础上建立新的地区联系。④

---

① "About BIMSTEC," December 12, 2021, https://bimstec.org/? page_id=189.
② "Tri-services Humanitarian Aid and Disaster Relief Exercise: PANEX-21 for BIMSTEC Member States held in Pune," December 22, 2021, https://bimstec.org/? event=tri-services-humanitarian-aid-and-disaster-relief-exercise-panex-21-for-bimstec-member-states-held-in-pune.
③ "Security," December 22, 2021, https://bimstec.org/? page_id=6113.
④ [美]斯蒂芬·科恩:《大象和孔雀——解读印度大战略》,第263页。

第二节　南亚区域合作联盟的运行原则及其对秩序生成的效用

目前,在南亚地区涵盖范围最广、延续时间最长的机制为南亚区域合作联盟,1985年南盟的成立也被视作南亚走向一体化进程中具有里程碑式意义的事件。但是由于南盟具有的双边性质、低级政治属性,以及成员之间战略互信的缺乏,这一机制实质上对于南亚地区秩序生成方面的积极意义十分有限,南亚区域合作联盟也被认为是世界上区域一体化发展最缓慢、一体化水平最低的区域一体化组织。[①]

一、具有双边性质的多边机构

南亚区域合作联盟是唯一包含南亚所有国家的区域组织,其成员国包括印度、巴基斯坦、孟加拉国、尼泊尔、不丹、马尔代夫、斯里兰卡及阿富汗。南亚区域合作联盟虽然在名义上属于多边机构,但实质上却具有双边主义性质。所谓双边主义性质,即在这一机制内,印度与其他南亚国家回避多边方式,转而采取一对一的模式。印度前总理瓦杰帕伊(Atal Bihari Vajpayee)曾明确指出:"与某些人的信念相反,双边主义是行得通的。恰恰是第三者的干预,无论多么善良,都会导致关系复杂化。"[②]印度认为多边主义将带来实质性的风险,而双边主义政策既排除了南亚诸小国联合反印的可能性,又避免了南亚问题

[①] 龙兴春、兰江:《南亚区域合作中的功能主义实践及其局限》,载《南亚研究季刊》2009年第1期,第79页。
[②] Speech by the Prime Minister Atal Bihari Vajpayee before the Asia Society, New York, October 28, 1998.

的国际化,从而确保印度在与诸邻国(除巴基斯坦外)打交道时处于一种有利的态势。因此,南盟虽然具有多边组织的标志,但其仅仅是印度与其邻国双边关系的集合。① 而巴基斯坦由于自身实力的限制,以及对外战略中对伊斯兰属性的强调,缺乏推动南亚地区一体化建设的实力与意愿。

由于印度在南亚显而易见的权势地位,南盟建立后基本处于印度的主导之下。印度政府的战略是只允许多边主义在较小的领域发挥作用,尤其反对将国家间争议问题置于地区层面的多边框架之内。印度前总理钱德拉·谢卡尔(Chandra Shekhar)曾如此描述南亚区域合作联盟:"南亚国家的经济合作有自己的逻辑和强制力。因此,南亚区域合作联盟宪章的设计者也显示其远见与智慧……南亚区域合作联盟的合作应当是适度并有所限制的。"②印度坚决反对在南盟多边机制框架内讨论和解决双边问题。为此,南盟《宪章》明确规定:"各级的决议应在一致的基础上做出","不审议有争议的问题"。印度尤其拒绝将印巴克什米尔问题纳入南盟商议范畴,坚决防止克什米尔问题区域化、国际化。当然,印度的这种绝对双边主义遭到了南亚各国的广泛质疑,被称为"霸权外交的隐含声明"。③ 由此造成的后果是南亚区域合作联盟的建设成果有限,尤其在经济方面远未达到预期。印度前总理曼莫汉·辛格(Manmohan Singh)曾这样总结道:"实际情况是,南亚的区域经济合作远远低于我们的期望及其创始人的梦想。它仍然远远落后于亚洲及世界其他地区那些更为成功的多边组织。"④目前,只有5%的贸易和不到1%的投资是在南亚

---

① [印]拉贾·莫汗:《莫迪的世界——扩大印度的势力范围》,朱翠萍、杨怡爽译,北京:中国社会科学出版社2016年版,第79页。
② Arndt Michael, *India's Foreign Policy and Regional Multilateralism*, London: Palgrave Macmillan, 2013, p. 83.
③ Babhani Sen Gupta, *Regional Cooperation and Development in South Asia*, Vol. 1, New Delhi: South Asia Pub., 1986, p. 22.
④ Arndt Michael, *India's Foreign Policy and Regional Multilateralism*, London: Palgrave Macmillan, 2013, p. 1.

地区内部进行的。① 因此，南盟的合作形式大于实质。

二、低级政治属性致南盟在秩序生成方面作用有限

如果说南亚区域合作联盟在创立初期曾被寄予厚望，至少到现阶段为止，其仅在低级政治领域有所建树，未能如欧盟一般向高级政治领域扩展。因此，南亚区域合作联盟在地区秩序生成方面的作用十分有限。

根据观察可以发现，南亚区域合作联盟的发展遵循了关于一体化的功能主义理论所设想的早期发展脉络。功能主义理论提出：在某些功能领域中，民族国家无法依靠单边手段解决问题并取得令人满意的效果，因此，各国希望通过合作为共同面临的问题找到都能接受的解决办法。这些功能领域包括贸易、环境、电信、移民、健康、投资、货币政策等，基本属于低级政治。② 在南亚地区，南盟通过建立一系列地区中心组织以推动各功能领域合作，如南盟农业中心（SAC）、能源中心（SEC）、文化中心（SCC）、结核病和艾滋病毒/艾滋病中心（STAC）、灾害管理中心（SDMC）等。③ 其中，南盟农业中心成立最早，自1989年组建后一直致力于为本地区农业提供全面、及时和实用的农业技术与信息，促进地区农业的可持续发展和消除贫困。2019年6月27日，南盟农业部长第四次会议通过了关于农业和农村发展的《廷布声明》，提出了19点区域承诺和战略，以应对地区在农业及其相关部门面临的新挑战，并促进地区农业部门的发展。④ 在防灾救灾方面，南盟于1995年与2006年先后组建南盟气

---

① Ellen L. Frost, "It's Time to Deepen Integration around the Bay of Bengal," May 31, 2017, http://carnegieindia.org/2017/05/31/it-s-time-to-deepen-integration-around-bay-of-bengal-pub-70128.

② ［美］詹姆斯·多尔蒂、小罗伯特·普法尔茨格拉夫：《争论中的国际关系理论（第五版）》，阎学通、陈寒溪等译，北京：世界知识出版社2013年版，第541页。

③ SAARC Regional Centres, June 30, 2019, http://saarc-sec.org/saarc-regional-centres.

④ "The Fourth Meeting of the SAARC Agriculture Ministers held in Thimphu, Bhutan on 27 June 2019," June 27, 2019, http://saarc-sec.org/news/detail_front/press-release-the-fourth-meeting-of-the-saarc-agriculture-ministers-held-in-thimphu-bhutan-on-27-june-2019.

象中心、南盟灾害管理中心,通过自然灾害监测和预报系统减少灾害所造成的损失。2016年11月,上述两个中心与南盟林业中心(SFC)、南盟海岸带管理中心(SCZMC)一起合并为南盟灾害管理中心。成立于2006年3月的南盟能源中心则主要负责发起、协调和促进区域内联合和共同的能源活动。另外,在反恐问题上,各成员国也通过了《南盟反恐公约》和《南盟反恐附加议定书》。[①]

按照功能主义的观点,一体化的发展应依靠受过高等教育的专家,他们在合作时会选择与政治、军事这些与国家间的"高级政治"无关的解决方案,此类合作将为建立日益坚实的合作网络奠定基础,并促使国际机制和制度得以形成。"在一个功能领域内学到的一体化经验将应用于其他领域,并将最终取代国际政治。"对一体化至关重要的是"行为体最初认为是'技术性'或'非争议性'的目标逐渐地政治化了"。[②] 但是,功能领域的"外溢"在南亚地区并没有实现。相反,对功能主义的批评却在南亚区域合作联盟的发展中有所体现。

首先,南亚各国的经济和社会任务与政治任务之间难以截然分开。实质上,经济和社会等功能领域的合作很大程度上受益或受制于国家间的政治关系。早在1994年斯里尼瓦桑(Srinivasan)就利用引力模型证明,南亚地区的自由贸易协定(FTA)将使各成员国贸易额显著增加,其中孟加拉国、巴基斯坦、印度、斯里兰卡和尼泊尔的贸易额将分别增加8.9倍、9.5倍、12.8倍、10.3倍和17.2倍。[③] 但是经济学上充满期待的前景在现实中并没有实现,最重要的原因是区域大国间政治关系的停滞导致南盟经济一体化建设的滞缓,印巴关系没能像欧洲的法国和德国那样实现历史性和解。而西欧一体化的成

[①] 龙兴春、兰江:《南亚区域合作中的功能主义实践及其局限》,载《南亚研究季刊》2009年第1期,第77—78页。
[②] [美]詹姆斯·多尔蒂、小罗伯特·普法尔茨格拉夫:《争论中的国际关系理论(第五版)》,第543页。
[③] Rajiv Kumar, Manjeeta Singh, "India's Role in South Asia Trade and Investment Integration," May 31, 2016, http://www.adb.org/sites/default/files/publication/28506/wp32-india-role-south-asia-trade.pdf.

功是以其成员国尤其是法国和德国的历史性和解为前提的,①这是南亚地区所缺乏的关键要素。

其次,南亚各国政府通常不愿意让区域机构处理有损自身政治特权的任务,某些经济和社会任务并不必然会"扩展"或"外溢"到政治领域。由于南亚各国经济落后,市场不发达,政府在国家经济生活中起着支配性作用,特别是印度长期实行市场与计划相结合的混合经济制度,即便是在经济自由化改革后,政府仍然在国家经济生活中起着决定性作用,而专业功能集团还不足以左右政府决策。在巴基斯坦,这一现象更为严重。军人政权与民选政府交替执政,且政局长期动荡,国家安全和领土完整是国家的首要核心任务,发展往往处于次要地位,社会其他力量对政府参与区域合作意愿的影响更加微弱。②

再次,实现一体化靠的是以意识形态或情感承诺为基础、充满魄力的政治行动,而不是单单依靠经济、社会部门的功能一体化。③ 意识形态或情感承诺在南亚地区尤其是印巴之间极难实现。正如真纳所述:"印度教徒和穆斯林……属于两种不同的文明。这两种文明大体上是建立在相互冲突的思想观念上。"④因为巴基斯坦的立国基础是"两个民族"理论,从而与印度产生根本性分歧。尼赫鲁曾对巴基斯坦的建国秉持这样的态度:建立巴基斯坦这一想法只是一种"幻想","失去部分的印度领土是一种很快就将被纠正的暂时现象"。⑤ 由此带来的是巴基斯坦对印度否定其立国合法性的不满与愤恨,而第

---

① 龙兴春、兰江:《南亚区域合作中的功能主义实践及其局限》,载《南亚研究季刊》2009 年第 1 期,第 79 页。

② 龙兴春、兰江:《南亚区域合作中的功能主义实践及其局限》,载《南亚研究季刊》2009 年第 1 期,第 79 页。

③ [美]詹姆斯·多尔蒂、小罗伯特·普法尔茨格拉夫:《争论中的国际关系理论(第五版)》,第 575 页。

④ Stephen P. Cohen, *India: Emerging Power*, Washington, D. C.: Brookings Institution Press, 2001, p. 19.

⑤ Stephen P. Cohen, *India: Emerging Power*, Washington, D. C.: Brookings Institution Press, 2001, p. 19.

三次印巴战争中印度对巴基斯坦的肢解也使巴基斯坦对于印度武力兼并自己的可能性充满警惕。因此,为了保持自身的独立性,自诞生之日起,巴基斯坦就力图建立自己的认同,且几乎是反印度的,至少印度政治家们这样认为。这也符合人类学的一种假说,即人们很容易意识到民族、语言、宗教、种族、文化或意识形态方面的实质性差异,从而会引起相互仇视并感知到威胁。如果不同群体彼此的地理位置很接近,政治和经济实力又不平衡,那么很容易产生仇视并感到威胁。[①] 因此,意识形态和情感承诺在南亚地区严重缺乏,导致地区一体化基础的缺失。

三、阻碍南盟积极塑造地区秩序的根本原因

探究南盟为何历经四十年发展却依然在低级政治领域徘徊,最根本的原因在于南亚国家间战略互信的缺失。这也意味着在战略互信问题得到根本解决之前,很难期待南盟这一机制在地区秩序构建上发挥多大的作用。这一状况与同为发展中国家联盟的东盟的发展状况形成了鲜明对比。

在南盟创始问题上,印巴之间战略互信缺失的问题就已显现。早在1980年5月,孟加拉国前总统齐亚·拉赫曼(Ji-yaur Rôhman)就正式提出南亚区域合作联盟的设想,但由于区域内国家战略互信的缺失,以及广泛而复杂的矛盾,这一设想在五年后才最终得以实现。创建南亚区域合作联盟最主要的阻碍分别来自地区大国印度的强权政治和巴基斯坦的安全疑虑。特别是印度担心创建区域合作组织将导致印度与其邻国之间的双边问题区域化,甚至较小的邻国可能会在一些原本只是双边层面的问题上联合起来反对印度。巴基斯坦则担心南亚区域合作联盟是印度联合其他南亚国家共同对付巴基斯坦的手

---

① [美]詹姆斯·多尔蒂、小罗伯特·普法尔茨格拉夫:《争论中的国际关系理论(第五版)》,第289页。

段,且这一区域组织可能使印度得以确保其产品在南亚地区的市场占有率,进而巩固和加强印度在南亚地区的经济主导地位。①

当然,印巴之间战略互信缺失由来已久,两国在南盟成立问题上的迟疑只是表现之一。如前所述,独立之初两国的建国理念就根本对立,建国后两国因克什米尔领土争端先后发生三次大规模武装冲突,随后的零星冲突更是成为常态,两国互视对方为头号敌人和最大的安全威胁。两个地区大国之间根深蒂固的不信任导致南亚区域合作举步维艰,并深刻影响到南盟的机制化。本应一年一度的南盟各国元首峰会,由于各种政治原因,40 年来才成功地组织了 18 次。第 11 届南盟首脑会议因 1999 年印巴之间的卡吉尔冲突而推迟了 3 年。原定于 2016 年 11 月在巴基斯坦伊斯兰堡举行的第 19 次峰会遭到了印度、阿富汗、孟加拉国、不丹、马尔代夫和斯里兰卡等国的联合抵制,理由为"巴基斯坦的代理人在克什米尔一个印度军营组织了跨境恐怖袭击"。2021 年,南盟召开的重大会议只有 5 月 5 日的财政部长第 16 次线上非正式会议,②南盟的建设进程陷入停滞。

除了印巴之间战略互信缺失,区域内其他小国在对印依附或半依附的同时也难掩对印度的不信任,尤其对印度"滥用霸权"十分反感和警惕。冷战后,印度对周边小国的干涉并未减少,但与过去的武力干涉相比,更多地采取经济制裁的方式。由于不丹在 2012 年前后与中国之间进行了一系列友好互动,印度在不丹 2013 年大选进行第二轮投票之前中断了对不丹的油气补贴,致使大选期间不丹经济社会局势发生混乱,最终使得高呼"加强与印度特殊关系"竞

---

① Muhammad Jamshed Iqbal, "SAARC: Origin, Growth, Potential and Achievements," *Pakistan Journal of History & Culture*, Vol. 27, No. 2, 2006, p.132,转引自杨思灵:《南亚地区安全:多重层次分析视角》,载《国际安全研究》2016 年第 6 期,第 72 页。
② "Virtual 16th Informal Meeting of the SAARC Finance Ministers," December 1, 2021, https://www.saarc-sec.org/index.php/resources/statements/211-virtual-16th-informal-meeting-of-the-saarc-finance-ministers-05-may-2021/file.

选口号的不丹人民民主党上台。但这一举动并非削减而是加强了不丹民众对于印度的不信任感,导致了2018年大选中亲印的人民民主党下台。由于印度长期以来的强权政治导致众小国对印度"敢怒不敢言",于是在南盟内曾出现一种现象:在双边关系中看似讨好与附和印度的一些南亚国家,却反复提出希望中国成为南盟成员国,尽管它们也深知印度会竭力反对出现这一局面。

就区域一体化而言,南盟与东盟的情况形成了鲜明的对比。东盟虽然在推动区域经济一体化和制度化水平方面进展相对缓慢,但是自从成立开始,东盟的区域经济一体化进程就令成员国政府抱有极大的预期,并增强了成员国间的互信。东盟这个理念本身就是在区域内部协商解决印度尼西亚和马来西亚间冲突的过程中构造出来的,东盟的第一套规范就是成员国同意限制使用武力来解决国家之间的争端。① 作为东盟大国的印尼谨慎地运用权力并放弃武力方式,与印度在南亚随意运用霸权的行为形成截然不同的结果。东盟逐渐形成了不干涉主义原则和以协商一致为特征的"东盟方式"。构建协商一致过程的一个重要方面就是协商的心理定位,这种心理定位必定是非敌视性的。② 有学者认为,"东盟之所以促进了和平,是因为它培育了一种社会化和信任的氛围,这种氛围有助于压制成员国中间出现像苏加诺那样的军事民族主义情绪,促使他们相信合作的好处远大于对抗"。③ 而这种社会化和信任的氛围恰恰是南亚地区所缺失的。

---

① [加拿大]阿米塔·阿查亚:《构建安全共同体:东盟与地区秩序》,王正毅、冯怀信译,上海:上海人民出版社2004年版,第67—68页。
② [加拿大]阿米塔·阿查亚:《构建安全共同体:东盟与地区秩序》,第95页。
③ 郎平:《区域经济一体化如何突破安全困境——以南亚区域合作联盟为例》,载《国际安全研究》2014年第6期,第76页。

第三节　南亚地区国家间关系与主要问题

独特的"中心—边缘"结构决定了南亚地区国家间关系呈现下述显著特点，即几乎所有的国家对外关系的主题都围绕印度产生，包括印巴之间的安全困境、小国的搭车战略、印度与其他国家之间的安全认知错位、地区经济发展，甚至民族与宗教问题也涉及印度，如跨界民族问题，以及南亚信仰人数最多的印度教与其他宗教之间的矛盾。

一、印巴安全困境

约翰·赫兹把"安全困境"定义为一种社会情势（或社会状态）："在这种情势中，权力的单元发现它们自己在任何时候都是并肩存在，在它们之上没有更高的权威把行为的标准强加给它们，从而使它们互不攻击。在这种情况下，由相互猜疑和恐惧而产生的不安全感驱使这些单元去争夺更多的权力以获得更大的安全。"[1]在处于无政府状态的南亚子系统中，印巴双方长期的矛盾形成了充满敌意的"回忆"，一方增强自身实力的举动自然被另一方解读为对自身安全的威胁，由此导致双方不断地争夺权力以获得安全感，正是在这种敌意螺旋上升的过程中双方的强敌认知也不断地强化，并充分反映在核武竞赛、敌对观念和克什米尔问题之中。

在印度和巴基斯坦之间，安全困境突出表现为军备竞赛，尤其是20世纪末印巴相继成为实际拥核国家后，南亚便成为世界上最容易爆发核大战的危

---

[1] 关佳宁：《对新现实主义、新自由主义和建构主义关于安全困境理论之比较》，载《中南大学学报（社会科学版）》2007年第4期，第372页。

险地区之一,双方基于安全困境持续进行的军备竞赛成为南亚局势最重大的不确定性因素。2016年,印度在多个核运载工具试验项目上取得重大进展,"歼敌者"号潜艇于当年8月秘密服役,使得印度首次拥有三位一体的核打击力量①。巴基斯坦也加强了自身核力量建设,目前其核弹头在数量上已超过印度。据斯德哥尔摩国际和平研究所调查显示,2020年,印度拥有核弹头约156枚,巴基斯坦则拥有165枚。②2021年年末,两国在导弹方面的军备竞赛达到了年度巅峰。12月,印度在十天内完成三次不同类型的新型导弹试射。12月13日,印度成功试射了超远程反潜导弹;③12月18日,成功测试了新一代可携带核弹头的弹道导弹"烈火-P";12月22日,进行了新型近程地对地弹道导弹"普拉雷"的首次发射试验。印度的几次试射表明其正加快推进新一代导弹体系研制计划,整体上完成导弹体系的更新换代,可实质性提升印军的核实战能力、远程常规精确打击和多任务执行能力。与此同时,巴基斯坦也加快了军备竞赛的步伐。12月21日,巴基斯坦成功试射了本国研发的增强型"巴布尔-1B"巡航导弹。而此前一个月,巴基斯坦刚成功试射了一枚"沙欣-1A"地对地弹道导弹。印巴间的军备竞赛给南亚地区形势增添了紧张色彩:一方面,两国间螺旋上升式的军备追赶行动在加重自身财政负担的同时,也不利于双方战略互信的建立;另一方面,印巴军力的上升也使周边国家陷入恐惧,迫使孟加拉国、斯里兰卡等国拿出大量经费用于军备建设。

"安全困境"概念中还包含了建构主义的因素,即"安全困境"是行为体间观念建构的产物。在这个结构里,"共有知识"(行为体在特定社会环境中共同

---

① "India Nuclear Triad Now Up and Running," October 18, 2016, http://economictimes.indiatimes.com/slideshows/infrastructure/ins-arihant-india-nuclear-triad-now-up-and-running/slideshow/54914544.
② SIPRI, https://www.sipri.org/yearbook/2020, May 10, 2020.
③ "India's DRDO Tests Supersonic Missile Assisted Torpedo System," December 12, 2021, https://www.navalnews.com/naval-news/2021/12/indias-drdo-tests-supersonic-missile-assisted-torpedo-system/.

具有的理解和期望)构建行为体的身份和利益。一旦主体间期望诱发行为体严重的相互猜疑,它们总是对对方的动机和意图做出最坏的估计,若一方增加军备,另一方势必感到威胁,结果就是安全困境。① 这一解读角度也符合印巴之间的实际情况。分治后的巴基斯坦在地理上被印度分割开来,边境地区大规模的难民涌入,印度在边界争端后停止运河供水,对克什米尔及其他土邦实施控制,以上种种使得印度自然地成为巴基斯坦想象中的敌人。同时,印度对巴基斯坦的基本建国理论和政治事业也持有怀疑的、模棱两可的,甚至敌对的看法,常常将其看作敌人。②

印巴之间关于克什米尔问题的互动不断强化了两国将对方视作敌人的认知。克什米尔问题引爆的第一次印巴战争虽然在联合国的介入下于1948年结束,但联合国敦促的克什米尔全民表决计划一直未能付诸实践。之后两国间持续的紧张导致了1965年9月的第二次印巴战争。在这场为期17天的战争中,印巴双方都损失惨重,最终签署《塔什干协定》,但也未能解决克什米尔问题。在围绕克什米尔问题一次又一次的交锋中,双方的互不信任不断增强,印巴持续视对方为最危险的敌人,并将主要兵力囤积在克什米尔地区。可以说,印巴之间在克什米尔问题上产生的安全困境,使得两国对对方的认知及外交政策行为模式化,强烈地表现为主要依据长期充满敌意的"回忆"来塑造设想中的未来双边关系,并在这一框架内发展两国间短期关系。莫迪上台后印巴关系一度被认为向好发展,两国于2015年年底达成了一项重启官方对话进程的协定,随后莫迪突访巴基斯坦也被视作双方解开心结、成功"融冰"的关键,但2016年年初印度空军基地遭恐怖袭击事件很快打断了这一"融冰"进

---

① [美]亚历山大·温特:《国际政治的社会理论》,秦亚青译,上海:上海人民出版社2011年版,第19页。
② [巴]伊夫哈提尔·H.马里克:《巴基斯坦史》,张文涛译,北京:中国大百科全书出版社2010年版,第144页。

程。2019年8月,莫迪政府突然宣布废除宪法第370条,取消印控查谟—克什米尔邦的自治地位,将这个穆斯林占人口75％的邦分割成查谟—克什米尔和拉达克两个中央直辖区。这意味着印控克什米尔地区不再拥有特权,印度政府将对这一地区采取均质化管理,同时也将导致印巴在克什米尔问题上的矛盾进一步复杂化。这一消息一经宣布,巴基斯坦立即对此表示了谴责并采取了一系列措施,包括降低与印度的外交级别,中断双边贸易,对印度实施航空限制,以及要求联合国调查印度在克什米尔的行动。这些都充分说明了在安全困境下印巴双边外交关系中存在一种危险互动:对冲突的记忆是长期的,而合作则是短暂的。

二、南亚小国安全认知错位及战略选择的有限性

在南亚地区,除印巴之间根深蒂固的安全困境之外,南亚小国与印度之间也存在着安全认知的错位。一方面,印度要求南亚小国必须与印度的安全利益保持一致,认为对南亚地区最大的威胁来自域外大国;另一方面,南亚小国视印度为自身不安全的根源,它们需要的是自主保障安全,有时甚至将其建立在跨地区的基础之上。

对印度而言,南亚版"门罗主义"完美地阐述了印度对于南亚安全的认知:整个南亚地区是一个单一的战略实体,印度且只能是印度才是这一战略实体安全与稳定的保证人,在地区安全决策上拥有最大限度的独断权,因而在必要时它有权对四邻小国采取干涉主义的政策。外交政策评论家巴巴尼·森·古普塔曾较为详细地论述了南亚版"门罗主义"的巅峰形态即"英迪拉主义":印度自身无意介入南亚各国的内部冲突,印度也强烈反对其他国家介入南亚国家的内部冲突。对于外部国家而言,如果它们对南亚国家的冲突进行干涉,印度不会容忍其任何显性或隐性的反印行为。对于所有南亚国家而言,不应寻求具有反印倾向的外部援助。如果无法处理严重内部冲突,确需外界援助,应该向包括印度在内的南亚邻国寻求帮助。如果任一南亚国家把印度排除出外援国的范围,将被视作反印度的行动。[①]

反观其他南亚小国,认知错位导致印度所有的邻国都出现了与印度有关的认同危机。对此,印度著名战略分析家苏布拉马尼亚姆深有感触地说,尽管印度反复宣称它致力于维护邻国的统一、领土完整、强大和繁荣,认为这也是印度至关重要的国家利益,但其邻国并不考虑印度的这一情感,至少是没有同等的热情。在南亚其他国家眼里,印度拥有的庞大的规模使它成为一个"不自然的国家",邻国特别是相对弱小的国家,对印度多数动机持怀疑态度。1975年锡金被"并入"印度一事曾引起南亚小国的恐慌:不丹通过法律明确文化单一性;孟加拉国借助中国和巴基斯坦抗衡印度;尼泊尔民众也担忧成为"下一个锡金"。2020年,印度在与尼泊尔有争议的卡拉帕尼地区修建公路,就被尼泊尔认为是"入侵"行为,两国因此发生边界冲突。

小国的内在特性和其所处的外部环境共同作用并界定着小国的安全状况、战略思维和行为方式。关于国家根本战略的理论中,可供选择的大战略有霸权、自助、规避、超越和搭车。在南亚地区,印度显然运用的是霸权战略,巴基斯坦则可以理解为一种自助,即通过发展自身军事力量和借助外部力量平衡印度霸权以实现地区均势。至于南亚其余小国,自助、规避和超越三项都难以实现,因此在战略选择上十分有限。

尽管在无政府状态下,自助应当构成一个战略基础,但南亚地区的权力结构实际更接近于等级制,除巴基斯坦外的其他国家与印度的国力有着悬殊的对比。由于规模局限和在体系中的相对实力不足,小国存在着显著的安全脆弱性。安全脆弱性意味着绝大多数小国无法实现安全自助,无法承受冲突和

[①] [澳]大卫·布鲁斯特:《印度之洋:印度谋求地区领导权的真相》,杜幼康、毛悦译,北京:社会科学文献出版社2016年版,第37页。

战争的后果,因而在其外交政策工具箱中一般都排除了武力这一手段,[①]而更注重外交以保护自身的安全。因此,小国的安全政策目标不是与大国对抗,而是极力避免与大国,尤其是邻近大国的潜在性对抗,"不是在军事上击败大国,而是操纵它、鼓励它或者劝阻它"。[②]

同样,南亚小国也不存在使用"规避"战略的现实基础。印度"众星拱月"的地理位置,造成了所有南亚国家与印度接壤却彼此之间互不相邻的客观现实,使它们在对外战略制定中无法规避来自印度的影响。由于"陆锁国"的地理特性,不丹和尼泊尔几乎完全受制于印度。孟加拉国在北面、东面和西面与印度接壤,两国拥有 2566 公里的边界线。这种敏感的地理位置使孟加拉国认为自身毫不夸张地说是被印度给锁住了,以至于一位学者哀怨本国的命运受"地缘政治主宰"(dictates of geopolitics)。斯里兰卡与印度隔着保克海峡相望,最短距离只有 35 公里,其国家规模与实力和印度无法相比,由于印度直接影响了斯里兰卡的国家安全,因而不难理解斯里兰卡对印度所怀有的恐惧感。

"超越"战略本身其实很符合小国对外战略选择的需要。以地区合作来营造良好的地区环境,以地区原则与规范约束区域内大国的行为,以地区机制来指导地区内各国行动,都是地区合作机制赋予小国维护和促进国家利益的积极功能。学者们大多认识到,相对于规模更大的国家,地区途径对小国的政治经济意义更加显著,某种程度上是小国参与国际事务、维护和促进自身利益不可或缺且行之有效的政策选择。[③] 但是,南亚地区国家间缺乏战略互信、印度坚持双边主义外交,以及南亚小国自身实力明显不足,决定了该项战略实际上不可为,南亚区域合作联盟的失败更加证实了这一点。

因此,对于南亚小国而言,"搭车"是其处于南亚特有体系结构中的一种无

[①] 韦民:《小国与国际关系》,北京:北京大学出版社 2014 年版,第 277 页。
[②] 韦民:《小国与国际关系》,第 278 页。
[③] 韦民:《小国与国际关系》,第 246 页。

奈的选择。在南亚地区,印度不仅有能力而且在它认为必要的情况下也有意愿以各种方式影响南亚小国的安全与稳定。可见,"搭车"对小国而言意味着安全保证,而制衡很可能招致报复。哪怕是很小的报复举措,往往也是这些小国无法承受的。如前所述,不丹默认独立后的印度继承英国殖民者与不丹签署的《辛楚拉条约》《普纳卡条约》中规定的权利与义务,并与印度政府签订《印度—不丹永久和平与友好条约》,将自身纳入印度的直接保护之下,这一情况至今没有太大改观。尼泊尔虽位于中国和印度之间,但由于政治原因及地理条件的制约,其与北边中国的贸易发展十分有限。迄今为止,中尼边境公路口岸仅有吉隆、普兰、樟木、里孜,[①]且普兰口岸还是中尼、中印三方边境贸易的通道。而尼泊尔与印度边境沿线则有 22 个可以从事边境贸易和国内运输的进出口口岸。[②] 由此可见,尼泊尔获得替代选择的能力十分有限,这也决定了其在经济上不得不实行跟随印度的"搭车"战略。

莫迪总理上台后,印度强化了对南亚小国的控制意愿,进一步挤压小国在对外战略上的选择空间。不过印度对于南亚小国的控制手段趋向多元化,尤其注重践行"古杰拉尔主义"睦邻外交政策。这一政策传递了两种印度传统价值观:一是追求和谐的思想,在南亚地区体现为和谐稳定的周边环境;二是非暴力思想,在南亚地区体现为寻求以和平的方式解决争端。在阐释南亚地区外交理念时,莫迪曾说过:"许多邻国因为印度的规模和资源视其为大哥,这种地位带来了很多责任。""我们也需要认识到,不能认为小国就不重要,我一直相信这个原则。小国与大国同样重要。"[③]2014 年,莫迪的就职典礼打破惯例,

---

① 中华人民共和国海关总署国家口岸管理办公室:《全国对外开放口岸一览表》,2021 年 5 月 10 日,http://www.customs.gov.cn/gkb/2691150/2691115/3663064/index.html。
② 陈继东、晏世经等:《南亚区域合作发展前景研究》,成都:巴蜀书社 2018 年版,第 45 页。
③ Arnab, "PM Narendra Modi's Entire Interview to Times Now," March 10, 2017, http://economictimes.indiatimes.com/opinion/interviews/pm-narendra-modis-entire-interview-to-times-now/articleshow/52942007.

邀请了所有南亚国家的领导人参加,还将不丹这个弹丸小国作为其就任总理后的首个出访地。2015年6月,印孟两国签署了领土协议,双方以交换的方式彻底解决了飞地问题。印度向孟加拉国交还111块飞地,孟加拉国则交还印度51块飞地,总共涉及领土面积约100平方公里、人口约5万人。[1] 南亚疫情暴发后,印度对南亚小国开启具有印度特色的"疫苗外交"。据《印度时报》报道,2021年1月19日,印度卫生部表示,印度将以"捐赠援助"的方式向不丹、马尔代夫、孟加拉国、尼泊尔等国提供新冠疫苗。[2] 通过此类"古杰拉尔主义"外交实践,印度促使南亚小国在对外战略选择上更倾向于印度。

三、南亚地区经济发展不平衡性

自20世纪90年代初推行经济改革以来,印度采取了市场化经济体制并逐渐融入经济全球化进程之中,这直接导致了印度经济的加速换挡并呈现相对稳定的快速增长态势。单就经济增长率而言,印度已经处于发展中国家领先水平,是世界经济增长最快的经济体之一。2014年带有"古吉拉特光环"的莫迪上台执政后,经济更成为印度国家发展的重头戏。从经济改革实效看,印度投资、出口、通胀率和外汇储备等宏观指标处于合理区间,增长势头稳健,增速居全球大型经济体前列。国际货币基金组织2022年《全球经济展望》预测,2022、2023年印度GDP增长率将分别达到8.2%和6.9%,而同期全球GDP增长率都仅为3.6%。[3]

虽然印度经济发展势头迅猛,南亚在过去十年中也一直被认为是世界上

---

[1] "The Land that Maps Forget," *The Economist*, September 7, 2016, http://www.economist.com/blogs/banyan/2011/02/enclaves_between_india_and_bangladesh.
[2] 澎湃新闻:《"世界药厂"印度开启"疫苗外交"？出口疫苗对接中低收入国家》,2021年1月21日,https://www.thepaper.cn/newsDetail_forward_10884900。
[3] "World Economic Outlook 2022: War Sets Back the Global Recovery," May 20, 2022, https://www.imf.org/en/Publications/WEO/Issues/2022/04/19/world-economic-outlook-april-2022.

经济增长最快的地区之一,但南亚地区内部经济发展不平衡现象严重,其他国家并未享受印度经济迅速增长所带来的红利。尤其在新冠疫情暴发之后,南亚国家GDP普遍呈现负增长,马尔代夫2020年GDP增长率甚至跌落至—33.5%。①世界银行在地区报告中表示,由于乌克兰危机的影响和持续的经济挑战,已经不平衡且脆弱的南亚经济增长将低于此前的预期。②

南亚国家之间的经济联系远未达到预期。从贸易额和在全球贸易中所占份额来看,南亚自由贸易区内成员之间的贸易往来并不可观。罗翰·雷和克莱德温·费尔南德斯评估了2003年—2016年印度实际人均GDP增长率对南亚区域合作联盟其他国家人均GDP增长率的溢出效应程度。此项研究运用随机效应模型得出结论:平均而言,印度实际人均GDP增长率每提高1个百分点,南亚区域合作联盟内其他国家的人均GDP增长率应当提高0.46个百分点。然而,由于区域贸易的低水平,这一点并没有在贸易渠道中得以体现。③ 区域内商品贸易不到其潜力的三分之一,区域内出口仅占全部出口的7.9%。同时,南亚区域内投资存量也很低,仅为30亿美元,在所有发展中地区的排名最低。几乎75%的区域内投资资金来自印度,但这一数额仅占印度对外投资总额的2%,至少比印度在撒哈拉以南非洲的投资低6倍。④ 区域内经济联系远低于预期水平,这表明印度经济增长的区域溢出效应不明显。造成这一现象的原因大致来自三个方面。

第一,南亚国家间贸易互补性差造成区域内贸易动力不足。历史上长期

---

① "World Economic Outlook 2022: War Sets Back the Global Recovery," May 20, 2022, https://www.imf.org/en/Publications/WEO/Issues/2022/04/19/world-economic-outlook-april-2022.
② 参见 https://www.worldbank.org/en/region/sar/overview#3, May 30, 2022。
③ Rohan Ray, Cledwyn Fernandez, "Does India's Growth Matter? Evidence From the SAARC Nations," *Journal of Public Affairs*, Vol. 19, Issue 2, May 2019.
④ Sanjay Kathuria, Ravindra A. Yatawara, and Xiao'ou Zhu, "Regional Investment Pioneers in South Asia,"May 20, 2022, https://openknowledge.worldbank.org/bitstream/handle/10986/36530/9781464815349.pdf?sequence=2&isAllowed=y.

的殖民统治导致南亚各国缺乏自身工业基础,而独立后又长期实施进口替代的工业化政策,南亚国家的农业与制造业部门普遍专业化程度较低,生产结构类似并缺乏互补性。由此导致的问题是南亚各国不仅在出口市场上存在着较强的竞争关系,在进口方面也无法做到优势互补。南亚各国的比较优势都集中在初级产品及原材料加工产品上,如印度、斯里兰卡和孟加拉国的茶叶出口,印度和孟加拉国的黄麻和黄麻制品出口,印度和巴基斯坦的地毯、棉织品等出口,在市场内都存在着较强的竞争关系。[1] 与此同时,各国尤其是印度所需的进口商品很难从区域内获取。如对于印度进口需求量最大的工业制成品与半制成品,南亚其他国家或不具备生产能力,或产品缺乏比较优势而无法满足印度的需要。虽然印度倚仗其在南亚相对先进的工业技术,很大程度上可以满足域内其他国家的进口需求,但这种单向的贸易无助于印度产业结构的调整,因此印度也就缺乏促进区域内贸易的动力,而更热衷于与域外国家的双边贸易。

第二,南亚地区基础设施条件不足阻碍经济进一步发展。印度莫迪政府将升级基础设施建设列为经济战略三大优先事项之一,说明基建的薄弱性已经成为阻碍印度经济发展的巨大障碍之一。当然,这也是南亚地区普遍存在的问题。印度与南亚各国相互毗邻的区位优势很大程度上因基建薄弱导致的高昂运输成本而大打折扣。世界银行的报告指出:如果孟加拉国和印度形成更好的交通运输连通性,它们的国内生产总值将分别增长近17%和8%。[2] 世界银行多期的投资环境评估报告中也强调南亚地区吸引外资的一个很重要的障碍就是基础设施条件的不足,包括能源电力供给不足,以及交通运输、通

---

[1] 杨文武、朱顾:《试论南亚区域经贸合作发展的经济制约因素》,载《南亚研究季刊》2006年第2期,第10—12页。
[2] https://www.worldbank.org/en/region/sar/overview#3, May 30, 2022.

信、金融服务等方面的问题。① 目前,南亚各国已意识到并致力于改变在基础设施建设方面的落后现状。但是由于各国政府投资相对不足,建设融资存在障碍,加强基础设施建设的资金很大一部分源于国外投资。目前,印度与日本在基建领域展开大规模合作,并将合作扩展至南亚其他国家,如在孟加拉国合作修建四车道公路和桥梁,在斯里兰卡展开液化天然气开发相关的基建项目等。② 但这一事实也揭示了印度自身在基建方面的短板,国内铁路建设尚且需要外资与技术的援助,印度更无力在南亚地区范围内提供基建类公共产品。因此,虽然2015年3月印度出于对中国的战略疑虑而向斯里兰卡西里塞纳政府施压以叫停中国在斯港口城项目,但是由于印度自身不具备援建斯里兰卡港口的能力,后期无法填补中国资金与技术撤出斯里兰卡的空缺,最终中国港口城项目在一年后得以复工。

第三,由于南亚区域内经济发展受政治影响较大,印度更倾向于搭乘大周边的区域经济一体化快车。如前所述,南亚区域一体化进程的迟滞与南亚各国间缺乏政治互信密切相关,而这一情况在短期内难以得到根本解决。鉴于南亚区域一体化的黯淡前景,印度更多地将目光投向更广阔的大周边,尤其致力于融入亚太经济圈,强化与亚太地区的经贸联系。目前,印度在亚太地区所参与和构建的经贸机制可分为双边和多边机制两类。双边机制多由印度与亚太国家通过谈判以双边协议的方式实现,如印度与日本和韩国建立的全面经济伙伴协议(CEPA),与泰国、澳大利亚、印尼、新加坡分别就双边贸易安排举行的可行性研究或谈判。多边机制则囊括印度与东盟的自由贸易协定(FTA),与周边国家构建的"环孟加拉湾多领域技术经济合作倡议"和"湄公

---

① 杨文武、朱颀:《试论南亚区域经贸合作发展的经济制约因素》,载《南亚研究季刊》2006年第2期,第12页。

② Ministry of External Affairs, Government of India, "India-Japan Fact Sheets: India-Japan Development Cooperation in the Indo-Pacific including Africa," October 29, 2018, https://www.mea.gov.in/bilateral-documents.htm? dtl/30544/IndiaJapan_Fact_Sheets.

河—恒河合作组织"等一系列区域和次区域经济合作机制。至于《区域全面经济伙伴关系协定》（RCEP），尽管 2020 年印度在历经了八年谈判后放弃加入，但其期望搭乘东盟经济一体化快车的意愿并未改变。在参与亚太国家区域一体化构建过程中，印度的积极性与主动性甚至超过对南亚自身区域合作组织"南盟"的推动。

印度经济增长的红利未惠及南亚其他国家所导致的明显后果是，南亚地区的经济发展不平衡状况加重，其他南亚国家对于印度的经济带动能力与意愿的怀疑进一步增加，为此倾向于与域外国家或地区发展经济关系，而非进一步推动域内经济一体化进程。巴基斯坦倾向于与中国及西亚各国发展经济，与伊朗、土耳其等国建立了经济合作组织。尼泊尔曾长期实行对华对印友好合作政策，后来又加紧实施外贸方面多元化。孟加拉国积极发展与亚洲其他国家的双边关系。斯里兰卡也曾多次提出加入东盟的申请。[1]

四、民族与宗教问题频发

南亚是一个民族和宗教十分复杂多样的地区，因民族和宗教产生的矛盾成为威胁南亚地区安全的"顽疾"。[2] 具体来说，南亚地区的民族宗教问题有以下三个特点。

一是跨界民族纷争不断。在南亚地区，除马尔代夫属于单一民族国家之外，其余都是多民族国家。印度拥有 100 个以上的民族，人口数量占比最大的为印度斯坦族，其他人口较多的还包括孟加拉族、马拉提族、比哈尔族、泰米尔族等。巴基斯坦分布着旁遮普族、信德族、帕坦族、俾路支族等多个少数民族。孟加拉国除了主体民族孟加拉族，还分布着 20 个左右的其他民族。尼泊尔也

---

[1] 陈继东、晏世经等：《南亚区域合作发展前景研究》，成都：巴蜀书社 2018 年版，第 76 页。
[2] 杨思灵：《南亚地区安全：多重层次分析视角》，载《国家安全研究》2016 年第 6 期，第 69—70 页。

是一个多民族的国家,南部地区还居住着来自印度的大量马德西人移民。不丹的主体是信仰佛教的不丹人,但近几个世纪也伴随大量尼泊尔人迁入。在斯里兰卡,最大的民族问题来自僧伽罗族与泰米尔族之间。

  在这些多民族国家中,存在一个较明显的特征:由于跨界民族较多,南亚地区的边界具有很强的可渗透性,有的跨界民族具有分离主义倾向,有的则被邻国作为操纵别国的政治工具。斯里兰卡境内的泰米尔人本为印度泰米尔人移民,19世纪英国人统治印度时期,在斯里兰卡大力发展种植园经济,为解决劳动力问题从南印度招募了大批泰米尔劳工。随后,英国统治者对斯里兰卡的两大民族采取分而治之的策略,在政治、经济和教育文化方面优待泰米尔人,使之占有相对优势,导致僧伽罗人的不满。而斯里兰卡独立时,英国却把政权交给了僧加罗人的政党统一人民党。独立后的斯里兰卡政府于是采取打压泰米尔人、提高僧伽罗人的政策,最终造成二者矛盾的激化。泰米尔人要求自治和建立"泰米尔国"的活动最终演变成一场旷日持久的内战。印度对斯里兰卡泰米尔人抱着同情和支持的态度,尤其印度泰米尔纳德邦为斯里兰卡反政府组织"泰米尔伊拉姆猛虎解放组织"提供庇护所与训练基地,并实质性干涉斯里兰卡内战,导致斯里兰卡的民族矛盾不断激化升级。反过来,斯里兰卡泰米尔人的分离主义活动对印度境内的泰米尔少数民族产生了示范效应,使印度境内的泰米尔民族分裂主义倾向也日趋严重。[1]

  巴基斯坦与阿富汗边境地区的普什图人也在历史上被殖民者一分为二。1868年,在英俄"大博弈"的背景下,俄国对撒马尔罕的占领使英国感受到巨大威胁,因此英国试图使阿富汗成为一个缓冲地带。这直接导致了英属印度和阿富汗之间边界线"杜兰线"的产生,并将普什图民族分割,为日后的民族冲突与民族分离主义埋下了种子。巴基斯坦与印度交界的旁遮普省曾经是印度

---

[1] 胡志勇:《南亚恐怖主义的特点及根源析》,载《现代国际关系》2008年第12期,第29页。

旁遮普邦锡克族极端分子的活动场所。印度政府官员多次指责巴基斯坦挑动旁遮普锡克人的分离主义活动。同时,巴基斯坦也指责印度参与了巴国内信德人和俾路支人的民族分离主义活动。此外,印度东北部与孟加拉国接壤的地区也是两国少数民族或部族反叛武装的冲突之地。其中,主体在孟加拉国山区的查克马人在印度阿萨姆邦、缅甸及中印领土争议东段地区也有所分布,[①]他们也曾提出过民族自治的要求。因此,有学者提出,"政权意义上的国家与民族意义上的国家不协调"是造成南亚地区长期冲突的主要原因。[②]

二是宗教问题对南亚国家政治生活产生巨大影响并与民族问题相互缠绕。就现代民族国家而言,虽然南亚各国并非政教合一国家,但宗教在各国都被置于至关重要的地位。除印度立国之初就在宪法中阐明世俗国家的身份外,其余国家都把某一宗教定为国教。巴基斯坦、马尔代夫将伊斯兰教作为国教,1975年军事政变后的孟加拉国自上而下推行伊斯兰化,尼泊尔(2006年前)和不丹分别将印度教和佛教定为国教,斯里兰卡在1978年的第二部宪法中强调佛教作为官方宗教至高无上的地位。因此,南亚地区的宗教矛盾和冲突很容易上升到国家安全层面,导致地区的持续动荡。

在南亚,最严重的宗教问题是印度教徒与穆斯林之间持续的仇恨与敌视。历史上,由于次大陆最后的本土帝国即穆斯林统治的莫卧儿帝国对殖民者的顽强抵抗,英国殖民者倾向于扶植印度教徒以打压穆斯林,从而使印度教徒在国家政治生活中占有较高的地位。此后,在争取民族独立的过程中,印度教徒和穆斯林的关系恶化,英国人于是提出了分而治之的"蒙巴顿方案"。1947年印巴分治,印度教徒和穆斯林之间爆发了大规模的屠杀,造成了几十万人丧

---

① 李金柯、马得汶:《中印领土争议东段地区的查克玛、下丁人问题探析》,载《国际论坛》2010年第12卷第4期,第73页。
② 杨思灵:《南亚地区安全:多重层次分析视角》,载《国家安全研究》2016年第6期,第69—70页。

生,1 000多万印度教徒和穆斯林分别迁移至印度和巴基斯坦,给持两种宗教信仰的人们留下了难以磨灭的痛苦记忆并造成了难愈的创伤。在之后的几十年中,印度教徒和穆斯林之间的冲突频率越来越高,涉及的地区也越来越广泛。其中作为印巴之间安全两难典型体现的克什米尔问题是领土问题更是宗教问题。1947年,克什米尔地区400万人口中77%的穆斯林渴望加入巴基斯坦,而信仰印度教的土邦大君哈里·辛格(Hari Singh)宣布加入印度,由此导致了第一次印巴战争。随后的时间里,印巴又进行了两次战争和无数次小规模武装冲突,迄今未能解决这一问题。

除此之外,由于印度有相当数量的穆斯林人口,印度国内印度教徒和穆斯林之间的冲突也经常掀起轩然大波。1992年在阿约迪亚寺庙被毁后爆发的全国性骚乱,导致约2 600人死亡。[1] 巴基斯坦和孟加拉国对此反应强烈,不仅两国政府对毁寺事件进行了强烈的谴责,而且两国的穆斯林民众还采取了报复行动,捣毁了许多印度教寺庙。2002年,印度人民党执政的印度古吉拉特邦印度教徒与穆斯林之间爆发了大规模流血冲突,造成了929人死亡,10 928所房屋被烧,12 473家店铺被毁或遭到抢劫,直接损失达到68.1亿卢比,间接损失500多亿卢比。[2] 2014年,具有印度教民族主义色彩的印度人民党在大选中获胜,"2002"事件期间任古吉拉特邦首席部长的莫迪成为印度总理。印度人民党有着很强的意识形态取向,并且为获取政权维持了一定程度的意识形态一贯性。而印度教民族主义意识形态是一柄双刃剑:一方面,印度教民族主义意识形态有助于进行国内政治动员,对于巩固印度人民党的国内执政基础大有裨益;另一方面,对印度教民族主义意识形态的广泛宣传也导致印度教徒对其他民族宗教的敌视,尤其体现为对穆斯林的仇视,从而刺激其他

---

[1] 孙士海:《南亚民族宗教问题的现状、成因及其影响》,载《当代亚太》1998年第8期,第42页。
[2] 陈峰君主编:《世界现代化历程南亚卷》,南京:江苏人民出版社2012年版,第288页。

民族借宗教名义进行政治抗议、暴力抗争。

南亚的宗教与民族问题紧密相连,有着很大程度的重叠与融合。如印度的锡克族即信仰锡克教的人,其宗教和民族身份相吻合。他们与印度教徒长期以来关系紧张,20世纪80年代在旁遮普邦还发起过"卡利斯坦"独立国运动。在斯里兰卡,泰米尔人与僧伽罗人的信仰体系有所不同,前者笃信印度教而后者信仰佛教。斯里兰卡政府强调佛教作为官方宗教至高无上的地位,把僧伽罗语定为唯一官方语言等举动引发了泰米尔人极大的不满。在不丹,信仰佛教的不丹人对不断移民而来信仰印度教的尼泊尔人也颇具疑心。鉴于此,20世纪80年代末,不丹国王发起"一个国家、一个民族、一种信仰、一种语言和一种服装"的"文化复兴"运动。前述印度教徒和穆斯林之间的宗教矛盾,至少在巴基斯坦看来,也可被理解为民族问题,这与其立国理念密切相关。早期,拉马特·阿里提出在西北印度建立一个自治的伊斯兰国家并取名"巴基斯坦"(Pakistan)——由旁遮普(Panjab)、阿富汗省(Afghan Province,即西北边省)、克什米尔(Kashmir)和信德(Sindh)的首字母连同俾路支斯坦(Baluchistan)的最后一个音节构成。这一概念被真纳采用后形成了关于印度的穆斯林在任何意义上都是一个民族的断言——最后以"两个民族论"闻名的理论。[1] 这也意味着在巴基斯坦看来,伊斯兰教信仰构建了巴基斯坦人的民族身份,印度教则标识了印度人的民族属性,由此,两国的民族属性和宗教信仰合二为一了,这也是印巴之间矛盾冲突频发的最深层次根源。

三是民族宗教复杂性很大程度上导致了南亚恐怖主义的泛滥。南亚地区民族宗教架构,可谓其他南亚国家围绕印度勾勒出的各个民族宗教"互嵌"图景,这里说的"互嵌"与民族融合无关,这种民族宗教"互嵌"(跨国)为暴恐事件

---

[1] [德]赫尔曼·库尔克、迪特玛尔·罗特蒙特:《印度史》,王立新、周红江译,北京:中国青年出版社2008年版,第368—370页。

的频发创造了条件。① 20 世纪 80 年代初,锡克教激进派领袖宾德拉瓦尔发起的"卡利斯坦"分离主义运动在英迪拉·甘地政府的严厉打击下逐渐演变为恐怖活动。1984 年 6 月,英·甘地政府指挥的武装部队攻入锡克教神庙杀死宾德拉瓦尔及其追随者的举动激化了民族宗教矛盾,同年 10 月,英·甘地总理被其锡克卫兵枪杀。至 1992 年基本平息恐怖活动的近十年时间里,约 25 000 人死于这场残酷的反恐怖主义斗争。斯里兰卡泰米尔人组成的"泰米尔伊拉姆猛虎解放组织"在与政府长期交恶中,也从民族分离主义逐步演变成极端恐怖主义组织。除了战场上的正式交战,猛虎组织在斯里兰卡国内还经常进行爆炸、暗杀等恐怖行动,严重危害社会稳定和社会治安。在印度派遣维和部队介入斯里兰卡内战之后,"猛虎组织"于 1991 年刺杀了印度前总理拉吉夫·甘地。在巴基斯坦与阿富汗交界地区,普什图民族主义与伊斯兰激进主义思想的相互融合加剧了恐怖主义活动的发展。

南亚内部民族宗教复杂性与外部宗教极端主义力量的植入相结合,进一步加剧了南亚恐怖主义的发展。位于巴基斯坦与阿富汗边界的部落地区由于经济落后、社会动荡不安而成为极端主义的温床,"基地"组织、"伊斯兰国"(IS)等都选择在此落脚并实施跨境恐怖袭击活动。在克什米尔地区活动的不少武装分子都曾在巴、阿境内"基地"组织和塔利班赞助的宗教学校接受训练,其中某些组织的领导人与"基地"组织保持联系。例如,巴基斯坦"伊斯兰圣战者组织"领导人哈利尔曾在"基地"组织的圣战宣言上签字,"真主军"的创建人马苏德·阿扎尔毛拉也曾多次前往阿富汗与本·拉登见面。② 2015 年,"伊斯兰国"也选择这一地区建立"伊斯兰国呼罗珊省"(ISK),而且吸纳了来自阿富汗和巴基斯坦塔利班的分离派系。同时,"伊斯兰国"向南亚的渗透导致其与

---

① 杨思灵:《南亚地区安全:多重层次分析视角》,载《国家安全研究》2016 年第 6 期,第 69—70 页。
② 张力:《当代南亚恐怖主义的起源与诱发因素》,载《南亚研究季刊》2013 年第 1 期,第 14 页。

南亚地区现有极端组织的矛盾加剧,甚至爆发武力冲突。

由于南亚地区民族宗教的复杂性,各国都以各自标准定义恐怖主义,却难以得到别国的认同。如印巴两国长期围绕着"跨界恐怖主义渗透"问题相互激烈指责。对于印控克什米尔的不稳定局势,印度主流极力指责来自巴方的"越界恐怖活动"。2014年,印度总理莫迪在克什米尔拉达克地区视察军队时指出,巴基斯坦利用极端主义分子攻击印度并导致了局势的动荡,巴基斯坦"失去进行一场常规战争的能力,但其持续从事恐怖主义的代理人战争"。[1] 巴基斯坦则否认印度的指控,反指责印度实行国家恐怖主义,利用"9·11"事件将克什米尔自由斗争抹黑为恐怖主义,以转移对印度安全部队在印控克什米尔大规模侵犯人权行为的注意力。[2] 因此,尽管反恐合作早已被提上南亚区域合作组织日程并形成了一系列决议,如1987年的《南盟反恐公约》和2004年的《南盟反恐附加议定书》,1995年成立的南盟恐怖犯罪监察机构和1996年成立的南盟警察事务合作会议,但南亚各国对于恐怖主义的定义存在较大分歧。协定以及相关机构的成立凸显了南盟成员国在共同打击恐怖主义方面的良好意愿和政治合作的意向,但该协议缺乏具体的实施举措,机构工作的开展也受制于成员国之间的关系,难以真正有效地进行,可以说协定的达成及机构的成立更多地具有象征意味。[3]

---

[1] Lydia Tomkiw, "India's Modi Accuses Pakistan of Waging a Proxy War. Will It Deter Peace Talks?" *The Christian Science Monitor*, August 12, 2014.

[2] 邓红英:《论印度在印控克什米尔的治理政策及其问题》,载《南亚研究》2015年第3期,第129页。

[3] 刘红良:《论南亚地区的反恐合作机制》,载《西南石油大学学报》2013年第3期,第75页。

第四节 "印太"背景下影响南亚秩序
生成的主要域外力量

路易斯·坎托里和斯蒂芬·施皮格尔提出,考虑到子系统之间的重叠,以及地区成员国之间边界的扩大,很有必要把子系统分成几个部分。首先是核心部分(core sector),即国际政治的核心地区。其次是边缘部分(peripheral sector),其中包括那些在地区政治事务中发挥作用,但由于社会、政治、经济、组织或其他方面原因而与核心地区有所区别的国家。最后是介入部分(intrusive sector),包括在子系统中起重要作用的外部大国。[①] 前文已围绕南亚地区极其鲜明的"中心—边缘"特征展开论述,即对应此处提及的核心与边缘部分,属于系统内部组成部分。本节主要考察的是介入部分对于子系统的影响,包括大国因素及大国对外战略调整所带来的地缘政治重组的影响。就南亚地区而言,在"印太"地缘政治板块重组的大背景之下,中美两国不可避免地被视作这样的因素,日本亦跟随美国不断调整与地区主要国家的关系。俄罗斯由于历史和现实原因与南亚国家复杂互动,也可被视作介入部分。

一、地缘政治板块重组及其对南亚地区秩序的影响

冷战后,特别是 21 世纪以来,随着国家间权势的变更和大国对外战略的调整,现有的地缘政治板块正在经历重组,新的"印太"地缘政治概念逐渐形成。虽然"印太"作为海洋生物地理概念早已存在,但直到 2005 年前后,"印

[①] [美]詹姆斯·多尔蒂、小罗伯特·普法尔茨格拉夫:《争论中的国际关系理论(第五版)》,第 141 页。

太"作为地缘政治概念才开始日益受到关注,并在国家间交往与权力博弈中逐渐得以建构并最终形成。澳大利亚是"印太"概念的积极倡导者,日本则是第一个正式使用这一词汇的国家。不过,美国的推动才是"印太"从一个地理名词发展为地缘政治概念并日渐盛行的最重要原因。早期,美国对"印太"这一概念的态度相对比较谨慎,在推出"亚太再平衡"政策的同时,将原来的亚太悄悄地扩大到印太。[1] 美国"印太战略"的正式提出以 2017 年 12 月特朗普政府发布其任内首份《美国国家安全战略》报告为标志,其中首次用"印太"代替"亚太","印太"概念由此正式进入美国构建地区战略的官方论述。2018 年 2 月,特朗普政府推出秘密版美国《印太战略框架》,正式确立"印太战略"。[2] 2018 年 5 月 30 日,美国将"太平洋司令部"(USPACOM)更名为"印太司令部"(USINDOPACOM)。2019 年和 2022 年,美国国防部和白宫分别发布《印太战略报告》。值得一提的是,该战略对于新兴地缘政治区域的界定并非清晰而准确,相反,如同历史上很多边界模糊不清的区域概念一样,"印太"地区的边界同样是模糊的。例如,美国认为"印太"地区从印度西海岸延伸到美国西海岸,但同时也把东非纳入"印太"地区。

"印太"概念的盛行虽然与美日澳等国官方与学者的热议有关,但在根本上却源于中国、印度等新兴力量的崛起及这一地区作为一个整体在国际政治中的觉醒,因而有其显著的客观属性。[3] 印度学者拉贾·莫汉认为"印太"概念的产生主要来自两个方面:一是随着中国和印度海上利益及海军的发展,日益加剧的战略竞争促使原本分开的印度洋和太平洋连为一体;二是经济上的

---

[1] 林民旺:《"印太"的建构与亚洲地缘政治的张力》,载《外交评论》2018 年第 1 期,第 23 页。
[2] 2021 年 1 月,美国国家安全委员会在其官网上提前 30 年解密了《美国印太战略》。"US Strategic Framework for the Indo-Pacific," April 20, 2021, https://news.usni.org/2021/01/15/u-s-strategic-framework-for-the-indo-pacific.
[3] 葛红亮:《地区视野下"印太"的内涵及其价值评析》,载《印度洋经济体研究》2020 年第 6 期,第 66 页。

联系,尤其是东亚对中东石油的巨大需求,提升了印度洋作为能源通道的重要性,将两洋沿岸的国家和更广泛的地区国家的命运连接在一起。① 其实,"印太"地缘政治概念的兴起有着显著的地缘经济基础,随着中国成长为世界第二大经济体,以及印度持续高速的经济发展,中印两国与印度洋—太平洋地区国家之间的经济结合度也日渐提高。而地区内主要经济体及"印太"区域内经贸往来密切程度的加深,使得"印太"地区的主要国家客观上已然在地缘领域形成了某种意义上的整体性关系。②

由此,南亚地区也被囊括在"印太"的整体范畴之中。这可能给南亚地区带来两方面显著影响。一是可能对南亚"中心—边缘"结构形成冲击。南亚不得不面临被融入更大的地缘政治板块——"印太地区"的挑战。近年来印度积极参与双边和多边海上安全合作,这不仅意味着印度的海上军事存在正在向更广阔的"印太"地区拓展,也意味着将有更多的国家参与到印度洋地区的安全框架之中。美国在已有的印度洋地区广泛影响力的基础上继续深化拓展,日本在军事上逐渐将触角延伸至印度洋,澳大利亚加入"马拉巴尔"军演,东盟在印度洋安全合作上可能也有所期待。域外力量的权势伸张将在多大程度上影响南亚及印度洋地区现有的安全结构尚待观察,但南亚地区的封闭与非包容性在此轮调整中恐难以为继。二是随之而来的大国博弈加剧。在"印太"概念整合的过程中,这一地区将出现多个地缘政治棋手,包括美国、中国、日本、东盟,甚至澳大利亚,这意味着大国或主要域外国家的战略视野愈益聚焦于"印太"。且美国、印度、日本等国在推动"印太"秩序时明显存在针对中国的"有选择性排除",这些国家的"印太"战略或构想也由此包含浓厚的对华制衡、

---

① [印]雷嘉·莫汉:《中印海洋大战略》,朱宪超、张玉梅译,北京:中国民主法治出版社2014年版,第183页。
② 葛红亮:《地区视野下"印太"的内涵及其价值评析》,载《印度洋经济体研究》2020年第6期,第68页。

防范意味。① 美国试图"拉印制华",印度则欲"搭车"以提升其大国地位,日本在战略上跟随美国,中国则成为各国"印太"战略或愿景中的重要考量对象。在全球战略重心东移的大背景下,"印太"地区逐渐成为大国的主要博弈场,国家间关系日益复杂化。

二、美国的地位作用

长期以来,南亚地区之于美国而言战略地位相对边缘,故其并不在美国国家安全、外交政策的优先考虑之列,具体表现为:冷战初期,南亚并非冷战的主战场,只被视为抵制共产主义扩张的中间地带,在美国的全球战略中处于边缘地位。不过美国出于"如果印度和巴基斯坦落入共产党的控制之下,美国及其盟国在亚洲大陆就可能没有立足之地"②的考虑,最终选择巴基斯坦作为在南亚遏制共产主义扩张的桥头堡。1979年苏联武装入侵阿富汗显著提升了南亚地区在美国全球战略中的地位。作为阿富汗的邻国,巴基斯坦立即成为美苏全球对抗的前沿国家,同时也成为美国抵御苏联南下扩张的前线和援阿抗苏的基地。冷战结束后,由于苏联势力从中亚和南亚的撤离,南亚在美国战略天平上的地位再度下降,美国在南亚地区主要致力于防止核扩散。美国借印巴核武化问题对印巴的制裁和在南亚干预的缺失为印度确立次大陆"霸主"地位创造了条件,这对巴基斯坦的冲击巨大。2001年"9·11"事件后,美国的南亚政策服从于美国在全球范围内开展的反恐战争行动。由于巴基斯坦地理上紧邻阿富汗,加之其与阿富汗塔利班的紧密联系,巴基斯坦在美国反恐战争及

---

① 葛红亮:《地区视野下"印太"的内涵及其价值评析》,载《印度洋经济体研究》2020年第6期,第74页。

② US House, 92nd Cong. 1st Sess., Committee on Armed Services, Committee Print, US-Vietnam Relations 1945 – 1967: Study Prepared by the Department of Defense, 12 vols., Washington, 1971, Ⅷ, p. 239,转引自吴兆礼:《美国南亚政策演变:1947—2006》,载《南亚研究》2007年第1期,第27页。

阿富汗的重建过程中都发挥着巨大的作用,美巴两国反恐合作联盟正式形成。同期,印度也旗帜鲜明地表达了自己的反恐立场。于是,美国在印巴之间再度寻求更为平衡的政策。不过,自美国决定撤离阿富汗之后,南亚在美国对外战略中的地位又一次下降。

现阶段,美国的南亚战略依然服从于美国的全球战略,即维持美国作为全球唯一超级大国的地位。因此,美国在南亚地区的主要战略考量首先为美国依靠印度以维护其在南亚地区的利益。过去美国的南亚政策,更确切地说是美国对印度和巴基斯坦的政策,经常需要评估其中一方对另一方的反应。如今,美国基本确定了未来在南亚问题上依靠印度而非巴基斯坦的原则。"印度与巴基斯坦在本质上是完全不一样的国家——印度是一个处于上升轨道的、具有巨大战略潜力的新兴国家。美印关系的改善,将有利于美国全球地缘政治目标的实现;而巴基斯坦是一个深陷恐怖主义、国家实力不断削弱、社会治理呈异常趋势的问题国家,是一个需要外力来实现自身'软着陆'的国家。"①基于此种判断,美国承认印度在南亚的主导地位,甚至对其寻求世界大国地位的努力给予肯定。但与此同时,美国也要求印度的对外政策与行为必须符合美国的利益,并助力美国全球战略的实施。其次,美国将印度作为长期的、可制衡中国的伙伴。随着中国经济的不断发展及其国际地位的提升,美国认为原有的地区均势结构被打破,妄称中国为"修正主义大国"(revisionist power)②并视其为威胁自己的头号对手。美国"印太战略"最重大的考量便是应对中国的崛起,而与中国同为新兴大国的印度被认为是"印太"地缘范畴内

---

① Ashley J. Tellis, "The Merits of Dehyphenation: Explaining U. S. Success in Engaging India and Pakistan," January 15, 2022, https://www.researchgate.net/publication/236797310_The_Merits_of_Dehyphenation_Explaining_US_Success_in_Engaging_India_and_Pakistan/link/5a2830350f7e9b71dd0fe8b8/download.

② "Indo-Pacific Strategy Report," June 1, 2019, https://media.defense.gov/2019/May/31/2002139210/-1/-1/1/DOD_INDO_PACIFIC_STRATEGY_REPORT_JUNE_2019.PDF.

甚至国际体系层面平衡并遏制中国的重要力量。美国《印太战略框架》中明确提出："一个强大的印度,在与志同道合的国家合作时,将起到制衡中国的作用。"[1]在"印太"最重要的四国中,美日、美澳本为盟友,因此所谓"印太战略"的关键在于推动美印关系的发展与深化,从而形成多方共同遏制中国崛起的局面。

根据南亚战略目标,美国采取了以下举措:在南亚地区,美国实际抛弃传统盟友巴基斯坦转而承认印度的地区主导地位。美军从阿富汗的撤离使巴基斯坦在美国对外战略中的地位迅速下降。2021年8月30日,美军最后一架运输机离开阿富汗,标志着驻阿富汗美军完成撤离。尽管巴基斯坦在反恐中做出重大牺牲,但美国政府、研究者、媒体与民众大多对巴使用负面评价和"危险话语",认为巴与恐怖组织之间关系暧昧,执行的是区别性反恐政策。[2] 2021年9月,时任巴基斯坦总理伊姆兰·汗(Imran Khan)表示,巴基斯坦在阿富汗战争中为帮助美国付出了沉重代价,而美国却把在阿富汗的失败归咎于巴基斯坦,对巴方而言这是"最痛苦的事情"。与之相对,未来阿富汗问题可能被置于美国更广阔的中南亚政策之中,这一政策将不会忽视地区主导国印度的作用。因此从长远来看,美国在国家战略层面更倚重印度,将其作为在南亚甚至印度洋地区的主要合作伙伴。莫迪政府将印度称为南亚和印度洋地区的"第一反应者"和"净安全提供者"[3]的说法也得到了美国一定程度的认可。美国在《印太战略框架》中提出"加快印度的崛起并提升其作为净安全供应者和主要防务合作伙伴的能力",期望印度"在维护印度洋安全方面发挥主导作

---

[1] "US Strategic Framework for the Indo-Pacific," April 20, 2021, https://news.usni.org/2021/01/15/u-s-strategic-framework-for-the-indo-pacific.
[2] 张杰、郑海琦:《"危险话语"视域下美国对巴基斯坦的安全政策探析》,载《南亚研究》2017年第2期,第113—128页。
[3] [印]雷嘉·莫汉:《中印海洋大战略》,第126页。

用,并扩大与美国在该地区的其他盟友和伙伴的经济、防务和外交合作"。① 美国"支持印度持续崛起并获取地区领导地位"②,给予印度极大的鼓励与肯定。美国在与南亚地区小国的合作中也充分尊重印度的地区主导国地位。2022年2月,尼泊尔议会通过了"尼泊尔美国千禧年挑战计划"(MCC)合作协议,协议约定美国向尼泊尔援助5亿美元,援助项目主要为能源和道路的基础设施建设。同时美方也认可,对尼泊尔的援助项目与印度关系紧密,项目需经第三国印度的同意方能进行,美国对尼泊尔的援助项目也就成为尼美印三国的合作项目。③

在"印太"视野下,美国将印度作为"印太战略"的重要支轴国家,全面提升美印合作。首先,印美关系的战略定位不断得到提升。2018年《美国印太战略框架》将印度视作重要伙伴,2019年美国国防部《印太战略报告》中提出"扩展和深化与印度的战略伙伴关系"④。2020年2月,莫迪在与特朗普的会面中提出"决定将两国的伙伴关系提升到'全面全球战略伙伴关系'的水平"。⑤ 2021年9月,莫迪与拜登的白宫会谈声明重申建立"战略伙伴关系",美国强调将印度作为主要防务伙伴。⑥ 其次,美印安全关系呈现机制化趋势。2018

---

① "US Strategic Framework for the Indo-Pacific," April 20, 2021, https://news.usni.org/2021/01/15/u-s-strategic-framework-for-the-indo-pacific.
② "Indo-Pacific Strategy of the United States," February 11, 2022, https://www.whitehouse.gov/wp-content/uploads/2022/02/U.S.-Indo-Pacific-Strategy.pdf.
③ 戴永红、姬广礼:《美国千禧年挑战公司对南亚国家的援助:进展、影响与对策》,载《四川师范大学学报(社会科学版)》2021年9月,第72页。
④ US Department of Defense, "Indo-Pacific Strategy Report," June 1, 2019, https://media.defense.gov/2019/May/31/2002139210/-1/-1/1/DOD_INDO_PACIFIC_STRATEGY_REPORT_JUNE_2019.PDF.
⑤ "Remarks by President Trump and Prime Minister Modi of India in Joint Press Statement," February 25, 2020, https://trumpwhitehouse.archives.gov/briefings-statements/remarks-president-trump-prime-minister-modi-india-joint-press-statement-2/.
⑥ "U.S.-India Joint Leaders' Statement: A Partnership for Global Good," September 24, 2021, https://www.whitehouse.gov/briefing-room/statements-releases/2021/09/24/u-s-india-joint-leaders-statement-a-partnership-for-global-good/.

年美印"2+2"战略对话提升至双方外交部长和国防部长级别,对美印的战略与安全合作具有极其重要的实际意义。随后的几年,美印"2+2"战略对话都如期举行并签署了系列军事协定。在2018、2019和2020年的"2+2"战略对话中,双方分别签署《通信兼容与安全协议》《工业安全附件》《地理空间合作基本交流与合作协议》,使两国安全合作全面升级,具有了某种"准同盟"色彩。2017年全面重启的美日印澳四方安全对话机制是印美安全合作依托的重要平台,涉及军事安全、经济安全、网络安全、新冠疫情等领域,内涵显然已经超出了一般意义上的安全合作范畴。2021年3月,美日印澳四国举行首次领导人在线峰会;2021年9月,四国领导人在白宫举行了首次面对面的四方安全对话;2022年5月,四国领导人首脑会谈在日本东京举行。作为四方安全对话实务内容的"马拉巴尔"军演也在2020年11月澳大利亚正式加入后成为四国联合军演。再次,印美合作相对薄弱的经济部分将得到加强。2022年版美国《印太战略报告》在内容上空前重视经济议题,提出将领导构建"印太经济框架"(IPEF)。2022年5月的四国首脑会晤中,拜登总统宣布正式启动"印太经济框架",宣称要在印太地区实现"互联互通的经济、有韧性的经济、清洁的经济、公平的经济"四大目标。这一构想既消除了印度对加入"区域全面经济伙伴关系协定"(RCEP)后可能受制于中国的担忧,又满足了印度在"印太"框架下与四国及东盟加强经济联系的愿望。

但值得一提的是,美国虽然近年来极力提升印度的大国地位,但也对印度提出相应要求,即印度对外政策与行为需符合美国的利益并有助于美国全球战略的实施。换言之,美国在美印关系中拥有更多主动权,美印关系的未来发展主要取决于美国对印度战略地位的认可度及满意度。[1] 在印度洋地区安全

---

[1] 赵东升:《美国南亚新政策下的美印关系解构》,载《国际论坛》2005年第1期,转引自刘明:《大国在南亚地区的关系博弈研究:进展与评估》,载《云南行政学院学报》2018年第2期,第83—84页。

方面,美国在迪戈加西亚基地的军力部署和第五舰队实力使其拥有地区实际主导权,因此只允许印度在有限的范围内发挥作用。美国的印度洋构想及现实存在与印度对印度洋地区抱有的霸权主义幻想存在矛盾,两国在印度洋地区的未来秩序构想方面存在明显差异。在从长远来看,印度的战略目标不仅是一个地区大国而是全球性大国,自然也不甘心只作美国的"准盟友"并受其主导。

三、中国的地位作用

中国虽不是南亚国家,但地理位置决定了南亚局势的演变对中国诸多层面的国家利益都有着不容忽视的影响。中国位于亚洲大陆的东部,与南亚板块紧密相连,是南亚国家无法忽视的近邻。而且,中国与南亚的关系是以悠久的历史联系和文化交流为基础的。据史料记载,秦汉时期,中国同南亚的交往主要表现为海陆丝绸之路的相继开辟、双方贸易的逐渐兴起,以及佛教初入中国。魏晋南北朝时期,佛教大规模东传,双方贸易平稳发展。隋唐时期,玄奘成为唐代求法运动中最伟大的代表,再加上中国强大的国力及开放的对外交往政策,双方文化交流和贸易往来频繁。宋元明时期,尽管由佛教所带动的文化交流逐渐衰弱,但海上贸易交往增多,中国东部、南部沿海与南亚沿海地区的贸易日渐兴盛。[①] 直到殖民主义和帝国主义在亚洲出现,这种传统影响力才逐渐减弱。

现代民族国家形成后,中国与印度、巴基斯坦、尼泊尔和不丹等多个南亚国家交界,南亚地区的稳定与安宁直接影响中国国家安全。中国的南亚政策突出体现为处理与南亚两大力量印度与巴基斯坦的关系。20世纪50年代,中印两国曾有过一段短暂的"蜜月期",两国在一系列地区和国际问题上携手

---

① 王玉玲、王润球主编:《印度经济》,北京:中国经济出版社2016年版,第171—193页。

并进,并产生了"秦尼—信地,巴依巴依"(中印两国是兄弟)的佳话。但1962年的中印边界冲突使中印关系彻底破裂,也在根本上改变了中国政府对南亚次大陆的战略利益评估。随后,中巴之间开始寻求积极合作。20世纪60年代至80年代后期,中国在南亚地区将巴基斯坦视作伙伴的政策基本没有改变,尽管在不同时期的提法略有不同。[①] 中巴关系不断提升的同时,中印关系跌入谷底,直到80年代后期才逐渐解冻。90年代中期,中国调整南亚政策,尽量避免深度卷入印巴之间的安全纠纷与冲突之中。1999年卡吉尔冲突爆发后,中方首次表达了尊重印巴根据1972年《西姆拉宣言》划定的实际控制线,并希望巴印双方通过协商解决当前的冲突,保持了不偏不倚的态度。2005年,在中国的支持下,印度和巴基斯坦成为上海合作组织观察员国,并于2016正式加入上海合作组织。

现阶段,中国的南亚战略主要存在三方面考量:一是维持南亚地区稳定,确保中国和平发展的外部环境。南亚地区的稳定与安宁直接影响中国国家安全,尤其是与南亚接壤的中国西藏和新疆地区的稳定与开放。二是南亚作为"一带一路"倡议重点建设区域,于中国具有重大经济和战略意义。南亚及印度洋地区是共建"一带一路"的必经之路,其中"21世纪海上丝绸之路"途经南亚周边海域,计划中的两条经济走廊——中巴经济走廊和孟中印缅经济走廊致力于实现陆海相连。随着南亚国家巴基斯坦、斯里兰卡、孟加拉国、马尔代夫等相继加入,南亚已成为共建"一带一路"的重要伙伴。三是在全球层面防止印度与美国联手遏制中国。在美国抛出"印太战略"的橄榄枝后,印度经过短暂的犹豫,便选择了在政策上向美国及其盟友倾斜,大力参与美国"印太战略"。印太地区的这一战略趋势恰恰是中国需要力图避免的,因为印美之间的安全合作有助于印度与美国在亚太地区的力量部署形成联动,从而令中国处

---

① 张力主编:《世纪之交的中印关系与发展趋势》,北京:时事出版社2016年版,第79页。

于美国精心构建的战略包围圈之中。

　　据此,中国采取了以下主要举措。首先,推进"一带一路"共建在南亚地区的进展。自2013年"一带一路"倡议提出以来,中国与南亚国家在战略对接、经贸往来、金融合作、基础设施与重大项目建设,以及民心相通、人员交往合作等方面均取得较大进展。目前,"一带一路"倡议在南亚已走出以能源和交通设施为主的第一阶段,进入以产业发展为主要特征的第二阶段。[①] 巴基斯坦是中国"一带一路"倡议在南亚建设中最坚定的支持者,两国共建的中巴经济走廊也被视为"一带一路"样板工程,包括了能源项目、公路和铁路连接、基础设施升级以及工业园区建设等方面的一揽子投资计划,并取得了实质性的进展。2020年12月,中巴经济走廊中最大交通基础设施项目白沙瓦—卡拉奇高速公路的苏库尔至木尔坦段竣工通车,并移交巴基斯坦公路局进行运营管理。中国和斯里兰卡在基础设施建设、能源合作方面取得了阶段性成果,如科伦坡港口城项目和汉班托塔港项目。中国与尼泊尔跨喜马拉雅互联互通多维网络已初具规模。孟加拉国参与"一带一路"共建的标杆工程包括帕德玛公路铁路两用大桥主体项目、河道整治项目和卡纳普里河底隧道工程等,两国还在推进位于吉大港的中国经济产业区(CEIZ)建设。中国与马尔代夫也已签订了自由贸易协定,并逐渐扩大投资规模。但是,中国与南亚小国在"一带一路"共建中的合作极易受到政治因素的影响。南亚小国对外选择有限,更多地在中印之间采取"平衡外交",因此"一带一路"共建的实施面临较大的政治风险。2015年,印度曾通过影响斯里兰卡国内政局走向使中国企业在斯港口建设停滞,直到一年后才得以重启。2016年2月,孟加拉国在印度的压力下,拒绝了中国提出的建设吉大港和索纳迪亚港的建议。马尔代夫前总统亚明下台后,

---

[①] 张家栋、柯孜凝:《"一带一路"建设在南亚:现状、挑战与机遇》,载《印度洋经济体研究》2021年第5期,第21、40页。

与印度关系密切的穆罕默德·纳希德的政党上台执政,承诺调查所有中国的投资和贷款。所有这些都充分说明了印度因素的消极影响。

其次,妥善处理中印关系。论及中国的南亚战略实施,中印关系始终是无法回避的首要话题。中印两国在同一历史时段相继崛起,且印度在区域权势结构中处于相对弱势,导致印度在地区层面将中国视作赶超目标与竞争对手。随着美国"印太战略"的出台与持续推进,印度试图抓住美国"拉印制华"的契机以争取改变中印之间力量不对称的现状。在处理中印关系方面,中国始终秉持习近平主席提出的中印"三个伙伴"关系理念,即国家层面"更加紧密的发展伙伴"、区域层面为"引领增长的合作伙伴"、体系层面为"战略协作的全球伙伴"。视双方互为发展机遇、互不构成威胁对于中印两大新兴经济体而言是必需的选择。但目前而言,中印在地区层面的矛盾较为突出,主要表现为印度视中国为地区优势强权的最大竞争者。由于中印两国同属新兴大国,都遵循着新兴大国崛起的共同逻辑:成长为地区大国的同时寻求更大的发展空间。对于中印两个邻国而言,在向周边地区扩展的过程中,各自寻求的影响力辐射区域有大幅重叠,导致两国必然在大周边地区发生某种程度的"碰撞"。[①] 这种"碰撞"在南亚和印度洋地区体现得尤为明显。印度认为在"一带一路"倡议带动下中国在南亚和印度洋地区日益增长的存在已然对其形成地缘上的重大压力,并将在未来进一步阻碍印度影响力的扩展。对于中印关系及近年来所产生的种种问题,中国始终从全球战略的高度进行审视,将问题置于中印关系大局的整体框架下进行思考,并强调要正确看待对方的意图,不因具体问题领域的分歧影响两国关系大局。

四、日本的地位作用

20世纪90年代之前,日本的对外战略考量中很少囊括南亚地区。从传

[①] 张静:《印度莫迪政府大周边外交政策研究》,国防科技大学国际关系学院博士学位论文,2017年。

统的地缘角度来看,南亚相对于日本较为遥远,且南亚地区长期以来经济落后、资源贫乏,对日本的经济吸引力不大。因此,日本政府和民间从二战后至90年代初对南亚地区均不重视,虽然50年代日本曾通过"科伦坡计划"向印度和巴基斯坦提供了一定的援助,但日本与南亚国家间关系总体上比较平淡。90年代后,南亚地区经济快速增长、印度国际地位迅速提升、印巴相继成为核武国家、美国在阿富汗的反恐战争,以及印度洋航线安全等多方因素激起了日本对南亚的重视。尤其是美国对于南亚的日益重视,使得一向在对外战略上追随美国的日本,也将目光投向了南亚印度洋地区。

目前,日本对于南亚的战略考量主要包括以下两点。首先,追随美国"印太战略",共同遏制中国崛起。在美国大力推动"印太战略""拉印制华"的背景下,日本与印度加强联系也是自然逻辑。再加上日本与印度都视中国为地区层面的竞争对手,携手应对中国的崛起也就成为双方的共同诉求。其次,助力日本实现"普通国家"目标。日本"普通国家"目标主要包含三个方面:一是发展强大的防卫力量以维护国家安全与发展;二是提高日本在国际体系中的地位以实现大国化;三是增强日本在塑造国际事务方面的自主性和独立性。同拥有南亚大国和印度洋大国双重身份的印度合作,对于日本政治经济影响力的拓展和军事力量"走出去"都大有裨益。

据此,日本的主要举措首先是积极推动"印太战略"及其框架下的美日印澳四方合作。日本是最早积极倡导"印太"概念的国家。2006年,日本首相安倍晋三倡导建立以日本、印度、美国和澳大利亚组成的所谓"自由与繁荣之弧",2012年又提出"亚洲民主安全菱形",2016年正式提出"自由开放的印太战略"(FOIP)。在日本最初的"印太"构想中,印度由于"民主国家"属性而备受日本关注,双方在交往中互称对方为"亚洲最发达的民主国家"与"亚洲最大的民主国家",意识形态取向明显。2015年6月,日澳印三国首次展开外务次官级磋商,同年9月,日美印首次举行外长会谈。2015年起,日本也正式成为印美"马拉巴尔"海上军演参与方。随着美国"印太战略"的明确化,日本在"印太"框架下与印度的合作层次不断提升,尤其重视四方机制的构建。2017年11月,美日印澳四国举行了"四方安全对话"(QUAD)高官会议,2019年9月又举行了四国外长会议。日澳印、日美印等三边会议以四方的形式实现了融合。紧随美国之后,2019年11月,日印两国举行首次部长级"2+2"对话会;2020年9月,两国签订《相互提供物资与劳务协定》(ACSA)。在"四方安全对话"机制的建设进程中,印日已然成为"印太框架"内的重要伙伴。

其次是加强与印度战略经济合作并在地区秩序塑造问题上进行协调。除了在"印太框架"下的安全机制建设之外,日本与印度在经济领域的合作颇具成果。日本通过政府开发援助(ODA)的形式对印度及南亚地区进行援助。2003年始,日本最大援助对象国由中国变成印度。2018年莫迪访日期间,日本同意向孟买—艾哈迈达巴德高速铁路、印度东北部公路网等基础设施建设提供总额3 164亿日元的ODA,以打造象征"日印新时代"的旗舰合作项目。[①]印度受制于自身经济和技术上的局限性,无法独立承担南亚地区基础设施建设,也倾向于选择在基建领域具有较强竞争力的日本成为合作伙伴。目前,日本已投资印度五大工业走廊建设和东北部的桥梁、水电工程等项目。同时,日印一致认为,中国"一带一路"倡议意在构建以中国为中心的亚洲新秩序,日印理应提供"一带一路"的可替代方案。于是印日"亚非增长走廊"愿景(AAGC)2017年正式出台。与共建"一带一路"将基础设施建设互联互通确定为优先领域类似,"亚非增长走廊"愿景也提出基于高质量基础设施建设,并辅以数字和规制的互联互通,且与"21世纪海上丝绸之路"在地理覆盖范围上存在高度重叠,都关注由东北亚延伸至东南亚,经印度洋至非洲的海域及沿岸国家。印

---

① 毕世鸿:《"自由开放的印度太平洋战略"视阈下的日本对印度外交》,载《南亚研究》2020年第3期,第120页。

日两国正携手共建将中国排除在外的地区性经济合作安排,以强化在"印太"地区的存在感和影响力。

五、俄罗斯的地位作用

对于俄罗斯来说,发展与南亚地区的关系不仅符合其传统安全观中争夺出海口的一贯追求,更被视作俄罗斯大国地位的体现。19世纪,英俄就在南亚周边展开了一场漫长而激烈的地缘政治大博弈。苏联成立后,因领土与阿富汗接壤,于是在国土南翼建立战略安全区成为苏联构建周边安全秩序的重要步骤。冷战初期,美国同南亚地区强国巴基斯坦结成军事同盟,并将其作为遏制苏联南下的"前沿国家"。苏联在围堵和排挤美国的同时,全力参与南亚秩序之争,主要表现为通过经济和军事援助加强同印度和阿富汗的战略合作关系。但与这一时期美国在南亚地区的影响力相比,苏联依然处于弱势。20世纪70年代,美国在南亚地区实施战略收缩,而苏联则凭借强大的常规军事力量和战略核力量,不断加强其在南亚的军事力量和安全存在。美苏双方在南亚地区的战略博弈日益激烈,形成了以美国和巴基斯坦为一方、苏联和印度为一方的两极对抗局面。苏印1971年签订具有准军事同盟性质的《苏印和平友好合作条约》,由此苏联与南亚最强大的国家印度结为"准盟友"。1979年,苏联入侵阿富汗成为其构筑南亚秩序的巅峰事件。20世纪80年代中后期,由于国力的衰落,苏联在南亚进行战略收缩,1989年从阿富汗撤军,"准盟友"印度在苏联对外战略中的地位也随之下降。随着苏联的解体,其历时近半个世纪在南亚地区建立的与美国大致等同的均势格局宣告终结。冷战结束后初期,俄罗斯由于国力严重衰退无暇顾及南亚地区事务,传统的印俄关系经历了短暂的疏离。但在"亲西方"政策失败之后,俄罗斯转而采取"东西方兼顾"的外交战略,南亚在俄罗斯对外战略中的地位逐渐上升,尤其是俄印关系被重新定位,进入务实合作阶段。

现阶段俄罗斯的南亚战略有如下两点基本考量。一是维护在南亚地区的传统利益存在。历史上,俄罗斯在南亚拥有广泛的影响力,并曾在阿富汗维持多年军事存在。即便是在冷战后俄罗斯由于国力的衰落而在南亚实施战略收缩,但始终维持与印度的传统军贸联系。在俄罗斯大国复兴的道路上,与南亚地区基于传统利益基础的合作是俄罗斯南亚政策的基石。二是扩大俄罗斯的大国影响力。进入21世纪后,"转向东方"在俄罗斯外交政策中占据越来越重要的地位,也是俄罗斯实现大国梦想的重要战略手段。在地缘政治上,"东方国家"泛指非西方国家,特别指代东亚和南亚次大陆地区国家。[1] 其中,南亚除了与俄罗斯的传统势力范围相邻,还是俄罗斯通往印度洋的重要战略通道。在"印太"板块不断融合的背景下,印度自然成为俄罗斯重返印度洋、提升大国影响力的重要合作对象。

就政策实施而言,俄罗斯的南亚战略主要通过与南亚主要国家的双边外交得以实现。具体而言,俄罗斯将印度作为重要战略支点国,辅之与巴基斯坦的安全合作,从而为俄罗斯的重新崛起打造地缘安全基础,并与美国展开战略博弈。[2]

首先,俄罗斯不断深化俄印"特殊而尊荣的战略伙伴关系"。其中,防务合作是印俄战略伙伴关系的基石。俄罗斯迄今为止依然是印度最大的武器供应国。俄约占印度武器进口市场份额的52%,而美国则仅占印度武器进口市场份额的10.5%。[3] 即使面临美国的制裁威胁,印度依然在2018年与俄罗斯达成采购 S-400 防空导弹系统的合同。同时,俄印还建立起高级别安全防务对

---

[1] 马博:《俄罗斯"转向东方"战略评析——动机、愿景与挑战》,载《俄罗斯研究》2017年第3期,第49页。
[2] 武琼:《大国战略与地区秩序:双重视角下的俄罗斯南亚外交评析》,载《印度洋经济体研究》2020年第6期,第83页。
[3] 徐金金、晏拥:《印度战略视野下的印俄关系:新发展、限度与走向》,载《江南社会学院学报》2022年第1期,第69页。

话机制。继印度与美、日、澳等大力推进"印太战略"的国家建立"2＋2"对话后,出于平衡考虑,印俄"2＋2"对话于2021年年底召开。定期军事演习是印俄防务合作的重要组成部分。2003年,印俄举行首次"因陀罗"海军联合演习,至2017年这一军演已涉及海陆空三个军种。另外,能源合作被喻为印俄战略伙伴关系的重要支柱。在俄乌冲突爆发、俄欧关系恶化的背景下,俄罗斯大力实施能源出口多元化战略,作为世界第三大能源消费国的印度成为俄罗斯能源外交最有发展前景的国家之一。印度油气公司通过股份购买的方式积极投资俄罗斯的能源行业,两国也签订了长期能源供应合同。2018年6月,俄印签署一项总价值250亿美元的能源合同。2023年12月,俄罗斯负责能源事务的副总理亚历山大·诺瓦克宣布,因乌克兰冲突而受到西方诸多制裁的俄罗斯,如今将其40%的石油出售给印度。[1] 两国还在民用核能领域进行深度合作。目前,俄罗斯国家原子能公司已经完成了泰米尔纳德邦库丹库拉姆核电站的前期2个发电机组的建设任务,由俄罗斯设计的第二座核电站计划也在商议之中。[2] 当然,印俄之间也并非全无问题。特别是围绕"印太战略"框架下的印美合作对于俄印关系的冲击问题,俄印之间的战略分歧明显。2020年年底,延续了20年的印俄首脑峰会首次取消就是这方面的例证。

其次,俄罗斯增强与巴基斯坦的合作并倾向于在印巴之间采取更为平衡的政策。一方面,美巴关系的不断恶化促使巴基斯坦主动寻求与俄罗斯的合作,另一方面,近年来美印安全合作的不断升级对"俄印传统友谊"造成了一定的负面影响,迫使俄罗斯寻找除印度外值得信赖且具有地区影响力的合作伙

---

[1] "俄罗斯通过向中国和印度出口大部分石油来克服制裁影响",2023年12月28日,https://chinese.aljazeera.net/economy/2023/12/28/.

[2] 徐金金、晏拥:《印度战略视野下的印俄关系:新发展、限度与走向》,载《江南社会学院学报》2022年第1期,第70页。

伴。① 因此，俄罗斯对南亚政策进行了适度调整。自 2014 年解禁对巴基斯坦实行的武器禁运和军事制裁之后，俄罗斯对巴基斯坦的军售力度有所增强。在联合军演方面，俄巴两国也实现了突破。2016 年，俄罗斯与巴基斯坦举行史上首次"友谊 2016"陆军反恐联合军演，且演习举行时间正好在美印签署《后勤交流备忘录协定》后不久。在之后的几年里，俄巴军演逐渐常态化与机制化。2020 年年底印俄首脑峰会取消后不久，俄罗斯便于 2021 年年初积极参与了由巴基斯坦组织的"阿曼-2021"海军演习。另外，随着 2021 年 8 月美军撤离阿富汗和塔利班重夺政权，印巴双方都竭力争夺在阿富汗问题上的话语权，俄罗斯得以在其中寻求平衡政策。2021 年 11 月，印巴双方相继主持召开阿富汗问题国际会议，俄罗斯分别派代表参加。

近年来，随着"印太"地缘政治板块的重组，南亚及印度洋地区的地位日益上升，愈益吸引世界主要大国的目光。在南亚和印度洋战略格局中，中心国家印度和域外大国正展开新一轮战略博弈。具体而言，印度作为南亚地区支配力量，力图在大国博弈中扮演主要角色；美国则在更大的印度洋地区享有主导地位，但其行动有赖于印度的配合和支持；中国在大国博弈中面临其他竞争对手的挑战和制衡；俄罗斯试图维持其在南亚地区的存在；日本则积极拓展其在这一地区的影响力。②

目前，南亚地区秩序总体上呈现"中心—边缘"的结构特征。南亚地区体系作为国际体系的子系统，其内部的系统结构与其说是无政府状态，不如说更接近于等级制，即包括三类权势：体系主导国印度、依靠外力可制衡印度的巴基斯坦、对外选择十分有限的其他南亚小国。然而，南亚区域内印度的霸权并

---

① 武琼：《大国战略与地区秩序：双重视角下的俄罗斯南亚外交评析》，载《印度洋经济体研究》2020 年第 6 期，第 99 页。
② 刘明：《大国在南亚地区的关系博弈研究：进展与评估》，载《云南行政学院学报》2018 年第 2 期，第 87 页。

不意味着系统的稳定与秩序的维持,且目前的印度仍然缺乏为南亚国家提供发展所需公共产品的能力。另外,南亚地区机制建设停滞不前,印度的发展红利难以外溢到地区其他国家。再加上复杂的民族宗教问题,使南亚地区成为恐怖主义生长的温床,进一步扰乱现有地区秩序。对此,有学者提出南亚安全秩序呈现"失衡性"和"交织性"的特征。①

随着"印太"战略概念的兴起,更多的地缘政治棋手加入"印太"地区的角逐之中,南亚地区传统意义上半封闭的"中心—边缘"传统秩序也因此受到巨大冲击。在"印太"架构下,印度积极寻求与地区经济体加强关联与合作。作为"印太"板块的联结地,同时又是印度长期以来"东向政策"的重点关注区域,东盟一直是印度的重点合作对象。印度与东盟早在2003年就签署了东盟—印度自由贸易区协议,且近年来的经济往来更加紧密和频繁。2018年,在纪念双方对话关系建立25周年的东盟—印度纪念峰会(ASEAN-India Commemorative Summit)上,双方发表了德里宣言,提出开发利用海洋资源,在蓝色经济领域拓宽合作;还强调了在软件、粮食、能源、微小中型企业、私营企业等方面的经济合作。② 2022年恰逢印度与东盟建立对话关系30周年,建立战略伙伴关系10周年。6月,印度与东盟国家举行外长会议,联合主持外长会议的印度和新加坡发出呼吁称,与会各国应该在俄乌冲突和中美竞争加剧的情况下加强在该区域内的联系。③ 11月,东盟宣布同印度的双边关系升级为"全面战略伙伴关系"。

与此形成鲜明对比的是,印度对于南亚地区经济一体化的推动并不热心。

---

① 杨晓萍:《双重互动与南亚安全秩序构建》,载《国际展望》2016年第3期,第126页。
② "Media Briefing on ASEAN-India Commemorative Summit," April 18, 2019, https://mea.gov. in/media-briefings. htm? dtl/29399/transcript＋of＋media＋briefing＋on＋aseanindia＋commemorative＋summit＋january＋26＋2018.
③ 《印度—东盟举行首次外长会议,外媒:印度标榜自身为稳定伙伴》,2022年6月17日,https://www. thepaper. cn/newsDetail_forward_18617826。

因此，南亚尽管拥有约占世界四分之一的人口，但经济只占世界贸易的2%或更少，地区本身的经济一体化程度非常低。随着印度更加积极融入"印太"地区经济一体化进程，南亚小国对于印度的经济带动能力与意愿的怀疑进一步增加，从而导致南亚其他国家在经济上可能更倾向于从域外国家获得实际收益。

而在域外众多的地缘政治"棋手"中，美国和中国具有显著的影响力。从大国关系发展趋势来看，国家综合实力的变化将引起大国目标追求和利益分配的改变，促使南亚地区的博弈参与者调整各自南亚战略和印度洋战略。也就是说，中国"一带一路"倡议的快速推进、俄罗斯"转向东方"战略的加快实施、美国"印太战略"的体系推进、印度的不断崛起和印度洋地缘战略价值的日益提升，促使主要相关方在南亚印度洋地区展开新一轮日渐激烈的战略博弈，这意味着南亚安全秩序正处于重构之中。目前，南亚秩序构建的困境主要是相关行为体都致力于按照本国的国家利益来制定相关行为准则，从而导致各主要力量中心在南亚地缘战略区间内难以形成良好的互动态势。[1] 根本上，南亚主导国印度与域外大国美国和中国之间的战略互动与关系发展，将在很大程度上决定南亚安全秩序转型的方向。

---

[1] 武琼：《大国战略与地区秩序：双重视角下的俄罗斯南亚外交评析》，载《印度洋经济体研究》2020年第6期，第97页。

第四章
碎片化的中东地区秩序与国际关系
（宫小飞）

中东是一个兼具地理和地缘政治意义的概念，但这两个概念向世人所展示的印象却有天壤之别。从地理上看，中东地区包括西亚和北非两个板块。[①]该地区的主体民族是阿拉伯人，绝大多数民众信奉伊斯兰教。在历史上，这一地区的大多数国家和民族有着从属同一个帝国的经历，并在二战前后纷纷掀起民族解放运动的浪潮。从地缘政治视角看，中东地区长期处于动乱与纷争之中，这里是大国博弈和争夺的焦点，是宗教与民族矛盾的交织地带，是地区国家纵横捭阖的角斗场。进入21世纪后，中东地区形势严重恶化。从"基地"组织到"伊斯兰国"，恐怖主义持续泛滥，极端思潮暗流涌动；从阿富汗战争到伊拉克战争，美国主导的地区战争收效甚微，反而加剧了中东局势的动荡；从突尼斯革命到叙利亚危机，"阿拉伯之春"席卷几乎整个中东，但未给中东人民带来民主与繁荣，却严重削弱了民族国家功能，使国家治理沦为空谈。可以

[①] 学术界关于中东的地理范围存在不同的解释。本书研究的中东地区包括西亚和北非两个地理板块。北非涵盖埃及、利比亚、阿尔及利亚、摩洛哥、突尼斯和苏丹6个国家，西亚则包括伊朗、伊拉克、土耳其、叙利亚、约旦、以色列、巴勒斯坦、沙特阿拉伯、巴林、卡塔尔、也门、阿曼、阿拉伯联合酋长国、科威特、黎巴嫩、塞浦路斯16个国家。

说,碎片化一词大致能够概括中东地区格局和地区秩序的主要特征。[①]

第一节 中东地区格局的碎片化

2003年的伊拉克战争和2010年年底爆发的中东变局,无疑是塑造中东地区格局的重要事件,战争和被西方称为"阿拉伯之春"的颜色革命并未给中东人民带来民主与繁荣,相反却催生了接连不断的骚乱、无休止的代理人战争和愈发激烈的域外势力干涉,进而打破了原本脆弱的政治平衡,强化了域内国家间的安全困境,恶化了地区经济形势,加剧了中东地区格局的碎片化程度。

一、地缘政治格局重新洗牌

伊拉克战争和"阿拉伯之春"改变了中东地缘政治格局,这一变化主要表现为阿拉伯国家同非阿拉伯国家力量对比的严重失衡。按民族属性划分,中东国家中除土耳其、伊朗、以色列和塞浦路斯外,其余均为阿拉伯国家。自二战结束至21世纪之前,埃及、沙特、叙利亚、伊拉克等阿拉伯强国是引领中东局势的主要力量。这一时期,土耳其将自己定位为欧洲国家和北约成员,对中东事务插手较少。以色列是阿拉伯国家的众矢之的,其国家实力难以有效转化为地区影响力。伊朗在1979年伊斯兰革命后实行政教合一的政治制度,对外积极输出伊斯兰革命,受到美国和沙特为首的逊尼派国家的联合遏制。

进入21世纪后,阿拉伯强国主宰中东的局面逐渐成为历史。2003年爆发的伊拉克战争推翻了萨达姆政权,这场由美国主导的地区战争在较为完整

[①] 关于碎片化的概念和成因,可参见宫小飞:《碎片化的中东地区格局与中国的地区秩序愿景》,载《南大亚太评论》2022年第1辑,第238—267页。

的中东地缘政治体系中打开了一个缺口,其释放出的巨大权力真空严重影响了伊拉克及其周边国家的稳定。"阿拉伯之春"的爆发进一步削弱了阿拉伯国家的力量。受其影响,利比亚、叙利亚、埃及等阿拉伯强国陷入动荡,综合实力和地区影响力大幅衰减,无力主导和引领地区事务。在利比亚,民众对独裁政府的不满演变为大规模内战,在西方国家的干涉下,卡扎菲政权倒台,利比亚陷入无政府状态,战火至今未消。"阿拉伯之春"波及叙利亚后,叙利亚长期压抑的族群、教派和政治矛盾集中爆发,反对派派系斗争激烈复杂。外部势力趁机干涉,叙利亚内战同美、俄在中东热点问题上的博弈形成联动,并与土耳其、沙特、伊朗等地区强国的地缘战略竞争相互勾连,导致叙利亚局势的高度碎片化。在伊拉克,2003年伊拉克战争给这个国家带来的创伤尚未抚平,极端组织"伊斯兰国"异军突起,几乎席卷伊拉克全境。2018年后"伊斯兰国"被基本铲除,但同时耗尽了伊拉克的国家资源,国家重建进程举步维艰。在埃及,穆巴拉克(Muhammed Hosni Mubarak)下台后,2013年爆发的军事政变推翻了民选政府,中断了该国的政治进程,加剧了埃及国内政治动荡,导致其地区影响力锐减。相比而言,海湾合作委员会(简称"海合会")国家受"阿拉伯之春"的冲击较小,以沙特、阿联酋和卡塔尔最具代表性。这些国家凭借丰富的石油资源、雄厚的商业实力及强大的传媒力量,有效化解了民众的不满情绪,国内未出现严重的政治危机。同时,这些海湾阿拉伯国家趁机干预中东其他国家的内部事务,积极扩展地缘影响力,成为阿拉伯世界的重要力量。

同孱弱的阿拉伯国家相比,中东地区的三个主要非阿拉伯国家——土耳其、伊朗和以色列处于强势地位。在土耳其,2002年埃尔多安(Recep Tayyip Erdogan)为首的正义与发展党(简称"正发党")执政以来,土耳其成为全球增长最快的经济体之一,有着"新钻国家""建筑强国"的美誉。2022年,土耳其国内生产总值达到9 071亿美元,位居中东国家第2,世界第19位。① "阿拉伯之春"以来,土耳其奉行"新奥斯曼主义"战略,试图借助在中东的硬实力优势和奥斯曼帝国继承者的历史文化资源,填补地区权力真空,在叙利亚、利比亚、阿拉伯半岛和红海等原奥斯曼属地拓展影响。就伊朗而言,得益于两侧强国的衰落和2015年"伊核协议"的达成,伊朗的地区影响力不断提升。作为什叶派世界的天然领袖,伊朗通过支持黎巴嫩真主党、伊拉克什叶派民兵组织、也门胡塞武装和叙利亚巴沙尔政权,极大改善了原本孤立的地缘环境,并试图打造贯穿波斯湾到地中海的"什叶派走廊"。此外,伊朗积极开展"能源外交",通过向土耳其、伊拉克等近邻输出能源,增强了伊朗同能源进口国的经济联系和相互依赖。同时,伊朗的核技术和导弹技术位居中东国家前列,成为伊朗维护国家安全、增强战略威慑的有力保障。同伊朗和土耳其不同,以色列以科技立国,将其有限的国家资源发挥到极致,2022年,以色列的人均国民生产总值达到54 930美元,位居中东第2,世界前列。② 近年来,以色列通过美以特殊关系,改善了同沙特、阿联酋、巴林等海湾阿拉伯国家的关系,一度成功地淡化了阿拉伯世界同以色列之间的矛盾。

因此,阿拉伯世界的弱化和非阿拉伯国家的强势是当前中东地缘政治格局的主要特征。阿拉伯世界的弱化使非阿拉伯国家得以在阿拉伯世界中寻找盟友,从而加剧了阿拉伯世界的内部分化。③同过去由阿拉伯世界诸强竞争导致的分化相比,当前阿拉伯世界分化的原因在于非阿拉伯强国的干预和竞争。

---

① "GDP-Turkey," https://data. worldbank. org/indicator/NY. GDP. MKTP. CD? locations=TR.
② "GDP per capita-Israel," https://data. worldbank. org/indicator/NY. GDP. PCAP. CD? locations=IL.
③ 吴冰冰:《中东地区的大国博弈、地缘战略竞争与战略格局》,载《外交评论》2018年第5期,第42页。

二、地区安全形势持续恶化

长期以来,中东热点议题同宗教、民族及地缘因素相互交织,是影响地区安全和稳定的主要因素。受"阿拉伯之春"影响,中东地区出现巨大的权力真空和"安全赤字",推动中东热点议题发酵升级,地区安全形势严重恶化。

(一)叙利亚危机依旧持续

2011年爆发的叙利亚危机已延续十多年且仍无结束迹象。在外部势力的干预下,叙利亚国内政治危机演变为糅合大规模内战、反恐战争、种族教派冲突的代理人战争。危机初期,美国、土耳其、沙特等国家支持叙利亚反对派武装,目的旨在推翻巴沙尔政权,同俄罗斯、伊朗领导的"挺巴"阵营相对抗。2014年"伊斯兰国"和叙利亚库尔德力量的崛起,分化了美国领导的"倒巴"阵营,美国、土耳其和沙特在叙利亚问题上的战略目标出现分歧。相比之下,2015年9月,俄罗斯出兵叙利亚帮助叙利亚政府打击反对派武装和极端组织,扭转了巴沙尔政权的战场颓势。及至2020年年底,叙利亚政府收复了超过90%的领土。

尽管如此,叙利亚局势的发展仍有较强的不确定性,政治和解及战后重建的前景依旧不明。其一,叙利亚局势仍有恶化的可能。2019年10月,美国宣布从叙利亚撤军后,[①]土耳其及其附属武装发动"和平之泉"军事行动,将库尔德武装逐出土叙边境,在叙北部建立了由土耳其控制的缓冲区。2020年2月,叙利亚政府借机向土耳其控制的伊德利卜地区发动进攻,引发土叙、土俄关系紧张,尽管土俄再次达成停火协定,但双方在叙利亚的结构性矛盾难以消除,土叙仍有爆发军事冲突的可能。其二,叙利亚危机引发二战以来最严重的

[①] 2018年12月,特朗普政府首次宣布从叙利亚撤军。2019年10月6日,美国再次宣布从叙利亚北部撤出,但受国内建制派力量的反对,美军并未完全撤出叙利亚。截至2020年6月,仍有数百名美军驻扎的叙利亚东北部库尔德地区和南部边境地区。

人道主义危机,造成数百万难民流离失所,难民问题是叙利亚战后重建面临的首要难题,目前已有大批难民返回叙利亚。若难民问题得不到妥善处理,势必影响叙利亚战后稳定。其三,美国、俄罗斯、土耳其、伊朗、以色列及沙特在叙利亚战后和解及重建安排上存在分歧。叙利亚政府对外部力量的干涉心存不满,政治途径解决叙利亚危机的前景依旧黯淡。

(二) 美伊博弈愈演愈烈

2015年7月,美、俄、中、英、法、德六国与伊朗达成伊朗核问题全面协议(简称"伊核协议"),该协议缓和了美伊关系和中东地区的紧张局势。特朗普执政后,将伊朗同"伊斯兰国"并列为美国在中东的主要威胁,指责伊朗支持恐怖主义、奉行扩张战略、发展弹道导弹。[①] 主张从全方位、多角度遏制和围堵伊朗。结果是特朗普政府彻底抛弃了奥巴马政府对伊朗的接触路线,主张对伊朗采取强硬政策,使美伊关系一度濒临战争边缘。

在政治层面,特朗普政府拉拢沙特、以色列,构筑遏制伊朗的地区联盟体系。2018年5月,特朗普称"伊核协议"是美国历史上签订的"最坏的双边协议",宣布美国正式退出"伊核协议"。[②] 2019年1月,美国国务卿迈克·蓬佩奥(Mike Pompeo)出访中东盟国,在开罗发表题为"美国在中东重振角色"的演讲,批评奥巴马对伊朗的软弱政策,呼吁盟友团结一致,组建中东战略联盟遏制伊朗。[③] 在军事层面,特朗普政府采取"战争边缘"策略,加紧对伊朗的军事围堵。2019年5月到10月间,美国向中央司令部管辖区域派遣超过14 000

---

① The White House, "National Security Strategy of the United States of America," 2017, https://www.whitehouse.gov/wp-content/uploads/2017/12/NSS-Final-12-18-2017-0905.pdf, p. 49.

② The White House, "President Donald J. Trump is Ending United States Participation in an Unacceptable Iran Deal," May 8, 2018, https://www.whitehouse.gov/briefings-statements/president-donald-j-trump-ending-unitedstates-participation-unacceptable-iran-deal/.

③ 中东战略联盟,又称"阿拉伯版北约",最早是2017年5月特朗普访问沙特时提出的联盟设想。除美国外,该联盟计划包括沙特为首的海合会6国及埃及、约旦。由于上述国家的内部分歧,中东战略联盟设想至今仍未落地。

名士兵,2个战斗机中队、3组爱国者导弹防御系统、4套"哨兵"雷达和1套萨德反导系统等先进装备。① 2020年1月,美国使用无人机击杀伊朗名将苏莱曼尼(Qasem Soleimani),导致美伊关系骤然紧张。在经济层面,特朗普试图通过极限施压切断伊朗资金来源和出口渠道,从而摧毁伊朗经济。自2018年11月美国宣布全面恢复对伊朗的制裁后,特朗普先后将伊朗革命卫队及其高级指挥官、伊朗最高领导人哈梅内伊和伊朗中央银行列入制裁名单,借此向伊朗高层施压。美国还将伊朗石油、石化和金属三大支柱产业列入制裁范围,试图彻底断绝伊朗的财政来源,迫使伊朗屈服。针对美国的强硬制裁,伊朗以退出"伊核协议"、重启核计划、将美国中央司令部列为恐怖组织及威胁打击美国中东军事基地反制美国。美伊关系恶化引发"多米诺骨牌"式的连锁反应,严重破坏地区稳定与安全。

(三) 巴以冲突仍然难解

巴以冲突主要涉及犹太人定居点、巴以边界划定和耶路撒冷的归属等问题。② 巴以冲突本身有着深刻的历史根源,是宗教、民族和领土矛盾交织的热点问题。近年来,由于以色列内塔尼亚胡(Benjamin Netanyahu)政府的强硬政策及特朗普偏袒以色列的做法,巴以冲突愈演愈烈。在定居点问题上,特朗普政府对以色列扩建定居点的行为持纵容态度,推动了以色列政府在约旦河西岸和东耶路撒冷地区修建定居点的进程。仅2020年前10个月,以色列便在约旦河西岸和东耶路撒冷地区新建住房12 159套,比2012年以来的任何一年都要多。③ 在耶路撒冷的归属问题上,特朗普政府承认耶路撒冷为以色列首都。2018年5月14日,美国驻以大使馆正式迁至耶路撒冷,巴勒斯坦民

---

① 笔者自行统计所得,详见:https://www.defense.gov/Newsroom/releases/。
② 关于巴以冲突可参见:《新闻背景:美国"世纪协议"的提出及其主要内容》,新华网,2020年1月29日,http://www.xinhuanet.com/world/2020-01/29/c_1125510785.htm。
③ Human Rights Watch,"Israel and Palestine: Events of 2020," https://www.hrw.org/world-report/2021/country-chapters/israel/palestine.

众举行示威游行，同以色列军警爆发冲突，导致至少60余名巴勒斯坦人死亡，3 000余人受伤。① 此外，在涉及巴以和平的解决方案问题上，特朗普对国际社会普遍支持的"两国方案"②持消极态度，推出偏袒以色列的"世纪协议"，承认耶路撒冷为以色列"不可分割的首都"。③ 由于内塔尼亚胡政府的强硬政策及特朗普偏袒以色列的做法，巴以冲突频发爆发。仅在2021年5月的巴以冲突中，就有超过240人死亡，数千人受伤。④

2023年以来，巴以地区紧张局势加剧，双方在加沙地带、耶路撒冷等地爆发多次冲突，造成大量人员伤亡。2023年10月7日，巴勒斯坦伊斯兰抵抗运动（哈马斯）宣布对以色列展开新一轮名为"阿克萨洪水"（Al-Aqsa Flood）的军事行动，不仅发射数千枚火箭弹，其武装人员还进入以色列境内与以军发生冲突。以军则对加沙地带展开多轮空袭作为回应。巴以战争正式爆发。截至2023年年底，本轮冲突已导致巴以双方超2万人死亡。对于巴以战争，联合国安理会重申两国方案，强调加沙地带是巴勒斯坦国的一部分，要求所有当事方均需履行国际法、包括适用的国际人道法和国际人权法规定的义务，特别是保护平民的义务，呼吁在整个加沙地带紧急实施有足够天数的长时间人道主义暂停，以便国际社会开展人道主义援助活动。⑤ 国际社会也加大了调停力度，推动停火，并向加沙地带提供人道主义援助，以避免更大的人道主义危机和灾难。然而，美国和少数西方国家在巴以战争中偏袒以色列，是巴以冲突反

---

① 《巴勒斯坦"灾难日"巴多地再现冲突》，新华网，2018年5月16日，http://www.xinhuanet.com/world/2018-05/16/c_1122837599.htm。
② 两国方案的主要内容是：坚持巴勒斯坦独立建国、巴以两国和平共处。坚持"土地换和平"原则，支持建立以1967年边界为基础、以东耶路撒冷为首都，拥有完全主权的巴勒斯坦国。
③ "世纪协议"的主要思路是"投资换主权"，即许诺给巴勒斯坦更多经济援助，以便让巴方在索要以色列所占领土以及独立建国等问题上做出妥协。
④ "Gaza-Israel conflict in pictures: 11 days of destruction," May 21, 2021, BBC, https://www.bbc.com/news/world-middle-east-57205968.
⑤ 《联合国安全理事会第2720号（2023）决议》，2023年12月22日，https://documents-dds-ny.un.org/doc/UNDOC/GEN/N23/424/86/PDF/N2342486.pdf.

复持续的重要外因。

(四) 恐怖主义威胁尚未彻底清除

在美军击毙基地组织原首领本·拉登后不久,极端组织"伊斯兰国"异军突起,对地区安全造成巨大冲击。"伊斯兰国"被称为"基地"组织的升级版,其极端色彩、暴恐手段、组织程度及扩张野心远甚于"基地"组织。[①] 2013 年后,"伊斯兰国"利用美国从伊拉克撤军和叙利亚危机出现的巨大权力真空,在叙利亚和伊拉克疯狂扩张。鼎盛时期,"伊斯兰国"攻占拉卡、费卢杰、摩苏尔和拉马迪在内的叙伊重镇,其控制下的领土超过 3.4 万平方英里[②],人口超过 1 000 万,其武装人员多达 3.3 万人,在利比亚、埃及、阿尔及利亚、也门和阿富汗等十余个中东国家设有"省"或分支机构,在世界各地共有 34 个极端组织宣誓效忠"伊斯兰国"。[③] "伊斯兰国"还以拉卡为首都,在其占领区内建立了一套分工明确、高度集权又层级严密的哈里发体系,实现了对其领土的有效控制。[④] 在恐怖手段上,"伊斯兰国"用砍头杀害人质、引爆汽车炸弹、实行种族清洗等骇人听闻的手段攻击平民和士兵,并通过回流至母国的极端分子在全球范围内制造"独狼式"恐怖袭击事件。"伊斯兰国"还善于运用网络和新媒体工具传播极端思想、获取资助、招募人员及制造恐慌。

在国际社会各方力量的共同努力下,到 2018 年年初,伊拉克境内的"伊斯兰国"武装已被基本肃清,其在叙利亚已成强弩之末。"伊斯兰国"虽遭遇重创,但其散入民间的残存势力和盘踞世界各地的庞大分支机构通过改变袭击策略,继续对中东和世界安全构成威胁。而"伊斯兰国"赖以生存的土壤并未

[①] 关于"伊斯兰国"和"基地"组织的异同,可参见刘乐:《"伊斯兰国"组织与"基地"组织关系探析》,载《阿拉伯世界研究》2017 年第 3 期,第 19—33 页。
[②] 编辑注:1 平方英里=2.590 平方千米。
[③] 宫小飞:《"伊斯兰国"遭重创后的前景评估》,载《和平与发展》2018 年第 2 期,第 75—77 页。
[④] 关于"伊斯兰国"的组织架构,可参见王晋:《"伊斯兰国"与恐怖主义的变形》,载《外交评论》2015 年第 2 期,第 147—151 页。

彻底清除。2019年10月,由于美国从叙利亚撤军和土耳其发动叙北进攻,由库尔德武装关押的上千名"伊斯兰国"极端分子趁机越狱,给中东安全形势增添了不确定性。

除上述主要问题外,中东其他热点难题同样值得关注。在东地中海地区,围绕天然气资源开发,土耳其同塞浦路斯、希腊、以色列之间的地缘政治博弈日趋白热化;在叙利亚和伊拉克,库尔德人独立情绪高涨,域外大国借机干预,使库尔德人问题成为搅动地区局势的焦点;在利比亚、也门,内战仍在继续,国家陷入分裂状态;苏丹、阿尔及利亚、黎巴嫩、伊朗和伊拉克国内局势动荡,反政府抗议此起彼伏,严重影响了国家政局稳定。

三、地区经济秩序严重分化

受"阿拉伯之春"、国际经济形势低迷、油价下跌和新冠疫情等诸多因素的影响,中东国家的经济增速大幅放缓,主要国家的经济影响力进一步分化,地区合作进程几乎陷入停滞状态,地缘经济格局呈现高度碎片化特征。

第一,中东主要经济体遭遇重创,普遍出现经济衰退现象。"阿拉伯之春"爆发后,阿拉伯世界多个传统强国经济凋敝,恢复进程缓慢。埃及丧失了经济大国的地位,甚至一度依靠国际援助和海合会国家的财政支持维持"生计";伊拉克遭遇"伊斯兰国"重创,国家重建进程举步维艰;叙利亚和利比亚经济更是全面崩塌,至今未显露复苏迹象。2022年利比亚的GDP为457亿美元,较2012年萎缩一半之多;[1]2022年叙利亚的GDP为89.7亿美元,仅是2010年的三十分之一。[2]

2020年,突如其来的新冠疫情再次重创中东经济,严重阻碍了地区经济

---

[1] 数据来源:世界银行,https://data.worldbank.org.cn/indicator/NY.GDP.MKTP.CD?locations=LY。

[2] "Syria GDP," https://countryeconomy.com/gdp/syria。

的恢复和融合。根据2021年《世界经济展望》的数据,2020年中东经济萎缩3%,衰退幅度高于新兴市场和发展中经济体的平均衰退水平。[1] 就域内国家而言,石油出口国的经济形势尤为严峻。2020年中东石油出口国的经济衰退高达4.5%,即使是经济水平较高的海合会国家也难以幸免,2020年海合会国家的经济萎缩4.8%。[2] 沙特、巴林的外国直接投资净流入出现断崖式下跌,阿联酋和阿曼出现大幅度波动。[3] 中东石油进口国的经济同样受到影响。2019年中东石油进口国的经济增速为3.3%,2020年萎缩0.8%。[4] 其中,埃及的经济增长率从2019年的5.6%降至2020年的3.6%,是少数实现正增长的石油进口国。[5] 但多数石油进口国的经济形势不容乐观,一些国家经济萎缩严重。[6]

第二,中东地区的经济合作进程受阻,地区经济秩序呈现高度碎片化特征。受产业结构单一和经济发展不平衡等因素的影响,中东国家间的经济互补性极低,地区经济一体化的内部动力严重不足。伊朗、土耳其和以色列的经济独立性自不用说,阿拉伯国家之间也分裂严重,区域经济的融合程度较低。[7] 在经贸领域,阿拉伯国家之间的贸易额和投资额在阿拉伯国家对外贸易和投资中所占的比重较小。海湾国家是中东主要的油气出口国,但其石油出口的主要对象并非中东国家,而是欧洲、东亚、南亚地区。埃及、突尼斯和摩洛哥等北非国家工业基础薄弱,农业发展水平不高,经济发展主要依赖旅游

---

[1] IMF, "World Economy Outlook Update," July 2021, https://www.imf.org/en/Publications/WEO/Issues/2021/07/27/ world-economic-outlook-update-july-2021, p. 6. 该统计数据除包括本章所指的中东地区外,还囊括了中亚、阿富汗和巴基斯坦。
[2] IMF, "Regional Economic Outlook: Middle East and Central Asia," April 21, 2021, p. 23.
[3] 数据来源:世界银行,https://data.worldbank.org.cn/。
[4] IMF, "Regional Economic Outlook: Middle East and Central Asia," p. 23.
[5] IMF, "World Economy Outlook Update".
[6] IMF, "Regional Economic Outlook: Middle East and Central Asia," April 20, 2020, p. 15.
[7] 邹志强:《中东地缘政治经济新格局及其对"一带一路"的影响》,载《当代世界与社会主义》2018年第6期,第177页。

业,而旅游业的客源主要来自欧美地区。摩洛哥是磷酸盐的主要出口国,其出口对象也主要是欧美。①

新冠疫情暴发后,中东各国政府采取的防疫举措进一步冲击了域内国家间的经济联系。在疫情蔓延情势下,许多中东国家颁布旅行限令、暂停宗教聚集、关闭边境。这些举措将商品和游客拒之门外,对地区旅游、航空、酒店、物流等服务行业影响颇大,也减弱了中东国家之间的经贸合作和人员交流。其中,侨汇是联系中东国家的重要经济纽带,是多国国民收入的主要来源,为侨汇汇入国的经济发展提供资金支持。②受新冠疫情和石油价格下跌影响,中东产油国的大批外籍劳工失业,侨汇大幅减少,削弱了中东国家之间的经济联系,也恶化了侨汇汇入国的经济形势。

第三,中东区域合作机制的经济聚合作用进一步减弱,在推动地区经济的融合过程中明显吃力。阿拉伯国家联盟(简称"阿盟")和海湾合作委员会(简称"海合会")是中东地区主要的区域性国际组织。自成立以来,阿盟积极推动阿拉伯世界的经济一体化进程。2009年,阿盟举办首届阿拉伯国家经济和社会发展峰会,推动建立大阿拉伯自由贸易区、关税同盟和共同市场。然而,由于阿拉伯世界内部经济发展水平差异较大,富裕的阿拉伯产油国往往将资金投向欧美等海外市场,不愿向落后的阿拉伯国家投资。而阿拉伯国家之间的贸易额也一直难以实现突破,使阿盟提出的经济一体化倡议往往不了了之或半途而废。近年来,受"阿拉伯之春"影响,阿盟内部的权力结构严重失衡,亲美的沙特和阿联酋获得了阿盟内部的主导权,阿盟的经济职能进一步弱化,成为少数强国及西方大国干涉中东事务的政治工具。比如,在利比亚爆发内战

---

① 金良祥:《试析中东地区主义的困境与前景》,载《西亚非洲》2017年第4期,第95页。
② 以埃及为例,2017至2018财年,埃及侨汇是海外直接投资的3倍,埃及侨汇收入也超过石油和非石油出口收入,是苏伊士运河收入的近5倍。详见:《埃及经济日益倚重侨汇》,新华网,2018年10月8日,http://www.xinhuanet.com/world/2018-10/08/c_1123528576.htm。

后,阿盟同西方持相同立场,支持西方在利比亚设立禁飞区。叙利亚危机期间,阿盟同情叙利亚反对派,对叙利亚政府采取经济制裁,并终止了巴沙尔政府的阿盟成员资格。

同松散的阿盟相比,海合会在促进成员国经济合作方面成果突出。在经贸领域,早在1983年,海合会便建立自贸区,减少了成员国间的贸易限制,促进了区域协调。2003年以来,海合会国家为建立货币联盟和关税同盟进行多次尝试。2008年1月,海合会六国共同市场正式启动。2016年,海合会商会联合会宣称海合会经济联盟进程已完成80%,离联盟最终成立仅有一步之遥。然而,近年来海合会国家的内部分歧日益加深。2017年6月,沙特以卡塔尔煽动巴林革命、亲近伊朗、支持恐怖主义、违反国际法为由,带领巴林、阿联酋等8国宣布同卡塔尔断交,并对卡塔尔实施陆空封锁,从而引发了海合会内部最大的一次危机。[①]此后至今,海合会一体化进程严重受挫,卡塔尔游离于海合会之外,无法享受海合会成员国的优惠待遇,并多次扬言退出海合会。受新冠疫情影响,海合会内部协调也出现裂痕。2020年5月,沙特宣布将当地增值税税率由5%提升至15%,阿联酋明确表示将维持5%的增值税税率,不会跟随沙特提税。[②]

综上所述,碎片化是当前中东地区格局主要特征。过去十余年,中东脆弱的权力平衡被打破,阿拉伯传统强国普遍衰弱,非阿拉伯强国成为中东地缘政治舞台的主角,并通过直接介入或扶持代理人方式干预别国内政、插手中东热点问题,强化了域内国家间的安全困境。目前,叙利亚版图已难恢复,利比亚则部落军阀割据,也门南北分裂,黎巴嫩内部冲突不断,埃及的政治进程遇挫,

---

① 《巴林、沙特、阿联酋、埃及宣布与卡塔尔断交》,新华网,2017年6月5日,http://www.xinhuanet.com/world/2017-06/05/c_1121088818.htm。
② 中华人民共和国商务部:《阿联酋政府澄清跟随沙特提升增值税谣言》,2020年6月17日,http://dubai.mofcom.gov.cn/article/jmxw/202006/20200602974928.shtml。

阿尔及利亚、伊拉克内部局势不稳,"阿拉伯之春"后的新一轮政治改革尝试再次失败。[①] 地缘政治碎片化加剧了中东地缘经济格局的分化,严重阻碍了地区经济的发展与融合。

第二节　域外大国地区博弈格局的变化

长期以来,"外部性"原因是造成中东安全问题的独特根源。[②] 无论是英法"委任统治"或是美苏两极对抗,域外大国在中东地区格局演变过程中扮演了重要角色。苏联解体后,俄罗斯在中东地区的政治、经济和军事影响全面萎缩,美国通过其强大的军事力量、盟友体系及经济实力,成为主导中东地区格局的主要域外大国。然而,2008年金融危机以来,域外大国在中东地区的博弈格局出现变化。其一,美国干预中东事务的能力和意愿持续下降,收缩成为美国中东战略的主线。相比之下,俄罗斯借机扩大影响,加快"重返"中东。中东地缘政治博弈呈现"美退俄进"之势。其二,随着美俄在中东影响力的差距逐渐缩小,俄罗斯开始挑战美国在中东的主导地位,增强了美俄中东博弈的激烈程度。此外,欧盟受难民潮冲击自顾不暇,在中东陷入"进退失据"的尴尬局面;以中国为代表的新兴大国扩展了在中东的经济利益和政治影响力,但缺乏单独构建中东地区秩序的意愿和能力。随着中东地区域外大国博弈格局呈多极化发展趋势,外部力量对中东稳定的正向作用逐渐减弱。

一、"持续收缩"的美国

冷战结束后,美国确立了在中东地区的主导地位。老布什总统策划海湾

---

① 王锦:《奥巴马中东政策评析》,载《现代国际关系》2016年第11期,第18页。
② 王林聪:《中东安全问题及其治理》,载《世界经济与政治》2017年第12期,第17页。

战争,推进马德里和谈,将中东作为其"世界新秩序"的试验场。克林顿政府上台后,推行"东遏两伊,西促和谈"的中东政策,压制美国的地区对手,积极输出美国的民主制度和价值观念。"9·11"事件爆发后,小布什总统将恐怖主义视为美国国家安全的首要威胁。为改造中东国家,避免中东沦为恐怖分子袭击美国本土的庇护所,小布什总统提出"全球反恐战争"口号,先后发动阿富汗战争和伊拉克战争,计划用军事手段彻底解决恐怖主义威胁。此外,小布什总统提出"大中东民主计划",将中东恐怖主义泛滥归因于民主和自由的缺失,试图通过政治、经济和社会等综合手段将中东改造为世俗、民主的地区,铲除恐怖主义滋生的土壤。小布什的"反恐战争"及民主改造计划并未达到预期效果,反而严重破坏了中东地区的权力平衡,损害了美国在伊斯兰世界的形象,动摇了美国在中东的领导地位。在伊拉克,美国武力推翻萨达姆强人政权,教派、民族、恐怖组织等多种力量竞相迸发,导致伊拉克陷入长期动荡。在阿富汗,美国的入侵使塔利班转入地下,阿富汗陷入分裂、民不聊生,战争的外溢效应一度导致邻国局势紧张。因此,小布什发动的两场战争在原本较为完整的中东地缘政治版图上撕开缺口,严重破坏中东地区的稳定。

2009年,奥巴马入主白宫时,美国面临内外交困局面。对内,金融危机重创美国经济,美国GDP自1992年以来首次出现负增长,国内失业率不断攀升,联邦政府债务和美国国债大幅增加。对外,美国在中东陷入战争泥潭,地区反恐收效甚微,美国在中东的主要对手伊朗迅速崛起,对美国的中东利益构成严重威胁。此外,以中国为代表的新兴经济体快速崛起,"美国衰落论"甚嚣尘上。为此,奥巴马总统大幅调整美国全球战略和国家安全战略,在中东采取战略收缩,提倡多边合作,强调审慎原则,不再承担超出美国核心利益和实际能力的国际责任,试图在中东减少投入的同时,继续维持美国在亚太地区的国际影响力。①

首先,奥巴马政府积极缓和同伊斯兰世界的关系。2009年4月,奥巴马总统在土耳其国会发表演讲时向伊斯兰世界释放和解信号,强调美国绝不会同伊斯兰世界开战。② 同年6月,奥巴马总统在开罗发表演讲,寻求美国同伊斯兰世界之间的"全新开始"。③ 在行动上,美国从伊拉克撤军、对伊朗采取"缓和"政策、推动巴以和谈。2011年12月,美国防部长帕内塔(Leon Panetta)宣布最后一批美军从伊拉克撤出,结束了历时8年多的伊拉克战争。为配合美国从中东抽身,奥巴马政府对伊朗采取接触政策,虽加大制裁伊朗力度但同时强调伊朗拥有和平利用核能的权利,通过"胡萝卜加大棒"的方式迫使伊朗回到谈判桌前,并最终促成"伊核协议"。在巴以问题上,奥巴马政府主张"两国方案",在犹太人定居点及耶路撒冷分治问题上向以色列施压,力促巴以直接和谈。

其次,奥巴马政府降低了反恐声调,放弃了小布什政府民主改造中东的计划。2011年的美国《国家反恐战略》中明确指出,"反恐仅是美国国家安全战略的组成部分,并不能完全定义美国外交政策","美国反恐的重点已经转移到针对美国本土的恐怖袭击之上"。④ 这表明奥巴马政府摒弃了小布什政府的"全球反恐战争",重新定义了反恐的性质、重点和手段。此外还放弃了前任政府民主改造中东的宏伟计划,以更加务实的态度应对地区威胁。尽管奥巴马的施政理念深受自由国际主义思想影响,并在"阿拉伯之春"初期鼓吹民主、自由,但推广民主在其对外政策中的优先级已大幅下降。在"阿拉伯之春"波及

---

① 马晓霖:《奥巴马主义与叙利亚危机》,载《阿拉伯世界研究》2017年第1期,第62页。
② The White House, "Remarks By President Obama To The Turkish Parliament," April 6, 2009, https://obamawhitehouse.archives.gov/the-press-office/remarks-president-obama-turkish-parliament.
③ The White House, "The President's Speech in Cairo: A New Beginning," June 4, 2009, https://obamawhitehouse.archives.gov/issues/foreign-policy/presidents-speech-cairo-a-new-beginning.
④ 邵峰:《进退失据:奥巴马反恐战略评析》,载《当代世界》2015年第12期,第4页。

埃及、叙利亚等国后，奥巴马政府采取保守立场，强调中东国家的未来应由本国人民决定。

最后，奥巴马政府提高了使用武力的门槛，提倡多边主义外交。为保存美国实力，避免重蹈伊拉克、阿富汗覆辙。为此奉行"战略审慎"原则，主张发挥联合国和北约的作用，强调美国只有在核心利益受到威胁时方会使用武力。[1]在叙利亚危机中，奥巴马总统不愿使用武力实现叙利亚政权更迭，主张利用联合国安理会、叙利亚之友等国际和地区平台对巴沙尔政府施压，支持以"叙利亚自由军"为代表的温和世俗反对派削弱叙利亚巴沙尔政权。在2013年"化武危机"发生后，奥巴马总统接受了俄罗斯"以化武换和平"的提议，最终放弃对叙利亚政府动武。即使在2014年"伊斯兰国"危机爆发后，奥巴马总统仍未改变有限介入的初衷，而是采用空中打击、派遣特种部队、扶持叙利亚库尔德武装的"轻足迹"（Light Footprint）反恐战略，并一再强调驻叙美军并非执行作战任务，仅为盟友提供咨询、培训和后勤服务。

对美国自身而言，奥巴马政府的"离岸平衡"政策减少了美国在中东的投入，避免了美国不必要的人员伤亡和资源消耗，为其"转身亚太"积蓄了能量。但对中东局势来说，美国从中东收缩不利于该地区稳定。第一，美国从中东收缩使该地区出现巨大的权力真空，为极端组织的快速崛起创造了条件，使中东安全局势迅速恶化。可以说，美国从伊拉克撤军过快过急，为"伊斯兰国"在伊拉克的崛起提供了机会。第二，奥巴马政府的中东政策过度强调实用主义和机会主义，严重破坏了中东国家的稳定局势。"阿拉伯之春"波及利比亚、埃及、叙利亚等国局势时，奥巴马政府一方面鼓吹民主、自由、法治等价值观念，借机鼓动和支持动乱国家中的反对派力量，以"保护的责任"为由干预中东国

---

[1] The White House, "America Must Always Lead," May 28, 2014, https://obamawhitehouse.archives.gov/blog/2014/05/28/america-must-always-lead-president-obama-addresses-west-point-graduates.

家内政。另一方面,奥巴马政府不愿承担责任,在动乱国家局势失控时"袖手旁观"。这种"趁乱搅局、只破不立"的做法助推了动乱国家的局势发酵。第三,奥巴马的中东政策分化了美国的中东盟友体系。奥巴马对巴勒斯坦的同情态度、对伊朗的"缓和"政策招致以色列的强烈不满,以至内塔尼亚胡访美时绕开白宫,直接在美国国会发表同奥巴马唱反调的演讲。奥巴马要求沙特同伊朗"分享"中东、批评沙特王室的地区扩张及国内压制政策引发美沙关系震荡。① 此外,奥巴马政府因叙利亚局势、"引渡居伦"等事件同土耳其间隙扩大,奥巴马本人对埃尔多安的集权倾向亦颇有微词。② 某种程度而言,美国在中东的盟友体系对中东稳定起到"安全阀"的作用,但由于美国同盟友之间的分歧扩大,沙特、以色列、土耳其对美离心倾向渐增,增强了中东地缘政治格局的碎片化趋势。

特朗普上台后,延续了奥巴马政府的收缩战略。特朗普鼓吹"美国优先"。一是认为外交政策始于国内。特朗普强调美国政府的首要职责是保护美国人民的利益,主张关注国内事务,减少美国的海外责任,尤其是缩减不必要的干预。③在特朗普看来,美国外交的重点是大国竞争,中东是"麻烦之地""荒芜之地",美国不应在中东地区投入过多资源。正如特朗普所说:"美国在中东投入7万亿美元,却没有花钱在俄亥俄州兴建新学校,美国有必要将施政重点聚焦保卫本国边境和加强国内基础建设方面。"④二是要求盟友分担美国在中东的

---

① Jeffrey Goldberg, "The Obama Doctrine," April 2016, https://www.theatlantic.com/magazine/archive/2016/04/the-obama-doctrine/471525/#5.

② 关于美土之间的分歧,可参见宫小飞:《特朗普治下美土关系恶化及前景探析》,载《和平与发展》2019 年第 4 期,第 99—116 页。

③ The White House, "National Security Strategy of the United States of America," 2017, p. 4, https://www.whitehouse.gov/wp-content/uploads/2017/12/NSS-Final-12-18-2017-0905.pdf.

④ The White House, "Remarks by President Trump on the Infrastructure Initiative," March 30, 2018, https://www.whitehouse.gov/briefings-statements/remarks-president-trump-infrastructure-initiative/.

责任,拒绝美国单向的承诺及义务。① 特朗普认为盟友搭美国便车,要求中东盟友在反恐、防务等问题上出钱出力。在叙利亚问题上,特朗普呼吁海湾盟友组建阿拉伯部队代替驻叙美军角色,要求沙特、阿联酋和卡塔尔出资数十亿美元支持叙利亚重建。② 在难民问题上,特朗普在收紧美国移民政策的同时,要求欧洲盟友为叙利亚难民提供财政支持、接手在叙羁押的极端分子、维持在叙利亚的驻军人数、接替美国围剿"伊斯兰国"的任务。

尽管特朗普政府同样采取收缩战略,但与奥巴马政府的温和路线不同,特朗普在中东持保守强硬立场。在特朗普政府的《美国国家安全战略》报告中,强调美国在中东有三大目标:避免中东成为恐怖分子的"天堂"和"避难所"、防止中东被敌对大国控制、维护中东能源市场的稳定。③ 在特朗普看来,奥巴马政府反恐不力、纵容伊朗做大,危害了美国及其盟友在中东的利益,美国需紧密团结以色列、沙特等中东盟友,共同对付"伊斯兰国"和伊朗的威胁,将俄罗斯的势力驱逐出中东。

尽管特朗普认为伊朗对美国的威胁更大,但由于"伊斯兰国"危机的紧迫性,在执政的第一年,特朗普将重点放在打击"伊斯兰国"之上。特朗普上台伊始,便要求国防部在三个月内向其提交打击"伊斯兰国"的详细方案。在具体做法上,第一,美国增加了空袭"伊斯兰国"的力度。据美国防部"坚定决心联合特遣部队"统计,自 2014 年 8 月到 2017 年 2 月,联合部队共实施了 18 645 次针对"伊斯兰国"的军事打击,到 2018 年 3 月,军事打击行动的总次数已增

---

① The White House, "Remarks by President Trump on the Infrastructure Initiative," March 30, 2018, https://www. whitehouse. gov/briefings-statements/remarks-president-trump-infrastructure-initiative/, p. 4.
② 《美媒:美国正考虑组建沙特武装部队代替美军驻叙》,《人民日报》(海外版),2018 年 4 月 17 日。
③ The White House, "National Security Strategy of the United States of America," 2017, p. 48.

加至29 254次。① 第二,美国增加驻叙士兵人数。到2017年底,美国在叙利亚的军事基地增加至20个,驻叙美军的人数从2016年底的500人增加到2 000余人。② 第三,特朗普政府强化了对反恐伙伴的支持。2017年5月,特朗普批准武装叙利亚库尔德士兵的计划,首次为其提供重武器。③ 美国的反恐举措进展明显,叙伊境内的"伊斯兰国"武装加速溃败。2017年10月,在美军的空中配合下,叙利亚库尔德武装攻占"伊斯兰国"老巢拉卡。2017年12月,伊拉克宣布彻底击败"伊斯兰国"。

击溃"伊斯兰国"后,特朗普表露从叙利亚撤军意向,并将重心转移至遏制伊朗之上。2017年10月,特朗普发表其对伊朗政策报告,他将伊朗视为"资助恐怖主义、实施独裁统治、采取扩张战略的'流氓国家',誓言将同盟友一道,采取一切必要措施,遏制伊朗在中东的扩张活动、切断其资助恐怖主义的资金链、阻断伊朗获得核武器的途径"。④ 2017年12月,特朗普重申了对伊朗遏制战略。将伊朗的扩张视为中东地区混乱的根源和美国在中东面临的首要威胁,并谴责伊朗在"伊核协议"达成后继续资助恐怖主义、试射导弹、破坏地区稳定等行为,号召盟友团结消除伊朗日益增长的地区影响力。⑤ 2018年5月,特朗普宣布美国正式退出"伊核协议",并从政治、经济和军事等多角度制裁伊朗。⑥ 2020年1月,特朗普下令斩首伊朗名将苏莱曼尼,伊朗随后发动报复打击,美伊关系一度濒临战争边缘。

---

① 韩召颖、岳峰:《美国的中东政策探析》,载《当代美国评论》2018年第2期,第78—79页。
② 吴冰冰:《美国对叙利亚危机的政策》,载《中国国际战略评论》2018年第1期,第146页。
③ 关于特朗普政府的反恐举措,可参见贾春阳:《特朗普反恐政策初探》,载《现代国际关系》2018年第4期,第11页。
④ President Donald Trump, "President Trump Announces Iran Strategy," October 13, 2017, https://www.whitehouse.gov/articles/president-trump-announces-iran-strategy/.
⑤ The White House, "National Security Strategy of the United States of America," December 2017, https://www.whitehouse.gov/wp-content/uploads/2017/12/NSS-Final-12-18-2017-0905-2.pdf, pp. 48-50.
⑥ 关于特朗普政府制裁伊朗的举措,在第一节中已有介绍,此处不再赘述。

在盟友关系上,特朗普积极巩固美以、美沙关系,拉拢中东盟友组建中东战略联盟。在对以关系上,特朗普将以色列视为美国在中东的铁杆盟友,多次强调美以"特殊关系"对地区稳定的重要性。2017年5月,特朗普出访以色列期间,特意访问了犹太圣地"哭墙",成为美国历史上第一位到访哭墙的在任总统。特朗普政府在《美国国家安全战略》报告中积极为以色列开脱,强调恐怖主义和伊朗而非以色列才是中东动乱的根源。[1] 在巴以冲突上,特朗普完全倒向以色列。特朗普对以色列在约旦河西岸扩建定居点的行为持包容态度,并在涉及解决巴以争端的"两国方案"上态度模棱两可。在耶路撒冷的归属问题上,特朗普承认耶路撒冷是以色列的首都。2018年5月,美国驻以大使馆正式迁至耶路撒冷。2019年3月,特朗普罔顾国际舆论,承认以色列对戈兰高地的主权。[2] 在美沙关系上,特朗普将沙特作为美国在中东的战略支点。2017年5月,特朗普将沙特作为首访国家,与沙特签订1 100亿美元的军售协议,并促成沙特对美高达4 500亿美元投资。[3] 2018年3月,在同沙特王储小萨勒曼会见时,特朗普称美沙关系处于"历史最好时期"。[4] 即使在2018年10月"卡舒吉遇害案"被披露后,也未能动摇特朗普的"亲沙"立场。此外,为遏制

---

[1] The White House, "National Security Strategy of the United States of America," December 2017, https://www.whitehouse.gov/wp-content/uploads/2017/12/NSS-Final-12-18-2017-0905-2.pdf, pp. 48-50.

[2] 戈兰高地是叙利亚西南部一块狭长地带。以色列在1967年第三次中东战争中占领这一战略要地,实施控制和管辖,拒绝归还叙利亚。国际社会不承认该区域为以色列领土。联合国安理会1981年通过的第497号决议明确表示,以色列将其法律、管辖权和行政机构强加于戈兰高地的决定是"完全无效的,不具国际法律效力"。

[3] President Donald J. Trump, "Statement of Extraordinary Summit of the Cooperation Council for the Arab States of the Gulf (GCC) and the United States of America," May 23, 2017, https://www.whitehouse.gov/briefings-statements/statement-extraordinary-summit-cooperation-council-arab-states-gulf-gcc-united-states-america/.

[4] The White House, "Remarks by President Trump and Crown Prince Mohammed Bin Salman of the Kingdom of Saudi Arabia Before Bilateral Meeting," March 20, 2018, https://www.whitehouse.gov/briefings-statements/remarks-president-trump-crown-prince-mohammed-bin-salman-kingdom-saudi-arabia-bilateral-meeting/.

伊朗和分摊美国的地区责任,特朗普计划以北约为样板,以沙特为核心,拉拢海湾盟友组建"中东战略联盟"。然而,由于上述国家彼此之间的矛盾及在遏制伊朗问题上的分歧,该联盟最终不了了之。

特朗普的中东政策不仅未能有效保护美国的地区利益,反而助推了地区局势紧张升级。在巴以冲突中,特朗普偏袒以色列的做法助长了以色列的强硬立场,并最终酿成了2023年的巴以血腥暴力冲突。在伊朗问题上,特朗普对伊朗的强硬政策使一度缓和的美伊关系再度趋紧,并加剧了海湾国家间的安全困境。在美国的支持下,沙特同伊朗关系因能源、叙利亚局势、地区领导权等议题再度紧张,美国趁机向沙特、阿联酋等盟友兜售大批军火,增加海湾地区的紧张局势。此外,在叙利亚危机中,特朗普政府变幻无常,搅动叙利亚局势持续发酵。自2018年12月以来,特朗普宣布从叙利亚撤军,对土耳其入侵叙利亚行动持默许态度,而后宣布重返叙利亚,对土耳其实行制裁。特朗普的行为不仅伤及自身,还给其地区盟友发送错误信号,引发叙利亚局势不断发酵。究其原因,在于特朗普的中东政策自相矛盾,其战略目标与战略资源之间严重失调。一方面,特朗普持保守和强硬立场,拉拢盟友围堵和遏制伊朗,在巴以冲突中全力支持以色列。但另一方面,特朗普奉行"国内事务优先",秉持收缩战略,不愿在中东耗费过多资源。特朗普一边在中东做加法一边又不愿过多投入资源,严重影响了其中东政策的成效,加剧了地区局势的紧张。

总之,无论是奥巴马政府的"离岸平衡",还是特朗普政府的"美国优先",收缩均是美国中东战略的主线。及至拜登政府时期,收缩依然是美国中东政策的主基调。可以说,美国从中东抽身深受其国内政治影响,更是国际格局变迁和美国实力相对衰落的必然结果。美国的收缩给中东安全和地区稳定带来巨大冲击,加剧了中东地区的无政府状态和国家间的安全困境。

197

二、勉力"重返"的俄罗斯[①]

1991年苏联解体后,俄罗斯作为苏联的继承人却未能继承苏联在中东地区的强大影响力。受制于虚弱的国内经济及叶利钦执政初期亲西方的外交政策,俄罗斯在中东的政治、经济和军事影响全面萎缩,沦为美国在中东的配角。1996年,学者出身的普里马科夫(Yeugeny Primakov)担任外长和总理后,俄罗斯的中东外交进入活跃期。普里马科夫主张发挥俄罗斯的大国作用,倡导多极格局,以限制美国的单极霸权和北约东扩,进而维护俄罗斯的安全及战略利益。在任期间,普里马科夫出访埃及、叙利亚、以色列、约旦等多个中东国家,积极斡旋中东和平,以伊朗、伊拉克为突破口,加强同中东国家的双边关系。但由于经济实力和美国的制约,俄罗斯在中东的影响力未能实现有效突破。

2000年普京担任俄罗斯总统后,俄罗斯的中东政策日渐活跃和主动。2005年4月,普京出访埃及,这是俄罗斯国家元首首次访问阿拉伯国家。同年6月,俄罗斯成为伊斯兰合作组织的观察员国。此后数年,普京接连出访以色列、巴勒斯坦、沙特、约旦、卡塔尔、伊朗等中东国家。由于地缘上的临近,俄罗斯积极修复同伊朗和叙利亚的关系。在伊朗,2000年底,俄罗斯不顾美国反对,废除了《戈尔-切尔诺梅尔金协议》,在核技术方面继续为伊朗提供援助。2007年,俄罗斯同伊朗签署价值8亿美元的S-300防空导弹系统(简称S-300)合作协议。在叙利亚,2005年,巴沙尔·阿萨德访问莫斯科,普京免除了叙利亚拖欠俄罗斯的大部分债务,两国关系开始解冻。2008年,俄罗斯与格鲁吉亚爆发冲突,美国在东欧部署了反导导弹。作为反击,俄罗斯在叙利

[①] 本部分内容经修改后发表。详见宫小飞:《"勉力"重返:俄罗斯在中东的突破与局限》,载《新疆社会科学》2020年第6期,第54—61页。

亚扩建塔尔图斯海军基地,并在叙利亚部署反导导弹。

尽管俄罗斯加大了对中东的介入力度,但仍未摆脱对美外交的束缚,俄罗斯在地区热点问题上时常配合美国的行动。在伊朗核问题上,尽管俄罗斯反对美国单边制裁伊朗,却在联合国框架内配合美国对伊朗的制裁。2010年,俄罗斯投票支持联合国安理会关于制裁伊朗的1929号决议,暂停向伊朗交付S-300。在利比亚问题上,梅德韦杰夫支持联合国对卡扎菲政权的制裁决议,配合美国对卡扎菲家族的制裁举措,支持北约在利比亚设立禁飞区。在叙利亚危机初期,俄罗斯在反对西方军事干涉叙利亚危机的同时对巴沙尔政权施压。2012年3月,俄罗斯暂停了同叙利亚签署的各领域合作协议,俄罗斯外长拉夫罗夫指责巴沙尔政权无视俄罗斯警告,使叙利亚处于内战边缘。

2013—2014年克里米亚危机发生后,美国及欧盟对俄罗斯施加严厉制裁,俄罗斯同西方的关系跌入冷战结束以来的谷底。这在较大程度上影响了俄罗斯的中东政策,俄罗斯以更加主动的姿态介入中东事务,中东地区成为俄罗斯同西方对抗的重要阵地。2015年以来,俄罗斯"重返"中东步伐明显加快,俄美在中东地区的争夺日趋白热化。

首先,俄罗斯立足叙利亚危机抵制西方"颜色革命"。在叙利亚,俄罗斯有着政治、军事和经济上的多重利益。在政治上,叙利亚是俄罗斯在中东地区硕果仅存的盟友。巴沙尔政权的存亡关涉俄罗斯在中东的地缘政治影响及美俄博弈的天平倒向。在军事上,叙利亚塔尔图斯港是俄罗斯在地中海及中东地区唯一的海军基地,该基地是俄罗斯维持在中东军事影响力的重要保障。在经济上,尽管叙利亚并非能源大国,但叙利亚地处中东"十字路口",是中亚、中东国家向欧洲输送能源的重要通道,叙利亚的立场对于俄罗斯在中东地区及欧洲的能源布局至关重要。

在俄罗斯看来,叙利亚危机是西方集团煽动中东国家内部局势引发的"颜色革命"运动,西方强推"政权更迭"无助于地区稳定,并将威胁俄罗斯在叙利亚的战略利益。因此,俄罗斯坚持"不干涉内政"原则,坚决反对西方国家对叙利亚危机的军事干涉。自叙利亚危机爆发以来,俄罗斯在联合国安理会共使用12次否决权,推翻西方国家提出的关于制裁叙利亚、化学武器、战场停火等决议草案。[1] 2015年9月,在巴沙尔政权岌岌可危之时,俄罗斯果断出兵叙利亚,协助叙利亚政府军打击极端组织和反对派武装,帮助巴沙尔政权扭转了战场颓势。2017年以来,俄罗斯拉拢土耳其和伊朗,通过搭建"阿斯塔纳和谈"和"索契会晤"等地区机制,在叙利亚设立4个"冲突降级区",缓解了巴沙尔政权面临的军事压力,为巴沙尔政权收复失地提供了有力的外部支持。在俄罗斯的支援下,巴沙尔政权日渐巩固。到2020年3月,叙利亚政府军已收复除土耳其占领的叙北缓冲区、伊德利卜少数地区之外的全部失地。

俄罗斯在叙利亚的投资换来了巴沙尔政权的回报。2015年8月,在叙利亚政府的授权下,俄罗斯在叙利亚开辟霍梅米姆空军基地,并在该基地部署苏-35战机、S-400防空导弹系统(简称S-400)等先进武器系统。2017年1月,俄罗斯和叙利亚签订协议,该协议使俄罗斯获得塔尔图斯港49年的租借权、扩建权和主权管辖权,扩大了俄罗斯在中东的军力投射范围。通过介入叙利亚危机,俄罗斯基本粉碎了西方国家颠覆巴沙尔政权的企图,维护并拓展了俄罗斯在叙利亚的地缘战略利益。

其次,俄罗斯积极巩固俄伊关系,以突破西方对俄罗斯的封锁。伊朗对俄罗斯十分关键[2]。第一,伊朗是俄罗斯同美、欧博弈的重要砝码,俄罗斯和伊朗在安全、军事和经济领域的互动有助于俄罗斯在波斯湾发挥更大的作用。第二,俄罗斯和伊朗的良好关系有利于遏制俄罗斯南部高加索地区恐怖主义活动,保障俄罗斯南部地缘战略空间的安全。第三,伊朗是什叶派领袖国家,

---

[1] 齐前进:《大国对小国当扶危济困为先》,https://opinion.huanqiu.com/article/9CaKrnKjB3w。
[2] 章波:《"后伊核时代"的俄伊关系》,载《当代世界》2015年第12期,第38页。

伊朗对巴沙尔政权、黎巴嫩真主党、哈马斯均有强大影响。发展同伊朗的关系有助于俄罗斯发挥在地区事务上的影响。此外，俄罗斯还要争夺对里海石油资源及其输送管道的控制权，为制约美国的单边主义寻找盟友。

近年来，随着"伊斯兰国"的崛起和美伊博弈的升级，俄伊关系进展迅速。在伊朗核问题上，俄罗斯主张伊朗拥有和平利用核技术的权利，指责美国退出"伊核协议"，反对美国对伊朗的单方面制裁，并继续同伊朗保持经贸合作。在反恐方面，俄伊加强了双边合作。2015年10月，俄罗斯同伊朗、伊拉克和叙利亚组建反恐联合情报中心，在反恐议题上形成"四国集团"。2016年8月，俄罗斯使用伊朗哈马丹空军基地打击叙利亚境内的"伊斯兰国"目标，这是伊朗首次允许外国武装力量使用本国境内军事设施，体现了俄伊合作的密切程度。在地区热点问题上，俄伊互相声援。在叙利亚危机中，俄罗斯同伊朗联合支持巴沙尔政权，俄罗斯为伊朗武装及黎巴嫩真主党提供军事援助，同伊朗搭建解决叙利亚问题的地区平台。在也门问题上，俄罗斯同伊朗立场一致，反对沙特军事干预也门。2018年2月，俄罗斯在联合国安理会上否决了由英国起草、美国支持的关于伊朗违规向也门胡塞武装运送武器的决议草案。在军售、能源等领域，俄伊加深合作。2015年4月，俄罗斯解除了向伊朗出售S-300防空导弹系统的禁令，于2016年向伊朗交付该系统，并先后分多次向伊朗出售总价值数百亿美元的先进军备。2018年3月，俄罗斯扎鲁别日石油公司与伊朗签署了一份价值7.42亿美元、为期10年的油田开发协议，这是俄伊在石油开发方面的首次合作。在电力合作方面，2019年8月，俄罗斯、伊朗和阿塞拜疆三国就建立电力系统连接项目达成一致，深化了俄罗斯和伊朗在电力开发方面的合作。[①]

---

① 中华人民共和国驻阿塞拜疆共和国大使馆经济商务处：《阿塞拜疆、俄罗斯和伊朗达成建立统一的能源体系》，2019年8月19日，http://az.mofcom.gov.cn/article/jmxw/201908/20190802891975.shtml。

再次,俄罗斯通过拉拢土耳其,分化美国在中东的盟友体系。对俄罗斯而言,土耳其有着非常重要的地缘战略价值。第一,土耳其是美国在中东唯一的北约盟友,土耳其境内的军事基地是美国和北约维持中东军事投射力的重要保障,争取土耳其可以削弱美国和北约围堵俄罗斯的能力。第二,土耳其地跨欧亚,扼守黑海海峡,是连接中东与欧洲的"桥梁"和"纽带"。俄土关系稳定对俄罗斯的军事和能源安全至关重要,有利于保障俄罗斯黑海出海口的畅通,并使俄罗斯得以借道土耳其向欧洲输送油气资源。第三,土耳其在中东、中亚和高加索地区拥有强大影响力,俄土合作有利于俄罗斯维护其中东利益,防止泛突厥主义、地区恐怖主义对俄罗斯的扩张渗透。[1]

2016年7月,土耳其未遂军事政变爆发后,俄土关系迅速升温。[2]此后数年,伴随美土关系疏离,俄土关系转入快轨发展,双方在"战机事件"上达成和解,[3]并在叙利亚局势、能源及军售等领域深化合作。在叙利亚问题上,俄罗斯同土耳其、伊朗形成利益联盟,挤压美国在叙利亚的地缘空间。2016年12月,俄土伊三国启动"阿斯塔纳和谈",该机制成为联合国框架外协调叙利亚问题的重要平台,其行动带有明显的反美国指向。2017年5月,俄土伊在叙利亚共同促成四个冲突降级区的设立,限制了美国领导的反恐联盟在降级区内的军事行动。2018年9月,俄土达成"伊德利卜协定",双方同意在叙利亚伊德利卜省建立非军事区,避免了俄土代理人之间的直接冲突。此外,俄土伊三国

---

[1] 唐志超:《俄罗斯与土耳其关系的内在逻辑与发展趋势》,载《西亚非洲》2017年第12期,第15页。

[2] 2016年7月,土耳其爆发旨在推翻总统埃尔多安的军事政变。在政变爆发前,俄罗斯向土耳其输送情报,避免埃尔多安战机被击毁,协助埃尔多安挫败政变。与此同时,土耳其情报部门认为美国中央司令部同政变有染,引发美土关系紧张。此次政变被学界普遍视为美土关系及俄土关系的转折点。

[3] 2015年11月24日,土耳其击落一架俄罗斯战机并拒绝道歉,引发俄罗斯报复。俄罗斯指责土耳其同"伊斯兰国"进行石油交易,并中止了俄土核电、天然气管道等大型项目合作,对土耳其实施严厉的经济制裁。

元首多次发表联合声明,反对以反恐为由在叙利亚制造新现实的企图,①督促美国尽快落实从叙利亚撤军。② 在能源和军售领域,2016 年 10 月,俄罗斯和土耳其签订《土耳其溪天然气管道协议》,该项目是俄土能源合作的标杆,既增强了土耳其对俄罗斯的能源依赖,也缓解了俄乌关系恶化导致的俄罗斯能源输出困境。目前,该项目俄罗斯到土耳其段的海底管道建设已经竣工,陆上部分也在建设之中。2018 年 4 月,由俄罗斯国家原子能公司承建的土耳其阿库尤核电站破土动工,该项目包括 4 座反应堆,总投资 200 亿美元,是俄土核能合作的标杆项目。2017 年 9 月,俄土就土耳其购买俄 S-400 防空导弹系统达成一致,双方之间的合作扩展到防务领域。尽管 S-400 的交易总额仅 25 亿美元,但该项合作的政治意义远大于经济意义。北约成员国土耳其部署俄罗斯反导系统,将使该系统接入北约防务体系,进而对美国和北约的安全带来压力。2019 年以来,特朗普政府先后以终止盟友关系、停止 F-35 战斗机项目合作、经济制裁等方式胁迫土耳其放弃购买 S-400。美国的威胁并未使土耳其屈服,埃尔多安以禁止美国使用土耳其军事基地、取消北约在土耳其的反导预警雷达给美国施压。③ 俄土关系升温和美土关系疏离几乎并行发展,对中东地缘政治格局的走向产生深刻影响。

最后,俄罗斯以能源和军售为抓手,拓展在中东地区的地缘经济和政治利益。在能源方面,由于中东在世界能源结构中的特殊地位,俄罗斯发展同中东国家的能源合作具有双重意义。其一,在油气资源领域,俄罗斯与同为油气供

---

① Ministry of Foreign Affairs of Turkey, "Joint Statement by the Presidents of the Islamic Republic of Iran, the Russian Federation and the Republic of Turkey," April 4, 2018, http://www.mfa.gov.tr/iran-islam-cumhuriyeti_-rusya-federasyonu-ve-turkiye-cumhuriyeti-devlet-baskanlari_nin-ortak-aciklamasi_en.en.mfa.

② Official website of the President of the Islamic Republic of Iran, "Joint statement by presidents of Iran, Russia and Turkey," February 14, 2019, http://www.president.ir/en/108077.

③ "Erdogan threatens to shutter 2 strategic US military bases," *The Times of Israel*, December 15, 2019, https://www.timesofisrael.com/turkeys-erdogan-threatens-to-shutter-2-strategic-us-military-bases/.

应方的中东国家合作,有助于俄罗斯影响世界能源市场、稳定石油价格。俄罗斯和中东国家的石油及天然气储量分别占世界的60%和63%,产量分别占世界的50%和40%;8个中东欧佩克国家的石油产量占该组织总产量的83%。① 2016年12月,俄罗斯同沙特为首的欧佩克国家达成"OPEC+"协议,双方在石油减产问题上达成一致,助推油价在18个月内从40美元/桶涨到70美元/桶,加快了俄罗斯经济的复苏进程。② 其二,在核能领域,俄罗斯是世界上最大的核技术供应国之一,俄罗斯向作为消费者的中东国家出口核技术,有利于提升俄罗斯的能源财政收入。在伊朗,2014年11月,俄罗斯和伊朗签署布什尔核电站二期合作协议,俄罗斯将帮助伊朗新建两个核反应堆机组。③ 2019年11月,二期工程中的2号机组的建设工作正式启动。在沙特,2015年6月,俄罗斯和沙特签订关于和平利用核能的合作协议,该协议为两国在核反应堆建设、核燃料供应、核废料处理等诸多领域的合作奠定了法律基础。④ 在约旦,2015年3月,俄罗斯国家原子能公司(罗萨托姆)获得约旦首座核电站的承建权,该核电站包括两个1 000兆瓦的核反应堆机组,总价值约100亿美元。⑤ 在埃及,2015年11月,罗萨托姆公司获得埃及首座核电站承建权,该核电站包括四个1 200兆瓦的核反应堆机组。为解决埃及面临的资金难题,俄

---

① Nicu Popescu and Stanislav Secrieru, "Russia's Return to the Middle East: Building Sandcastles?" *Chaillot Papers*, No. 146, July 2018, pp. 30 - 31.
② Nicu Popescu and Stanislav Secrieru, "Russia's Return to the Middle East: Building Sandcastles?" *Chaillot Papers*, No. 146, July 2018, p. 32.
③ 2014年11月,俄罗斯与伊朗签署了布什尔核电站二期工程合同,俄方应按"交钥匙"工程模式建设2号和3号机组。这两个新机组的总装机容量为2100兆瓦。2号机组的建设计划于2024年完成,3号机组的建设计划于2026年完成。
④ 中华人民共和国商务部:《沙特与俄罗斯签署核能合作协议》,2015年6月24日,http://www.mofcom.gov.cn/article/i/jyjl/k/201506/20150601022178.shtml。
⑤ 中华人民共和国驻约旦哈姆西王国大使馆经济商务处:《约旦与俄罗斯签署首座核电站合作协议》,2015年3月26日,http://jo.mofcom.gov.cn/article/jmxw/201503/20150300923922.shtml。

罗斯向埃及贷款250亿美元用于该项目建设。①

在军售方面,中东是俄罗斯的第二大武器出口地区,也是俄罗斯武器出口规模增长最快的地区。2009—2013年,俄罗斯向中东的武器出口占其总出口的16%。2014—2018年,这一比重提升至37%。② 同西方国家的武器相比,俄式武器具有性价比高、附加条件少、便于中东军事人员操作等优点。③ 这使俄式武器受到中东国家的普遍欢迎。阿尔及利亚是俄罗斯在中东的头号武器进口国,2014—2018年,阿尔及利亚从俄罗斯进口的军火占军火总进口的66%。④ 2015年以来,俄罗斯向阿出口苏-30战机、萨姆-22防空导弹等先进武器。埃及是俄罗斯军火的另一重要购买方。2013年以来,由于美国对埃及采取武器禁运,埃及从俄罗斯进口的武器总量急剧上升。仅在2014年,俄罗斯、埃及达成的军售协议便高达350亿美元。⑤ 2018年,俄罗斯和埃及就苏-35战机合作达成协议,若该项目进展顺利,埃及将成为中东首个拥有苏-35战机的国家。此外,俄式武器得到沙特、阿联酋等海合会国家的关注,但碍于美国的"情面"和制裁威胁,俄罗斯对海合会国家的军售尚未出现实质性突破。

---

① "Russia lends Egypt $25 billion for Dabaa nuclear power plant," Al-Monitor, February 26, 2020, https://www.al-monitor.com/pulse/originals/2020/02/power-plant-nuclear-egypt-russia-loan.html.

② Alexandra Kuimova, "Russia's Arms Exports to the MENA Region: Trends and Drivers," EuroMeSCo Policy Brief, No. 95, April 1, 2019, p. 3.

③ Anna Borshchevskaya, "The Tactical Side of Russia's Arms Sales to the Middle East," Jamestown Foundation, December 20, 2017, https://jamestown.org/program/tactical-side-russias-arms-sales-middle-east/.

④ Alexey Khlebnikov, "Russia looks to the Middle East to boost arms exports," Middle East Institute, April 8, 2019, https://www.mei.edu/publications/russia-looks-middle-east-boost-arms-exports.

⑤ 中华人民共和国商务部:《俄罗斯将售埃及350亿美元武器:已开始提供S-300》,http://eg.mofcom.gov.cn/article/jmxw/201411/20141100798218.shtml。

表 4-1 2015—2019 年俄罗斯在中东的主要武器进口国进口俄式军备数量

（单位：百万美元）

年度 国家	2015	2016	2017	2018	2019	总计
阿尔及利亚	549	1 588	855	1 140	0	4 131
埃及	6	178	1 111	813	763	2 870
伊拉克	472	352	173	493	175	1 664
伊朗	4	413	4	4	3	428
海合会国家	48	10	4	125	150	337

数据来源：SIPRI 武器转让数据库，http://armstrade.sipri.org/armstrade/page/values.php。

尽管俄罗斯拓展了在中东地区的影响力，但受其外交政策特性、中东地缘政治现实、中东国家的对俄态度及俄罗斯自身实力等方面的限制，俄罗斯的中东政策仍面临诸多挑战。

首先，俄罗斯的中东政策带有明显的实用主义和机会主义特征，不利于俄罗斯与中东国家关系的长期稳定。俄罗斯同中东国家的合作多属现实主义的交易关系，而非基于意识形态或价值观层面的持久合作。这种交易关系主要有两点特征：一方面，俄罗斯的中东政策注重中短期经济收益，不以政治改革或保护人权等要求为合作的附加条件；另一方面，俄罗斯擅于利用地区形势和西方的失误所产生的"机会"和"资源"，在增进自身优势的同时削弱潜在对手的实力。

在伊朗核问题上，尽管伊朗拥有核武器将威胁俄罗斯的国家安全和核大国地位，但俄罗斯期望利用伊朗核问题同美国和欧盟周旋。因此，俄罗斯以支持有限制裁和反对武力解决两手牵制美国和以色列，又以签订大宗军火合同却暂不供应其中某些敏感武器牵制伊朗，为获取主动权，防止伊朗转向，俄罗斯为伊朗提供民用核原料、同伊朗共建国际商用铀浓缩中心。在俄沙关系上，近年来两国通过元首互访、签订石油减产协议深化合作,但这未能掩盖双方在能源领域存在的结构性矛盾。2020年以来,受新冠疫情影响,全球能源需求下降,国际原油价格暴跌,俄罗斯和沙特之间的减产谈判破裂,双方爆发新一轮的价格战,破坏了两国关系稳定的基础。因此,短期来看,俄罗斯务实、灵活的机会主义政策给其带来较大的经济收益,但这种政策缺乏持续性,不利于俄罗斯同中东国家关系的长期稳定。

其次,俄罗斯两面下注的外交策略同中东错综复杂的地缘政治现实不符,妨碍了俄罗斯同中东国家关系的深化。近年来,俄罗斯在伊朗和以色列、沙特和卡塔尔、土耳其和叙利亚之间扮演"中间人"角色,这在横向上扩大了俄罗斯在中东的"朋友圈",但不利于俄罗斯同中东国家关系的深化。

在海湾地区,面对沙卡争端,俄罗斯试图保持中立立场,但时常引发其中一方不满。2018年1月,俄罗斯同卡塔尔就卡购买S-400达成协议,导致沙特方面的强烈反应。沙特国王表示"如若卡塔尔安装S-400,沙特将使用武力解决这一反导系统"。过去数年,叙利亚是俄土合作的主要"试验场"。然而,2018年年底以来,由于美国逐渐淡出叙利亚,俄土关系趋于紧张。2020年年初,叙利亚政府军趁土耳其发动叙北攻势之机向土耳其控制的伊德利卜地区发动进攻,土叙军队爆发正面冲突,俄罗斯同巴沙尔政权立场一致,使俄土在叙利亚危机中的合作分崩离析。尽管俄土两国再次达成停火协议,但双方关系的下行趋势难以扭转。伊朗是影响俄以关系的重要第三方。以色列历来以反伊著称,2016年俄罗斯向伊朗交付S-300后,以色列要求俄罗斯停止同伊朗之间的军售协议,反对俄罗斯向伊朗出售先进战机。2019年10月,以色列总理顾问阿里尔·布尔斯坦称"根据俄以协议,俄罗斯暂停向伊朗出口武器装备,作为回报以色列承诺不会向乌克兰提供武器装备"。这意味着即便在2020年联合国对伊朗武器禁运到期后,伊朗仍然无法从俄罗斯进口先进武器。因而,尽管俄罗斯在中东看似"左右逢源",而一旦脆弱的地缘政治平衡被打破,俄罗斯极易陷入"进退两难"的尴尬境地。

再次,中东国家将俄罗斯作为制衡美国的工具加以利用,客观上制约了俄罗斯在中东的"联盟潜力"。近年来,美国从中东收缩的步伐加快,特朗普政府要求中东盟友分担美国责任,加剧了中东盟友的离心倾向。为此,埃及、沙特等中东国家采取制衡策略,以对冲美国从中东收缩带来的不确定性。但这并非意味着俄罗斯对中东国家的吸引力已超过美国。事实上,除叙利亚、伊朗等少数反美国家之外,中东大多数国家仍将美国作为其合作的首选对象,发展同俄罗斯的关系多是为了平衡来自美国的压力,以便提升同美国议价时的筹码。

在美埃关系上,2013年7月埃及爆发军事政变,民选总统穆尔西(Mohamed Morsi)被解除权力。10月,美国以政变和人权为由暂停了对埃及的经济援助和军售,并取消了两年一次的美埃联合军演。埃及随即向俄罗斯抛出橄榄枝,双方在次月便达成高达20亿美元的军售合同。此后数年,俄、埃两国元首频繁互访,两国多次举行联合军演。埃及的联俄制美策略效果明显,2015年3月,美国取消了对埃及的制裁措施,并同埃及达成新的军售协议。美国铁杆盟友沙特也频繁向俄罗斯抛出"橄榄枝"。奥巴马执政期间,美沙关系因美国对伊朗的接触政策出现分歧,沙特转而同俄罗斯协调在地区事务上的立场。在美国因"页岩气革命"成为石油净出口国后,沙特配合俄罗斯减产以稳定原油市场,对抗美国页岩油增产造成的油市动荡。特朗普上台后,十分重视沙特作用,拉拢沙特遏制伊朗。这使沙特重回美国怀抱,逐渐疏远了同俄罗斯之间的关系。因此,中东国家向俄罗斯走近多是为了发展对美关系,一旦中东国家利用俄罗斯撬动对美关系的目的达成,其向俄罗斯靠拢的动力便会减弱。

最后,俄罗斯虚弱的经济难以为其中东外交提供有力的物质支持。21世纪头十年,得益于有利的国际环境,俄罗斯实现了经济的复苏型增长。1999年—2008年,俄罗斯国内生产总值年均增长6.9%。但好景不长,受金融危机的影响，2009年俄罗斯经济出现7.9%的负增长。2014年以来，受西方制裁和油价低迷的影响，俄罗斯的国内生产总值连续数年负增长。2019年，俄罗斯的GDP总量约为1.7万亿美元，仅是2013年GDP总量的70%左右。2020年年初，突如其来的新冠疫情和油价暴跌使俄罗斯经济出现近20年最严重的衰退。俄罗斯疲软的经济难以支撑其在中东地区的长期军事存在。2017年，在出兵叙利亚两年多后，俄罗斯开始从叙利亚撤军。此后，俄罗斯在支持叙利亚战后重建上力不从心。据联合国预估，叙利亚重建至少需要2500亿美元的经费支持，这远远超出了俄罗斯的经济承载能力。尽管俄罗斯同叙利亚当局签订了多项能源和基础设施协议，但仍难以为俄罗斯支持叙利亚重建提供充足的利益驱动。受制于虚弱的国内经济，除叙利亚外，俄罗斯在中东其他热点问题上多持谨慎立场，尽量避免过度卷入地区争端之中。因此，虚弱的经济是俄罗斯中东战略的主要制约。

进入普京时代后，俄罗斯拾级而上，"重返"中东，其塑造中东格局的能力明显增强。但受制于俄罗斯的外交政策特性、中东复杂的地缘政治现实、中东国家的对俄态度和虚弱的国内经济等因素，俄罗斯在中东仍面临诸多掣肘。此外，同美国在中东强大的军事存在和联盟体系相比，俄罗斯在中东的软实力和硬实力均有较大差距。在美俄中东博弈进程中，俄罗斯仍处于防守姿态。除叙利亚危机外，俄罗斯尽量减少同美国的直接冲撞。因此，就当前中东地缘战略格局而言，俄罗斯"重返"中东加剧了中东地区格局的多极化趋势，为中东国家在美国之外提供了更多选择，成为牵制美国地区霸权的重要力量。但俄罗斯难以撼动美国在中东的优势地位，更无力单独主导中东地区秩序的构建。

三、"进退失据"的欧盟

中东对于欧盟而言具有多重特殊意义。从地理上看，中东与欧洲隔海相望、山水相连，中东地区的红海和阿拉伯海是连接欧洲和亚洲的咽喉。由于地理上的临近,中东的稳定对于欧盟的安全至关重要。从历史上看,中东许多国家曾是英、法、德的殖民地,这些曾经的宗主国仍对中东"恋恋不舍",并认为自身在中东问题上负有道义上的责任。在能源安全上,欧盟国家对中东地区的石油和天然气资源具有较强的依赖性。2016年,欧盟最大的15个石油进口国中,中东地区占到7个,伊拉克和沙特分别占第3、第4位;在欧盟最大的8个天然气进口国中,中东地区占到3个,阿尔及利亚和卡塔尔位居前列。[1] 到2018年1月,欧盟从中东地区进口的石油占其总进口的30.29%,[2]在经贸领域,中东是欧盟的重要出口市场。2018年,土耳其、沙特和阿联酋跻身欧盟前二十大出口贸易伙伴。[3] 另外,海合会同欧盟之间的经贸合作迅猛增长。2018年,欧盟超过中国,成为海合会成员国的第一大贸易伙伴。[4]

基于中东对于欧盟的重要性,自欧盟成立之日起,中东便是欧盟对外政策的重点区域之一。欧洲对外行动服务局(EEAS)将欧盟中东政策的目标概括为两个方面:一是鼓励每个中东国家在尊重其自身情况的前提下推行政治和经济改革;二是鼓励中东国家之间及其与欧盟之间的区域合作。[5] 从中可见,欧盟的中东政策深受理想主义和实用主义两种理念的交织影响。

一方面,欧盟以"规范性力量"自居,其中东政策中的价值观色彩十分浓厚。为促使中东国家推行改革,欧盟在与中东国家的贸易、援助协定中加入民

---

[1] European Commission,"EU energy in figures," September 25, 2018, https://publications.europa.eu/en/pub lication-detail/-/publication/99fc30eb-c06d-11e8-9893-01aa75ed71a1/language-en/format-PDF/source-79929745.

[2] European Commission, "Registration of Crude Oil Imports and Deliveries in the European Union,"January 12,2018, https://ec.europa.eu/energy/en/data-analysis/eu-crude-oil-imports.

[3] European Commission,"Client and Supplier Countries of the EU28 in Merchandise Trade," March 15,2019, http://trade.ec.europa.eu/doclib/docs/2006/september/tradoc_122530.pdf.

[4] European Commission,"Gulf Region Reports," http://ec.europa.eu/trade/policy/countries-and-regions/regions/gulf-region/.

[5] "EU relations with Region: Middle East and North Africa," European Union External Action, June 15, 2016, https://eeas.europa.eu/regions/middle-east-north-africa-mena/336/middle-east-and-north-africa-mena_en.

主和人权等政治性条款,以财政支持和参与欧盟内部市场等手段鼓励这些国家进行经济结构性改革和法制、民主体制改革,向欧洲"趋同"。[①] 1995 年 11 月,欧盟与地中海沿岸的 9 个中东国家共同启动"巴塞罗那进程"计划,该计划要求中东国家在接受援助的同时推动本国政治、经济改革。[②] 2004 年欧盟提出的"睦邻政策"[③]更是出于促进中东国家民主转型的目的。该计划以双边原则为指导,在支持邻近国家政治、经济和社会改革的同时,也在价值观方面提出了较为详细和严格的附加条件。2008 年 7 月,在法国总统萨科齐的推动下,欧盟 27 个成员国和 15 个非欧盟国家领导人在巴黎举行首脑会议,标志着"地中海联盟"的成立。该联盟是"巴塞罗那进程"的深化和继续,强调地中海沿岸国家应合作应对共同挑战,将该地区建设成和平、民主的繁荣地带。

另一方面,基于地理上的临近和经贸、能源、安全等方面的广泛联系,维护中东地区稳定是欧盟中东政策的重要目标。为此,欧盟积极参与中东热点问题。在中东和谈问题上,欧盟积极斡旋巴以冲突,主张"两国方案",先后发表《威尼斯宣言》(1980)、《柏林宣言》(1999)、《塞维利亚宣言》(2002)、《欧盟中东和平行动战略》(2007),反对以色列在加沙扩建定居点的行为,支持巴勒斯坦独立建国的权利。2009 年奥巴马执政后,欧盟支持美国在巴以问题上的立场,督促巴以重启谈判。在伊拉克战争问题上,欧盟主要国家之间存在分歧,英国作为美国的亲密盟友,不仅坚定支持美国发动伊战,还派出 4 万余名士兵参加伊拉克战争。而法国和德国则坚决反对美国发动伊战,并阻挠联合国安理会通过相关决议,使美英不得不绕过联合国发动伊拉克战争。在伊朗核问

---

① 赵晨:《叙利亚内战中的欧盟:实力、理念与政策工具》,载《欧洲研究》2017 年第 2 期,第 110 页。

② 根据该计划,欧盟将在四年内出资 46.85 亿欧元和相当额度的贷款推动该地区的经济发展,与此同时,参与各国应保证在基于人权和民主的基本原则下共建一个和平稳定区。关于"巴塞罗那进程"可参见王斌:《试析巴塞罗那进程》,载《欧洲研究》2004 年第 2 期。

③ "睦邻政策"目前涵盖欧盟成员国及阿尔及利亚、亚美尼亚、阿塞拜疆、白俄罗斯、埃及、格鲁吉亚、以色列、约旦、黎巴嫩、利比亚、摩尔多瓦、摩洛哥、叙利亚、巴勒斯坦、突尼斯和乌克兰 16 个国家。

题上,欧盟主张通过谈判解决伊朗核问题,反对使用武力,支持联合国发挥主导作用。2015年,英法德同美国一道,共同促成"伊核协议",缓解了地区紧张局势。

在"阿拉伯之春"爆发前,尽管欧盟积极推动中东国家改革进程,但鉴于中东稳定对于欧盟安全的重要性,外加"欧债危机"对欧盟的影响,欧盟推动中东民主化进程的意愿较弱,安全问题仍是欧盟中东政策的核心议题。这一时期,欧盟的中东政策紧跟美国步伐,但同美国偏好"军事手段"不同,欧盟主要以经济、贸易为主的"民事手段"发展同中东国家的关系。[①] 然而,"阿拉伯之春"爆发后,欧盟中东政策中的理想主义思潮一度占了上风。欧盟试图借助中东国家出现的民主化浪潮促进该地区转型,提升在该地区的政治影响和价值观引力。为此,欧盟紧跟美国步伐,积极干预利比亚、叙利亚等中东国家事务,成为影响中东局势走向的重要外部力量。2011年利比亚内战爆发后,欧盟带头制裁卡扎菲政府,对利比亚采取武器禁运,并在联合国提出设置禁飞区的提议,在推翻卡扎菲政权过程中出力颇多。2012年叙利亚内战爆发后,欧盟试图在叙利亚复制"利比亚模式",同美国一道制裁巴沙尔政权、支持叙利亚反对派。然而,叙利亚局势并未朝着欧盟期望的方向进展。由于美国的收缩和俄罗斯的介入,巴沙尔政权扭转战局,欧盟试图在叙利亚实现政权更迭的目标已基本破灭。

欧盟的干涉不仅未能给中东国家带来民主和繁荣,反而使其自身陷入"进退两难"的尴尬境地。第一,"阿拉伯之春"严重破坏中东地区稳定,其引发的难民潮和恐怖主义扩散冲击了欧盟成员国的安全。利比亚、叙利亚和也门内战造成二战以来最严重的难民潮和人道主义危机。自2011年以来,仅叙利亚

---

① 钮松:《中东乱局持久化背景下欧盟中东战略的调整及困境》,载《当代世界》2020年第3期,第19页。

一国便有 1 300 多万平民流离失所。由于地理上的临近,这些难民借道土耳其越境希腊,或经地中海偷渡至意大利,转而分流至其他欧盟国家。据联合国难民署统计,2015 年有超过 100 万难民和移民从地中海偷渡抵达欧洲海岸,数千人丧命于大海之中。① 起初,欧盟国家在接受难民问题上持开放包容态度,但难民数量的激增给欧盟成员国的社会治安和经济发展带来巨大压力,欧盟内部围绕难民配额、责任分摊等问题陷入分裂,受难民潮冲击较大的南欧国家不堪重负,就连一向对难民问题持积极态度的德国也开始收紧其难民政策。更有甚者,一些极右翼或民粹主义的政党利用"反移民牌"赢得选民支持,不断挑战和冲击传统主流政党,加剧欧洲国家内部的政治分化。② 此外,随着"伊斯兰国"的溃败,一些曾赴中东参加"圣战"的欧洲籍极端分子借难民潮回流母国,对欧盟国家的安全构成极大威胁。2015 年以来,法国、英国、德国、比利时、西班牙等欧盟国家恐怖袭击事件频发,这种"独狼式"恐怖袭击破坏力极大且难以预防,给当地民众带来严重的社会恐慌,也加速了欧盟收紧移民和难民政策的步伐。③

第二,特朗普政府在中东奉行"美国优先"的单边主义外交,使欧盟在中东问题上依赖美国的做法难以为继。长期以来,欧盟在中东紧跟美国步伐,伴随美国从中东的持续收缩,美国不仅无心保护欧洲盟友,反而时常损害欧盟国家的利益。在巴以问题上,特朗普偏袒以色列,推出"世纪协议",反对"两国方案",将美国驻以大使馆迁至耶路撒冷,使欧盟陷入孤立。在伊朗核问题上,特朗普不顾欧洲盟友反对,单方面退出"伊核协议"、加紧对伊朗制裁、组建"护航

---

① The UN Refugee Agency, "Desperate Journeys," January 30, 2019, https://data2.unhcr.org/en/documents/download/67712.
② 《南欧国家已不堪重负,难民危机持续困扰欧洲》,人民网,2018 年 9 月 15 日,http://world.people.com.cn/n1/2018/0915/c1002-30294743.html.
③ 《欧洲多国收紧难民过境政策》,新华网,2016 年 3 月 11 日,http://www.xinhuanet.com/world/2016-03/11/c_128792094.htm.

联盟"、暗杀伊朗将军苏莱曼尼,增加了美伊军事对抗的风险,严重威胁到欧盟在中东的能源安全与经济利益。面对美国对伊朗的制裁,欧盟并未停止同伊朗之间的贸易,双方通过开辟新的支付方式以避开美元结算体系。在叙利亚问题上,特朗普反复无常,先后多次宣布从叙利亚撤军,放弃美欧的共同盟友库尔德武装,并要求欧洲盟友分担美国在叙利亚的责任、接管欧洲籍恐怖分子、出资支持叙利亚战后重建。在利比亚问题上,美国无心干预和立场不明使欧盟陷入分裂,法国支持哈弗塔尔领导的国民军,意大利倾向于塞拉杰为首的民族团结政府,美国虽表面上承认后者为利比亚合法政府,却暗中向哈弗塔尔示好,美国的做法加剧了利比亚的动荡局势,使欧盟面临来自利比亚难民的现实问题。

第三,欧盟中东政策本身存在的缺陷,使其难以应对来自中东的多重威胁。其一,欧盟的中东政策缺乏硬实力基础。长期以来,欧盟偏好使用援助、贸易等民事手段发展同中东国家关系,推动中东地区的政治、经济改革。在军事上,欧盟主要依赖美国和北约在中东的前沿部署,受近年来美国从中东收缩和北约内部分歧加剧的影响,欧盟在中东缺乏有效的军事力量以应对地区挑战。其二,欧盟中东政策缺乏连续性和主动性。同欧盟对中亚、中美洲、亚洲和非洲的战略不同,欧盟至今仍缺少一份囊括所有中东国家的合作文件,也缺乏清晰可行的具体战略。现有的双方合作文件或倡议,如欧洲"睦邻政策"、地中海联盟、"欧洲与海合会协定",都仅仅覆盖部分中东国家。此外,欧盟的中东政策多是被动应对,缺乏主动塑造,欧盟的《全球战略》中指出"地中海、中东和撒哈拉以南非洲部分地区正处于动荡之中,其结果可能在几十年后才会明朗"。[1]这表明欧盟并不准备主动塑造中东局势,而仅仅是顺势而为的被动应

---

[1] Przemysław Osiewicz, "The EU and the Middle East: In search of a strategy," Middle East Institute, January 24, 2019, https://www.mei.edu/publications/eu-and-middle-east-search-strategy.

对。其三,欧盟内部分歧影响了其中东政策的整体性。欧盟的中东政策主要由英、法、德、意等少数大国主导,由于英美之间的特殊关系,英国往往采取亲美立场,进而破坏了欧盟大国间的团结。在具体事务上,法、德、意之间也存在诸多分歧,如法国和意大利在利比亚支持不同派别、法国和德国在援助中东国家问题上存在分歧,意大利和法、德在接受难民及移民问题上态度不一。在英国脱欧后,欧盟内部政治格局面临重新洗牌,对欧盟内部团结而言,既有机遇,也存在诸多挑战。

"阿拉伯之春"以来,以法、英、德为代表的欧盟国家积极干预中东地区事务,试图促进中东国家的民主转型并提升欧盟在这一地区的政治影响力。但限于自身实力,欧盟无法在美国收缩的情况下独当一面,更不能同俄罗斯的军事影响力相抗衡。欧盟引领的"规范性力量"无法适应中东地区的现实情况,"重民事援助、轻军事干涉"的政策手段难以有效维护欧盟在中东的安全和政治利益。面对难民潮冲击和恐怖主义威胁,欧盟徘徊于人道主义的理想和维护自身安全的现实之间,陷入了进退失据的尴尬局面。欧盟需要重新审视其中东政策的原则和立场,以更加客观、冷静和务实的态度处理同中东国家关系。

综上所述,在美国持续收缩、俄罗斯勉力"重返"及欧盟"进退失据"的背景下,外部力量对中东稳定的积极作用在减退,消极作用在增加。其中,美国试图在收缩的同时维持其在中东的主导地位,俄罗斯希望借助中东彰显和重塑其大国地位,欧盟希望利用中东来维持其边境安全和稳定。美、俄、欧在中东的目标总体上是冲突性的,尽管在局部领域和部分议题上存在一定合作空间,但无助于缓解中东地区的地缘战略竞争。随着中东地区多极化趋势的增强,没有任何一个大国可以单独主导中东地缘政治格局,重建中东地区秩序需要外部大国的协调与合作。

第三节 域内强国的地缘竞争加剧

自中东现代民族国家体系形成以来,中东域内强国的地缘竞争便从未停歇。20世纪50—60年代,埃及和沙特分别在苏联和美国的支持下争夺阿拉伯世界的领导权。70年代起,土耳其、叙利亚和伊拉克围绕幼发拉底河水资源问题争吵不断。80年代,伊拉克和伊朗因领土纠纷、宗教冲突和民族矛盾爆发长达八年之久的两伊战争。90年代,由于伊拉克入侵科威特及海湾战争的爆发,伊拉克同沙特长期处于对峙状态。而阿拉伯世界和以色列之间的冲突则贯穿整个冷战并延续至今。然而,"阿拉伯之春"以来,中东地区的地缘竞争态势出现新变化。其一,地缘竞争的主角发生变化。阿拉伯传统强国伊拉克、埃及、叙利亚、利比亚的地区影响力衰弱。非阿拉伯国家土耳其、伊朗和以色列强势崛起,同沙特一道角逐地区主导权。其二,地缘竞争的焦点出现转移。由于以色列同埃及、约旦、沙特和阿联酋等阿拉伯国家之间的和解,阿以冲突进入21世纪后逐渐演变为巴以冲突,不再处于中东地缘政治议题的核心位置。叙利亚、利比亚、也门等阿拉伯国家沦为中东地缘政治博弈的主战场。其三,地缘竞争的矛盾愈发尖锐。域内强国通过军备竞赛、结盟、扶植代理人等方式提升己方力量、分化对方阵营,彼此间爆发直接冲突的风险不断提升。总体看来,中东地区目前存在四组主要的地缘战略竞争,即伊朗和沙特、土耳其和沙特、伊朗与以色列、阿拉伯世界内部的竞争。

一、伊朗和沙特之间的战略博弈

伊朗和沙特是海湾地区的两大主要强国,实力及地缘上的双重接近使竞争成为伊沙关系的主题。但伊朗和沙特并非天然的敌人,20世纪60—70年代,伊朗和沙特是美国在中东的两大支柱,两国曾联手抵制"纳赛尔主义"在中东地区的扩张。1979年伊朗伊斯兰革命后,新生的伊朗伊斯兰共和国采取敌视美国、输出革命的激进政策,由此伊朗和沙特反目,双方围绕现代伊斯兰主义、海湾安全和石油等问题龃龉不断,并最终发展至断交地步。1990年伊拉克入侵科威特,激化了沙特同伊拉克之间的矛盾,也为伊朗和沙特关系的改善提供了机会。[①] 1991年伊沙两国恢复了外交关系,双方加强了彼此间协调与合作。[②] 2003年伊拉克战争的爆发打破了中东地区的力量平衡。随着伊朗影响力的增强,沙伊关系再度趋于紧张。2016年1月,沙特再次宣布同伊朗断交,伊沙关系跌至谷底。在沙特看来,伊朗是谋求海湾霸权、威胁沙特安全、破坏中东稳定的"邪恶国家";而伊朗视沙特为美国在海湾地区的代理人及遏制伊朗的前沿阵地。两国之间的竞争不仅源于地缘冲突,也掺杂着教派、政治体制和对外政策等因素。

从地缘角度看,双方竞争的焦点主要集中在海湾、"什叶派新月带"[③]及巴勒斯坦地区。在海湾地区,伊朗和沙特积极争夺地区主导权。沙特将海湾作为其外交政策的核心区域。伊朗伊斯兰革命后,沙特、阿联酋等六个海湾阿拉伯国家组建海合会应对伊朗威胁。近年来,随着地区局势的演变,海合会内部出现分裂。阿联酋和巴林紧跟沙特孤立伊朗,科威特、阿曼较为中立,卡塔尔同伊朗关系密切。2017年6月发生的"卡塔尔断交事件"便是伊沙争夺海湾领导权的集中体现。当月,沙特、阿联酋、巴林等国发表联合声明,以卡塔尔支持恐怖主义、援助亲伊朗武装为由同卡塔尔断交。沙特牵头孤立卡塔尔是为

[①] 除海湾战争外,1989年霍梅尼的去世也为伊沙关系的改善提供了契机。霍梅尼去世后,哈梅内伊继任伊朗最高领袖。在拉夫桑贾尼和哈塔米担任总统期间,伊朗对外政策趋于温和与务实,推动了伊朗与沙特关系的改善。

[②] 1979—2000年伊朗和沙特关系,可参见吴冰冰:《从对抗到合作——1979年以来沙特与伊朗的关系》,载《阿拉伯世界研究》2001年第1期,第40—44页。

[③] "什叶派新月带"指由什叶派掌权或什叶派穆斯林占人口多数的中东国家所形成的月弧型地带,主要包括伊朗、伊拉克、叙利亚、黎巴嫩和也门。

了树立其在海合会中的威信,打击和遏制伊朗的扩张势头。伊朗则趁机拉拢卡塔尔,利用海合会内部矛盾分化沙特为首的反伊阵营。

在"什叶派新月带"和巴勒斯坦地区,伊朗和沙特主要采取代理人战略争夺势力范围。[①] 叙利亚内战爆发以来,沙特扶持"叙利亚自由军"、"伊斯兰阵线"等反政府武装,试图推翻伊朗的什叶派铁杆盟友巴沙尔政权。伊朗则派出伊斯兰革命卫队的精锐力量及黎巴嫩真主党武装赴叙利亚援助巴沙尔政权。2015年,在巴沙尔政权岌岌可危之时,伊朗名将苏莱曼尼飞赴莫斯科劝说俄罗斯出兵支持巴沙尔政权。在伊拉克,逊尼派萨达姆政权倒台后,伊朗通过支持什叶派政党联盟和民兵组织,援助马利基、阿巴迪政府对伊拉克施加影响,沙特通过扶持库尔德力量、加强沙特与伊拉克的经济合作来限制伊朗在伊拉克的扩张。在黎巴嫩,沙特支持逊尼派政府,伊朗扶持什叶派真主党组织,两大派系分别在沙、伊的支持下明争暗斗,引发了黎巴嫩局势的长期动荡。在也门,伊朗援助什叶派胡塞武装,沙特支持哈迪为首的逊尼派中央政府。2015年,沙特为首的多国联军对胡塞武装发动袭击,伊朗向亚丁湾派遣军舰,导致也门内战全面爆发,至今仍未出现平息迹象。在巴以冲突上,伊朗在反以问题上十分激进,支持巴勒斯坦激进组织哈马斯;而沙特与以色列的态度较为暧昧,同时倾向于温和的法塔赫组织。[②] 双方在上述地区的地缘竞争及代理人战略严重破坏了地区稳定,推动了热点问题的发酵升级。

从伊、沙之间的地缘竞争来看,两国的代理人战略明显以教派为分野,这同两国国内的主体教派有关。尽管伊朗和沙特同属伊斯兰国家,但前者主体

---

① 可参见陈翔、熊燕华:《沙特与伊朗在地区博弈中的代理人战略》,载《阿拉伯世界研究》2019年第1期,第16—28页。

② 法塔赫成立于1959年,是巴勒斯坦解放组织的代表性力量,该组织态度较为温和,主张用谈判解决巴以冲突,其目标是在巴勒斯坦建立一个以耶路撒冷为首都的世俗民主国家。哈马斯成立于1987年,全称是伊斯兰抵抗运动,该组织主张消灭以色列、在巴勒斯坦建立伊斯兰神权国家。哈马斯被以色列和多数西方国家认定为恐怖组织。

民众信仰什叶派,后者则由逊尼派穆斯林占主导。① 伊朗国内有着近 7 000 万的什叶派信徒,是当之无愧的什叶派领袖国家,伊朗大部分民众信奉什叶派中的十二伊玛目派。②该派认为伊玛目是真主安拉任命的先知继承人,伊玛目肩负政治(管理全体穆斯林)、宗教(解释教义和教法)和精神(作为精神导师指引信徒理解经典及其含义)三种职能。伊玛目是信众与安拉之间的中介,没有伊玛目的传导,信徒无法得救。而在伊玛目隐遁期间,教法学权威作为伊玛目的代言人行使伊玛目的职责,每一个穆斯林必须追随一位在世的教法学权威。

沙特是逊尼派的重要中心国家,国内主体民众信奉逊尼派中保守的瓦哈比派。③ 瓦哈比派主张无论是伊斯兰教法还是生活习俗都应回归先知穆罕默德时代,唯有《古兰经》和圣训方为教义经典,该教派拒绝教法学权威对教义的解释和类比推理,禁止任何自然崇拜和诸神崇拜,反对一切异端行为。④ 沙特和伊朗在教派上的差异加剧了双方之间的冲突。历史上,沙特曾捣毁多个什叶派伊玛目圣陵,双方因伊朗穆斯林赴沙特朝觐问题冲突不断。2016 年以来,沙特以伊朗煽动其国内什叶派信徒为由,处死和逮捕国内多位激进什叶派领袖,成为双方断交的导火索。

沙伊之间的教派矛盾决定了两国在政治体制方面的冲突。在沙特,瓦哈比派从属于沙特王室。早在沙特建国初期,沙特创始人穆罕默德·伊本·沙

---

① 什叶派和逊尼派的主要区别在于哈里发的继承权问题,前者认为只有穆罕默德的侄子(同时也是女婿)阿里及其后裔具有出任哈里发的合法资格,后者认为包括四大哈里发及倭马亚哈里发在内的历任哈里发都具有合法地位。

② 十二伊玛目派是什叶派的三大分支之一,该派认为伊玛目经历了从阿里至穆罕默德·马赫迪之间的十二代传承。马赫迪在公元 878 年进入隐遁状态,将在未来的某个时日以救世主身份重返人间,匡扶正义。关于十二伊玛目派,可参见王凤:《十二伊玛目派传统政治思想的演进及其根源》,载《西亚非洲》2019 年第 6 期,第 110—133 页。

③ 瓦哈比派发端自逊尼派四大法学教派中最为严格的罕百里教派,该派起源于阿拉伯半岛内志地区,自诩为逊尼派和伊斯兰教的正统,主张正本清源。

④ 赵建明:《伊沙战略对峙、美以沙三角与中东格局的未来平衡》,载《当代世界与社会主义》2018 年第 6 期,第 158 页。

特同瓦哈比派创始人阿卜杜勒·瓦哈比达成协议：沙特王室是瓦哈比派的保护人，沙特王国境内只允许瓦哈比派传道，但教派须听命于王室。瓦哈比派的信条刺激了贝都因人的战斗精神和团结意志，对沙特王国的建立功不可没。沙特的政治体制同样受到瓦哈比派的影响，沙特实行君主专制政体，国王自称是"两大圣地的仆人"，掌握司法权和行政权，在政治体制中享有绝对权威。伊斯兰革命后，伊朗实行政教合一的"法基赫"体制。① 在该体制下，具有"特殊品质"的教法学家拥有绝对权威。最高精神领袖阿拉图亚·霍梅尼同样掌握着国家最高权力，有权任命总统、军队统帅等高级职务。在霍梅尼看来，"为阻止伊斯兰教的衰落和伊斯兰教法被束之高阁，必须由教法学家们充当人民的领导者"②。霍梅尼认为以教法学家为核心的"法基赫"体制是唯一被伊斯兰教法认可的合法政体，中东地区的君主政体及共和政体均是非法政体。为此，伊朗呼吁海湾地区的什叶派信徒反对所在国的君主政体，引起了沙特、巴林等君主国的恐慌。此外，伊朗宗教领袖否认沙特王室对麦加和麦地那的加持，强调两大圣地是世界穆斯林的圣城，应由国际穆斯林共同管理而不能被沙特王室垄断。③

在对外政策领域，美伊关系的紧张加剧了伊沙对抗的强度。在中东地区，沙特是美国的亲密盟友，双方在能源、安全、经贸等领域深度合作，并曾联手遏制埃及、伊拉克等地缘对手。与此同时，美伊关系水火不容。伊斯兰革命推翻了亲美的巴列维王朝，伊朗从美国的"铁杆盟友"转变为反美"带头人"，四十余年来，美伊关系一直龃龉不断，直到 2015 年"伊核协议"签订后开始回暖。但好景不长，2017 年特朗普执政后将伊朗作为美国在中东的首要对手加以遏

---

① 法基赫意指伊斯兰教法学家。关于"法基赫"体制，可参见蒋真、韩志斌：《伊朗政治进程中宗教领袖地位的演进》，载《世界宗教研究》2007 年第 3 期，第 137—145 页。
② 冀开运、蔺焕萍：《二十世纪伊朗史》，兰州：甘肃人民出版社 2002 年版，第 168 页。
③ 赵建明：《伊沙战略对峙、美以沙三角与中东格局的未来平衡》，载《当代世界与社会主义》2018 年第 6 期，第 158—159 页。

制,美伊关系的急剧恶化助推了伊沙之间的对抗。在伊朗看来,沙特是美国在中东地区的傀儡和犬牙,是美国挑拨伊斯兰世界的帮凶,随着美国加紧对伊朗的制裁和围堵,伊朗对沙特的敌视程度日益增加。与此同时,美国渲染伊朗威胁助长了沙特的反伊情绪。2017年5月,特朗普访沙时提出组建以遏制伊朗为目标的中东战略联盟,沙特积极配合美国围堵伊朗。此外,沙特近年来耗费上千亿美元从美国购买大批先进军备,以寻求对伊朗的军事优势。在美国的怂恿及挑拨下,伊沙关系一度处于战争边缘。2019年4—9月间,沙特和伊朗因油田袭击事件险些爆发直接军事冲突。

总之,沙特与伊朗之间的竞争涉及地缘、教派、政治体制和对外政策等方方面面。教派无疑是理解两国冲突的重要视角,但远非双方关系紧张的根源和全部。不可否认,教派之间的分歧加剧了两国间的冲突。但什叶派和逊尼派之间的矛盾由来已久,沙特和伊朗也曾在美国的中东盟友体系下紧密合作,这说明教派矛盾并不必然导致冲突和对抗。教派对立的话语是沙特和伊朗服务各自目的的工具和手段,双方竞争的实质仍是围绕海湾和中东地区主导权的竞争。在伊沙结构性矛盾短期内难以消除、美伊关系紧张的背景下,两国关系仍有持续恶化的可能。

二、土耳其和沙特之间的权势较量

自冷战以来,土耳其和沙特的关系经历了从相对疏离到激烈竞争的过程。冷战期间,土耳其以欧洲国家自居,秉持一边倒的亲西方立场,对中东事务采取超脱态度,与同样亲美的沙特之间保持着相对稳定而又疏离的外交关系。冷战结束后,尤其是2002年埃尔多安领导的正发党执政以来,伴随综合实力的大幅跃升,土耳其逐渐改变其单向度、亲西方的外交政策,外交取向日趋平衡和多元,回归中东步伐加紧。2011年爆发的"阿拉伯之春"进一步激发了土耳其的扩张欲望,埃尔多安将中东乱局视为土耳其重温奥斯曼帝国旧梦的绝佳机会,其外交政策日渐激进。与此同时,沙特作为地区一强,在"阿拉伯之春"后成为阿拉伯世界的"领头羊"。在维持美沙亲密关系的前提下,沙特以海合会为基础,捍卫其君主政体及其保守伊斯兰价值观念,积极扩展在阿拉伯世界及整个中东的影响力。在此情况下,土耳其与沙特之间的地缘战略竞争日益激烈,并主要体现在发展模式、教派领导权争夺及地区热点问题等方面。

在发展模式上,沙特和土耳其走出了两条截然不同的道路。自1923年土耳其共和国成立以来,激进的世俗主义是土耳其政治体制的核心特征。[①] 尽管土耳其的主体民众是逊尼派穆斯林,土耳其的伊斯兰政党也曾多次执政并试图对世俗主义原则发起挑战,但这些挑战均在"共和国卫士"军队的政变下相继失败。然而,土耳其世俗主义的内涵在近年来发生悄然却又显著的变化。受正发党的温和伊斯兰性质的影响,埃尔多安政府积极推进宗教信仰自由化,促使土耳其的激进世俗主义向消极世俗主义方向转变。有学者将这种被改造后的土耳其模式称为新版"土耳其模式",其主要内容包括:"在维持国家政权世俗主义原则的基础上强调传统伊斯兰价值观,注重以道德理念、准则作为社会的规范,提倡在尊重自由的前提下推进世俗主义和民主化,把宗教自由作为民主化的重要内容。"[②]因此,新版"土耳其模式"在政治上强调民主体制,经济上提倡新自由主义,提倡世俗主义原则同伊斯兰价值观之间的兼容。"阿拉伯之春"后,在中东各国民众追求民主、自由和发展的浪潮下,埃尔多安积极关涉中东各国局势进展,支持与土耳其意识形态接近的穆斯林兄弟会(简称"穆兄会")力量,试图输出"土耳其模式",借机扩大土耳其的地区影响力和文化软实力。

土耳其输出意识形态的做法让保守的沙特王室深感忧虑。在沙特看来,

[①] 激进的世俗主义同消极的世俗主义相对应,前者不仅强调政教分离,并试图把宗教的影响在社会和生活中连根拔除。而消极的世俗主义仅仅限于政治领域的政教分离。
[②] 王林聪:《"土耳其模式"的新变化及其影响》,载《西亚非洲》2012年第2期。第90—92页。

"土耳其模式"的推广将对沙特政教合一的君主政体和保守宗教理念构成冲击,进而威胁沙特政权的安全。因此,关于中东国家的"模式之争""道路之争"成为双方矛盾的核心,这一矛盾在面临政治转型的国家中尤为突出。在埃及,土耳其支持"穆兄会"组织自由与正义党。2011年9月,穆巴拉克下台后不久,埃尔多安出访埃及,为自由与正义党执政积极造势。当"穆兄会"成员穆尔西当选为埃及总统后,土耳其立即给予埃及20亿美元的经济贷款,并加大对埃及的援助力度。2013年7月,当穆尔西被埃及军方罢黜之后,土耳其是首个谴责军方政变和声援穆尔西的国家。2015年5月,在得知穆尔西被判处死刑后,埃尔多安批判该判决是民主的死刑,并号召国际社会制裁埃及。[①]

与土耳其力挺穆尔西政权相比,沙特王室担心"穆兄会"在埃及的成功实践将触发伊斯兰世界中的现代化革命,进而威胁沙特的君主政体。因此,沙特反对穆尔西政权而支持埃及军政府,在穆尔西政权被推翻仅两小时后,沙特国王阿卜杜拉率先致电埃及过渡政府,称赞埃及军方在关键时刻拯救了国家,并向军方首脑塞西表示祝贺。甚至有观察者认为,沙特情报部门为埃及政变提供了资助和支持,并积极鼓动穆尔西政府中的反对派势力发动政变。[②] 2014年3月,沙特将"穆兄会"认定为恐怖组织,禁止"穆兄会"在沙特国内活动,并切断国内同情者对"穆兄会"的援助。[③] 在巴林,当要求变革的呼声席卷这个海湾小国时,土耳其试图调解巴林逊尼派王室和什叶派反对派之间的冲突,呼吁巴林实施全面的政治改革,保证民众享有信仰自由。沙特王室对巴林爆发的大规模示威游行十分恐慌,第一时间出兵巴林帮扶王室控制局势。针对沙特的出兵行动,土耳其呼吁沙特保持克制,反对沙特对巴林局势的过度干预。

[①] 关于土耳其对埃及"穆兄会"的支持,本处主要参考了刘中民、赵跃晨:《"博弈"兄弟会与中东地区的国际关系走势》,载《外交评论》2018年第5期,第87—88页。

[②] Bruce Riedel, "Saudi Arabia Cheers the Coup in Egypt," Daily Beast, July 7, 2013, https://www.thedailybeast.com/saudi-arabia-cheers-the-coup-in-egypt.

[③] 《沙特宣布穆兄会为恐怖组织》,人民网,2014年3月9日。

在突尼斯,本·阿里(El Abidine Ben Ali)下台后,埃尔多安飞赴突尼斯为伊斯兰复兴运动党站台,呼吁突尼斯民众支持该党,强调伊斯兰教和民主可以共存。[1] 同时,突尼斯伊斯兰复兴运动党也将土耳其正发党作为榜样,称赞土耳其是伊斯兰教同民主、繁荣成功结合的绝佳典范。[2]

土耳其和沙特同为逊尼派伊斯兰国家,近年来双方围绕伊斯兰世界领导权的争夺日趋白热化。正发党的伊斯兰性质使土耳其外交政策带有明显泛伊斯兰主义倾向,这加剧了土耳其同自称伊斯兰世界"盟主"的沙特之间的不和。土耳其坚持它所代表的伊斯兰教是温和的、宽容的、更具普世性的伊斯兰教,并时常以奥斯曼帝国的合法继承者自居,强调重建奥斯曼帝国的辉煌和重新领导伊斯兰世界是土耳其的合法权利。[3] 在沙特看来,沙特国王是麦加和麦地那的守护者,沙特信仰的瓦哈比派是正统的、纯洁的伊斯兰教。沙特将土耳其视为挑战其盟主地位的有力竞争者。

土沙在巴以冲突上的分歧是双方竞争宗教领导权的集中反映。为维持同以色列之间的友好关系,土耳其过去长期在巴以问题上持中立立场。但随着土耳其国内伊斯兰思潮回暖,土耳其同以色列之间关系日趋紧张。近年来,土耳其主动扛起反以大旗,积极支持哈马斯组织,批评以色列在加沙地区扩建定居点的行为。2017年12月,在特朗普政府将美国驻以大使馆迁至耶路撒冷后,土耳其态度异常激烈,埃尔多安召集伊斯兰合作组织特别首脑会议,严厉谴责美国支持以色列,指责以色列为"恐怖国家",呼吁伊斯兰国家采取共同立

---

[1] "Erdogan tells Tunisians that Islam and democracy can work," The National, September 16, 2011, https://www.thenational.ae/world/europe/erdogan-tells-tunisians-that-islam-and-democracy-can-work-1.355271.

[2] Monica Marks, "Erdogan comes to Tunisia," Foreign Policy, June 6, 2013, https://foreignpolicy.com/2013/06/06/erdogan-comes-to-tunisia/.

[3] 刘中民、赵跃晨:《从相对疏离到权力竞逐——土耳其与沙特阿拉伯争夺地区领导权的逻辑》,载《世界经济与政治》2019年第8期,第56页。

场,承认巴勒斯坦的国家身份。① 土耳其此举使沙特陷入尴尬境地,作为美国在中东的铁杆盟友,沙特同以色列之间达成了事实上的和解,这使沙特未能对美国和以色列采取强硬立场,反而暗中抵制土耳其召集伊斯兰合作组织首脑会议。土沙在巴以问题上的态度形成鲜明对比,这冲击了沙特在伊斯兰世界中的领袖地位。

土耳其和沙特之间的"模式之争"及"教派主导权竞争"加剧了双方之间的地缘竞争。其一,土耳其在海合会国家中积极寻找盟友,以削弱沙特在海湾地区的主导地位。土耳其同卡塔尔关系密切,双方在支持域内"穆兄会"力量上意见一致。2017年6月,在沙特牵头制造"卡塔尔断交风波"后,埃尔多安第一时间发表讲话声援卡塔尔,与此同时,土耳其大国民议会批准土卡联合军演及土耳其向卡塔尔增兵计划。② 2019年11月,埃尔多安宣布在卡塔尔建成第二个军事基地,土耳其驻卡士兵已达5 000余人。其二,土耳其积极离间美沙关系。特朗普执政后,将沙特视为美国在中东的主要伙伴。美沙之间的频繁互动引起土耳其的不满,土耳其担心美沙合作将增强沙特的地缘优势。为此,土耳其借势挑拨美沙关系。自2018年10月以来,土耳其推动"卡舒吉遇害案"持续发酵,暗指沙特王室是谋杀卡舒吉的幕后元凶,使美沙关系陷入尴尬境地。其三,土耳其时常同伊朗联手抵制沙特的地缘影响。在叙利亚危机中,为巩固自身利益,土耳其暂时放弃"倒巴"立场,同伊朗合作推动阿斯塔纳进程,打压沙特在叙利亚的地缘影响。在伊朗核问题上,土耳其反对沙特对伊朗的强硬立场,拒绝与美沙合作制裁伊朗。

---

① "Turkey's President Erdogan tells Jerusalem summit Israel is an 'occupying' and 'terror' state," December 13, 2017, https://www.independent.co.uk/news/world/middle-east/jerusalemerdogan-turkey-israel-terror-state-oic-summit-islamic-world-leaders-muslim-a8106991.html.
② Patrick Kingsley, "Turkey Throws Support Behind Qatar in Rift Among Arab Nations," *New York Times*, June 7, 2017, https://www.nytimes.com/2017/06/07/world/europe/turkey-qatar-support.html?auth=login-email&login=email.

随着中东局势的变迁和土耳其内外政策的变化,土耳其同沙特之间的竞争日趋白热化。伴随美土关系的疏离,美国的存在非但不能调解沙土关系,反而为沙土关系的恶化提供了新素材。尽管沙特和土耳其之间的矛盾短期内难以化解并有加剧趋势,但不应忽略的是,沙土在中东地区仍存在一定的合作基础,双方关系仍有转圜的余地。

三、伊朗和以色列的尖锐对抗

在中东的几组主要地缘战略竞争中,伊朗和以色列之间的矛盾最为尖锐。而回顾历史,波斯人和犹太人并无深仇大恨,古波斯帝国的开创者居鲁士反而被犹太人尊称为"涂圣油的王"。[1] 以色列建国后,伊朗是最早承认以色列的中东国家之一,伊朗政府曾协助伊拉克犹太人返回以色列定居。1953 年,美国帮助巴列维国王夺回权力后,伊朗彻底倒向美国阵营。此后直至伊朗伊斯兰革命期间,伊朗同以色列维持了紧密而又低调的准同盟关系,双方在能源、军售、核能、情报等方面合作密切,并联手抵制苏联影响及阿拉伯民族主义在中东地区的扩张。[2] 有学者将这一时期的伊朗、以色列和土耳其称为美国在中东的"战略铁三角"。[3] 1979 年 1 月,霍梅尼发动伊斯兰革命,建立政教合一的伊斯兰共和国,成为伊以关系的转折点。在霍梅尼看来,以色列是西方分裂伊斯兰世界的工具,是巴列维王室反动统治的"同谋"。尽管如此,伊朗和以色列在两伊战争及霍梅尼去世后的十余年间保持了相对稳定的"冷和平"关系。2005 年奉行强硬立场的内贾德(Mahmoud Ahmadi-Nejad)担任伊朗总统后,伊以关系再度恶化,双方因伊朗核问题、地缘竞争和意识形态差异交锋不断。

---

[1] 公元前 538 年,居鲁士征服巴比伦帝国后,释放了被称为"巴比伦之囚"的犹太人,并帮助犹太人重建圣殿。这些犹太人为感恩居鲁士的仁慈和宽容政策,尊称其为"涂圣油的王"。

[2] 章波:《巴列维时期伊朗和以色列战略关系的成因》,载《西亚非洲》2007 年第 2 期,第 26—31 页。

[3] 孙德刚:《以色列与伊朗关系评析》,载《现代国际关系》2009 年第 5 期,第 25 页。

首先,伊朗核问题是伊以矛盾的核心议题。2005年内贾德任总统后,伊朗加速研发核技术,强调伊朗拥有掌握和利用民用核技术的权利。伊朗的做法引起以色列的深度担忧。长期以来,核武器是以色列在强敌环伺的中东地缘政治环境中得以生存的有力保障。作为中东地区唯一的有核国家,以色列凭借其核垄断地位和发达的军事技术对中东其他国家构成有效的战略威慑,为保证这一威慑的有效性,以色列坚决反对其他中东国家拥有核武器。[1] 在以色列看来,伊朗发展核技术的最终目的是获取核武器,这将严重威胁以色列的生存安全。一方面,由于国土面积狭小,以色列担心伊朗获得核武器后,将打破"相互确保摧毁"原则。一旦伊朗对以色列进行核打击,以色列将丧失还击能力。另一方面,伊朗获得核武器,将加剧域内安全困境,鼓励和诱使中东其他国家争相追逐核武器,进而恶化以色列的生存环境。因此,以色列坚决反对伊朗掌握核技术,要求美国对伊朗采取强硬措施。特朗普上台后,以色列总理内塔尼亚胡支持特朗普政府退出"伊核协议",鼓励特朗普政府强化对伊制裁。此外,以色列设法阻挠伊朗获取核技术,除窃取伊朗核技术机密资料、监控"伊核谈判"进程外,以色列还指派特工暗杀伊朗核技术专家、采取网络攻击手段破坏伊朗核设施。[2] 更有甚者,以色列多次声明将采取先发制人手段摧毁伊朗核能力。

其次,意识形态因素加剧了伊朗和以色列之间的矛盾。1979年伊斯兰革命前,巴列维王朝秉持世俗化、亲西方的立场,在对以关系上,伊朗从务实主义角度出发,在巴以冲突中持中立立场,与以色列保持亲密关系。然而,伊斯兰革命后,伊朗从保守的君主政体转变为激进的伊斯兰政体,伊朗对外政策的基

---

[1] 1981年6月,以色列战机发动空袭,摧毁了伊拉克巴格达南部的一座核反应堆,基本终结了伊拉克追求有核国家的目标。
[2] "Iran Admits Serious Damage to Natanz Nuclear Site, Setting Back Program," CNN, July 5, 2020, https://www.nytimes.com/2020/07/05/world/middleeast/iran-Natanz-nuclear-damage.html?auth=login-email&login=email.

调及其对以色列的看法发生变化。其一,伊朗将以色列视作西方分裂伊斯兰世界的工具。在霍梅尼看来,世界分为相互对立的"压迫者与被压迫者",正是由于西方的干预和入侵,伊斯兰文明才遭遇巨大冲击,伊斯兰国家内部道德败坏、贫富分化和社会紊乱,进而沦为世界秩序中的弱者。而以色列正是西方在中东的代理人,霍梅尼执行反以政策,誓言抵制西方的渗透和消灭以色列,主张用伊斯兰教净化伊斯兰世界。① 其二,伊朗通过否认以色列存在的合法性来树立伊朗在中东的革命者形象,进而占据舆论制高点。无论从教派(什叶派)、制度(教法学家治国)或是民族(波斯)角度来看,伊朗在中东属于少数派。为改善孤立局面,伊朗奉行泛伊斯兰主义外交,通过号召伊斯兰世界内部团结来转移逊尼派国家同伊朗之间的矛盾。而巴以冲突无疑是伊朗动员和团结伊斯兰世界的绝佳工具。为此,伊朗深度介入巴以冲突,拒绝承认以色列的生存权,强力支持哈马斯组织,号召伊斯兰世界团结一致对付以色列。霍梅尼将以色列看作伊朗建立伊斯兰共同体的主要障碍,认为伊朗的主要任务就是"历史性地战胜犹太复国主义"。霍梅尼的继任者哈梅内伊将以色列视为"伊斯兰心脏地带的肿瘤",伊朗前总统内贾德更是公开主张将以色列"从地图上抹去"。②

从地缘政治角度看,尽管伊朗和以色列之间并不接壤,但伊朗谋求地区霸权的行为被以色列视为其国家安全的重要威胁。进入 21 世纪后,伊朗的综合实力和地区影响力陡然上升。"伊核协议"的签订提升了伊朗的地区影响力,改善了伊朗同西方世界的关系,缓解了伊朗面临的外部压力。2011 年叙利亚危机爆发后,伊朗强化了同俄罗斯的合作,通过援助巴沙尔政权提升了在叙利亚的影响力。总之,中东地缘政治格局的变化和综合实力的提升刺激了伊朗

---

① 吕满文:《伊朗与以色列由"热"变"冷"的关系探析》,载《史学月刊》2012 年第 10 期,第 134 页。
② 田文林:《伊朗与以色列对抗的根源及前景》,载《当代世界》2018 年第 8 期,第 56—58 页。

的地区野心,使伊朗开始调整其防守政策,通过扶持地区代理人的方式,积极打造以伊朗为核心的"什叶派新月带"。

在以色列看来,伊朗构筑的"什叶派新月带"是其心腹大患,一旦伊朗的目的达成,以色列将处于伊朗力量的包围之中。因此,以色列同伊朗围绕"什叶派新月带"展开激烈争夺。在黎巴嫩和巴勒斯坦,伊朗扶持强烈反以的黎巴嫩真主党及哈马斯组织。据统计,伊朗给予真主党的财政援助从20世纪90年代的7 000万美元—1亿美元增加至2017年的7亿美元。[1] 哈马斯每月从伊朗获得的财政援助也高达3 000万美元。[2] 这两个激进组织成为伊朗牵制以色列的两只"长臂"。以色列将真主党和哈马斯认定为恐怖组织,经常使用空袭手段打击真主党和哈马斯武装。在伊拉克,伊朗以反恐名义派遣圣城旅精锐赴伊拉克打击极端组织,通过支持什叶派武装"人民动员力量"、援助什叶派政府扩大其在伊拉克影响。以色列坚决反对伊朗在伊拉克的扩张,并协助美国击毙伊朗名将苏莱曼尼。近年来,叙利亚成为伊朗和以色列对抗的新战场。据统计,伊朗在叙利亚的驻军最多时达到2500人,真主党武装在叙利亚的人数一度高达8 000人。[3] 此外,伊朗在叙利亚训练了近两万名民兵,拥有10个军事基地,其中有两个基地靠近叙以边境。[4] 为防止叙利亚成为伊朗袭击以色列的北方根据地,以军对叙利亚境内的伊朗和真主党武装及军事基地进行了数百次的空袭。2020年2月,以色列国防部长贝内特宣称将在12个月内

---

[1] "Hezbollah is the Long Arm of Iran," AJC, https://www.ajc.org/news/hezbollah-is-the-long-arm-of-iran-factsheet-5.

[2] Michael Bachner and Tol Staff, "Iran said increasing Hamas funding to $30m per month, wants intel on Israel," *The Time of Israel*, August 5, 2019, https://www.timesofisrael.com/iran-agrees-to-increase-hamas-funding-to-30-million-per-month-report/.

[3] Israel Defense Forces, "Iranian Forces Deployed in Syria," https://www.idf.il/en/minisites/iran/iran-in-syria/iranian-forces-deployed-in-syria/.

[4] Michael Bachner, "Iran has 10 military bases in Syria, two near Israel border," *The Time of Israel*, February 19, 2018, https://www.timesofisrael.com/iran-has-10-military-bases-in-syria-two-near-israel-border-analyst/.

将伊朗力量驱逐出叙利亚。①

伊朗和以色列之间是意识形态、地缘政治和安全战略方面的全面对抗,只要伊朗仍然将反以视为国内外动员的有效口号,将获取核武器作为确保自身安全的有效途径,将美国和其代理人看作其国家安全的重要威胁,伊以关系就难以出现重大改善,双方在叙利亚、巴勒斯坦、黎巴嫩地区的争夺将长期持续。目前,以色列同伊朗为首的什叶派阵营之间的冲突已经超越巴以冲突,成为中东地缘战略竞争的焦点议题,双方之间的对抗有可能引发地区战争风险。

四、阿拉伯国家内部的权力争斗

"阿拉伯之春"爆发后,阿拉伯国家之间的竞争出现新动向。受内外因素的影响,阿拉伯传统强国埃及、叙利亚、利比亚和伊拉克萎靡不振,沦为阿拉伯世界的二流国家甚至是被争夺的对象。与此相比,以沙特、阿联酋、卡塔尔为代表的海合会国家遭受冲击较小,相对权力优势日渐突出。根据瑞士洛桑国际管理发展学院发布的《2023年世界竞争力排名》②显示,海合会6个成员国的全球竞争力指数位居阿拉伯世界前6位,其中,阿联酋位居世界第10位,卡塔尔位居12位,沙特位居第17位,巴林25位。随着传统阿拉伯强国的衰落,当前阿拉伯国家的主要竞争集中在沙特、阿联酋和卡塔尔等海合会国家之间。

沙特和卡塔尔之间的矛盾十分尖锐。2017年6月,沙特以卡塔尔支持恐怖主义、干预他国内政为由,带领多个阿拉伯国家同卡塔尔断交。这一断交风

---

① Anna Ahronheim, "Bennett: Israel's goal is to remove Iran from Syria within 12 months," *Jerusalem Post*, February 28, 2020, https://www.jpost.com/breaking-news/civilian-killed-in-israeli-drone-strike-in-quneitra-syrian-media-619072.

② "World Competitiveness Ranking," https://www.imd.org/centers/wcc/world-competitiveness-center/rankings/world-competitiveness-ranking/.

波表面上是由卡塔尔埃米尔批评美国和沙特阿拉伯高层的讲话所引起,[①]实质上是沙特、阿联酋和卡塔尔围绕海湾地区领导权的竞争。在海湾地区,卡塔尔的综合实力名列前茅。卡塔尔2019年的国内生产总值达1913亿美元,居全球第54位,人均国内生产总值高达6.8万美元,居中东第1位。[②] 此外,卡塔尔的天然气和石油资源十分丰富,卡塔尔2015年的石油探明储量为250亿桶,居全球第13位,天然气储量达872亿立方米,居世界第3位,仅次于俄罗斯和伊朗,液化天然气产量居世界第1位。[③] 雄厚的实力是卡塔尔挑战沙特领导地位的基础,自20世纪90年代以来,双方之间的矛盾逐渐尖锐并最终激化。

在地区领导权方面,沙特认为卡塔尔挑战其在阿拉伯半岛的领导地位。海湾战争之前,卡塔尔奉行追随沙特的外交政策。自谢赫哈马德·本·哈利法·阿勒·萨尼任埃米尔(1995—2013)后,卡塔尔的外交政策日趋自主。为增强自身影响力,卡塔尔开始同美国建立更加紧密的关系。1996年,美国和卡塔尔签订军事协议,卡塔尔将乌代德空军基地交付美国使用。2003年,美国中央司令部的前方作战基地从沙特苏丹王子空军基地转移至卡塔尔乌代德空军基地。该基地目前驻扎着超过11 000名美国士兵,是美国在中东地区驻军最多的军事基地。"阿拉伯之春"后,卡塔尔试图填补因传统大国衰落产生的权力真空,全力推动联合国在利比亚设置禁飞区,参与北约对利比亚的空袭行动,积极支持叙利亚反对派,力挺埃及穆尔西政府。这些做法彰显了卡塔尔的地区野心,引起沙特的警惕和不满。此外,当突尼斯爆发的民众示威运动和随后发生的政权更迭浪潮席卷整个阿拉伯世界后,政权的安全及合法性来源

[①] 2017年5月23日,卡塔尔国家通讯社网站播发了据称是卡塔尔埃米尔塔米姆的讲话,该讲话支持伊朗和哈马斯,批评美国和沙特阿拉伯,并谴责有关卡塔尔支持恐怖组织的指控。卡塔尔方面随后表示,卡塔尔通讯社网站遭遇黑客袭击,埃米尔讲话内容系黑客伪造。

[②] "Qatar GDP," https://countryeconomy.com/gdp/qatar.

[③] 吴冰冰:《卡塔尔外交政策的基本要素研究》,载《新丝路学刊》2020年第8期,第32—33页。

成为困扰海湾君主制国家的首要议题。卡塔尔利用其颇具影响力的半岛电视台批评海湾其他国家政府,支持群众示威游行,构建有利于卡塔尔的宣传话语。这些做法引起了沙特、阿联酋、巴林等海湾君主国的恐慌。这些国家将卡塔尔视为扰乱地区安全、干涉他国内政的幕后指使者。在随后沙特提交给卡塔尔的"复交清单"中,关闭半岛电视台是其中一项重要的条件。

在"穆兄会"问题上,沙特和卡塔尔立场相左。在伊斯兰运动中,沙特支持保守的萨拉菲派,仇视现代伊斯兰运动的代表"穆兄会"。为摆脱沙特的控制,卡塔尔在伊斯兰运动中同沙特唱反调,支持萨拉菲派的竞争对手"穆兄会"。"阿拉伯之春"后,以"穆兄会"为代表的现代伊斯兰力量对沙特等海湾君主国构成严重威胁,而同为君主政体的卡塔尔并未追随沙特打击"穆兄会",相反,卡塔尔积极支持中东域内的"穆兄会"力量。在埃及,"穆兄会"组织自由与正义党执政后,卡塔尔不仅为其提供大量经济援助,还利用半岛电视台为"穆兄会"撑腰打气,并在埃及军方发动政变后为其打抱不平。沙特则支持埃及军政府,反对"穆兄会"控制埃及政权。在叙利亚,卡塔尔同土耳其支持叙利亚反对派力量中的"穆兄会"势力,同沙特支持的"伊斯兰军"相对抗。卡塔尔支持"穆兄会"的做法引发沙特的制裁,2014年3月,沙特宣布将"穆兄会"认定为恐怖组织,并撤回驻卡塔尔大使。此次外交危机直至2014年11月才告一段落。在2017年6月的断交风波中,沙特要求卡塔尔彻底撇清同"穆兄会"的关系,但此次卡塔尔的立场十分强硬,并未听从沙特的要求。

在对外关系上,为摆脱沙特的单方面控制,卡塔尔在沙特、伊朗、土耳其等中东强国之间施展平衡外交,试图以"小马拉大车",令沙特反感。[①] 海合会成立的初衷便是为了对抗伊朗。但在谢赫哈马德担任卡塔尔埃米尔后,卡塔尔

---

① 具体可参见傅以恒、吴彦:《塔米姆时期卡塔尔的外交战略:内涵、动因与前景》,载《中东研究》2018年第2期。

同伊朗的关系逐步提升。在"伊核问题"上,谢赫哈马德支持伊朗以和平方式利用核能,主张通过谈判解决伊朗核问题。2006年7月,在联合国安理会表决关于暂停伊朗核研发的1696号决议中,卡塔尔是唯一投反对票的国家。[1]塔米姆·本·哈马德·阿勒·萨尼执政后,尽管卡塔尔在沙特和伊朗之间采取更为中立的政策,在2016年追随沙特召回驻伊朗大使,并同海合会国家一道宣布黎巴嫩真主党为恐怖组织。但卡塔尔在处理同伊朗的关系上仍十分谨慎。2017年4月,卡塔尔恢复同伊朗之间的天然气开发合作,并在沙卡断交后不久恢复了同伊朗的外交关系。2018年6月,伊朗和卡塔尔发表加强双边关系的首脑声明。卡塔尔同伊朗保持接触既有地缘方面的因素,也有能源方面的考虑。一方面,同伊朗合作有利于卡塔尔冲破沙特的地缘束缚和包围,提升卡塔尔在海湾地区的政治影响力。另一方面,由于卡塔尔和伊朗共享世界上最大的天然气油田,保持卡伊关系稳定可保障卡塔尔的经济利益。[2] 卡塔尔同土耳其的关系同样密切,双方在"穆兄会"问题上持相近立场,土耳其同卡塔尔在牵制沙特上存在共同利益。2014年,卡塔尔和土耳其就土耳其在卡塔尔设立军事基地达成一致。两国关系走近加深了沙特对卡塔尔的疑虑,沙特在"复交清单"中要求卡塔尔关闭土耳其在卡军事基地。但卡塔尔并未听从沙特要求,反而加强了同土耳其的军事合作,土耳其也向卡塔尔增兵以支持卡塔尔同沙特对抗。

此外,沙特同阿联酋之间也并非铁板一块。双方就海合会的经济主导权存在竞争。阿联酋是海湾地区重要的航运、贸易和金融中心,不愿屈居沙特之下。2009年,由于海湾货币委员会总部落地沙特,阿联酋宣布退出海合会货

---

[1] 赵宇:《核危机以来伊朗与海湾国家关系研究》,新疆大学硕士学位论文,2012年,第30—32页。

[2] 卡塔尔同伊朗隔波斯湾相望,两国相邻海域间的北方-南帕斯天然气田是世界上最大的天然气田。

币联盟。在地缘竞争上,阿联酋在红海南部、波斯湾南部和印度洋西北部的扩张令沙特担忧,阿联酋在厄立特里亚、索马里设立军事基地,在吉布提、索马里等地建设运营港口,阿联酋有意效仿历史上的阿曼,成为影响力横跨东非与阿拉伯半岛、从红海南部延伸到波斯湾南部的地区大国,这一战略意图是沙特无法接受的。[1] 2018 年以来,双方在也门问题上出现分歧,阿联酋支持也门南部分离主义力量——南方过渡委员会,并以此为基础训练亲阿联酋民兵组织。沙特则支持哈迪为首的也门政府军,两派之间的斗争扩大了沙特和阿联酋的分歧。2019 年 7 月,阿联酋宣布从也门撤军,使沙特陷入尴尬境地。在遏制伊朗上,阿联酋远不如沙特坚决。2019 年 7 月,当沙特和伊朗在海湾紧张对峙时,阿联酋主动同伊朗进行海上安全谈判,从而减弱了沙特阵营遏制伊朗的力度。

综上所述可见,中东地区四组主要的地缘战略竞争,主要聚焦在伊朗、以色列、沙特和土耳其四个地区强国之间,竞争的领域十分广泛,涉及宗教、民族、地缘、政治体制等多个方面。诚然,中东强国之间的民族和宗教矛盾固然存在,泛阿拉伯主义和泛伊斯兰主义曾一度是埃及、沙特、土耳其和伊朗等强国的动员口号,但中东强国之间竞争的实质仍是围绕地区主导权的争夺。伊朗以什叶派领袖国家自居,在阿拉伯世界中积极寻找盟友,通过追求核武器来确保自身安全和战略优势;沙特在维护君主制的前提下,保证其在海湾地区的主导地位,谋求在阿拉伯世界乃至中东地区的领导地位;土耳其鼓吹泛伊斯兰主义,强调伊斯兰世界的整体性,并同沙特争夺伊斯兰世界的主导权;以色列在保证国家安全的情况下,对阿拉伯国家采取分化政策,通过核垄断来确保其绝对优势。这些国家并非单打独斗,每个强国都有若干代理人势力。伊朗为首的什叶派阵营至少包括叙利亚政府、黎巴嫩真主党、也门胡塞武装、哈马斯

---

[1] 吴冰冰:《中东地区的大国博弈、地缘战略竞争与战略格局》,载《外交评论》2018 年第 5 期,第 59 页。

武装；沙特主导的海湾阵营包括阿联酋、巴林、科威特等君主制国家；土耳其为首的阵营包括卡塔尔、"叙利亚自由军"和中东"穆兄会"力量；以色列依靠美以特殊关系，积极拉拢沙特为首的海合会阵营。目前，土耳其攻势明显，沙特和以色列处于相对守势，而伊朗在美国的包围下遭遇多重遏制。

值得注意的几点是：其一，尽管中东强国之间的互动是中东地区格局演变的主因，但中东地区的地缘战略竞争不仅限于上述四组竞争关系，伊朗与土耳其、埃及与土耳其、埃及与伊朗之间也存在着竞争和冲突，这些矛盾存在激化的可能；其二，同一阵营内部也存在着竞争，沙特与阿联酋、伊朗和巴沙尔政权之间均有分歧，这些分歧可能影响地区强国（阵营）之间的力量对比；其三，中东强国之间的战略竞争同域外大国之间的博弈相互勾连，纵横交织，是中东地缘战略竞争异常激烈的主要原因。同此前相比，尽管域外大国仍可对中东强国施加影响，但中东强国依附域外大国的时代已经结束，域内强国的自主性意识增强，塑造地区格局的能力在提升，对美、俄等域外大国的依赖程度明显降低，其与域外大国的关系处于深刻调整之中。

第四节　中东国家治理面临多重困境

当前中东国家普遍面临三个层次的治理困境。首先是认同困境，受历史和宗教等因素影响，中东民众对民族国家的认同较为淡漠。"阿拉伯之春"后，中东国家内部的教派、族群和部落矛盾进一步激化，亚国家层次力量集中迸发，使原本脆弱的国家认同遭遇严重冲击，部分中东民族国家出现合法性危机。其次是发展困境，中东大多数国家存在产业结构单一、贫富差距扩大、失业率居高不下等经济和社会问题，各国政府难以有效化解矛盾，增强了民众的不满情绪，加剧了中东国家的动荡局势。再次是政治转型困境，中东部分国家陷入世俗与宗教、集权与分权、稳定与改革之间的纠缠,世俗主义同伊斯兰主义之间的反复较量导致国家政权更迭频繁。中东国家面临的困境为极端思想的泛滥和恐怖组织的崛起提供了土壤,并为域外大国和地区强国的干涉提供了可乘之机,是中东地区格局碎片化的深层根源。

一、中东地区国家认同困境

中东地区是多种文明、宗教和民族往来的交汇区,受到不同政治思潮和意识形态的影响。近代以来,中东地区成为西方列强角逐的竞斗场,西方的入侵加速了奥斯曼帝国的解体与衰败。20世纪上半叶,中东人民开始摆脱西方列强的殖民统治,在原奥斯曼帝国的领土上建立主权独立的民族国家,这标志着中东现代民族国家体系的诞生,但这并不意味着国家认同也随之建立。事实上,中东国家在摆脱殖民统治、获得政治独立的同时,继承的是一份身份撕裂、认同不一的政治遗产。

尽管中东民族国家的建设带有许多"先天不足"的特征,但在冷战美苏两极格局对峙的环境下,亚国家层次因素的影响很大程度上受到政治现实的压制。世俗主义和民族主义成为主流意识形态,中东地区的民族国家建设进入了一个相对稳定的快速发展阶段。[1] 冷战结束后,在全球化和新自由主义浪潮的冲击下,民族国家的功能被削弱,国家内部的贫富差距扩大、贪污腐败等社会问题日渐突出,民众对于威权政府的信任不断削弱,伊斯兰教作为一种古老的信仰重新"焕发生机"。与此同时,外部大国的干预进一步削弱了民族国家的力量。尤其是美国小布什政府在"9·11"事件后奉行"大中东民主改造计划",该计划将专制制度视为极端主义势力产生的土壤,并为中东国家开出了

---

[1] 叶青:《试论认同多元化对中东局势发展的影响》,载《阿拉伯世界研究》2006年第6期,第52页。

民主和自由的"药方"。为推广民主制度,小布什政府发动伊拉克战争,推翻了世俗化的萨达姆政权,并向美国盟友施加改革压力。小布什的做法不仅没能强化所谓的民主,反而削弱了中东地区的世俗主义政权,为宗教、民族和部落等亚国家力量的崛起创造了条件。

首先,宗教因素是最主要且最普遍的因素。中东民族国家的合法性受到伊斯兰主义者的质疑,他们认为中东现代民族国家是西方殖民主义的产物,且民族国家的主权思想与安拉具有最高权力和伊斯兰信仰至上的主张不相容。[①] 这使宗教对于国家认同往往具有双面作用:在单一宗教信仰的国家,宗教在国家认同的建构过程中往往起到聚合作用;但在宗教多元化的国家,则需要一种超越宗教意识形态的认同来整合不同信仰的民众。然而,中东地区的教派十分复杂,除占主导地位的伊斯兰教外,还有基督教、犹太教等少数教派。即使在同一宗教内部,也存在着不同派别。伊斯兰教分为逊尼派和什叶派两大教派,这两大教派均又分为不同支派。基督教分为天主教、东正教和新教,犹太教内部亦存在保守派和改革派之分。不同教派相互交织,矛盾纠缠。不可否认,有些冲突源于教派信仰上的差异或对立,但更多时候,执政者将宗教作为维护自身统治、镇压少数派系的工具加以利用,增加了宗教矛盾的复杂性,加剧了国家内部的分裂和对峙。

在中东地区,宗教认同凌驾于国家认同之上、教派矛盾削弱民族国家的案例十分常见。在伊拉克,尽管什叶派穆斯林占据相对多数,但政权在2003年之前长期由逊尼派萨达姆政权把控,并压制什叶派。萨达姆政权倒台后,什叶派因人数优势掌权,引起逊尼派穆斯林的不满与抗争。而极端组织"伊斯兰国"正是利用逊尼派的不满情绪,在伊拉克境内迅速壮大,并在发展初期得到

---

① 王建:《中东国家和地区治理困境的根源》,载《阿拉伯世界研究》2017年第5期,第77—78页。

了逊尼派部落首领的支持与庇护。在黎巴嫩,教派矛盾是导致局势长期不稳的根源之一。1975年,基督教马龙派同穆斯林之间因权力分配问题发生冲突,冲突在叙利亚、以色列和伊朗等外部力量的干涉下升级为全面内战,并持续16年之久。时至今日,黎巴嫩仍未逃脱教派冲突的藩篱,什叶派、逊尼派和基督教马龙派分别在伊朗、沙特和以色列的支持下相互倾轧,严重破坏了黎巴嫩的稳定与繁荣。在叙利亚,教派力量分布同伊拉克正好相反,占人口总数约十分之一左右的什叶派阿拉维分支长期控制着国家政权,叙利亚危机爆发后,逊尼派穆斯林组成多股反政府武装,反对什叶派巴沙尔政权的统治。与此同时,一些逊尼派极端组织趁机崛起,试图借内战机会攫取政治和经济利益。尽管叙利亚危机的起因十分复杂,但教派冲突为我们理解叙利亚危机提供了重要视角。

其次,民族因素是削弱国家认同的另一重要来源。中东地区有阿拉伯族、突厥族、库尔德族、犹太族、波斯族五大主体民族,也有希腊族等少数民族。受历史因素影响,中东地区的民族国家并非经历长期民族融合而自觉形成的产物,而是英、法等西方殖民国家人为操纵的结果,其主权构建先于自发的民族认同,使独立后的中东国家仍然面临艰巨的国家认同整合任务。1916年《赛克斯—皮科特协定》便是英法划分各自势力范围,罔顾中东宗教和民族分布现实的最佳例证。该条约将诞生于欧洲的民族国家概念移植到中东地区,完全无视中东国家的地理、宗教、民族和历史传统,将不同的民族划分到同一个国家或是将同一个民族划分到不同国家中去,人为制造民族矛盾和冲突,使中东国家在建立伊始就面临严峻的认同分裂问题。尤其是主体民族对少数民族采取的歧视或压制政策,直接影响了国家的内部团结。在威权政体之下,民族矛盾被执政者的高压统治掩盖,而威权政权的垮台使民族问题迅速显现并激化。

以库尔德人为例,库尔德人是中东地区第四大民族,主要分布在土耳其、伊拉克、伊朗和叙利亚四国的交界处。一战后,库尔德人的自治地位被《洛桑条约》否定。随着伊拉克、叙利亚局势的动荡,库尔德人的独立步伐不断加速。萨达姆政权倒台诱发了伊拉克北部的库尔德人的独立情绪,在成立库尔德自治区之后,伊拉克北部的库尔德人试图通过"独立公投"获得国际承认,遭到伊拉克中央政府及邻国的联合镇压。在叙利亚北部和土耳其东南部,库尔德人组建了独立的武装和政党,在外部势力的援助下企图自治,成为困扰土耳其、伊拉克和叙利亚稳定的重要来源。此外,一国内部存在的民族矛盾易引发国家的分裂。在以色列,少数民族阿拉伯人无法同犹太人完全平等。以色列政府虽然赋予了阿拉伯人同等的公民权利,但仍将阿拉伯人口的快速增长视为国家安全的重要威胁,并通过多种手段对阿拉伯人进行监管和控制,这种歧视性的民族政策引发以色列阿拉伯人的不满,成为影响以色列稳定的严重隐患。

在部分中东国家,部落因素弱化了国家凝聚力,削弱了民众对国家的认同。中东地区的民族国家体系脱胎于奥斯曼帝国,新生的民族国家从旧帝国那里继承了传统的部落体制和社会结构,并延续至今。在一些中东国家,部落仍是民众忠诚的主要对象,一些部落的实力足以同政府相抗衡,这些部落的内部十分团结,但对外排斥性极强,再加上部落强烈的尚武性、荣誉感、复仇感等特性,使得部落之间的冲突时有发生,极大影响国家内部的稳定及团结。一些部落甚至为属于本部落的恐怖分子提供保护,甚至袭击搜捕恐怖分子的政府军。[①]

利比亚是受部落困扰最严重的国家。该国目前约有大大小小140支部落,瓦法拉、图阿里、麦格拉、卡扎法是其中较大的几支。卡扎菲执政初期,曾试图通过去部落化构建统一的民族身份和国家认同,但最终半途而废。卡扎菲执政后期采取的偏颇和歧视的部落政策是利比亚内战爆发的重要原因。内战期间,瓦法拉和图阿里两大部落联合对抗利比亚政府,加速了卡扎菲政权的

---

① 王金岩:《透视中东的部落问题》,载《世界知识》2015年第5期,第35页。

倒台。时至今日,部落问题仍阻碍着利比亚战后重建进程。在也门,基于部落的"荣誉认同"高于国家认同,维护部落的声望和信誉远比维护国家利益重要,民众对部落的忠诚强化了地域认同感,导致了部落之间难以形成稳定的政治合作,加剧了也门政治和社会的碎片化程度。在日常社会管理中,部落习俗和法规是调解冲突、处罚部落成员的主要社会规范,在部落间发生冲突时,部落成员不会寻求法律工具或政府调解,而是通过有声望的部落首领或宗教人士传话和仲裁。部落的强大影响力使得也门形成了部落和国家平行并存的权力中心架构,部落保持了充分的自治权力和政治地位,中央政府的法令、税收及兵役需要依靠部落力量才能得以施行,部落同样依靠国家获得领地、牧场和特权。[①] 在沙特、阿联酋等海湾君主制国家中,部落仍拥有庞大的政治势力。沙特阿拉伯就是从部落酋长国演化发展而来,沙特王室本身来源于国内最大的部落家族,尽管沙特从部落酋长国到现代国家的建构过程较为顺利,但沙特王室也必须周旋于部落首领之间以平衡不同的政治力量。阿联酋是由七个酋长国组成的联邦制国家,其政治、经济运作都带有浓厚的部落色彩,部落文化仍充斥着阿联酋社会的方方面面。

中东地区错综复杂的宗教、民族和部落矛盾削弱了国家认同。对亚国家层次因素的认同往往凌驾在国家认同之上,易在一国内部形成以宗教、族裔或者部落认同为基础的次国家行为体,如伊拉克的人民动员力量、黎巴嫩的真主党、叙利亚的库尔德人保护部队,这些次国家行为体拥有独立的军事力量和政治组织,对中东国家的稳定构成严重威胁,并极易为外部势力的干涉提供机会。

---

① 苏瑛:《社会失范理论视角下的也门部落与国家关系》,载《阿拉伯世界研究》2019 年第 4 期,第 85—86 页。

二、中东国家经济发展困境

长期以来,中东国家普遍存在产业结构单一、青年人口失业率高、贫富分化严重等经济和社会问题,严重影响中东国家的政治稳定。近年来,受国际经济形势低迷、石油价格下跌、新冠疫情扩散等因素的综合影响,中东国家面临的经济发展困境出现愈演愈烈之势。

首先,产业结构单一阻碍了中东国家的经济发展,增加了中东国家经济的脆弱性。以海合会国家为代表的中东石油出口国属于依赖油气资源的地租型经济。[①] 以沙特为例,石油行业收入占沙特政府财政收入的87%,GDP的42%,出口的90%。[②] 石油出口给产油国带来丰厚收益和外汇储备的同时,也增加了国家经济结构的脆弱性,使石油出口国过度依赖外部世界,缺乏内生动力。近年来,受国际油价低迷的影响,中东地区的石油出口国出现经济疲软、政府财政赤字增加等现象。2020年年初暴发的新冠疫情波及中东和全球,由此引发的全球石油需求下降使国际油价跌至谷底。中东地区的石油进口国同样存在产业结构单一问题,这些国家的经济过度依赖外部投资、大宗商品出口、侨汇或旅游业。尽管油价下跌有助于减少石油进口国的财政支出,但全球需求的急剧下降、投资的减少和来自石油开采国的资本及汇款流量减少对石油进口国的经济造成负面影响。此外,产业结构单一和趋同也使中东地区经济互补性极低。在海合会内部,海湾自贸区的建立一度促使海合会内部贸易额飞速增长,但由于缺乏互补性,边际效益迅速衰减,至今海合会内部贸易额在各国外贸总额中的占比仍未突破10%。近年来,以沙特"2030年愿景"为代

[①] 中东地区的石油出口国包括11个国家,分别是:阿尔及利亚、巴林、伊朗、伊拉克、科威特、利比亚、阿曼、卡塔尔、沙特、阿联酋和也门。

[②] "The World Factbook-Saudi Arabia," https://www.cia.gov/library/publications/the-world-factbook/geos/sa.html.

表,海合会多国都推出了经济多元化战略,但这些规划很少涉及海湾经济一体化,其目标和内容高度相似,难以催生推动海合会经贸合作的新动力。①

其次,人口增长过快和青年失业率居高严重影响中东国家的社会稳定。从1969年到2019年,中东人口从1.34亿增长至4.56亿,人口总数增长了约3.3倍,是世界人口增速最快的地区。② 其中,海合会国家的人口增长势头最为强劲,从2000年至2018年,阿曼、巴林、科威特人口翻了一倍之多,阿联酋的人口从313万增长至963万,沙特人口从2060万增长至3 369万。③ 人口的过快增长导致青年劳动力人数激增。据统计,阿拉伯国家中15—29岁的青年人数量占总人口数量的30%左右,部分国家30岁以下人口数量占总人口数量60%以上。④

由于中东多数国家产业结构单一,工业基础薄弱,创新活力不足,现有就业岗位难以消化日益激增的青年劳动力,导致青年就业问题十分严峻。2010年突尼斯"茉莉花革命"便是由青年失业问题引发,虽已过去十年之久,这一难题仍未得到有效解决。从2012年—2019年,中东地区15—24岁的青年失业率均维持在25%以上。⑤ 而女性青年失业率在2016年更是高达38.7%。⑥ 同欧洲国家相比,中东国家普遍缺乏健全的社会保障机制,失业民众的基本生活需求得不到满足,庞大的失业青年群体热衷街头抗议,成为影响国家稳定的重要因素。2019年10月,伊拉克爆发示威游行活动,民众要求政府解决就业难等社会问题,冲突造成40余人死亡,上千人受伤。2020年以来,受新冠肺

---

① 丁隆:《海合会:决裂只是时间问题》,载《世界知识》2017年第9期,第53页。
② 数据来源:世界银行,https://data.worldbank.org/。
③ 数据来源:世界银行,https://data.worldbank.org/。
④ The United Nations Development Programme, "Arab Human Development Report 2016," http://www.arab-hdr.org/reports/2016/english/AHDR2016En.pdf, p. 22.
⑤ FRED Date, "Youth Unemployment Rate: All Income Levels for Middle East and North Africa," July 2, 2020, https://fred.stlouisfed.org/series/SLUEM1524ZSMEA.
⑥ https://databank.worldbank.org/reports.aspx?source=jobs.

炎疫情和石油价格暴跌的影响,中东地区数以百万计的外籍劳工失业并返回母国,给地区就业形势带来更大挑战。

此外,通胀率攀升、贫富分化严重等问题直接影响着中东国家的稳定。除也门、利比亚等动乱国家外,伊朗、黎巴嫩、土耳其三国的通货膨胀问题十分突出。过高的通胀率,增加了人们的生活成本,降低了人们的生活水平和对政权的信任度。此外,贫富分化严重和贪腐盛行加剧了人们对政府的不满情绪。尽管中东地区拥有十分丰富的油气资源,但这些资源往往集中在少数统治阶层手中,普通民众难以享受到经济发展的红利。据统计,伊朗收入前10%的阶层掌握着30.9%的财富,而处在收入底层的20%民众只掌握着6.1%的财富。在土耳其,收入差距更加明显,收入前10%的阶层掌握着32.1%的财富,收入底层的20%民众只掌握着5.7%的财富,且土耳其的基尼系数高达0.419,这意味着其贫富差距过大。[①] 以上社会问题加剧了中东国家的动荡局势。2017年12月,伊朗爆发了因抗议"鸡蛋涨价"的大规模抗议示威活动,示威民众很快将对生活成本过高的不满转移到批评伊朗政体和对外政策上。2018年12月,土耳其伊斯坦布尔的民众走上街头,表达对通货膨胀及贫富差距的不满,并打出反对埃尔多安及其执政党的口号。2020年4月,黎巴嫩民众不顾政府禁令走上街头,抗议物价飞涨,并打出"要么死于饥饿,要么死于新冠"的口号。

在世界经济持续低迷的背景下,中东国家单一化的产业结构难以为继,过度依赖能源、旅游或是外部投资破坏了中东国家的经济稳定,恶化了中东国家本已严峻的经济形势和社会问题,增加了民众对政府的不满情绪,加剧了中东地区的动荡局势。

---

① 数据来源:世界银行,https://data.worldbank.org/。

三、中东国家政治转型困境

中东是世界上威权政体最为集中的地区之一。中东威权政体的类型大致可分为君主制、共和制、神权制三类。君主制政体集中分布在海湾地区,主要包括沙特、阿联酋等海合会国家和约旦、摩洛哥。[①] 海湾君主国多起源于部落政治,并通过部落间的武力征服或领导人的显赫功名确立。[②] 在这些国家中,政党活动被禁止或遭到限制,行政权、立法权和司法权集中在国王手中,国王是武装部队最高指挥官,有权任命首相、副首相等高级职务。共和制政体指埃及、利比亚、叙利亚等世俗化军人政权。这类政权集中诞生于20世纪50—60年代,多由军官推翻专制王朝的政变后建立。神权制政体的主要代表是伊朗伊斯兰共和国。1979年伊朗革命后推翻了世俗化的巴列维王朝,建立了由"教法学家"统治、政教合一的伊斯兰共和国,国家权力掌握在最高精神领袖手中。

在"阿拉伯之春"浪潮中,共和制威权政体遭遇的冲击最大。这类国家普遍具有政教分离、政党制度、文官体系、法律制度等现代民主体制的基本特征,但多流于形式,民众的政治参与严重不足,国家权力仍集中在一人、家族或少数人组成的统治集团手中,其合法性来源并非宗教或传统的部落政治,而是源于20世纪出现的中东民族主义意识形态及"奇里斯玛"式领袖的个人魅力,同时借助军队、警察等国家暴力机器维护稳定。凭借威权统治的高效性,这些共和制国家在发展初期成效颇高。但随着时间的推移,威权统治带来的政治腐败、发展滞后、贫富分化等社会问题日益突出。这些威权政体经历了产生、发展和强盛之后,已经到了衰败和灭亡的阶段。"阿拉伯之春"的爆发,本质便是

[①] 沙特、阿联酋等海合会国家虽均为君主政体,但略有差别,沙特和阿曼没有宪法,是传统君主制国家的代表,而虽然巴林、阿联酋、卡塔尔和科威特设有宪法,但君主仍是国家权力的核心。

[②] 刘竞、安维华:《现代海湾国家政治体制研究》,北京:中国社会科学出版社1994年版,第6页。

中东威权政体新陈代谢、新旧交替的历史转型过程。①

相比之下,海湾君主国受到的冲击较小,尽管少数国家出现民众抗议和示威活动,但海湾君主国的政局保持了总体稳定。这同以下几点因素有关。其一,伊斯兰教为维护海湾君主国的政局稳定贡献颇大。为维持王室统治,海湾君主竭力突出自身的伊斯兰渊源,使之充当合法统治的依据。在沙特,国王将个人权威同瓦哈比教紧密结合,并自称"两大圣地的仆人"。约旦王室则将族谱追溯至先知穆罕默德的哈姆希家族,以显示其传承的正宗。这些王室将自身描述为真主与穆斯林之间的中间人,以谋求民众的顺服。其二,统治阶层通过石油、地租、商业等渠道掌握充足的财富,政府通过提升民众的福利及待遇等方式来缓和社会矛盾,化解底层民众的不满情绪,从而有效巩固和扩大其统治基础,降低政治冲突的风险。其三,海湾君主国之间的互助机制及同西方国家的亲密关系为其创造了较为稳定的外部环境。在地区层面,海湾君主国抱团取暖,联合压制反对派力量。此外,出于维持能源安全的考虑,西方国家希望海湾国家保持政局稳定,使这些君主国遭遇的外部干扰因素较小。尽管如此,沙特、巴林、阿联酋等君主国也被迫做出改革承诺以缓解国内矛盾。

然而,威权政体的倒台并未给阿拉伯国家带来民主和繁荣,相反,军队、伊斯兰政党、世俗力量等各种政治势力相继登台,由此引发的政治乱象和经济衰退使部分国家陷入长期失序,一些国家甚至爆发大规模内战,沦为地区强国和域外大国争夺的对象。威权政体倒台后,突尼斯、埃及、利比亚等纷纷组建临时过渡政府,并进行公民选举和宪法公投活动。但由于各国长期实行威权统治,缺乏实施民主政治的经验和环境,在这种不成熟的条件下进行民主试验,最终导致更大的动荡与混乱。这种政治动乱主要体现在两个方面:在政坛高层,分权竞争导致政党林立,权力日趋碎片化。由于政府权威被削弱,转型国

---

① 田文林:《中东政治转型需要超越"民主陷阱"》,载《社会观察》2011年第10期,第73页。

家不同程度出现国家能力丧失、政治停滞、安全形势恶化等"功能紊乱";在民间层面,广大民众参政热情无处释放,"街头政治"成为民众发泄不满情绪的主要渠道。穆尔西执政一年,埃及共发生 7 400 多次民众抗议,仅 2013 年 7 月埃及就发生 1 432 场示威游行,平均每天 46 场,每小时近两场。这种"街头抗议"无助于政治转型,反而容易被各种势力利用。①

有学者将中东国家的政治转型分为五种模式:②一是以埃及为代表的"转圜模式",在穆巴拉克的独裁统治结束后,"穆兄会"组织自由与正义党赢得大选,穆尔西上台执政,但仅一年后便被军人政变推翻,埃及在经历政治伊斯兰复兴后重回强人政治;二是以突尼斯为代表的"破立模式",本·阿里政权倒台后,持温和伊斯兰立场的复兴运动党上台,并最终同世俗主义力量实现政治和解与合作,使突尼斯实现权力的和平交接与政治转型的初步成功;三是以利比亚为代表的"衰败模式",强大的地方政治力量及割据军阀迟滞了这些国家的转型进程,国家权威失效,民众生活水平倒退;四是以阿曼等君主制国家为代表的"渐进模式",这些国家在变局中保持政权稳固,通过渐进式、延续性、修补性的改革缓解了社会矛盾,成功避免了国家政治、经济及社会动荡;五是以叙利亚为代表的"僵持模式",国家成为大国角逐的竞技场,巴沙尔政权依然执政,新旧政治势力之间的博弈处于"热战"阶段,转型前景依旧不明。

目前来看,除突尼斯外,中东国家的政治转型普遍遭遇重大挫折。探寻经验,有两个层面的问题值得注意。一是世俗主义和伊斯兰主义的关系。中东共和制国家虽奉行政教分离原则,但伊斯兰教在民间蕴含着巨大的能量。在威权政体倒台后,政治伊斯兰势力凭借强大的社会动员能力和民众的不满情绪赢得大选,取得政治改革进程的主导权。但在短期执政后,伊斯兰政党不仅

---

① 田文林:《转型中的中东地缘政治格局》,载《阿拉伯世界研究》2014 年第 2 期,第 17 页。
② 陈小迁、王泰:《论欧美国家的'促进政策'与中东国家的政治转型》,载《中东研究》2018 年第 1 期,第 58 页。

没有给民众带来实实在在的好处,反而触犯了国内强大保守派的既得利益,最终被代表世俗力量的军方和保守派联合推翻。埃及和突尼斯的经验最具代表性,两国均出现政治伊斯兰主义的复兴,但前者政治转型遭受严重挫折,军方推翻了民选产生的穆尔西政府,世俗主义战胜伊斯兰主义重掌政权,导致政治转型中断,国家重回强人政治的老路;而突尼斯则实现了世俗主义同伊斯兰主义的和解,双方坚持"共识民主",以和平对话方式推进政治转型,有效降低了政治冲突的烈度,使国家政权实现平稳过渡。[①] 因此,在政治转型的进程中,如何平衡世俗主义和伊斯兰主义两种力量,尤其是处理好军方在国家政治中的地位及作用尤其重要,若两派力量不能达成共识,势必影响国家的稳定和政治进程。

二是国家与社会的关系。这一关系本质上是处理中央政府和社会不同单元之间的关系。自亨廷顿提出民主化"第三波"浪潮理论以来,人们将中东民主化的希望寄托于公民社会力量的培育和壮大之上,并认为公民社会在削弱威权统治、建立和维持民主政体、实现公民有序政治参与、改善民主治理的质量方面意义重大。[②] 而中东国家长期的威权统治导致"强国家-弱社会"问题,使这些国家普遍缺乏成熟的公民社会作为推行民主政治的基础,威权政体倒台后,各国纷纷实行以选举和分权为特征的民主政治,忽视了本国未有施行民主政治的条件和土壤,导致民主政治沦为"街头政治",引发局势动荡。目前,中东各国普遍出现强人政治回归现象,政治转型多半陷入停滞。从长期来看,如若处理不好不同意识形态和政治派别之间的关系,没有成熟的现代公民社会作为依托,中东国家的政治转型恐难成功。

[①] 郭金灿:《"阿拉伯之春"四周年下的突尼斯政治转型》,载《当代世界》2015 年第 3 期,第 53 页。

[②] 王泰:《历史长时段视角下中东的政治转型与民主构建》,载《西亚非洲》2016 年第 1 期,第 138—139 页。

综上所述,中东国家治理面临的多重困境是中东地区格局碎片化的深层因素。就认同层面而言,宗教、民族、部落等认同凌驾于国家认同之上,影响了民众对国家的忠诚,削弱了国家凝聚力,使中东国家内部极易出现次国家行为体。就发展层面而言,产业结构单一、青年失业率高、通货膨胀严重等问题破坏中东国家的社会稳定,激发民众的不满情绪,是诱发局势动荡的直接因素。就政治转型层面而言,世俗与宗教、集权与分权之争阻碍了中东国家的政治转型进程,长期的威权统治使这些国家缺乏民主政治的基础,使政治转型陷入循环往复的怪圈。中东国家面临的上述困境为极端组织的崛起提供条件,并为外部势力的干涉提供了可乘之机。

第五节　中东地区秩序碎片化的多维图景与中国的中东政策

碎片化是后冷战时代中东地区格局变迁的最显著特征。在政治层面,中东域内主要力量对比严重失衡,突出表现为非阿拉伯国家强势崛起,占据了中东地缘政治舞台的中心,阿拉伯国家普遍孱弱,无力主导地区局势,部分阿拉伯国家甚至沦为被争夺和支配的对象。地区权力结构的重塑和调整释放出巨大的权力真空,诱发地缘政治动荡。在安全层面,中东民族、教派、领土与地缘矛盾相互交织,极端主义、恐怖主义、内战、大规模杀伤性武器扩散、难民危机、传染病等传统安全与非传统安全议题盘根错节,加上外部力量的干涉与博弈,推动中东热点问题持续发酵,地区安全形势严重恶化。地缘政治动荡和安全形势恶化加剧了中东地区经济秩序的分化,严重阻碍了地区经济的发展与融合。国际经济形势走低和新冠疫情的暴发重创域内主要经济体,中东国家过度依赖能源的单一型经济难以为继,中东地缘经济格局亦呈现高度碎片化特征。

尽管"阿拉伯之春"加剧了中东碎片化的程度,但并非中东碎片化的发端。中东地区格局的碎片化有深刻的历史根源、复杂的现实因素和独特的外部环境。中东诸多现代民族国家脱胎于奥斯曼帝国的废墟之上,其边界由英法《赛克斯-皮克特协定》所固定,是西方"民族国家体系"对原伊斯兰帝国体系的人为置换,这使得中东民族国家带有"先天不足"的特征,国家认同受到民族、教派、部落等亚国家层次认同的挑战。冷战期间,中东地缘政治的鸿沟大体由东西方阵营的对抗所界定,联盟关系以意识形态为分野,权力结构保持较高的稳定性。同时,阿拉伯民族主义情绪的高涨压制了亚国家层次的分离力量,以强人统治为特征的威权政体掩盖了国家内部的诸多矛盾。

冷战结束后,地缘政治版图、族群和社会力量重新分化组合,民族国家急剧增生,亚国家层次的分裂化同跨国层次的一体化趋势并行出现,增加了地缘政治的不确定性。[1] 与此同时,冷战的终结推动了新自由主义思潮在全球范围内的传播,新一轮全球化进程接踵而来,以跨国公司为代表的经济全球化和互联网为核心的技术扩散增强了国家间的相互依赖,一国内部要素同外部世界的联系愈加紧密,也削弱了民族国家的免疫能力,导致国家间的边界日渐模糊。[2] 这一现象在政治环境脆弱的中东地区尤为突出。一方面,在经济全球化的大背景下,迫于自身发展需要,埃及、突尼斯、叙利亚等中东威权国家纷纷推行新自由主义改革,加剧了国内的贫富分化和社会矛盾,削弱了威权政体的调控能力,引发了国家内部的政治和经济危机,使长期被压制的亚国家层次力量得以释放。另一方面,以美国为代表的域外大国以"反恐""民主"为名,行干预中东国家内政之实,积极支持中东内部的反对派力量,强行推动中东国家政

---

[1] 时殷弘:《民族主义与国家增生的类型及伦理道德思考》,载《战略与管理》1994年第5期,第28—29页。

[2] 张康之:《论民族国家在全球化中的处境》,载《学术界》2019年第3期,第28—37页。

权更迭。2003年美国主导的伊拉克战争推翻了萨达姆政权,在较为完整的中东地缘政治体系上打开了一个缺口,其释放出的巨大权力真空严重影响了伊拉克和周边国家的稳定。2011年"阿拉伯之春"的爆发进一步打破了中东脆弱的权力平衡,威权国家内部掩盖的矛盾集中爆发,亚国家层次力量日渐崛起。域外力量趁机干涉,同叙利亚、利比亚等动乱国家内部的亚国家力量深度勾连,严重破坏了中东地缘政治环境,导致中东地区格局呈现高度碎片化的特征。

域外大国博弈和域内强国地缘竞争的变化加剧了中东地区格局的碎片化程度。从奥巴马到特朗普,美国干预中东事务的能力和意愿持续下降,收缩成为美国中东战略的主线。相比之下,俄罗斯加快"重返"中东步伐,以叙利亚危机为支点扩大地缘影响,中东地缘政治博弈呈现"美退俄进"之势。随着美俄在中东影响力的差距逐渐缩小,俄罗斯开始挑战美国在中东的主导地位,美俄在中东的博弈日益激烈。此外,欧盟受难民潮冲击自顾不暇,在中东陷入"进退失据"的尴尬局面;以中国为代表的新兴大国扩展了在中东的经济利益和政治影响力,但缺乏单独构建中东地区秩序的能力。随着中东地区域外大国博弈格局多极化趋势发展,外部力量对中东稳定的正向作用逐渐减弱。与此同时,中东域内强国间地缘竞争愈发尖锐。土耳其、以色列和伊朗为代表的非阿拉伯国家强势崛起,自主性意识增强,塑造地区格局的能力不断提升,对美、俄等域外大国的依赖程度降低。域内强国通过军备竞赛、结盟、扶植代理人等方式提升己方力量、分化对方阵营,加剧了地区国家间的安全困境,增加了权力结构和联盟关系的脆弱性。

中东国家治理面临的困境是地区秩序碎片化的深层根源。在认同层面,宗教、民族、部落等次国家认同严重影响了中东国家认同的构建,弱化了民众对国家的忠诚,削弱了国家凝聚力,使中东国家内部极易出现亚国家行为体。就发展层面而言,产业结构单一、青年失业率高、通货膨胀严重等问题破坏中东国家的社会稳定,激发民众的不满情绪,是诱发局势动荡的直接因素。就政治转型层面而言,世俗与宗教、集权与分权之争阻碍了中东国家的政治转型进程,长期的威权统治使这些国家缺乏民主政治的基础,使政治转型陷入循环往复的怪圈。中东国家面临的上述困境为极端主义和恐怖主义的崛起提供了条件,并为外部势力的干涉提供了可乘之机。

以上三个层次的困境本质上涉及稳定、发展与改革之间的关系。稳定是发展和改革的基础和前提,只有建构起统一的国家认同,增强国家的凝聚力,将国家利益置于狭隘的集团利益之上,方能为发展和改革创造稳定的国内环境。发展是解决中东问题的根本出路,只有变革经济结构,实现经济健康有序发展和人的全面发展,有效解决青年就业难、通胀率高等民生和社会问题,不断提升民众的生活水平和政治信任感,才能消除极端主义产生的土壤和条件。改革为发展提供动力和思想源泉,只有革新陈旧的思想观念,协调经济基础与上层建筑之间的关系,不断汲取外部世界发展的有益经验,才能推动国家现代化建设进程。[①]

"阿拉伯之春"的惨痛经历表明:西方民主政治并不适合中东国家的基本国情和历史传统,一味地照搬西方模式只会给国家带来沉重的灾难。中东国家应立足自身实际,从本国文化传统中汲取营养,坚持东西并举、兼容并包的理念,走出一条符合国情、民情、社情的发展道路。为此,中国的中东政策和外交实践为中东国家的发展提供了诸多思考和机遇。2016年1月21日,习近平主席在开罗阿盟总部发表《共同开创中阿关系的美好未来》的主题演讲,全面详细地阐述了中国中东政策的基本内涵、理念与主张。

首先,中国坚持和平共处和独立自主的外交原则发展同中东国家关系,在

---

① 戚振宏:《发展是化解中东困境的根本出路》,2018年11月29日,http://www.ciis.org.cn/chinese/2018-11/29/content_40596661.html。

不结盟、不干涉内政、不称霸的前提下,同中东各国保持良好合作关系,奉行全方位平衡外交。中国的中东政策始终以和平共处和独立自主为指导。一方面,中国政府无意干涉中东国家内政,并反对其他域外大国和地区大国以任何理由干涉中东国家内政,这是中国同西方国家在中东事务立场上的本质区别。长期以来,以美国为首的西方国家坚守"制度优越性"和"普世价值"理念,热衷输出本国政治制度、价值观念和生活方式,试图将自己的政治理念和发展模式强加在他国之上,这是导致中东长期陷入混乱的重要外部因素。"阿拉伯之春"业已证明,西式民主无法给中东人民带来发展与繁荣,域外大国的干预无助于地区稳定和持久和平。中国政府尊重中东的变革诉求,鼓励中东国家自主探索符合国情的发展道路。另一方面,中国政府坚持不结盟政策,积极发展同中东各国的友好关系,坚定履行"不找代理人,不搞势力范围,不谋求填补'真空'"的政治承诺,向中东国家展示了中国作为负责任大国的良好国际形象。

其次,中国主张通过谈判和政治对话解决中东地区的冲突和争端。中国政府反复强调:"武力不是解决问题之道,零和思维无法带来持久安全,对话过程虽然漫长,甚至可能出现反复,但后遗症最小,结果也最可持续。"[①]中国坚持在《联合国宪章》和国际法的基本准则之下参与中东事务,主张通过谈判和政治对话解决冲突和争端,反对域外势力武力干涉中东国家内部事务,主张为冲突双方的政治对话与沟通交流创造有利条件;坚定支持联合国发挥作用,反对单边主义;秉持公道和正义理念,反对双重标准。在巴勒斯坦问题上,中方坚持四点主张:坚定推进以"两国方案"为基础的政治解决方案,支持建立以1967年边界为基础、以东耶路撒冷为首都、享有完全主权的独立的巴勒斯坦国;坚持共同、综合、合作、可持续的安全观;进一步协调国际社会的努力,壮大

---

① 习近平:《共同开创中阿关系的美好未来》,人民网,2016年1月22日。

促和合力;综合施策,以发展促进和平。① 在伊朗核问题和海湾局势上,中国政府呼吁相关各方秉持客观公正立场,从维护地区和平稳定、维护核不扩散体系、维护国际法和国际公平正义的大局出发,为缓和地区局势贡献力量。在叙利亚问题上,中方强调政治对话是根本之道,坚持维护国际公理法治,先后提出"六点主张""四点倡议""五个坚持"和"四步走"等思路和举措,积极劝和促谈,推动叙利亚危机重回政治解决轨道。此外,中国政府坚定支持联合国在中东热点问题上发挥作用,积极参与联合国在中东地区的维和行动,并向叙利亚、约旦、黎巴嫩、利比亚、也门等国家提供大批人道主义援助。归根结底,中国在中东没有历史、政治和意识形态包袱,这是中国政府能够坚守公道和正义的主要原因。2023年3月10日,在中国政府的推动下,沙特阿拉伯与伊朗达成恢复双方外交关系的协议。这一协议的达成充分说明中国的中东安全治理理念得到中东国家的高度认可和实质性回应。

再次,中国坚持"互利共赢"原则,秉持"以发展促和平"理念,坚持在"一带一路"框架下深化同中东各国的经济合作。发展不足是中东动荡的根源,高效发展是实现中东和平与稳定的必由之路,只有实现发展,才能彻底消除恐怖主义滋生的土壤和国家动荡的根源。中国政府坚持走和平发展道路,实行互利共赢的对外开放战略,积极主动参与全球治理,扩大同中东各国的利益交汇点。2014年6月,习近平主席在中阿合作论坛北京部长级会议上提出,中阿共建"一带一路",构建以能源合作为主轴,以基础设施建设、贸易和投资便利化为两翼,以核能、航天卫星、新能源三大高新领域为突破口的"1+2+3"合作格局,开启了中国和中东国家合作的新篇章。在合作模式上,中国同中东国家探索合作发展的新模式,不断提高合作档次,围绕"油气+"不断创新合作模式,续签长期购油协议,从"石油、贷款、工程"三个方面启动一揽子复合合作模

---

① 《中国代表宣介习近平关于解决巴勒斯坦问题"四点主张"》,《人民日报》2017年7月27日。

式,延伸传统油气合作链条,合作开发新能源、可再生能源;在贸易投资领域,中国愿意同中东国家更多地签署本币互换、相互投资协议,扩大人民币结算业务规模,加快投资便利化进程,引导双方投资基金和社会资金参与"一带一路"重点项目。在产能合作方面,中国积极促进中东工业化,开展产能对接行动。产能合作契合中东国家经济多元化大趋势,将引领中东国家走出一条经济、民本、绿色的工业化新路。为此,中国政府愿意利用人力资源、技术、设备和资金优势,帮助中东国家以较低成本、在较少时间内建立急需产业,填补产业空白,培育比较优势,创造更多的就业机会。中国致力于与中东国家在"一带一路"的框架下深化经济合作,充分体现了以发展合作促进政治互信和安全合作的路径。

最后,中国倡导在相互尊重的前提下,增进同中东国家的文化交流与互鉴,以实现民心相通、民意交融。党的十九大报告提出"要尊重世界文明多样性,以文明交流超越文明隔阂、文明互鉴超越文明冲突、文明共存超越文明优越"。[1] 中国政府认为文明具有多样性,中东是人类古老文明的交汇之地,有着色彩斑斓的文明和文化多样性。中国政府将继续毫不动摇支持中东国家维护民族文化传统,反对一切针对特定民族宗教的歧视和偏见,并积极同中东各国开展文明对话,倡导包容互鉴,实现民心相通。2019年5月,习近平主席在亚洲文明大会开幕式上提出促进文明交流互鉴的四点主张:"坚持相互尊重、平等相待""坚持美人之美、美美与共""坚持开放包容、互学互鉴""坚持与时俱进、创新发展"。[2] 为中国同中东国家的文化交流合作指明了方向。经过长期的合作与努力,中国同阿拉伯国家在教育合作、学术研讨、图书出版、媒体传播

---

[1] 《习近平在中国共产党第十九次全国代表大会上的报告》,人民网,2017年10月28日。
[2] 《习近平提出4点主张》,新华网,2019年5月15日。

等各方面不断深化合作。① 为了让人才和思想在"一带一路"上流动起来,习近平主席提出将实施增进友好的"百千万"工程,包括开展100部中阿典籍互译、邀请100名专家学者互访;提供1 000个阿拉伯青年领袖培训名额,邀请1 500名阿拉伯政党领导人来华考察;提供10 000个奖学金名额和10 000个培训名额,落实10 000名中阿艺术家互访。② 相互尊重是推进政治、安全与经济合作的前提条件,中国在尊重文明多样性的前提下,以民心相通为核心持续推进地区安全上的互信建设。

在中国特色大国外交的引领下,中国同中东国家的政治、经济与文化合作取得明显进展和突破。在政治方面,中国同中东国家建立了层次分明、日臻成熟的合作伙伴关系体系。2018年,中国同阿盟的关系从战略合作关系升级为战略伙伴关系。到2019年7月,中国已同18个阿拉伯国家及伊朗、土耳其签署共建"一带一路"合作文件。③ 同13个中东国家建立了全面战略伙伴或战略伙伴关系,有9个中东国家成为亚洲基础设施投资银行创始成员。④ 在经济方面,中国的"一带一路"倡议同埃及、沙特、阿联酋、卡塔尔和巴林等国的"2030愿景"、约旦的"2025愿景"、阿尔及利亚的"2035愿景"高度契合。在基础设施领域,中国同中东国家的合作形式广泛,形成了中国—沙特吉赞产业集

---

① 包澄章:《中国与阿拉伯国家人文交流的现状、基础及挑战》,载《西亚非洲》2019年第1期,第140—160页。
② 习近平:《共同开创中阿关系的美好未来——在阿拉伯国家联盟总部的演讲》,人民网,2016年1月22日。
③ 中华人民共和国商务部:《已有18个阿拉伯国家与我国签署共建"一带一路"合作文件》,2019年7月12日,http://www.gov.cn/xinwen/2019-07/12/content_5408782.htm。18个阿拉伯国家包括:阿尔及利亚、巴林、科摩罗、吉布提、埃及、伊拉克、科威特、黎巴嫩、利比亚、摩洛哥、阿曼、卡塔尔、沙特阿拉伯、索马里、苏丹、突尼斯、阿联酋、也门。
④ 同中国建立全面战略伙伴关系的中东国家有5个:阿尔及利亚(2014)、埃及(2014)、沙特阿拉伯(2016)、伊朗(2016)、阿联酋(2018);同中国建立战略伙伴关系的中东国家有8个:卡塔尔(2014)、约旦(2015)、伊拉克(2015)、摩洛哥(2016)、苏丹(2016)、吉布提(2017)、阿曼(2018)、科威特(2018);"亚投行"创始成员中的有9个中东国家:埃及、沙特阿拉伯、阿联酋、伊朗、卡塔尔、约旦、阿曼、科威特、土耳其。

聚区、阿曼苏哈尔独立电站和杜库姆中国产业园、中国—阿联酋产能合作示范园、中国—埃及苏伊士经贸合作区等品牌项目;在高科技领域,中国帮助阿尔及利亚和埃及发射卫星,与沙特联合探月与探测水星合作计划,体现了中阿"空中丝绸之路"的延续和拓展。在金融领域,中国在阿联酋和卡塔尔建立人民币海外清算中心,中国国有银行在阿拉伯国家设立更多分部等。[1] 在文化交流方面,中国同中东国家的文化交流增进了双方人民的相互了解和友好感情,为双方合作夯实了民意基础。中国同阿盟共同举办中阿友好年、阿拉伯艺术节等文化交流活动,中国在中东12个国家设立了26所孔子学院和孔子课堂,[2]中国同中东国家之间留学生交换的数量逐年稳步增加。

总之,中国的中东政策秉持和平、创新、引领、治理和交融的行动理念,在"和平共处、互利共赢、相互尊重"的原则下,秉持"结伴不结盟""对话不对抗""以发展促和平""以交流促合作"等理念,坚守公道与正义,积极做中东和平的建设者、中东发展的推动者、中东工业化的助推者、中东稳定的支持者、中东民心交融的合作伙伴,同中东各国政府一道,努力促进中东地区的和平进程和发展事业,共同创造人类的美好未来。

---

[1] 孙德刚、张丹丹:《"一带一路"与中阿战略伙伴关系新定位》,载《当代世界》2018年第10期,第69页。

[2] 笔者整理,数据详见孔子学院网站:http://www.hanban.org/confuciousinstitutes/node_10961.htm。

第五章
凝聚与疏离：当代欧洲安全防务秩序与大国关系

（孔　刚）

第二次世界大战后，随着两极格局的确立和美苏冷战的展开，欧洲国家不得不依赖大西洋彼岸的美国——经济上的"马歇尔计划"，政治军事上的"北大西洋公约组织"，通过发展跨大西洋关系以求自保和复兴，由此导致欧洲不仅被牢牢绑在了美国的战车上，而且成为美国对抗苏联的桥头堡。在这样的背景下，欧洲国家一方面强调美西方的团结以抗击苏联，另一方面开始了由经济到政治、由政治到防务的一体化探索。冷战结束前，由于美欧有着共同的敌人苏联，政治上强调作为世界一极发挥作用，外交上主张用"一个声音说话"，同时，防务上欧洲主要依靠美国及北约，欧洲防务一体化的速度较为缓慢；冷战结束后，美欧的国家利益分歧逐渐增大，欧洲更加重视自身战略自主、政治作用发挥和防务一体化建设，其中，美欧关系、英国脱欧、法德轴心作用至关重要，并在很大程度上影响了欧洲政治—安全秩序、特别是防务一体化问题的基本面貌。

第一节 欧洲政治生态核心要素与政治统合大趋势

当代欧洲的政治秩序呈现比较明显的多元性,以及多层次性特征。欧洲政党政治生态,欧洲地区已经蔚然成风的跨国政治思潮及其运动,以及一体化政治领域欧盟政治制度的发展与地区政治统合,构成了当代欧洲政治秩序丰富多彩的基本内涵。这些因素不仅独立演进,而且彼此密切交织,表现出当代欧洲政治秩序的显著特征。

一、欧洲国家的政党政治生态

当代欧洲的政治秩序固然呈现向欧盟所代表的泛欧洲层面凝聚的趋势,但不可否认的是,在某些领域,欧洲国家尤其是那些大国仍然发挥着举足轻重的作用。在欧洲国家的政治层面,能够对欧洲政治秩序产生直接与较大影响的,显然是选举政治。而在这种生态背后,起决定性作用的又是欧洲国家各类属性的政治党派。这些政党对欧洲政治秩序的影响主要通过两种方式:一是传统大国各政党通过执掌本国政权的方式直接影响欧洲的政治,二是欧洲议会选举通过意识形态结盟的方式直接在欧盟层面发挥作用。

德国是一个成熟、发达的西方自由民主制国家,经过几十年的建设与完善,德国的政党体系及其竞选制度已经相当完备。德国实行多党制。目前,德国国内党员人数及议院席数最多的政党为社会民主党;紧接其后的为基督教民主联盟和联盟90/绿党(Bündnis 90/Die Grünen)。除此之外,德国还有许多其他政党。在德国近现代史上比较重要的政党有自由民主党、巴伐利亚基督教社会联盟、左翼党,以及于2013年成立的选择党。德国社会民主党来源于工人运动,有着明确的社会主义性质,因此和工会关系密切。1989年,社会民主党告别了从1959年一直沿用的"哥德斯堡纲领",以"柏林宣言"取而代之。此后又于2007年发布了新的党派宣言。社会民主党把社会正义作为它的一个主要政见,认为一个强大而重视社会福利的国家才能保护弱势群体的权利。对于欧洲一体化,社会民主党的立场始终比较积极。德国的基督教民主主义基本是一种战后的现象。基督教民主联盟从1947年起与巴伐利亚基督教社会联盟结成联盟党,并在战后德国拥有最长的执政时间,其中三次与社会民主党组成所谓大联合政府。1982年之后,基督教民主联盟常与同属中间偏右的自由民主党结盟,一旦两党取得过半数议席,通常会一同组建联合政府。对于欧洲一体化,基督教联盟党的支持立场始终比较坚定,加之长期执政,确保了德国战后对于欧共体(欧盟)建设在政策上的高度连续性。

法国政党系统及其制度的流动性与多元性更加显著。属于典型的多党制,没有一个政党能独自取得政权,必须由多个政党共同组成联合政府。自20世纪80年代起,法国一直由两个较为稳定的政党联盟执政:中间偏左方面,以社会党为首,加上绿党和其他左翼激进党;中间偏右方面,以共和人党(原人民运动联盟)为首,另有民主运动的支持。过去这两大阵营以外的政党很难获得显著的胜利,但极右翼的国民阵线(2018年6月1日正式更名"国民联盟")在2014年欧洲议会大选后已成为最大党。而马克龙于2016年4月领导创建"前进"运动(En Marche!),2017年5月更名为共和国前进党。2017年5月7日,马克龙在总统选举第二轮投票中以大幅差距领先极右翼的对手玛丽娜·勒庞,成为法国史上最年轻的总统。但随着近年来欧洲民粹主义甚嚣尘上,马克龙领导的中间党派正面临着来自不同政治立场的严峻挑战。

英国的政党系统及其竞选制度属于西方世界最古老的一员,也在多个领域开创了西方政治史的先河。1679年,当时最先出现的法院派及国家派迅速合并成托利党。托利党便亦是保守党的前身。18世纪工人阶级兴起,并于1900年组成劳工代表委员会亦即工党前身。英国政治受两党把持的局面自此成形。第二次世界大战后至20世纪70年代中期,英国两大政党保守党和工党对政治的基本信念,例如国家的角色和政策工具都有共识。20世纪70年代中期,英国政党的政治共识渐见分歧,主要是由经济因素催化,尤其是受到国际资本市场所影响。自撒切尔夫人执政时起,保守党便坚决主张市场经济,并对绝大部分的公共事务减少政府干预。此外,他们一向以反对进一步欧洲一体化而著称。保守党党内已达成共识,并在2016年脱欧公投后正式以支持脱欧为主流。布莱尔执政前后出现的所谓新工党发展和赞成"第三条道路",即一种试图"超越资本主义和社会主义"的理念。在对待欧洲的态度上,工党更加务实并表现出更多的合作性:在不放弃本国自主权的前提下,支持欧盟进行机构改革;支持欧洲货币联盟,但拒绝加入欧元区。支持欧盟防务建设,但强调北约的首要地位。

然而在过去的10余年中,欧洲的政党生态正在明显发生变化。许多主流政党日趋衰落,欧洲社会极化加剧,在政治文化领域的竞争日益严重甚至开始主导部分议程。[1] 近年来,某些所谓的长期边缘性政党的强势崛起,已经或正在成为当代欧洲政党生态圈的一大焦点。其中德国的选择党在2024年欧洲议会选举中,获得了16%的得票率,位列第二名,仅次于基督教民主联盟30%的得票率,超越总理朔尔茨领导的社会民主党,而得票率比2019年选举高出近5%,取得了重大进步。不过,有学者研究指出,政党实力的此消彼长至关重要,选择党就是在社会民主党处于历史最低点的时候赢得了显著的成功。[2] 而在法国,勒庞领导下的国民联盟在2024年的法国议会选举中取得大胜。在奥地利,右翼民粹主义政党奥地利自由党成功地成为议会第三大党及最大的

---

[1] Milada Anna Vachudova, "Populism, Democracy, and Party System Change in Europe," *Annual Review of Political Science*, vol. 24, no. 2, May 2021, p. 491.

[2] Stephen G. Gross, "Understanding Europe's Populist Right: The State of the Field," *Contemporary European History*, vol. 32, no. 3, August 2023, p. 489.

反对党。在荷兰这个欧盟初创成员国,由威尔德斯领导的右翼民粹主义政党自由党也成功地跻身该国第二大党,其在荷兰的政治影响力也与日俱增。此外,西班牙的"我们能"(Podemos)党关注社会公正、经济平等、反资本主义等议题。意大利民粹主义政党"五星运动"(M5S)通常以反精英、反体制的姿态出现,强调直接民主和对现有政治结构的批判。欧洲的边缘政党虽然在政治光谱中处于边缘位置,但它们对于欧洲政治生态的塑造和政策的制定具有不可忽视的影响。通过提出独特的政治观点和策略,边缘政党能够在一定程度上反映社会的多元声音,并对主流政治发起挑战。

二、当代欧洲跨国政治思潮及其社会效应

近代以来,欧洲就是各类政治思潮的起源地与大本营。一系列改变人类历史进程的政治思想肇源于此。当代欧洲在政治思潮方面仍然十分活跃,流行于欧洲的诸多热点思潮不仅为欧洲人民的社会生活带来诸多变量,也为欧洲政治秩序的未来发展引入了一系列不可预知的因素。其中尤为引人注目并具有重大社会影响的包括民粹主义、多元文化主义及绿色生态主义,等等。

民粹主义又译平民主义、大众主义、人民主义、公民主义等,指的是一系列强调"人民"观念并与"精英"相对立的政治立场。民粹主义通常是精英主义的反义词。民粹主义者支持直接民主与基层民主,认为政治精英(当下或未来)只追求自身利益,腐化且不可相信,希望由人民直接决定政治事务。19世纪,俄罗斯首度出现了民粹这个词即"民粹派",特征是拥护民众、蔑视精英。在当代,欧洲的民粹主义又一次兴起并再次与政治权利联系在一起。21世纪,欧洲的民粹主义言论和运动越来越明显。例如,意大利最著名的右翼民粹主义政党北方联盟主张将意大利转变为联邦国家,实行财政联邦制,并扩大地区自治,尤其是北部地区。随着20世纪90年代末以来移民意大利的人数不断增加,北方联盟越来越多地将注意力转向批评大规模移民的进入。自由人民党

也反对非法移民,批评伊斯兰教并提议意大利退出欧元区。欧债危机发生后,南欧等国民粹主义的兴起还获得了另一股助力,那就是欧盟及其北方成员国对财政纪律的要求在南欧引起了反弹。[①] 确实自 2013 年以来,在马泰奥·萨尔维尼的领导下,该党在一定程度上信奉意大利民族主义,强调欧洲怀疑主义、反对移民和其他"民粹主义"政策,同时与欧洲右翼民粹主义政党结成联盟。与此同时,英国独立党作为右翼民粹主义政党,在奈杰尔·法拉奇的领导下利用 2004 年欧盟扩大后英国日益增长的移民问题在脱欧公投中取得了成功。英国公民投票脱离欧盟的脱欧公投被称为民粹主义的胜利,鼓励了民粹主义政党在其他欧盟国家掀起公投的浪潮。

民粹主义在欧洲的持续性与未来走向取决于多种因素,包括经济复苏、社会融合的有效性,以及民粹主义政党的内部治理能力。同时,欧洲各国对民粹主义的反应和政策调整也将对其发展产生重要影响。面对民粹主义的挑战,欧盟和其他国家正在努力寻找平衡点,既要应对民粹主义的现实威胁,又要维护民主价值观和多元文化的和谐共存。

随着全球化的推进,多元文化主义成为多个欧洲国家用以管理多元文化的公共政策。它采取官方手段,在一个国家内部推动不同文化相互尊重和宽容。多元文化主义最初起源于英国和加拿大等国家,随后扩展到欧洲国家。在 20 世纪中叶,随着第二次世界大战结束和冷战开始,欧洲各国迎来了大规模的移民潮,其中许多移民是逃离战争和迫害的难民。多元文化主义旨在帮助这些移民适应新环境,同时保留其文化传统,避免其被文化同化。对于这些欧洲国家政府而言,多元文化政策的核心内涵是移民族群可以保留自身的文化,并且同其他文化和平地交流,但是必须支持社会基本价值观。而在西方国

[①] Philip Rathgeb & Jonathan Hopkin, "How the Eurozone shapes populism: a comparative political economy approach," *Journal of European Public Policy*, November 7, 2023, p. 7.

家,这些基本概念是:民主、政教分离、启蒙思想、公民社会,等等。官方实施多元文化政策的主要手段包括:政府支持使用少数民族语言的报纸、广播电台和电视台;支持少数民族的假日和节庆活动;在学校、军队和社会各界容许民族传统和宗教服饰,以及鼓励少数民族在政治、教育和其他社会活动中有自己的代表,等等。然而必须承认,欧洲国家推行多元文化主义政策产生的效果褒贬不一,尤其是近年来,一些质疑甚至反对的声音一浪高过一浪。2010年10月,时任德国总理默克尔曾公开表示"德国试图建立多元文化社会的努力已经彻底失败",[①]她指出穆斯林移民需要努力融入德国社会并学习德语。2011年2月,时任英国首相卡梅伦表示英国多年来推行的文化多元政策助长了极端主义意识形态,使本土恐怖主义滋长。他表示"英国必须放弃失败的文化多元主义","坚决捍卫自由的西方价值观"。[②] 2015年11月,法国巴黎发生连环恐怖袭击后,一些右派人士认为,西方国家多年来奉行的多元文化价值观和政治正确纵容了恐怖主义的泛滥。无论如何,在全球化时代,多元文化主义作为社会治理的必需工具,仍然具有旺盛的生命力,很难被欧洲完全抛弃。

绿色生态主义又被称为绿色政治,是一种将目标放在生态及环境上的政治思想,绿色生态主义者通过草根式、参与式的民主制度来达成目标。欧洲的绿色生态主义是一种强调环境保护、可持续发展和生态平衡的政治理念和行动,它与欧洲的生态运动密切相关。这种思想在20世纪70年代初随着全球环保意识的觉醒而兴起,尤其在石油危机之后,人们开始关注能源消耗和环境破坏带来的长远后果。绿色生态主义在欧洲的影响力不断扩大,成为推动政策制定、企业行为和社会生活方式转变的关键力量。世界上第一个成功的绿

[①] 默克尔:《德国文化多元社会已经失败》,BBC中文网,2010年10月17日,https://www.bbc.co.uk/zhongwen/simp/world/2010/10/101017_germany_merkel_multiculturalism.shtml。

[②] "Cameron: My War on Multiculturalism," *The Independent* (London, England), February 5, 2011.

党是成立于1980年1月的德国绿党。德国绿党起草了被称为"绿党四大支柱"的最早的声明。这四大支柱之后被世界上许多绿党用来作为绿色思想的基本声明：生态智慧、社会正义、草根民主、非暴力。德国绿党首先在欧洲举起了现代绿色政治的大旗，1980年第一次参加了全国选举。1979年欧洲选举结束后，他们召开会议，确立了联盟中所有团体都同意作为党纲基础的绿党四大支柱，并将所有团体结合成为单一政党。1995年，芬兰绿色联盟成为第一个进入内阁的欧洲绿党。从1998年到2005年，德国绿党与德国社会民主党组成中间偏左红绿联盟执政。2001年，绿党与社会民主党达成协议，逐步终止了德国境内使用的核能发电。在德国绿党的带动下，泛欧性质的欧洲绿党在1994年的纲领中明确表达了对欧洲政治经济一体化的支持立场，并开始对欧盟政策与制度提出务实的方案。与此同时，他们所表达的政治理念也在欧洲日益深入人心并得到广泛传播。

绿色生态主义在欧洲社会中产生了广泛的影响，不仅体现在民间的环保活动中，也渗透到政治决策和日常生活中。例如，欧洲议会通过的立法往往包含绿色条款，又如，《巴黎协定》的签署和实施，以及欧盟内部在绿色能源、循环经济等方面的政策导向。此外，消费者也越来越倾向于选择环保产品和服务，这推动了绿色经济的发展。随着气候变化所带来的紧迫性和可持续发展目标的全球共识增强，预计欧洲的绿色生态主义将继续发展，推动更深入的环境保护行动，促进社会向更加可持续的模式转型。

三、欧盟的政治建设与欧洲政治的统合

当代欧洲政治秩序的首要层面体现在欧洲的政治一体化。经过战后半个多世纪的发展，如同经济层面、社会层面一样，政治一体化的主要物质载体——欧盟的政治建设的广度和深度早已今非昔比。具体而言，欧盟的政治建设大体包含扩大与深化两个维度。

冷战后,欧盟在地理版图上的大规模扩张给人们留下了深刻印象。1995年,瑞典、芬兰与奥地利携手加入欧盟。几个中立国的加入为欧盟成员国的外交和安全政策属性赋予了更强的多样性。2004年,包括波兰、捷克共和国、立陶宛等东欧国家,以及马耳他和塞浦路斯等南欧国家在内的十个新成员国加入欧盟,造就了欧盟历史上规模最大的扩张,进一步增加了欧盟的多样性。此后,欧盟又吸纳了几个巴尔干地区的国家。然而经过2016年的公投,英国于2020年正式脱离欧盟。欧盟成员国的数量目前稳定在了27个。

与此同时,经过一系列条约的制定、修订与完善,当代欧盟经历了一系列前所未有的机制建设与职能构建。1993年11月,《马斯特里赫特条约》正式生效。该条约继承了自1957年《罗马条约》以来欧洲在一体化道路及政治领域内统合的基本逻辑与目标,创立了包含共同外交与安全、内政司法合作及欧洲共同体的欧盟三支柱,奠定了今日欧盟的基本政治格局。

1999年5月生效的《阿姆斯特丹条约》将民主、尊重人权、自由与法治等原则作为条约的基础。从内容上看,《阿姆斯特丹条约》在庇护及移民政策上提出改革,同时在外交政策上提出欧盟将加强与西欧联盟之间的关系,条约还设立了欧盟外交和安全政策高级代表。《阿姆斯特丹条约》引入了新的深度合作机制,允许成员国在无需得到所有成员国同意且在不违背欧盟相关法律文件、不损害公民平等权利的情况下开展局部合作。

2003年2月,《尼斯条约》正式生效。《尼斯条约》规定欧盟委员会委员数须少于27名;在欧盟理事会表决票数分配上,规定了按成员国人口数目分配表决票数的基本原则,此外扩大了"有效多数制"的应用范围,以提高欧盟决策效率。

2009年12月生效的《里斯本条约》重视民主协商、精简组织内部架构,并且强化和提高组织本身之决策力,主席可强制要求成员国在联合国的投票意向。《里斯本条约》确立了欧盟的国际法人地位,将《欧洲共同体条约》与《欧洲联盟条约》两者结合,拉近了欧盟机构与人民之间的距离;尤其是欧盟主席的制度化及外交代表的设立,进一步使欧盟在全球国际事务上的决策更加统一和更具影响力。

欧盟委员会(European Commission)最早可追溯至1951年,是由主席让·莫内领导的拥有九名成员的"高级公署"。高级公署是新的欧洲煤钢共同体的超国家行政机构。委员会从一开始就作为一个独立于政府的超国家机构而设立,被称为"唯一思考欧洲的机构"。成员由成员国政府提名,每个成员国各配得一名。然而他们必须独立自主,不受所属国家政府等其他因素的影响。

欧盟理事会(Council of the European Union)是来自各欧盟成员国的政府部长所组成的理事会,在2004年《罗马条约》签署之后,通常也被称为"部长理事会",目的是与欧洲理事会的理事即国家元首或政府首脑区分开。欧盟理事会是欧盟事实上的上议院,与欧洲议会同为欧盟的主要决策机构。与民选的欧洲议会不同,欧盟理事会是欧盟成员国的政府间议事机构,各国的理事基于本国政府的立场发表意见。欧盟理事会的主要任务是帮助整合欧洲共同体各个国家间事务,制定欧盟法律和法规。在预算方面,它和欧洲议会共同拥有决策权。理事会的另一主要权力在货币方面,它负责引导货币交易率方面的政策。

欧洲理事会(Council of Europe)是一个独立的国际组织,成立于1949年,总部位于法国斯特拉斯堡。它并非欧盟的一部分,而是与欧盟并行的另一个欧洲层面的组织,通过提供一个高级别的政治平台,主要致力于促进人权、民主和法治,促进成员国之间的对话与合作。欧洲理事会是由欧盟27个成员国的国家元首或行政首长与欧洲联盟委员会主席共同参加的首脑会议。作为欧盟的最高决策机构,其主要功能在于制定欧洲一体化方针,以及定调欧盟的共同外交与安全政策。

欧洲议会是欧洲联盟事实上的两院制立法机关之下议院,唯一的一个直选议会机构；与欧盟理事会同为欧盟的主要立法决策机构。在超国家的欧洲联盟中，欧洲议会的特别之处在于自1979年以来，它是唯一由欧盟成员国选民直选产生的议会立法机构。欧盟层面的民主与成员国层面的民主之间的关系非常微妙，也时常受到挑战。[1] 在这个问题上，欧洲议会的角色极端重要。《里斯本条约》通过后，在很多政策领域，欧洲议会要和欧盟理事会经由共同决定的程序立法，即欧洲议会和欧盟理事会是平等的立法机构。欧盟三分之二的法律法规由欧洲议会和欧盟理事会共同制定。

在机构完善的同时，欧盟在政治领域内的相关政策也在多维扩张，尤其显著的是在共同对外与安全防务领域。共同外交与安全政策（简称 CFSP）是欧盟三大支柱的第二支柱，1993年11月1日在《马斯特里赫特条约》生效时由其前身"欧洲政治合作"转变而来。欧洲联盟条约在第11条对其目标做出规定：维护联盟共同价值、基本利益、独立和不受侵犯；加强联盟的安全；维护和平，加强符合相应国际条约规定的国际安全；促进国际合作，等等。根据《欧洲联盟条约》第十八条规定，共同外交与安全政策由欧盟理事会秘书长作为高级代表执行。

共同外交与安全政策的一个重要部分是共同安全与防务政策（简称 CSDP）。共同安全与防务政策尤其是在1999年科索沃战争之后得到了迅速发展。欧盟为共同安全防务政策设立了政治与安全委员会、军事委员会、军事参谋部等核心机构。在其框架内组建了快速反应部队及欧盟的战斗群，并且展开了数十场海外军事维和行动。2016年英国做出脱欧的决定，与之不无相关的是从2016年起，对一个团结和有效的泛欧洲防务政策的需求成为欧盟政

---

[1] Bertjan Wolthuis, "Democracy and pluralism after European integration: Incorporating the contested character of the EU," *Critical Review of International Social and Political Philosophy*, May 30, 2023, p. 1.

治辩论的热点主题。① 充分的政治辩论与逐渐会聚的政治资源,正在积蓄着将共同防务政策推向一个新层面的巨大势能。

除了欧盟所代表的全欧范围内的政治建设,欧洲的政治统合还在一些区域内展现出多样性与顽强的生命力。在中东欧地区,由波兰、捷克共和国、斯洛伐克和匈牙利构建的维谢格拉德集团从1999年起,除了每年定期举行一次成员国政府首脑的正式会晤,还会举行一次非正式会晤。2007年,维谢格拉德集团建立了议会间的合作模式,以及总统和总理级别的合作对话机制,以进一步推动维谢格拉德集团成员国间的合作。北欧理事会是北欧国家政府组成的议会间合作组织。该组织于1952年成立,共有87名代表,代表们来自丹麦、芬兰、冰岛、挪威、瑞典五个主权国家,及奥兰群岛(属芬兰)、法罗群岛(属丹麦)和格陵兰岛(属丹麦)三个地区。所有代表均为成员国(地区)本地议会内部选出的议员。理事会在每年10月或11月举行常规会议,但亦会举行针对某一特定主题的额外会议。此外,历史悠久的比荷卢经济联盟、克拉约瓦集团等一系列区域性欧洲国际组织,也都在不同的层面与议程领域促进地区国家间的政治合作与协调,发挥着促进欧洲政治整合的作用,与欧洲联盟相得益彰。

第二节 冷战后欧洲安全秩序与大国关系

自冷战结束以来,欧盟经历了多次扩大,吸纳了许多中东欧和巴尔干国家为成员国。历次扩大使得欧盟覆盖了更广泛的地区,并增加了其在欧洲和国

---

① Joan Miró, "Responding to the global disorder: the EU's quest for open strategic autonomy," *Global Society*, vol. 37, no. 3, 2023, p. 328.

际事务中的影响力。此外,欧盟在政治、经济和安全等领域也进行了深化,通过制定共同的政策和法规,进一步加强了成员国之间的互联互通和合作。特别是在外交和安全领域,欧盟成员国通过共同外交和安全政策来协调立场,展开了一系列行动,如共同国防政策、危机管理和国际援助等。此外,欧盟也加强了与其他国际组织的合作和与重要全球伙伴的对话,积极参与全球事务。

然而,1999年的科索沃危机表明,欧盟如果要扮演关键的防务角色,就需要属于自己的现代化的军队、指挥架构和必要装备来应对战争考验。但显然,任何国家都不会放弃决定使用本国武装力量的主权权利。同时,北约在与欧盟推进合作的同时,其战略扩张在制度设计、实践运作等多个方面都超越了欧盟的合作能力与预期,并在若干领域对欧盟产生了强烈冲击。[1] 为此,欧盟需要考虑如何才能更好地合作,互补彼此的能力,以提供全方位的防御选择。2003年的伊拉克战争则表明,尽管欧盟能够在重大危机事态中展现作为主要力量中心的影响力,但它们在高级政治领域及对美态度上的分歧同样暴露无遗。究其根本,在于欧盟面临着必须决定是走法德的欧洲一体化路线,还是走英国的政府间路线的问题,与此紧密相关的还包括处理与美俄关系的问题。欧盟与北约关系的发展强化了双方的战略伙伴关系,但对欧盟战略自主的发展以及相关地区的安全形势产生了不利影响。[2] 几十年来,欧盟总体上认为北约和美国可以满足他们的主要安全需求,正是这一点,很大程度上削弱了欧盟在防务问题上追求战略自主的内生动力。

一、欧洲安全秩序的构成要素

就欧洲安全秩序而言,冷战后其基本的安全秩序由多个维度与因子构成。

---

[1] 冯存万:《北约战略扩张新态势及欧盟的反应》,载《现代国际关系》2020年第2期,第24—30、38页。
[2] 郑春荣、王晓彤:《欧盟与北约关系:趋势、影响及应对》,载《和平与发展》第2023年第6期,第17—36、154—155页。

一是北约启动并完成了多轮扩张。冷战结束后,北约开始扩大其成员国范围。原来的东欧社会主义国家如波兰、捷克斯洛伐克等,以及波罗的海三国爱沙尼亚、拉脱维亚和立陶宛,都加入了北约。这些扩大举措增加了北约的军事力量和影响力,并加强了欧洲安全结构。2021年9月美国智库CSIS的报告预期未来格鲁吉亚、乌克兰、波黑、芬兰和瑞典将是北约接下来的加盟对象国。[1] 与此同时,欧洲安全与防务一体化加速推动。作为国际格局中的重要一级,欧盟希望建立"欧洲主权",成为国际关系中更具主权色彩的行动者,避免在国际事务中被边缘化,成为积极的参与者和塑造者。[2] 欧盟在冷战后逐渐开始深度参与防务领域。2000年,欧盟通过了《尼斯条约》,明确了对共同安全和防务政策的承诺,出台了欧洲安全和防务政策(简称ESDP)。[3] 据此,欧盟开始发展军事能力和部队,成立了常备部队和欧洲联合行动指挥所,努力在防务领域展示其独立性和主权。

二是在面对共同的安全挑战时,北约和欧盟开始加强彼此之间的合作。双方签署了《欧洲安全与防务政策—北约联合行动宣言》和《欧洲联盟与北约的特殊关系协定》,以促进更紧密的合作和情报信息共享。2022年,欧盟战略指南和北约战略概念确认了跨大西洋团结的重要性,为欧盟—北约战略伙伴关系提供了新的动力。[4] 这种跨机构合作对于欧洲的防务建设催生了更好的

---

[1] CSIS, "Future NATO Enlargement: Force Requirements and Budget Costs," September 2021, https://csis-website-prod.s3.amazonaws.com/s3fs-public/publication/210908_Cancian_NATO_Enlargement_0.pdf.

[2] European Commission, "PRESIDENT JEAN-CLAUDE JUNCKER'S State of the Union Address 2018," Dec. 12, 2018, https://ec.europa.eu/commission/presscorner/detail/en/SPEECH_18_5808.

[3] "NATO, Relations with the European Union," June 13, 2024, https://www.nato.int/cps/en/natohq/topics_49217.htm.

[4] Council of the EU, "The EU and NATO have further deepened their strategic partnership by jointly responding to common threats and challenges," June 16, 2023, https://www.consilium.europa.eu/en/press/press-releases/2023/06/16/the-eu-and-nato-have-further-deepened-their-strategic-partnership-by-jointly-responding-to-common-threats-and-challenges/pdf.

协同效应。结果是北约和欧盟的防务建设日益灵活和多样,不再仅仅局限于传统的军事防御,而是包括更广泛的安全领域,如反恐、网络安全、海上安全、紧急救援等。2023年7月,北约通过了《数字化转型实施策略》,而欧盟批准了一个针对欧盟部队数字化的战略实施计划,并在其《战略指南针》的第四支柱(投资)下优先考虑数字化能力建设。[1] 防务范围的扩大,一方面反映了不断变化的安全环境,另一方面反映了两者之间的协同意愿。

三是巴尔干地区一系列冲突和战争的影响。南斯拉夫解体后,克罗地亚、波斯尼亚和黑塞哥维那、科索沃等地相继宣布独立,引发了一系列冲突和战争。这场战争涉及国家之间的边界争议、民族问题、宗教分歧及政治权力争夺等复杂因素,包括克罗地亚动乱、波斯尼亚冲突和科索沃战争。其中,1999年北约违反《联合国宪章》,武力干预科索沃危机是冷战后历史发展的重要节点,被视为"冷战结束后国际关系的转折点"。[2] 科索沃战争涉及科索沃阿尔巴尼亚民族主义者与塞尔维亚政府之间的矛盾。科索沃解放军与塞尔维亚安全部队之间的交战导致大量人员伤亡。这些冲突和战争在巴尔干地区造成了灾难性后果,包括大规模的人员伤亡、人口迁徙和文化遗产破坏等。欧盟和美国虽然通过外交特别是军事干预的方式结束了这场冲突,但其影响仍然存在,该地区仍面临着民族和宗教矛盾、经济复兴与和解等诸多挑战。

四是冷战结束后欧洲面临着恐怖主义威胁和难民危机。自2000年以来,欧洲发生了多起大规模恐怖袭击事件,如2004年马德里列车爆炸案、2005年伦敦地铁爆炸案、2015年巴黎恐怖袭击事件等。这些袭击造成了大量的人员

---

[1] Simona R. Soare, "Digitalisation of Defence in NATO and the EU: Making European Defence Fit for the Digital Age," The International Institute for Strategic Studies, August 2023, https://www.iiss.org/globalassets/media-library—content-migration/files/researchpapers/2023/08/digitalisation-of-defence-in-nato-and-the-eu-making-european-defencefit-for-the-digital-age.pdf, p. 3.

[2] Nadia Alexandrova Arbatova, "European Security after the Kosovo Crisis: The Role of Russia," Journal of Southeast European & Black Sea Studies, vol. 1, no. 2, May 2001, p. 64.

伤亡和社会不安,引发了欧洲国家对恐怖主义威胁的担忧。与此同时,欧洲还面临着大规模的难民危机。这场危机不只是大量难民和劳工的涌入,也是"观点、情绪、政治身份和选票"等的迁移,结果演变为"欧洲的9·11"。[1] 冲突和不稳定局势导致来自中东、北非和亚洲的大量难民通过海路、陆路等方式进入欧洲,寻求庇护和安全。难民潮引发了欧洲各国之间的分歧和争议,涉及移民政策、边境管理、人道援助等问题。恐怖主义威胁和难民危机为欧洲带来了新的重大安全挑战。各国担负保护公民的责任,同时需要合作应对共同的威胁。为此,欧洲各国加强了情报信息的共享和执法协作,加强了边境控制措施,改革了移民和庇护政策,以应对这些安全挑战。

五是传统战争与强权对抗再次回到了欧洲,尤其是俄乌冲突正冲击着欧洲安全秩序。冷战期间,1975年作为欧洲安全与合作组织前身的欧洲安全与合作会议的第一个成果——《赫尔辛基最后文件》,是美苏全球均势和欧洲权力斗争共同作用的产物。该文件强调"安全不可分割",具有约束性、清晰性、全面性、对等性的特征,从而为东西方阵营提供了对话平台与行为准则,塑造了欧洲安全新观念,为欧洲安全共同体建设发挥了巨大作用。[2] 随着苏联解体、冷战结束,欧洲一体化进程步伐加快:经济一体化已基本完成,政治一体化蓬勃发展,安全一体化进入关键探索阶段。如何与俄罗斯这个搬不走的邻居打交道成为影响欧洲安全走向的关键。

俄乌冲突爆发前,欧盟总体上对发展良好的欧俄关系充满期待,即便在2014年克里米亚危机事件中,欧盟也没有做出强烈的反应,特别是德法两国试图以合作姿态与俄共同维护欧洲稳定;法德还与俄共同主导乌克兰危机调

---

[1] Ivan Krastev, *After Europe*, Philadelphia: University of Pennsylvania Press, 2017, pp. 19-20.

[2] 朱立群、林民旺:《赫尔辛基进程30年:塑造共同安全》,载《世界经济与政治》,2005年第12期,第16—20页。

解,实质上将乌变成俄欧在该方向的新安全缓冲区,以免彼此发生直接冲突,并认为这符合双方共同利益。俄乌冲突终结了双方先前的战略认知和相对脆弱的战略互信,欧洲在力避与俄直接军事冲突的前提下,随美针对性地向乌军提供战场情报、武器装备、人员训练、经济输血等多样化援助,使得对抗取代协作成为俄欧双方关系的主轴。俄乌冲突造成欧洲地缘安全形势剧烈动荡,美国借机强化了在欧洲安全中的主导地位,牵制了欧盟战略自主。[1] 加之俄乌冲突具有明显的"代理人战争"特点,美国希望借此进一步达到遏俄弱俄、控制欧洲、重振北约等目的。根深蒂固的美俄矛盾与日趋激化的欧俄矛盾相互叠加,欧洲安全秩序中的对抗性特征呈现长期化趋势。在可预见的未来,欧盟仍然面临着一个只能缓和而不能完全解决的根本困境:在欧洲新的对抗性安全秩序中,欧盟对美国的战略依赖增加,而美国对欧盟的长期联盟承诺却充满不确定性。[2]

六是欧盟对俄经济制裁的战略溢出效益明显。俄乌冲突爆发后,欧盟迄今已对俄实施十轮经济制裁,导致双方长期形成的经贸互惠关系基本断裂,制裁对欧洲形成的反噬效应也不断显现,特别是在能源方面。在俄乌冲突导致的能源危机背景下,法国带头呼吁联合发行新的欧盟债务,这项呼吁就是为了缓解能源危机,确保欧元区的正常运作,强调欧盟的经济主权。然而,德国则更加倾向于维护本国的经济利益。[3] 欧洲国家使用的天然气 40% 来自俄罗斯。其中,中东欧国家是天然气密集型大宗商品生产企业的所在地,工业消耗

---

[1] 宋黎磊、常晨,《俄乌冲突下欧盟战略自主的推进困境:双层欧盟视角的分析》,载《国际关系研究》,2023 年第 5 期,第 67—87、157 页。

[2] Stiftung Wissenschaft und Politik, "Rethinking Strategic Sovereignty Deutsch Narratives and Priorities for Europe after Russia's Attack on Ukraine," April 28, 2022, https://www.swp-berlin.org/10.18449/2022C31/.

[3] "UK in a Changing Europe, The German or French way? International interdependence vs European sovereignty," Nov. 10, 2022, https://ukandeu.ac.uk/the-german-or-french-way-international-interdependence-vs-european-sovereignty/.

占欧盟天然气使用总量的27%。[1]俄持续廉价地向欧输送能源曾是欧洲经济保持稳定发展的重要基石,但在欧洲主要国家削减甚至停止自俄进口天然气后,因能源和相关工业消耗、民众生活成本上涨而形成的去工业化浪潮直接动摇了欧洲工业基础,并衍生出广泛的供应链紧张问题,进而导致欧洲一体化进程速度降低。由于中东欧国家与俄历史上存在千丝万缕的联系,双方经济联系更为密切。为摆脱自身经济困境,其在对俄制裁、限制采购能源等问题上与西欧国家呈现各自为战的特征。据统计,匈牙利等国虽部分参与对俄制裁,但从未停止自俄进口天然气,俄针锋相对宣布的对欧制裁名单中也从未出现过匈牙利,双方似乎达成一种"默契"。受发展利益、民众现实需求等因素驱动,经济因素未来在缓和欧俄紧张关系和重塑欧洲安全秩序中可能发挥润滑剂作用。欧洲主流舆论认为,俄乌冲突的爆发虽与北约不断挤压俄生存空间密切相关,但俄总统普京急欲重振俄罗斯帝国雄风的战略意图才是最根本的原因。

二、欧洲安全秩序面临的转型难题

尽管欧盟在构建有利于自身的地区安全秩序方面用心良苦且收效甚大,但1999年科索沃危机中欧洲国家的糟糕表现,使欧洲国家首脑们认识到欧盟军事力量的薄弱,客观上促进了欧洲防务一体化的发展。1999年6月,科隆会议通过了欧盟理事会《加强欧洲共同安全与防务政策的声明》,首次提出"欧洲共同安全与防务政策"的概念,[2]同时还强调欧盟应该具有"以可靠的军事力量为基础的自主行动能力和决定使用这种能力的决策手段,以便在不损害

---

[1] "German Council on Foreign Relations, Gas and Energy Security in Germany and Central and Eastern Europe," Dec. 2022, https://dgap.org/system/files/article_pdfs/dgap-policy%20brief-2022-38-en_0.pdf.

[2] 孔刚:《欧盟共同安全与防务政策:1999—2009》,北京:军事谊文出版社2010年版,第75—76页。

北约行动的情况下对国际上的危机做出反应"。① 自此,欧盟加速实施防务合作的步伐。1999年12月的赫尔辛基会议则是欧洲防务合作的里程碑。会议通过了《欧盟作战行动的军事机制、计划及运作》及"关于加强欧洲共同安全与防务政策的报告",②设定了在2003年建立一支欧洲快速反应部队的目标:该部队由5万—6万人组成,有能力干预任何可能影响欧洲利益的地区危机,能在60天内抵达4 000公里外的地方进行部署,并维持一年。这支部队的建立标志着欧盟国家可以不借助北约的力量自主维护利益,并在之后的数年里证明了自身的价值。而欧洲快速反应部队的前身,就是法德两国共同建立的法德混合旅。

在推动欧洲防务合作方面,法德两国作为欧洲的主要大国,起了至关重要的作用;而英国的脱欧,则标志着阻碍欧洲防务一体化的一个重要因素消失。在美国方面,特别是2017年特朗普上台执政,其奉行的"美国优先"政策进一步加剧了美欧同盟关系的紧张程度,北约内部的分歧与日俱增。2018年11月6日,在第一次世界大战结束一百周年纪念活动上,法国总统马克龙再次呼吁打造"欧洲军队"。据福克斯新闻网报道,德国总理默克尔对这一建议表示支持。③ 在2019年11月7日接受英国《经济学人》专访时,马克龙总统警告称,"北约正在经历'脑死亡'"。④ 这也是欧洲国家主要领导人迄今为止对北约最消极的评价。尽管随后马克龙受到包括欧洲国家在内的广泛批评,但此举说明北约内美欧之间的隔阂、认知偏差确实在逐渐增大。正是在这样的背

---

① 赵怀普:《英、法、德三国在欧洲防务特性问题上的政策》,载《外交学院学报》2001第2期,第47—52页。
② 《独立防务:欧洲人能否梦想成真》,《光明日报》2000年12月13日。
③ Adam Shaw, "Merkel calls for creation of 'European army,' backing Macron in spat with Trump," FOX NEWS, Nov. 13, 2018, https://www.foxnews.com/world/merkel-calls-for-creation-of-european-army-backing-macron-in-spat-with-trump.
④ "Emmanuel Macron warns Europe: NATO is becoming brain-dead," *The Economist*, 2019-11-07, https://www.economist.com/europe/2019/11/07/emmanuel-macron-warns-europe-nato-is-becoming-brain-dead.

景下,欧洲防务一体化努力进入了快车道。

同时应当看到,冷战结束后20余年比较稳定的欧洲安全秩序正在面临一系列深刻调整。旧有的秩序在理念上不再理所当然,同时在客观上也不再坚如磐石。欧洲安全秩序当前正处于向某种新秩序转变的过程中,多种力量被卷入对新秩序的探索与塑造。其最重要的指标是一系列重大事态或动向的出现与演变,其中包括21世纪以来北约出现的波澜,英国脱欧这一历史性事件,以及欧盟防务一体化在新条件下的推进,等等。这些主要事态的出现和发展,既反映出各种力量的此消彼长,也反映了观念的此起彼伏。它们在制造或消除各种矛盾的同时,也在建立新的彼此间联系。总体而言,各种事态的交互影响正在有力推动着欧洲安全秩序的转型。

三、影响欧洲安全秩序的大国因素

冷战结束以来,尽管在共同外交和安全政策方面采取了渐进的行动,但欧洲联盟要求以单一的声音发言和行动所体现的准则、原则、规则,以及决策程序的实用性和适用性仍然不确定,这就导致欧洲共同防务往往陷入"过度机制化、能力不足、战略分化"的停滞窘境。[1] 也就是说,欧盟成员国不会为了更大的利益而放弃国家偏好,有时甚至不会为了联盟的团结而调整自己的立场,相反,显现出一种相互疏远的倾向。这尤为明显地体现在法德英等欧盟大国的政策立场变化与处理美俄关系问题上。

(一)法德英大国地位的变化及相互利益碰撞

冷战结束的一大标志就是德国重新统一,这意味着法国与德国的战略权重对比不可避免地发生变化。不仅如此,冷战的结束还意味着整个北约—欧

---

[1] Daniel Fiott eds., "The CSDP in 2020: The EU's Legacy and Ambition in Security and Defence, EU Institute for Security Studies (EUISS)," Publications Office of the European Union, 2020, p. 39.

洲的重心即将东移。在这样的背景下，法国在欧洲一体化进程中的领导地位开始受到挑战。一是冷战后美国一家独大严重挑战了法国的多极世界愿景；二是法国想要一个强大的欧盟，但同时也想要一个强大的法国在欧洲存在；三是在法国眼中，欧洲必须发展自己独立的外交与防务政策，如果欧盟无法做出正确的决策，那么法国必须带头；四是防务和安全维度上的欧盟，对于法国平衡美国军事力量越来越重要。毫无疑问，法国政治精英不会放弃自己作为欧洲民族国家大国的愿景，其使命是制定欧洲和国际政治互动的模式。为了使法国在机构中重新获得权力，大多数法国政治精英致力于进一步深化欧盟的安全和防务合作。而欧盟权力向东转移将使法国更加努力地拉近地中海南部地区与欧盟的关系。

20世纪90年代，德国的利益追求开始超出欧洲。作为一个贸易国家，德国的利益关注点从西欧和大西洋转向全球，这是由于两极结构限制的终结和全球经济加速发展的趋势，且对东方的开放带来了新的机会和潜在的威胁。1999年11月，施罗德总理明确阐述了德国六大国家利益：深化欧盟，将成员国扩大到东部和东南部；加强与美国的跨大西洋关系；发展泛欧安全；促进在全世界传播民主和尊重人权；加强联合国的作用，促进全球秩序；确保和发展全球自由贸易体系。当然，统一后的德国也面临着对其意图的新怀疑，面临着对它将为发展国际秩序做出更多贡献的期望，以及移民、小规模冲突和人权问题等新的安全关切。

在冷战时期，德国外交是促进东西方和解与缓和的榜样，德国倡议欧安会进程、推动美苏在20世纪80年代的对话，成为欧洲缓和政策的先行者。[①] 正因如此，冷战的结束显著改变了德国与美国和北约关系的性质。华盛顿很快

---

① Christian Hacke, "Die Großen Möchte," in Karl Kaiser und Hans-Peter Schwarz, *Hrsg*, *Weltpolitik imneuen Jahrhundert*, Bonn: Bundeszentrale für politische Bildung, 2000, S. 392.

将德国视为一个潜在的"领导伙伴",认为其可以分担维护国际秩序的成本。美国希望北约能够重塑为冷战后的多边安全机构,而德国将帮助推动北约的职权范围超越传统的联盟防御,包括建立信任措施。但这种合作没能消除德美之间的分歧。德国试图通过欧洲安全与合作组织发展泛欧安全合作,这与美国坚持北约主导地位及德国自身与北约的联系产生冲突。

不仅德美关系发生了上述变化,德国与法国和欧盟的关系同样经历了冷战后国家利益和国际利益需求之间的脱节。欧盟成立后,成员国中军力最强的法国和英国是推进共同安全与防务政策的主要力量。当时,欧盟战略自主政策的重点是提高欧盟独立采取防务行动的能力。[①] 统一后的德国强调对其内部和外部事务拥有完全主权,德国资助欧共体和服从法国领导的意愿大大削弱。面对新的机遇,尤其是在中欧和东欧,德法双方地缘战略上的利益重合逐渐消失了。在宏观层面,德法之间及欧盟内部的权力平衡发生了变化。法国也意识到欧盟东扩将进一步增强德国的影响力,使其成为欧盟中心。因此,法国试图将法德关系的重心转向多边安排,以抵消日益严重的权力不对称。同样,它对德国热衷于在一体化中建立"核心"表示担忧,因为这可能不利于利用英国制衡德国。为此,法国开始采取防御行动,防止其在欧盟结构内相对于德国的影响力逐渐减小。

从施罗德—费舍尔搭档开始,德国对一体化的承诺演变出一种更为务实的转向国内要务的观点,这反映出冷战后德国与欧盟利益的互补性减弱。德国对一体化的承诺越来越多地基于实际考虑,而非道德考虑,比如它与欧盟和法国关于欧盟扩大的分歧,既暴露了法德战略重点的区别,也暴露了法国对欧盟内部力量平衡变化的敏感性。从广义上讲,德国在中欧和东北欧的优先利

[①] Ronja Kempin, Barbara Krunz, "France, Germany, and the Quest for European Strategic Autonomy: Franco-German Defence Cooperation in A New Era," *Notes du Cerfa*, No. 141, 2017.

益与法国在南欧和地中海的优先利益发生了冲突。

英国脱欧是近年来欧洲内部发生的一个重大事件,尽管英国脱欧并非重塑欧洲的唯一变量,但由于英国在欧美之间的特殊地位,以及英国脱欧对欧洲一体化的深刻冲击,英国脱欧对欧美关系的影响显著。英国在欧盟素有"不情愿的欧洲人""尴尬的伙伴"之称,在货币联盟、《申根既有规范》、司法、内政等领域都获得诸多"例外权",但这与英国在欧盟强大的影响力和政策塑造力并不矛盾。[1] 英国在脱欧前能有效帮助欧美沟通,并确保欧盟发展不与美国利益冲突。长期以来美国一直支持甚至要求英国在欧洲一体化进程中发挥领导作用,就是因为英国在欧盟内部能够照顾美国关切、维护欧美关系。

英国脱欧既是英国"例外主义"欧洲观的结果,也是欧盟多重危机"后遗症"的产物,极大地影响了欧盟。[2] 欧美关系的核心纽带是以北约为基石的安全关系,英国这一安全大国脱离欧盟轨道,加剧北约内部欧美能力与资源的不对称,欧盟也会借此机会以战略自主为目标提升欧盟防务建设。但英国脱欧直接导致欧盟内部力量结构发生变化:欧盟内部"大西洋主义"力量被削弱;经济自由主义力量下降;法德在欧盟的影响力得到进一步强化。

(二) 欧盟处理与美国和俄罗斯关系难题

21世纪初,欧盟和美国之间不仅有着传统盟友间的友好合作关系,也出现了某种紧张局势。这种紧张局势不仅涉及军事和安全政策这类高级政治问题,而且与欧盟管理美国权力问题有关。

根据某些研究,在某种意义上,欧洲一体化具有管理美国权力的功能,这对美国(作为管理其国际优势的多边链条的一部分)和欧洲(作为感知和应对这种优势的方式的一部分)来说都是正确的。换言之,欧洲计划的一个关键要

---

[1] 张蓓:《英国脱欧对欧美关系的影响》,载《国际问题研究》,2022年第1期,第85—131页。
[2] 金玲:《英国脱欧:原因、影响及走向》,载《国际问题研究》,2016年第4期,第24—132页。

素就是探索能够处理美国主导地位这一客观事实的手段和行为。对于美国来说,其主导地位在"硬安全"领域表现得最为明显,包括北约和欧洲的核化。同时,形成跨大西洋联盟的经济结构也是以美国为中心并由美国主导的。欧洲共同体与北约一样,是西方联盟拼图中的一个关键部分,为军事安全提供了稳定和日益增长的经济繁荣。

有人认为,现在欧盟和正在发展的"欧洲外交政策"比以往任何时候都更有利于管理美国的权力,但美国的主导地位本身在许多领域严重限制了欧洲人建立一个替代美国的权力中心或重新配置跨大西洋机构的能力。这在欧盟对美国主导地位的回应中引发了一系列矛盾,最近的一次体现在伊拉克冲突问题上,而且涉及更广泛的世界秩序和全球治理问题。在此基础上,欧洲人对美国权力的"管理问题"既可以分析为集体行动(包括具体的政策倡议和制度发展)之一,也可以分析为"集体建设"(包括试图达成对美国角色和立场的共同理解)之一。实际上,雷蒙德·弗农在20世纪70年代初发现的"流氓大象"问题并没有消失。相反,它构成了21世纪欧洲对美国权力管理的一个持续问题,即欧洲人在努力应对美国主导地位的影响时,秉持的是一种持续的、动态的、不稳定的反应,从而直接影响了欧洲安全秩序。

冷战结束后,欧盟与俄罗斯之间的政治关系存在一定的复杂性和挑战性。一方面,双方保持着合作与对话关系,例如能源合作、环境保护和反恐怖主义等,双方也定期进行高级别会晤和对话,就各种问题进行讨论交流。另一方面,尽管有合作与对话,但欧盟和俄罗斯之间的战略安全争议和政治紧张关系同样有目共睹,且其消极影响远甚于积极面,其中包括乌克兰危机、克里米亚危机,以及对俄罗斯干涉欧洲内政的担忧。这些争议导致双方在许多问题上存在分歧甚至对抗。

在经济关系方面,俄罗斯长期以来是欧盟的重要能源供应国之一,双方在能源领域有着长期的合作。然而,欧盟也对俄罗斯涉及能源的外交策略运用表示担忧,在克里米亚危机和俄乌冲突中,俄罗斯利用能源问题分化欧盟的做法引发了欧盟的战略警觉和反思。为此,欧盟致力于寻求多元化能源供应。此外,俄罗斯在欧洲市场的经济影响力也引发了一些贸易和经济方面的合作问题。新世纪以后,由于在政治与安全问题上的矛盾不可调和,欧盟和俄罗斯之间发生了制裁与对抗,如欧盟在回应俄罗斯的行动方面采取了一系列制裁措施。这些制裁措施包括限制对俄罗斯的贸易和投资,制裁俄罗斯官员,以及限制对俄罗斯相关领域的技术援助等。同时,俄罗斯也采取了一些反制裁措施以回应欧盟的行动。2022年的乌克兰危机再次"印证了欧盟调整安全与防务政策的紧迫性",欧盟"要把地缘政治觉醒转变为永久性的战略态势"。[①] 这种作用—反作用过程不仅使双边关系日趋紧张,而且动摇了地区安全秩序。

第三节 新的博弈——北约内美欧同盟关系的新调适

北大西洋公约组织对欧洲地区防务秩序的影响很难被低估,这既是历史造成的路径依赖,同时也取决于各种软硬实力因素。就欧洲防务秩序全盘来看,尤其是就正在发生的转型和未来的走向而言,北约内的美欧盟友关系至关重要。有目共睹的是,当前北约内的美欧同盟关系经历了较大的波澜,尽管尚不足以扭转其根本格局,但其潜在影响却不容小觑。

一、冷战后北约内部矛盾积累导致的日益失衡

冷战结束后,尽管北约被保留下来并一直延续至今,但是美国与欧洲盟国

[①] Council of the European Union, "A Strategic Compass for Security and Defence," March 2022, https://data.consilium.europa.eu/doc/document/ST-7371-2022-INIT/en/pdf.

之间并非没有矛盾。20世纪90年代在北约转型与扩大问题上,美欧之间曾经出现过不同步,但是通过双方频繁与高度成熟制度化的沟通协调,问题最终得以化解。然而有些矛盾始终挥之不去,其中非常尖锐的是维持同盟的成本,以及从北约同盟获取相对收益的问题。21世纪以来,这一矛盾已经演化为一系列失衡。

失衡表现在三个层面。一是需求失衡。北约成立前后,美欧经过外交折冲达成了一项基本约定:美国帮助西欧捍卫其本土安全以及恢复战后经济,西欧盟国则组织起来帮助美国抗衡苏联威胁并更有效地利用其经济援助。[1] 冷战期间持续不断的两极竞争与安全压力使美欧双方对北约的安全需求没有出现内涵上的重大变化。同样重要的是,冷战背景使北约对美欧双方的安全具有几乎对等的重要性,恰如尼克松总统所言,"美国保卫欧洲与保卫阿拉斯加同样重要",[2]双方的需求基本平衡。

冷战后,美欧此项约定的前提已经不复存在,但约定本身仍被部分地保留了下来。一方面,尽管西方与俄罗斯的关系已明显不同于苏联时期,而且俄罗斯的国力也无法与苏联相提并论,然而美国仍继续帮助欧洲盟国确保本土安全,盟国也仍然将最核心的安全利益寄托于北约,这从它们对公约第五条"集体防御"的反复强调中清晰可见。另一方面,欧洲盟国帮助美国赢得对苏冷战这一前提因冷战的终结不复存在。换言之,欧洲对美国的原初需求基本不变,而美国对欧洲的初始需求却戛然而止。冷战后美国对北约的需求在重要性与紧迫性方面都比美苏对抗时代显著降低,与欧洲盟国的需求已显然不在同一层次。不仅如此,其安全利益更加多样化,地理范围也从高度集中于欧洲扩展

---

[1] Stanley R. Sloan, *NATO, the European Union, and the Atlantic Community: The Transatlantic Bargain Reconsidered*, New York: Rowman & Littlefield Publishers, Inc. 2003, p.1.
[2] Ronald E. Powaski, *The Entangling Alliance: The United States and European Security, 1950-1993*, Westport, Conn.: Greenwood Press, 1994, p.85.

到亚太、非洲、印度洋等地。"9·11"事件后,美国希望其对北约的需求能够顺势转变为北约对其反恐战争的有力支持。然而令美国失望的是,欧洲盟国在两点上妨碍了北约转变:一是欧洲与美国在反恐战争观念与策略上存在分歧[①];二是欧洲盟国军事能力的短板,使北约整体上未能具备美国所期待的高水平反恐与海外干预能力,这点在阿富汗战争中被充分暴露。与此同时,东欧安全局势在乌克兰危机爆发后持续紧张,欧洲盟国对北约保护其领土的需求更加强烈,[②] 对此,美国出台了"欧洲保障计划"(European Reassurance Initiative)等新的"集体防御"措施以安抚盟国。但由此而来的是美欧双方对北约在需求上的失衡更加严重了。

层面二是贡献上的失衡。冷战后,由于欧洲盟国多年持续削减军费,美国的投入在北约内的经费占比已经达到了70%[③],大大超出冷战时期平均55%的水平。在2014年北约威尔士峰会上,美国借乌克兰危机造成的安全压力,迫使欧洲盟国同意将军费提高到占国内生产总值2%这一底线。然而直到特朗普总统上台前,仅有四个欧洲盟国达到了这一底线要求。[④] 欧洲防务开支过低影响到北约的集体行动能力,无论在巴尔干、阿富汗还是利比亚,美国均抱怨欧洲盟军未能充分履行职责。在美国看来尤其荒唐的是,既然北约仍被欧洲盟国赋予保卫其本土的重任,其重要性明显超过对美国反恐的支持,欧洲

[①] 欧洲盟国大多反对将反恐斗争定性为"战争"(小布什总统语),反对高度依赖军事手段解决恐怖主义威胁。这些分歧在2003年伊拉克危机期间达到了高潮。

[②] "在未来至少十年内,若没有美国与北约的参与,欧洲将不存在可信的威慑与现实可靠的防御。"Martin Zapfe, "Threatened from Within? NATO, Trump and Institutional Adaptation," Swiss Center for Security Studies, November 3, 2017, p. 9, http://www.css.ethz.ch/content/dam/ethz/special-interest/gess/cis/center-for-securities-studies/pdfs/ST2017-04-Zapfe.pdf.

[③] 然而该数字仅为一种计算方法的结果,其将美国的军费与欧洲各盟国军费的总和加以比较。盟国对此颇有异议。

[④] NATO Public Diplomacy Division, "Defence Expenditures of NATO Countries (2009 - 2016)," July 4, 2016, https://www.nato.int/nato_static_fl2014/assets/pdf/pdf_2016_07/20160704_160704-pr2016-116.pdf.

盟国自己却吝惜投入，并不断敦促美国为东欧的安全追加资源，更不用说对北约的投入是对西方共同安全的支持，欧洲更无理由回避。可见美欧双方在贡献层面同样严重失衡。在需求（回报）失衡与贡献（付出）失衡长期叠加的情况下，美国便越来越难以容忍这一局面继续下去。

还有第三个层面，即上述两个失衡引发了一个更隐蔽的失衡，即美国自己对北约的资源投入与其实际主导能力不成比例，或曰美国的贡献与北约组织内"盟国一律平等""重大决定一致通过"等基本规则不相称。但与上述两点失衡不同，这一点可视为北约在组织原理或规则上的失衡，即为什么美国的贡献与权力不相称。这突出表现在北约拟议向乌克兰或格鲁吉亚扩大导弹防御问题上，美国的主张必须得到欧洲盟国的首肯。同样，这一点在2003年伊拉克危机期间北约出现的分裂中也可一窥端倪。[①] 虽然北约在冷战期间同样奉行盟国平等、全体一致等原则，然而超级大国紧张对峙尤其是核因素的卷入，使美国始终拥有对北约盟国在基本战略制定上的优势地位。冷战后，美国曾经享有的这一默认的优先条件日渐受到质疑，并在一系列事件中遇到挑战。总而言之，最迟到奥巴马政府时期，美国已经对北约的诸多失衡表达了日益明显的不满，并采取多种方式向欧洲盟国施加压力，[②]意图改变上述失衡状态，然而效果并不明显。

二、特朗普政府时期美国调整北约内部关系的努力

在这种背景下，美国对北约内大西洋两岸关系的不满在特朗普时期达到了高潮，调整相关关系的激烈举措也开始出现。美国认为，北约不应继续局限

[①] 由于在北约的磋商中德、法等国拒绝以防空力量协助土耳其，美军被迫放弃从北线对伊拉克发动进攻的原定计划。

[②] 包括在阿富汗等地的行动中组建所谓"志愿者联盟"（Coalition of Willings），以及呼吁北约以"有效多数"表决取代"全体一致"，等等。

于冷战时期的职能,而应积极拓展使命,更多地投入反恐怖主义,更好地服务美国的利益;[1]与此同时,北约是为整个西方安全服务的,但美欧双方在保持和发展北约能力方面的负担严重不均衡,美国对北约的支出已经占到大部分,因此美国应当并有权要求欧洲盟国承受更多负担,大幅度提高防务费用。[2]

为此,美国将推动欧洲盟国提高军费作为调整关系的具体措施,但在这个过程中施压的色彩过于明显。美欧分歧不止军费这一项,然而双方在大多数分歧中各执一词,美国并不占话语优势。唯有在军费议题上,美国既有大量投入并得到公认,又获得了盟国的庄重承诺。特朗普政府紧抓美国的优势项目穷追猛打,对其他分歧几乎完全避而不谈。[3] 欧洲盟国对此相当被动,因为它们无法否认军费确实是重大分歧。在面对特朗普政府发誓解决军费问题的坚定态度时,欧洲盟国只能直面这一巨大压力。

在对欧洲盟国广泛批评的基础上,[4]美国集中斥责了德国。战后多年的防务合作已经使德国成为美国最重要的北约盟友。[5] 美国对德国寄予厚望,但也对其在战略上的任何"异动"更为敏感。由于历史原因,美国已经习惯了德国的"驯服",但冷战后两国在安全领域的嫌隙越来越大也是不争的事实。

---

[1] "Trump, at NATO, vows unwavering fight against terrorism," Reuters, May 25, 2017, https://www.reuters.com/article/us-usa-trump-europe-militants/trump-at-nato-vows-unwavering-fight-against-terrorism-idUSKBN18L22F.

[2] Mary Tyler, "Trump: US wants 'a strong Europe', but defense burden has to be 'fair'," The Hill, Nov. 10, 2018, https://thehill.com/homenews/administration/416047-trump-us-wants-a-strong-europe-butdefense-burden-has-to-be-fair.

[3] 根据白宫网站登载的特朗普总统关于北约的讲话,其内容大部分是关于防务负担与军费话题。请见 https://www.whitehouse.gov/search/? s=nato。

[4] 甚至对防务开支始终比较高,并且达到了"威尔士标准"的英国也不例外。请见 Robin Emmott, "U. S. includes main ally Britain in letters demanding higher defense spending," Reuters, July 3, 2018, https://www.reuters.com/article/us-usa-trump-britain-defence/us-includes-main-ally-britain-in-letters-demanding-higher-defense-spending-idUSKBN1JT1S3.

[5] Stanley R. Sloan, NATO, the European Union, and the Atlantic Community: The Transatlantic Bargain Reconsidered, New York: Rowman & Littlefield Publishers, Inc., 2003, p.64.

美国对德国在2003年伊拉克危机中的正面"顶撞"相当震怒。与此同时,德国努力推动的欧盟共同防务使其已被视为北约最有力的竞争者。然而,德美在北约东扩、导弹防御、美驻欧核武器、阿富汗行动等很多北约议题上矛盾重重。尤其令美国恼火的是德国在军费问题上带头拖延推诿:美国认为德国根本不缺财政条件,未能履行"威尔士承诺"完全是意愿问题。更严重的是,德国的行为对其他盟国起到了示范作用,并为它们提供了掩护,导致"威尔士承诺"的整体塌方。与之形成鲜明对比的是,德国与法国联合推动欧盟设立共同防务基金,虽然目前规模有限,然而前景颇好。

在提高军费这一焦点博弈中,美国精准地击中了德国的软肋,以及欧洲盟国的软肋。在戴高乐主义强大影响下,可以想象法国被施压也不会取得多大效果;美国集中对准英国则会给最亲密的盟友造成情感伤害,况且英国的开支已不少;①而集中攻击德国并取得战果的可行性却很高:首先,德国能够反击的王牌比法国少,必须表现出对北约更大的忠诚,原因无需多言;其次,将提高军费与对付俄罗斯联系起来后,德国更难为其信誉上的"污点"辩白;再次,敲打德国有望获得可观的让步经济条件,显然只有如德国那样强大的经济体才有可能"缴纳"所需的费用;最后,德国既是北约欧洲盟国也是欧盟共同防务的核心,敲打德国对其他较小盟国的示范效果更明显,而且可以对"竞争者"欧盟给予震慑与打击②。

当然,美国对欧洲盟友的施压还采取了分化的方式。特朗普政府期间,美

---

① 英国是防务开支占比百分之二以上的少数盟国之一,参见 https://www.ukpublicspending.co.uk/uk_defence_spending_30.html。
② 2018年2月,欧盟正式启动"常设有组织合作"后,美国时隔数年后再次对欧盟防务提出警告。Guy Chazan, Katrina Manson, "US rattled by plans to forge closer European defense ties," *Financial Times*, Feb. 18, 2018, https://www.ft.com/content/a1e82b7a-147c-11e8-9376-4a6390addb44.

国明显加强了与东欧国家的军事合作[①]:美军计划在波兰新部署重型装甲师,波兰总统杜达(Andrzej Duda)2018年进一步提出希望美军长期驻军并建造永久基地,基地拟命名为"特朗普堡",而波兰愿为此出资20亿美元。特朗普总统对此提议高度赞赏,但强调波兰为此必须做出"非常大的(财力)贡献"[②]。通过与波兰的互动,特朗普政府想树立一个典型,即盟国通过投入更大财力,以求美国加强安全保障的行为不仅合理,而且有例可循。

拉拢波兰的做法,就防守作用而言,可以阻止欧洲盟国在军费负担问题上保持统一阵线,集体抵制美国的要求;就其进攻作用而言,则成功地在波兰与德法等老牌盟国之间打入了楔子。本来德法与波兰在对待《北约-俄罗斯关系基础条约》的问题上已经出现矛盾,北约做出在东欧"常态化"演习(但非永久部署)的决定,实为双方形成的微妙平衡。通过美波双边合作,美军的永久驻扎使得北约的平衡决定面临着被架空的危险,增大了德法与波兰摩擦升级的可能性。

三、欧洲盟国对美国意图的反应

针对特朗普政府要求增加军费并更多地承担北约的防务支出的要求,欧洲盟国普遍予以正面回应:要么很快追加了防务支出用于购买装备,要么宣布了未来增加军费的预算方案。[③] 此方面的政策效果产生之快、之明显,确实超过了前任奥巴马或小布什政府。特朗普总统执政后,欧洲盟国和加拿大一共

---

① Georgette Mosbacher, Piltr Wilczek, "The US-Poland bond is stronger than ever," *The Hill*, Nov. 10, 2018, https://thehill.com/opinion/international/416006-the-us-poland-bond-is-stronger-than-ever.

② Zoya Sheftalovich, "US considering building 'Fort Trump' in Poland," *Politico*, Sep. 19, 2018, https://www.politico.eu/article/poland-wants-to-build-fort-trump-andrzej-duda/.

③ David Chazan, Justin Huggler, "France and Germany to increase defence spending amid fears Donald Trump may pull US troops from Europe," *The Telegraph*, July 8, 2018, https://www.telegraph.co.uk/news/2018/07/08/france-germany-increase-defence-spending-amid-fears-donald-trump/.

追加了410亿美元额外防务支出。① 取得这一效果,除了美国的压力,欧洲盟国对北约在费用方面的贡献②长期低迷,迫使它们不得不做出些"补偿性"回应也是重要原因。北约秘书长斯托尔滕贝格(Jens Stoltenberg)承认,"盟国已经一致同意停止削减防务预算并增加军费了"。③ 然而,当特朗普总统在布鲁塞尔峰会上进一步提出军费占GDP的4%的更高要求时,盟国普遍不以为然,故该要求不了了之。④

通过军费问题,美国在北约内对盟友掀起了近年来最大的一股施压。其本质是通过这一相对技术化的问题,在战略上打压欧洲盟国,削弱其日渐增长的独立性,保持自身在同盟内的权威和主导地位。然而这一施压的副作用也很明显,欧洲盟国也在以自己的方式同美国展开激烈博弈。

德国是特朗普攻击最突出的受害者:不仅反复警告德国须支付美国"3 000亿保护费",⑤还失礼地痛骂德国人"非常坏"。⑥ 其言行对德国的心理伤害无以复加,使哪怕已习惯了外交隐忍的德国人都难以忍气吞声:德国副总

---

① NATO, "Remarks by NATO Secretary General Jens Stoltenberg at the Heritage Foundation in Washington DC," 14. Sep, 2018, https://www.nato.int/cps/en/natohq/opinions_158078.htm.

② 然而有研究显示,当代对西方安全整体的贡献绝不仅限于军费投入。维和行动、对外援助、地区冲突后的战后重建等皆为贡献。在这些方面,欧洲盟国的投入远超美国。参见 S. J. Cimbala, P. K. Forster, "The US, NATO and military burden sharing: post-Cold War accomplishments and future prospects," *Defense & Security Analysis*, Vol. 33, No. 2, 2017, p. 118.

③ NATO, "Remarks by NATO Secretary General Jens Stoltenberg at the Heritage Foundation in Washington DC," Sep. 14, 2018.

④ "Trump tells NATO leaders to increase defense spend to 4 percent," https://www.reuters.com/article/us-nato-summit-trump-spending/trump-tells-nato-leaders-to-increase-defense-spend-to-4-percent-idUSKBN1K12BW.

⑤ Mallory Shelbourne, "Trump handed $300 billion-plus NATO invoice to German chancellor," *The Hill*, March 26, 2017, https://thehill.com/homenews/administration/325847-donald-trump-printed-out-made-up-ps300bn-nato-invoice-and-handed-it.

⑥ Peter Muller, "Trump in Brussels: 'The Germans Are Bad, Very Bad'," Spiegel Online, May 26, 2017, http://www.spiegel.de/international/world/trump-in-brussels-the-germans-are-bad-very-bad-a-1149330.html.

第五章 凝聚与疏离：当代欧洲安全防务秩序与大国关系

理加布里尔（Sigmar Gabriel）认定跟美国"必须用实力说话",[①]慕尼黑安全峰会主席、前驻美大使伊申格尔（Wolfgang Ischinger）则警告由于特朗普的言行，即便未来新的美国总统想在欧洲获得认可也将"艰难得多"。[②] 马歇尔基金会的报告坦言："等待特朗普四或八年任期结束而无所事事实在太长，德美关系再也回不到过去的好时光了。"[③]连默克尔（Angela Merkel）总理都承认"欧洲完全依赖美英保障自身安全的时代已经结束了"。德国外长马斯（Heiko Maas）提出要重新规划欧洲与美国的关系，默克尔虽并未附和，而是指出与美国的合作是"极其有用"的，但这一提法已经与以往的"极其重要"有所不同：鉴于美国削弱了大西洋同盟的价值观基础，德国也只能跟进，将更多地从实用主义角度看待德美安全关系。

德美合作是北约的核心。冷战后美国将军队继续留在欧洲是两国间的重大约定，它使美国可以继续参与欧洲安全，参加欧洲的共同防务。[④] 德国推动欧盟防务一体化的同时，也悉心维护北约并在美法间保持平衡，这一平衡是北约稳定的关键。英国脱欧后，就美国对欧洲安全领域的影响而言，保持德美亲密更加重要。特朗普政府疏远德国是把德国这个关键平衡力量推向了法国。战后的大西洋同盟与欧洲一体化是德国的国际行为合法化的基础。特朗普政府对北约"去神圣化"的举动严重冲击了大西洋同盟，迫使德国只能从欧洲获

[①] "Germany's Gabriel urges tougher dealing with Trump," EUobserver, July 13, 2018, https://euobserver.com/tickers/142369.

[②] Christina Pazzanese, "A troubled, but perhaps stronger, Europe," *The Harvard Gazette*, Oct. 3, 2018, https://news.harvard.edu/gazette/story/2018/10/harvard-panel-sees-a-troubled-but-perhaps-stronger-europe/.

[③] The German Marshall Fund of the United States, "In spite of it all, America: A Transatlantic Manifesto in Times of Donald Trump—A German Perspective, October 2017," p. 4.

[④] Kristina Spohr, "Germany, America and the shaping of post-Cold War Europe: a story of German international emancipation through political unification, 1989–90," *Cold War History*, Vol. 15, No. 2, p. 223.

得更多的合法性依据加以补偿。① 而特朗普总统"没有美国,法国人将说德语"②等说辞明显在挑拨历史旧怨,进一步刺痛了德国的敏感神经。特朗普对欧盟的敌意,也使德国高度警觉,因为维护欧洲一体化是德国的核心利益:德国统一被接受的前提是欧洲一体化的继续发展。可以说特朗普总统的行为已经迫使德国面对美国打起了一场欧盟(欧洲一体化)保卫战,而捍卫欧盟便是捍卫德国自己。

与此同时,法国总统马克龙已经多次提出"欧洲军"计划,③德国一改长期的犹豫与保留态度,默克尔总理对此表示赞同。④ 尽管两国还不会背离北约,但只有更强大的欧洲防务才能抗衡特朗普政府的压力,才能塑造更平衡、更符合欧洲利益的北约,这已经成为法德的共识。为此,法德启动了共同研制下一代欧洲主力战斗机与坦克以及航天等前沿技术的项目,目前已经取得阶段性成果;马克龙提出组建欧洲军事干预力量的计划,已经有多个欧盟国家加入,而德国最终也决定参加。受惠于"特朗普效应",所有欧洲盟国均充分意识到欧洲的战略"假期"结束了。⑤ 因此,欧盟于 2017 年 12 月首次启动《里斯本条

---

① 2016 年的德国《防务白皮书》提出在欧盟内建立与北约欧洲盟军司令部对等的军事统帅机构,标志着德国在该方向迈出里程碑式的一步。此外如同其他欧盟国家,德国民众对"欧洲军队"的呼声日益高涨。据艾伯特基金会调查,高达 70%的民众支持将国家的防务权限向欧盟层面转移。而与北约相比,德国人更倾向于为欧盟共同防务投入财力资源。参见 Friedrich-Ebert-Stiftung, *What holds Europe together? A representative eight-country study of the Friedrich-Ebert-Stiftung*, conducted by policy matters, 2017, pp. 14 – 15.
② Nicholas Vinocur, Paul Dallison, "Donald Trump: Without the US, the French would be speaking German," *Politico*, Nov. 13, 2018, https://www.politico.eu/article/donald-trump-without-the-us-the-french-would-be-speaking-german/.
③ "France's Macron pushes for 'true European army'," BBC, Nov. 6, 2018, https://www.bbc.com/news/world-europe-46108633.
④ Eszter Zalan, "Merkel calls for 'real, true' EU army," EUobserver, Nov. 13, 2018, https://euobserver.com/political/143375.
⑤ Peter van Ham, "Trump's Impact on European Security: Policy Options in a Post-Western World," Clingendael Report, Netherlands Institute of International Relations, January 2018, p. 13.

第五章　凝聚与疏离：当代欧洲安全防务秩序与大国关系

约》"常设有组织合作",在 17 个军备项目上展开深度合作;[①]新设立的"欧洲共同防务基金"(总额 50 亿欧元)的规模也远超欧洲防务局常年的预算。

对此,美国表示忧虑,担心欧洲防务一体化会从军备领域实现突破。而特朗普总统的反应继续其一贯风格,不仅对欧盟防务嗤之以鼻,更是强令盟国"先把欠北约的钱交了!"[②]然而,这一看似只为资金的争执却折射出一个重大玄机。正如对挪威首相的信所透露的,特朗普政府进一步施压的目标是要求盟国增加军费购买美式装备,如 F-35 先进战斗机。[③] 然而若 F-35 等成功打入欧洲并主导相关军备市场,成为盟国新一代通用机型(如冷战期间的 F-16 战机),美国就会造成欧洲对其高技术武器又一个周期的长久依赖,从而对欧盟倾力建设的防务产业领域与军备一体化构成釜底抽薪的打击效果。而发展战略性的前沿武器技术不仅是欧盟防务的能力支撑,也是欧洲实现真正战略自主的物质基础。可见,随着美国对欧洲安全领域的政治"杠杆"的削弱,特朗普政府正在将前任于政治层面对欧洲防务一体化的牵制,转化为技术与经济层面的牵制。因此毫不奇怪,马克龙总统针锋相对地提出盟国买"欧洲自己的武器"。[④] 双方的博弈日趋激烈,在美国的压力下,欧盟于 2018 年 11 月推出了"常设有组织合作"的二期项目,[⑤]将更多的战略性军备技术纳入其中。2019

[①] Council of the European Union, "Defence cooperation: Council launches 17 new PESCO projects," Nov. 19, 2018, https://www.consilium.europa.eu/en/press/press-releases/2018/11/19/defence-cooperation-council-launches-17-new-pesco-projects/.

[②] Rebecca Morin, "Trump calls Macron's comments on building a European army to defend against US 'insulting'," *Politico*, Nov. 9, 2018, https://www.politico.eu/article/trump-calls-macrons-comments-on-building-a-european-army-to-defend-against-u-s-insulting/.

[③] The White House, Letter from Donald Trump to Erna Solberg, Washington D. C., June 19, 2018.

[④] David M. Herszenhorn, "Macron wants Europe to buy its own military hardware," *Politico*, Nov. 11, 2018, https://www.politico.eu/article/macron-wants-europe-to-build-its-own-military-hardware/.

[⑤] European Union External Action Service(EEAS), "Permanent Structured Cooperation(PESCO)-Factsheet," Nov. 19, 2018, https://eeas.europa.eu/headquarters/headquarters-Homepage/34226/permanent-structured-cooperation-pesco-factsheet_en.

年2月初,就在美国宣布暂停履行《中导条约》之际,法德两国宣布将联合研发下一代欧洲先进战斗机,[1]为此德国政府还取消了空军采购美式F-35战机的可能性,[2]而德国军方历来对美式战机青睐有加。最后,正如慕尼黑国际安全会议主席伊申格尔在2019年会议召开前的一份报告中指出的那样,欧盟必须加快推进共同防务,并将军事领域作为欧洲一体化的新焦点。[3]

就欧洲地区的防务秩序而言,保持现状的首要基本条件是北约保持原貌。不可否认的是,北约在冷战后一直在悄然变化,然而当这一变化发展到需要权力格局做出调整的时候,北约自身便很难保持原貌,而会走向大西洋两岸的某种二元格局,这对欧洲防务秩序的改变将是根本性的。

第四节 关键变量——英国脱离欧盟共同防务架构

英国是欧洲地区防务秩序中的一大关键变量,被称为欧美或大西洋两岸之间的桥梁或黏合剂并不为过。战后英国扮演的各种角色和发挥的各类作用,在将欧洲秩序与相关的大西洋地区秩序,乃至更大的全球秩序融合起来方面,可谓独一无二。因此,尽管英国的防务实力已经今非昔比,但其枢纽地位所蕴藏的价值对整个欧洲地区的防务秩序而言,仍然是战略级的。

---

[1] Sebastian Sprenger, "Airbus, Dassault tapped to pin down Franco-German fighter plans," *Defense News*, Feb. 6, 2019, https://www.defensenews.com/global/europe/2019/02/06/airbus-dassault-tapped-to-pin-down-franco-german-fighter-plans/.

[2] Sebastian Sprenger, "Germany officially knocks F-35 out of competition to replace Tornado," *Defense News*, Jan. 31, 2019, https://www.defensenews.com/global/europe/2019/01/31/germany-officially-knocks-f-35-out-of-competition-to-replace-tornado/.

[3] Sebastian Sprenger, "Europe risks losing its footing amid shifting world order, report warns," *Defense News*, Feb. 11, 2019, https://www.defensenews.com/global/europe/2019/02/11/europe-risks-losing-its-footing-amid-shifting-world-order-report-warns/.

一、英国对欧盟共同防务的参与

欧洲防务合作的历史与北约同样悠久,但在冷战中被边缘化了,仅扮演着辅助角色(西欧联盟)。20世纪80年代,里根政府绕过欧洲盟国与苏联展开对话的做法刺激了欧洲防务合作的复兴。同时作为北约与西欧联盟这两套架构的重要成员,英国对此的立场模棱两可。伦敦长期面临的两难处境是:既希望欧洲合作能够降低美国为安全承诺付出的成本,帮助美国政府顶住国会的压力,将美军留在欧洲;又不希望合作过于深入而形成欧洲主体(European Identity),以挑战美国的主导地位,引发其疑惧,最终分裂架空北约。为此英国的做法是,一方面在法国退出军事一体化后加大对欧洲安全的投入[①],以自己的资源结合西德的力量,向美国展示集体防御的诚意,从而留住美军;另一方面利用自己的影响力,引导欧洲防务合作的方向与深度,确保合作不以北约分裂为代价。

然而冷战后,上述努力取得成效的难度越来越大。随着美国全球战略的调整与战略重心东移,其资源逐步撤离欧洲已是大势所趋;而美国资源的抽离必然造成北约既有格局的深刻变化,进而波及英国在其中的利益。与此同时,欧洲防务合作在一体化内在逻辑的推动下继续迈进,在巴尔干地区冲突的推动下,欧盟拥有独立防务政策的呼声不断高涨。欧洲安全在20世纪90年代的戏剧性发展,为英国防务营造出一个流动性强、不确定性高的环境,在带来挑战的同时,也为其提供了因势利导的机会。对北约的依赖已经削弱了英国的战略自主,若北约受到侵蚀或挑战,英国寄托于北约的安全利益将面临巨大风险。英国将过多赌注投放于北约,这一政策是否依然明智引发了英国政界的反思。对此,英国需要某种程度的欧洲合作来平衡其对北约的过度依赖,通

[①] 随着70年代初期撤出苏伊士以东地区,英国防务向欧洲安全领域的聚焦与倾斜大大加强。

过拓展欧洲方向来补偿在北约方向损失的战略自主。丧失部分战略自主,是战后英国借助同盟体系维护自身利益必须付出的代价。英国固然已经习惯了北约内的安排,但过度依赖仍然令英国不无忧虑。当然,欧洲合作与北约绝非等量齐观,北约仍然是第一位的。英国对欧盟防务划出的"红线"有两条,一是阻止其重复北约军事架构(核心是建立欧盟行动指挥部),二是阻止欧盟承担核心防务使命(即北约"本土防御"职责)。①

诚然,英国的考量确实巧妙,但却过于理想化。其风险在于欧洲防务合作一旦升级为欧盟共同防务,遵循一体化自身的逻辑发展,英国很可能无法施加有效的操控。1998年12月,布莱尔政府与法国签署《欧洲安全防务合作宣言》,直接推动欧盟开启了共同防务政策以及欧洲防务合作的机制化进程。工党政府此时为欧盟共同防务开绿灯,主要基于对北约状态的担忧:冷战后欧洲盟国防务能力的不断下降,严重影响了北约的平衡稳定与良好运行,巴尔干危机将之暴露无遗。布莱尔政府此前收到了美国前所未有的严厉警告:若欧洲盟国不提高军事安全能力,北约前景堪忧。② 英国显然受到了巨大触动,因此寄望于推动欧洲盟国再利用欧盟的平台强化合作,达到最终改善、强健北约这一目标。启动后短短数年,欧盟的共同防务便在政策机制、力量构建、防务行动乃至战略思考方面都取得了快速发展。③

英国自始便表明立场:欧盟共同防务仅仅旨在提高防务能力(如装备水平、协同与投送能力,等等),与政治一体化或"欧洲军"的创建毫不相干。1998年布莱尔政府的调整极具实用主义,主要着眼于北约的状态,以及美国对欧洲

---

① Federico Santopinto, Megan Price, ed. *National Visions of EU Defence Policy: Common Denominators and Misunderstandings*, Brussels: Centre for European Policy Studies, 2013, p. 150.
② Clara Marina O'Donnell, "Britain's coalition government and EU defence cooperation: undermining British interests," *International Affairs*, Vol. 87, No. 2, 2011, p. 421.
③ 孔刚:《欧盟共同安全与防务政策:1999至2009年》,北京:军事谊文出版社2010年版。

防务的继续介入。① 然而,英国的原初考量面临着逻辑与合理性上的严重挑战:英国对共同防务的动机明显具有功利主义色彩,将目标着眼于服务北约,而欧盟的发展只是其利用的手段与工具而已,这不可能得到欧盟国家的普遍认同,欧盟的本位主义更是对此嗤之以鼻;更重要的是共同防务启动后,英国很难为其保守立场提供强有力的说辞(理由),即欧盟共同防务为什么必须严格限制在军事能力范围内,为什么严禁涉入政治一体化领域。尽管确实有某些成员国私下认同英国,但在法理上说不通:须知僵硬地拒绝防务走向一体化以及政治上"日益紧密的联盟"(ever closer union)这一前景,是违背《马斯特里赫特条约》精神的,而英国签署了条约。因此,不用说法国,就是德国(追求防务合作的政治一体化价值)也不会认同。此时,英国原初考量的致命弱点暴露无遗:完全基于功利主义的英国政策,其实很难主导欧洲防务合作的方向与程度。2002年讨论欧盟立宪的"欧洲制宪大会"时,英国惊恐地发现亲手启动的共同防务有可能脱离原初的设计! 当2003年法、德、比、卢四国又提出了"欧洲防务联盟"(EDU)倡议,②从而使英国对共同防务的戒备心态大大加重,到2009年《里斯本条约》载入"相互援助""常设有组织合作"等条款后,英国此后已经鲜有建设性的积极姿态去引导或调整,而是不断做出机械的否决等破坏性表现。

至2016年脱欧公投举行前,英国与欧盟在防务议题上已经几乎没有妥协余地:在欧盟委员会大举进军共同防务的情况下,德国《防务白皮书》首次倡议建立欧盟军事指挥部;与此同时,《兰开斯特宫条约》开创的英法合作却举步维艰,不仅加深了两国隔阂,而且推动法国军工业界将合作重点转向了德国。凡此种种,已经在主、客观意义上将英国排挤出了欧盟防务的主流。对此,英国

---

① Sven Biscop, "The UK and European defence: leading or leaving?", *International Affairs*, Vol. 88, No. 6, 2012, p.1301.
② 即2003年4月的"特鲁汶倡议"。英国随后与法德两国达成妥协,该倡议未付诸实现。

毫不示弱：即便脱欧进程已经开始，防务大臣法伦（M. Fallon）仍然誓言将继续封杀欧盟的一切"欧洲军"计划。[1]

二、英国脱离欧盟防务框架的主要影响

防务领域并不是推动英国走向脱欧之路的首要因素，但在其公投的2016年前后，欧盟确实在共同防务领域内迈出了一系列新的强劲步伐：法国于2015年年底为欧盟首次启动了《里斯本条约》"相互援助"条款；[2]德国于2016年7月版《安全政策白皮书》中首次明确呼吁欧盟建立"永久性的民事-军事行动统帅部"；[3]欧盟于2016年年底发布《外交与安全政策全球战略》，此乃2003年《欧洲安全战略》的重大升级；欧盟委员会于2016年底发布《欧洲防务行动计划》，并于2017年推出了"欧洲防务基金"（European Defence Fund）。以上进展均雄心勃勃，尤其是欧委会的高歌猛进，意味着超国家主义力量正在于长期遵循"政府间合作"原则的欧盟共同防务领域实施强有力突破。这些事态令英国政界特别是疑欧主义者如坐针毡，故脱欧成为一大选择。

当前英国已经不可逆地离开了欧盟及其相关的各政策领域，就防务而言，一系列重要影响将逐渐展现：

第一，脱欧后的英国将在政治上完全丧失对欧盟共同防务的基本走向、合作属性及发展水平的影响力。德国学者认为："（英国）脱欧后将不再能塑造欧盟的决策，只能简单地决定是否接受它们。"[4]英国由核心领导者沦为无可置

---

[1] Cynthia Kroet, "UK defense secretary: We will continue to block EU army," *Politico*, Feb. 17, 2017, https://www.politico.eu/article/uk-defense-secretary-michael-fallon-we-will-continue-to-block-eu-army-nato/.

[2] Jorge Valero, "France 'at War' Inaugurates EU's Mutual Defence Clause," *Euractiv*, Nov. 16, 2015.

[3] 德意志联邦共和国政府：《德国的安全政策与联邦国防军的未来白皮书》（英文版），柏林，2016年7月，第74页。

[4] Claudia Major, Nicolai von Ondarza, "No 'Global Britain' after Brexit," *SWP Comment*, No. 24, German Institute for International and Security Affairs (SWP), June 2018, p.7.

第五章 凝聚与疏离:当代欧洲安全防务秩序与大国关系

喙的局外人,这将与共同防务诞生时形成巨大反差。长期以来,英国利用自身的防务实力(尤其是各类丰富的作战经验与比较完备的军工产业链),以及欧盟共同防务的政府间合作属性及其"全体一致"的决策机制,多次成功化解了共同防务走向一体化道路的努力,结果形成了共同防务"没有英国建不成,有了英国推不动"的尴尬局面。在英国的带动下,某些"大西洋主义"倾向明显的成员国也对欧盟防务深入发展加以抵触。结果导致虽然欧盟国家共同的安全利益需求不断增加,共同防务却无法获得足够的政治共识以继续推进。法、德、西班牙等国对英国的阻碍不满已久,却无计可施。然而脱欧后,失去了成员国身份的英国没有资格继续参与共同防务领域的决策。欧盟的"脱欧"谈判首席代表巴尼耶(Barnier)明确表示,英国离开后没有任何权利参与联盟的事务。英国只享有与挪威、土耳其等相同的第三国地位,没有特殊待遇。事实上就在脱欧公投后不久,欧盟及法、德、意等国便提出了一系列推动共同防务深入发展的计划,[①]而英国即刻便只能旁观。当然,英国是独立的主权国家,欧盟防务的发展走向,并不会对已经变为第三方的英国防务带来直接改变。但是,对于欧盟防务未来发展所引起的间接影响或连锁反应,英国则很难置身事外。

第二,脱欧后的英国将被排除出正在日益整合的欧洲防务产业领域之外。英国不仅无法享受到越来越雄厚的"欧洲防务基金"的资助,而且其与欧洲其他军工强国(尤其是法国)间的双边合作也将受到影响。冷战后,欧洲各国认识到为了确保长期的防务工业能力,防务产业的国际化既是必需的,也是无可

[①] 最重要的当数2016年9月底,欧盟在斯洛伐克首都布拉迪斯拉发举行的欧盟国防部长非正式会议通过的《欧洲防务行动计划》(European Defence Action Plan),俗称"布拉迪斯拉发路线图"。详情请见:https://eeas. europa. eu/topics/common-security-and-defence-policy-csdp/10669/28-eu-defence-ministers-agree-move-forward-european-defence_en。

避免的。① 与英国政府对欧盟防务一体化的牵制立场不同，英国军工业界始终大力支持欧洲防务市场的整合，支持欧委会打开各成员国封闭的国内市场的种种努力。这源于英国防务产业在诸多技术与经验上的优势，使其可以在欧洲国家军备市场的开放竞争中获取大量利益。此外，应对美国军工巨头如洛马、波音等公司的竞争压力，确保某些关键技术上的领先并保证本国就业，也是英国防务产业界与欧洲伙伴合作的重要动力。尽管英国航太公司（BAE）2012年与欧洲空间防务宇航公司（EADS）之间的合并谈判最终失败，但凸显了其防务产业深度融入欧洲市场的迫切需求。

与此同时，当欧洲国家大幅压缩防务支出的时候，②欧盟委员会却在不断拓展在防务领域内的权限与职责。2017年"欧洲防务基金"的成功设立，堪称欧委会涉足欧盟防务领域的重大突破，也是防务一体化的重要里程碑。③ 2021至2027财年，此项基金将高达130亿欧元，④成为欧洲继法、德、英等国后的第四大防务研发财源。⑤ 最近数年，欧洲防务产业合作已经初步呈现以欧委会为核心日渐聚拢的趋势。恰在此时，英国选择了脱欧。欧盟严格限制了"欧洲防务基金"等财源的使用范围，仅资助欧盟企业，并允许其参与招投标。在此情况下，英国业界面临着被严重排挤与边缘化的现实危险。

脱欧后，英国在双边军备合作上也将受到严重冲击。2010年的《兰开斯

---

① Bo Huldt, Sven Rudberg, ed., *The Transatlantic Link*, Stockholm: The Swedish National Defence College, 2001, p. 258.

② 2014年后，这一趋势开始有所扭转。

③ 象征着超国家主义并作为一体化引擎的欧盟委员会传统上无权涉足防务领域。尽管近年来欧委会出台了若干规范防务市场的"指令"，但其角色依然是边缘性的。然而2018年开始运作的"欧洲防务基金"标志着共同体财源首次直接用于资助防务领域，这既是欧委会职能也是共同防务的一大突破。

④ Jean-Dominique Giuliani et, "Defence: Europe's Awakening," *Policy Paper*, No. 474, Foundation Robert Schuman（罗伯特·舒曼基金会）, May 2018, p. 2.

⑤ Paul Taylor, "Safer Together: The United Kingdom and the Future of European Security and Defence," *Friends of Europe*, June 2018, p. 19.

特宫条约》为英法两国的防务产业合作列出了雄心勃勃的清单。[①] 但随着 2016 年脱欧公投的举行,两国某些关键性的合作项目,如备受瞩目的"未来无人空战系统"(FCAS)已经停滞不前。这与脱欧导致未来两国关系的不确定性密切相关。其实多年来,英国与欧陆国家的防务产业早已形成了千丝万缕的联系。冷战期间,北约便在盟国间力推武器装备的标准化与协同性,因此多家欧洲军工巨头都有跨国属性,如法国"空客"集团在英国就有非常复杂的产业链。然而脱欧后,英欧之间企业员工的跨国流动及物流运输都将受到限制,显然将对企业运行带来严重不便。此外,欧盟在 2016 年《外交与安全政策的全球战略》中明确宣示将倾力实现安全防务的"战略自主"(Strategic Autonomy),这意味着不会允许联盟外的第三方共享具有重大安全内涵的防务产业数据与信息。在这些因素的影响下,最近两三年来的明显趋势是法国转向了重点与德国合作:双方在第六代战机[②]、新一代坦克[③]项目上的合作已经取得关键进展。法德确定的目标雄心勃勃:为欧洲研发未来标准化的高性能武器,摆脱美国军工业界的羁绊,率先在防务技术与装备层面实现"战略自主"。

第三,脱欧后,英国的防务产业作为外部力量,与欧盟之间除了合作,也将难以避免地出现竞争。这一竞争很难严格控制在经济范围而不波及政治层面,从而对英欧总体关系带来负面影响,正如美国防务产业与其欧洲同行那样。

近年来,欧盟全力推动防务产业及军备市场的一体化,视其为防务一

---

① 包括军用核技术、航空母舰等战略性高端装备领域。
② Sebastian Sprenger, "Germany, France to move ahead on sixth-generation combat aircraft," *Defense News*, April 6, 2018, https://www.defensenews.com/2018/04/06/germany-france-to-move-ahead-on-sixth-generation-combat-aircraft/.
③ Pierre Tran, "When does industry expect France and Germany to set its future tank requirements?," *Defense News*, June 14, 2018, https://www.defensenews.com/digital-show-dailies/eurosatory/2018/06/14/when-does-industry-expect-france-and-germany-to-set-its-future-tank-requirements/.

体化的重要引擎与新兴增长点。2017年,欧盟委员会历史性地提出设立"欧洲防务基金"的倡议,成员国对此反应积极并予以认可,正是这一进展的体现。为了护佑"襁褓"中仍然稚嫩的统一防务市场并突出其"欧洲"身份,欧盟已经向外界展现出某种程度的保护主义姿态。例如,当特朗普总统极力推动北约欧洲盟国购买"F-35"战机时,马克龙总统针锋相对,鼓励盟国多买"欧洲货"。① 法德对联合研制第六代战机寄予厚望,相当程度上也是怀着使其未来成为欧洲通用机种,将美式战机挤出欧洲市场的勃勃雄心。2019年5月,欧盟外交与安全政策高级代表莫盖里尼顶住压力,明确拒绝了美国军工企业无差别地享受"欧洲防务基金"并获得招投标资格的要求。②

可见,欧盟对防务产业与市场问题的态度正变得愈发强硬。在此氛围中,火药味十足的脱欧谈判,势所难免地使英欧双方在防务产业与技术领域,如战略性的"伽利略"系统上展开了激烈乃至无情的较量。脱欧进程启动后,欧盟委员会便以军事信息安全为由,拒绝英国继续享受该系统的加密频道。作为报复,英国对该系统关闭了位于马尔维纳斯群岛(英称福克兰群岛)、亚松森岛和迪戈加西亚岛的地面中继站。随后,英国政府更宣布将新建自己的卫星系统与"伽利略"竞争。

第四,脱欧后,英国与欧盟的防务关系发生质变,势必将对北约产生重大的连带影响。北约与欧盟防务间的关系蛛网般密切交织、环环相扣。脱欧难免将削弱英国对欧盟这一欧洲核心的政治经济组织的影响力,从而降低其自

---

① David M. Herszenhorn, "Macron wants Europe to buy its own military hardware," *Politico*, Nov. 11, 2018. https://www.politico.eu/article/macron-wants-europe-to-build-its-own-military-hardware/.

② Jacopo Barigazzi, Joshua Posaner, "EU to US: Don't worry about our military plans", *Politico*, May, 16, 2019. https://www.politico.eu/article/european-military-defense-army-nato/.

第五章　凝聚与疏离：当代欧洲安全防务秩序与大国关系

命的所谓美国"最亲密盟友"的战略价值。[①] 冷战后，伴随欧盟追求战略独立性，北约欧洲盟国对防务问题的思考开始多样化。因此，美国对英国价值与地位的衡量，很大程度上根据的是其通过英国间接影响欧盟相关政策的能力，以及英国自身维护北约在欧洲安全领域传统地位的能力。长期以来，所谓北约"第二号统帅"即欧洲盟军副司令一职始终由英国将军担任。根据北约与欧盟的协议，他还负责指挥借助北约资源的欧盟危机管理行动。这些安排充分反映了北约与欧盟均认可英国作为大西洋两岸防务合作的重要桥梁这一角色。作为两大组织共同的关键成员，英国不仅致力于使美欧合作紧密流畅，也扮演着在双方分歧中最佳协调者的角色。[②] 然而英国脱欧后，北约与欧盟间诸多与英国相关的制度设计与安排，也将面临不确定性与深刻调整。

颇具讽刺意味的是，尽管英国矢志不渝地维护北约，但其摆脱欧盟的行为最终将冲击北约。冷战后，在大西洋同盟与欧洲防务一体化之间形成了某种微妙平衡：北约（及美国）支持欧盟共同防务适度发展，但反对其与大西洋合作脱钩；欧盟坚持防务一体化自主发展，但会适度照顾美国的关切并强调同北约的合作与互补。但在欧盟、北约各自纷繁复杂的发展中，不平衡是常态，并时常以偶发因素的面目出现，威胁上述平衡。如 2003 年伊拉克危机引发的美欧争执，险些颠覆了该平衡。在此情况下，英国作为动态"平衡捍卫者"的作用便非常关键了。作为大西洋两岸长期的沟通桥梁，英国政策的实用主义有效地帮助美欧双方一次次避免了在两者间出现严格的划界。英国的立场往往能够兼顾双方并居间协调，其同时作为北约与欧盟成员的身份，使那道危险的分界

---

① Paul Taylor, "Safer Together: The United Kingdom and the Future of European Security and Defence," *Friends of Europe*, June 2018, p. 15.
② 这方面的经典案例，是在北约军事干预南联盟科索沃危机期间，英国建议北约发动地面进攻。前首相布莱尔回忆道："我建议组建一支十五万人的部队，其中一半来自欧洲，另一半来自英国……我不确信除了英国以外，欧洲会有其他国家愿意贡献任何军队。但是我打赌，如果美国同意出兵，那么欧洲人也会因此而不好意思不支持，尤其是如果英国投入最多的兵力。"请参见［英］托尼·布莱尔：《旅程：布莱尔回忆录》，李永学等译，南京：译林出版社 2011 年版，第 209 页。

线始终模糊不清,而英国的角色无人可以替代。

综上可见,英国脱欧之所以对欧洲防务秩序有重大影响,根本在于英国的多重身份链接。在大西洋关系和欧洲一体化两大背景下,英国脱欧对欧洲防务秩序的影响显然是负面的,它不仅使欧洲防务一体化陡然增加了鲜明的大陆色彩,同时严重冲击了欧洲防务秩序与大西洋防务秩序之间的关联。

第五节 重新凝聚——法德主导推动欧洲防务一体化

自2016年英国通过公投决定脱离欧盟之后,冷战后由德法英欧盟三巨头联合推动欧洲军事合作与一体化的潮流戛然而止。取而代之的是所谓法德轴心这个二元驱动力量。而在法德两国的联合努力下,欧盟内的防务格局日渐呈现法德两国小双边带动外围大双边的新的发展态势。随着这一塑造进程的不断积累,已经与英国割裂的"大陆"欧盟将在未来更大范围内的欧洲防务秩序中,彰显越来越鲜明的独立性与重要性。

一、法德双边防务合作的重要进展

基于长期的历史经验,法德两国充分认识到推动欧盟的防务合作乃至一体化,难以绕开战略认知,以及法律基础上的巩固与深化。因此最近数年,法德两国联合出台了一系列重要的官方文件,阐述对防务领域的共同认知,并共同表达相互间的政治承诺。

2016年6月27日,德国外交部长施泰因迈尔和法国外交部长埃罗起草了一份题为《在充满不确定性的世界中建设一个强大的欧洲》的文件。在这份九页的文件中,两国外长提出了关于欧洲共同安全和移民政策,以及加强欧盟成员国的经济融合的倡议。

　　该文件中的《欧洲安全契约》("A European Security Compact")一节指出,欧盟必须面对日益恶化的安全环境和前所未有的威胁。难民危机、恐怖主义、强权政治正在严重威胁欧洲和世界的安全,欧洲作为可靠的和平力量的作用比以往任何时候都更加重要。法国和德国再次承诺在成员国之间支持共同安全和防务政策的团结和互助的基础上,实现欧盟作为安全联盟的共同愿景。德法两国还就欧洲防务问题共同倡导以下事项:欧盟应根据欧洲的利益为其外交和安全政策确定战略优先事项;推动欧盟全球战略的制定。法国和德国将推动一体化的欧盟外交和安全政策,将欧盟所有政策工具结合在一起;欧盟需要建立一个永久的军民指挥系统,以获得更强大和更灵活的危机预防和危机管理能力;应使那些愿意在国防领域建立永久性、结构性合作机制的欧盟成员国能够以灵活的方式达到目的;欧洲成员国应重申并遵守在国防预算,以及用于采购设备和技术研究的支出份额方面作出的共同承诺;欧盟必须在预防冲突、促进人类安全,以及实现受危机影响地区的稳定方面进行更多投资;欧盟应帮助其伙伴和邻国发展治理能力,加强危机应变能力,预防和控制新危机和恐怖主义威胁;加强同非洲地区国家的对话与合作;法国和德国将建立一个信息平台,分享预防和打击激进主义的经验和做法;创建欧洲情报合作平台,在充分尊重各国主权的前提下进行情报交换;针对影响几个成员国的重大危机情况建立欧洲应急计划;建立一支欧洲民防部队;扩大欧洲检察官办公室的职权范围,使之能打击恐怖主义和有组织犯罪;法国和德国建议欧洲理事会作为欧洲安全理事会每年举行一次会议,以解决欧盟面临的内外安全和防务问题,等等。[①]

[①] https://www.auswaertiges-amt.de/en/aussenpolitik/europa/160624-bm-am-fra-st/281702 #:~:text=To%20respond%20to%20this%20challenge%2C%20Germany%20and%20France, EU%E2%80%99s%20promise%20to%20strengthen%20security%20for%20its%20citizens.

2019年1月22日，法国总统马克龙和德国总理默克尔在德国亚琛市政厅签署的一项双边合作协议，正式名称为《德国和法国关于合作和一体化的条约》（即《亚琛条约》）。该条约是对1963年法德两国《爱丽舍条约》的补充，于2020年1月22日生效。在两国防务合作方面，《亚琛条约》第三条规定了以下合作事项：深化在外交政策、国防、内外安全与发展方面的合作，同时努力加强欧洲自主行动的能力；在各自领土遭受武装袭击时相互支持；加强欧洲的军事行动能力，并共同投资以缩小欧洲的军事能力差距，从而加强欧洲联盟和北大西洋联盟；加强法国和德国武装部队的合作；建立共同防御方案，并将其扩大到伙伴国家；促进两国国防工业部门之间的合作；就联合项目制定武器出口的共同方针；促使法德国防和安全委员会（The Franco-German Defence and Security Council）成为两国安全合作的政治指导机构，等等。[①]

2019年10月16日，法德两国首脑在法国图卢兹会面。与此同时，法德国防和安全委员会也召开了会议。会上，两国承诺呼吁在共同外交和安全政策等领域采取更快和更有效的行动。两国国防部长还决定在撒哈拉等关键地区坚持更紧密的共同立场，并推动国防工业的联合项目。两国还决定成立跨境合作委员会，以消除边境地区的障碍，这使《亚琛条约》的执行向前迈出了关键的一步。在会后发表的公报中，法国和德国重申法德国防和安全委员会的战略作用。双方强调，将按照《亚琛条约》的规定，将法德国防和安全委员会建立为两国安全合作的政治指导机构，以应对国际安全和防务领域的共同挑战。为此目的，法德国防和安全委员会将定期举行会议。此外，公报还就乌克兰问题、欧洲共同安全与防务政策、太空合作等问题发表了法德两国的共同

---

① https://www.diplomatie.gouv.fr/IMG/pdf/19-0232-1900417_en_fin_reinschrift_ws_aa105-og_ck_010219__cle079d7b.pdf.

立场。①

在具体的政策规划实施等技术层面，法德两国也联合推出了一系列举世瞩目的合作项目。

2015年7月29日，经过多年谈判，德国克劳斯-马费·韦格曼公司与法国奈克斯特公司决定合并以加强二者的全球竞争力。克劳斯-马费·韦格曼公司是欧洲最大的地面战斗车辆研制和生产商，最著名的产品为德国豹式坦克，共计销售约3400辆。奈克斯特公司则是一家法国国有军工企业，生产了法军现役主战坦克——"勒克莱尔"坦克。为实现与克劳斯-马费·韦格曼公司的合并计划，奈克斯特完成了私有化转型，法国政府持有的该公司股份从100%减少到50%。两家企业在2015年拥有6000名员工，年销售额超过20亿欧元。此次合并打造出欧洲第一、世界第三的地面军事装备企业。②

2015年12月1日，德国联邦议会投票通过了默克尔政府的提议——德国将派出一支部队赴叙利亚协助法国打击"伊斯兰国"的行动。德国就此成为2015年11月13日巴黎恐怖袭击事件后首个以派兵方式支持法国反恐行动的欧盟和北约成员国。这支部队包括6架"龙卷风"侦察机（用于在叙利亚战场监视行动）、一艘122型奥格斯堡护卫舰（帮助护送法国"戴高乐"号航母离开叙利亚海岸）和一架空客A310MRTT空中加油机，有多达1200名军人参与相关行动。此外，自2014年起，德国通过加大在马里和中非共和国的军事部署力度，有力地支持了法国在非洲打击宗教极端主义势力的军事行动。③

2016年6月，法国表示法德两国将推动达成两国共同许可的对外销售协议，以更好地推动两国的武器装备出口。两国计划将以下列两种模式合作，一

---

① https://www.auswaertiges-amt.de/en/aussenpolitik/laenderinformationen/frankreich-node/franco-german-council-of-ministers/2258024.
② http://www.cankaoxiaoxi.com/mil/20150730/871135.shtml.
③ https://world.huanqiu.com/article/9CaKrnJRYqE.

是两国各出资50%组建联合公司,法国方面将由国有的奈克斯特公司负责,而德国方面将由克劳斯-马费·韦格曼公司负责;二是法德两国达成一份共同的出口国和装备名单,同时两国将保留各自所关心的市场和装备。最终双方可能会选择二者混合的模式进行合作。

2017年4月10日,法国国防部长勒德里安和德国国防部长冯德莱恩在柏林签署一项关于两国共同建立和运营一支C-130J军用运输机机队的协议。该双边协议要求两国在诺曼底的埃夫勒组建一个联合中队,由两国的空勤人员和地面支援人员组成。该中队将拥有10架C-130J运输机(包括其加油机型号KC-130J),其中法国4架,德国6架。中队预计将于2021年9月开始工作,2024年形成完整的作战能力。此举是两国落实在北约国防部长会议上宣布的扩大欧洲防务合作举措之一,旨在让两国在C-130J运输机的培训和保障上节约资金,并能够共享其作战能力以填补两国现有A400M型运输机作战能力的不足。[①]

二、欧洲安全防务合作制度架构的进一步完善

1. 条约层面

1998年7月,法国、德国、瑞典、西班牙、英国和意大利共同签署了关于欧洲防务产业重组便利化措施的意向书,2000年签署了《意向书框架协定》,2001年该协定正式获批。意向书框架协定涉及未来欧洲防务产业最为关键的六大领域:军备需求协调、信息安全、供应安全、知识产权、出口程序、研究与技术。总体目标是在全球防务市场竞争日趋激烈的背景下,通过制定一套框架实现欧洲防务产业重组便利化,建设欧洲防务企业,提升欧洲防务产业的全

[①] http://www.defense-aerospace.com/articles-view/release/3/182781/paris-and-berlin-sign-agreement-on-joint-c_130j-fleet.html.

球竞争力。意向书六国建立了一个执行委员会,成员国每年轮流担任主席,每年召开数次会议评估进展。①

2001年12月的莱肯峰会期间,欧盟启动了《欧洲能力行动计划》(ECAP),用于解决欧洲防务能力不足的问题。最初成立了大约20个专家小组,这些军事专家均来自欧盟成员国,他们将就欧盟防务中的问题与不足提出针对性的建议,例如购买新装备或优化现有结构,特别是通过欧洲整体性合作提升欧洲防务水平。

2009年1月1日正式生效的《里斯本条约》则为欧洲防务一体化奠定了法律基础。其最突出的变动是在欧洲议会内将双重多数表决制取代有效多数表决制,即有55%的欧盟成员国和65%的欧盟公民投票赞成某项提案时即可通过。② 因此欧洲议会的作用大大增加,涉及司法、防务等较为敏感方面的法案在表决时更加容易通过。除此以外,还设立了外交与安全政策联盟高级代表,由共同外交与安全政策高级代表和欧洲对外关系与欧洲邻里政策专员合并而来,过去这两个职位在某些权力上存在重叠,整合后将提高办事效率。

2. 机构层面

欧盟防务安全领域机构在《阿姆斯特丹条约》、赫尔辛基会议成果的基础上发展而来,主要包括以下几个组成部分。

2000年12月成立的欧盟军事委员会(EUMC),其主要职责是向欧盟外交与安全政策高级代表和政治与安全委员会(PSC)提供军事建议,同时负责监督欧盟军事参谋部。欧盟军事参谋部隶属于欧盟对外事务部,主要负责向欧盟外交与安全政策高级代表提供军事战略建议、指挥欧盟军事行动,为共同

---

① "Letter of Intent: Restructuring the European Defence Industry," https://www.gov.uk/guidance/letter-of-intent-restructuring-the-european-defence-industry.

② European Union: "Treaty of Lisbon," June 8, 2020, https://eur-lex.europa.eu/legal-content/EN/TXT/? uri=OJ:C:2007:306:TOC.

安全与防御政策的发展做贡献。

政治和安全委员会(PSC)是《阿姆斯特丹条约》的产物,设立于2000年,最初是临时机构,但在2000年12月欧洲委员会决定将其永久化。2001年1月,欧盟理事会正式决定建立政治和安全委员会,其主要职能是为欧盟共同外交与安全政策、共同安全与防务政策提供建议。

欧洲防务采购局(OCCAR)的成立最早可以追溯到1995年法德两国为了更新防务合作规则而制定了一套新的框架,随后英国、意大利也加入其中。1998年9月,四国通过了《欧洲防务采购局公约》,[1]该公约于2001年1月正式生效,后来比利时、西班牙也加入其中。[2] 欧洲防务采购局的宗旨是"为当下及未来部分共同装备的项目管理设计更加可行高效的方案",其主要项目有:欧洲多用途护卫舰(FREMM)、中空长续航无人机系统(MALE RPAS)、"虎式"(Tiger)武装直升机、未来低地空导弹系统(FSAF - PAAMS)、"拳击手"(BOXER)多用途装甲车、后勤支援舰(LSS)、海上扫雷(MMCM)、空客A400M战略运输机、"眼镜蛇"(COBRA)武器定位系统等,后为了方便欧洲防务局与欧洲防务采购局对接,双方签署了一份行政协定和一份补充安全协定。

2001年7月20日,欧洲议会决定建立欧盟安全研究所(EUISS),其主要任务是为欧盟共同外交与安全政策的发展做贡献,研究欧盟与主要国家、热点地区的关系等;定期举办学术交流研讨会和政策分析会,并向欧盟外交与安全政策高级代表提供分析和预测。

欧洲防务局(EDA)于2004年7月在布鲁塞尔成立,旨在于共同安全与防御政策框架内,推动和促进欧盟各成员国的一体化。任务主要有四:其一,

---

[1] "Convention on the Establishment of the Organisation for Joint Armament Cooperation," http://www.occar.int/media/raw/OCCAR_Convention.pdf.
[2] 除6个正式成员国外,另有卢森堡、芬兰、立陶宛、瑞典、荷兰、波兰、土耳其参与其中部分项目。

在危机管控领域提升应对的能力;其二,促进和加强欧洲军备合作;其三,致力于加强国防技术和工业基础,并打造具有国际竞争力的欧洲国防装备市场;其四,提高欧洲国防研究和技术的效率。

2009年的《里斯本条约》引入了共同安全与防御政策(CSDP,以下简称CSDP)。作为欧盟国防和军事政策的指引,CSDP的主要职责是依据《联合国宪章》部署军事或民事特派团,从而维护和平,防止冲突;CSDP还要求成员国之间实行集体自卫,并进行常设有组织合作,同时成立了欧洲国防基金(EDU),标志着欧盟预算首次用于资助多国国防项目。

2017年12月,欧盟25个成员国签署了"永久结构性合作"防务合作协定(Permanent Structured Cooperation,简称PESCO),主要目标有三:一是加强成员国之间的合作,特别是在防务装备、研发、资金使用方面,并弥补欧洲防务局没有涉及的项目;二是提升后勤供给能力,无论是单个国家的部队还是多国混合战斗群,根据部署部队的作战任务,有针对性地通过空运、海运和陆运的方式进行补给,使部队维持5至30天,并可以延长至120天;三是能够在上述时限内执行联合裁军任务、人道主义援救任务、提供军事顾问、维持和平和预防冲突等任务。

以上欧盟防务安全领域机构的建立,标志着欧盟防务领域的迅速发展,为欧洲防务一体化的发展打下坚实基础。

3. 军事力量建设层面

如果说防务领域是欧洲一体化中较为薄弱的领域,那么共同军事力量则是防务领域较为薄弱的部分。由于北约的存在,欧洲对一支强大的统一军队的需求并不迫切,因此更多的合作是在防务产业等能够带来经济效益的领域,目前为数不多的共同军事力量更大的意义在于其象征性,未来随着防务合作的深入亦存在新的飞跃的可能性。

一是欧洲军团。其前身是法德旅,后经扩大发展又吸纳了比利时、卢森堡、西班牙三个国家,于1992年正式成立,另有希腊、波兰、意大利、土耳其四个国家是该组织的联系国。目前欧洲军的核心仍然是法德两国:欧洲军目前唯一永久由军团指挥的是编制6 000人的法德旅,其他部队的指挥权属于成员国,只有成员国决定将指挥权移交时,欧洲军才能指挥;军团总部位于法德两国边境附近的斯特拉斯堡,法语和德语是该部队的官方语言;除法德旅外,法德两国在欧洲军中还各贡献了一个装甲师,无论是人数还是经费、装备,贡献都是最大的。因此虽然名为"欧洲军",但其核心仍是法德两国,两国希望通过努力获得更多欧盟国家的响应,并最终实现欧洲防务一体化的设想。

二是法德联合空军部队。如前所述,2017年4月10日,法德两国国防部长决定共同组成一支联合空军部队,以应对全球范围内可能出现的危机状况,[①]目标是2024年实现完全作战能力。其原因有二:一是过去欧洲军多次在执行任务时由于运输工具的不足导致行动被迫取消,法德两国希望借此机会提升欧盟在全球范围内的快速行动能力,;二是向世界传递"欧洲防务一体化在不断推进"的信号,亦是对英国脱欧的回应。

三是"魏玛战斗群"。"魏玛三角"指的是2011年7月5日,法国、德国和波兰三国在布鲁塞尔签署了一项协议,决定组建一支由大约1700名士兵组成的"魏玛战斗群"(Weimar Battlegroup),[②]该部队于2013年开始部署,作战指挥中心位于巴黎。波兰负责指挥并为其提供核心战斗部队和一个机械化营,德国提供后勤补给,法国则负责提供医疗保障。

4. 防务产业层面

防务产业作为军事和经济相结合的特殊产业,一方面具备军事领域的敏

---

① 《德法建联合空军部队:各出6架C-130应对全球危机》,新华网,2017年4月12日,http://www.xinhuanet.com/mil/2017-04/12/c_129530294.htm。
② 1991年8月在德国魏玛,法国、德国和波兰三国外长举行会晤,三方共同决定每年定期举行三国外长会晤,"魏玛三角"由此得名。"魏玛战斗群"亦指法国、德国和波兰三国组建的部队。

感性,即国家不会轻易与他国进行合作,以防失泄密;另一方面,由于其能带来可观的经济效益,如果运用得当,亦能够促进本国的经济发展。

一是未来空战系统。未来空战系统(FCAS)基于空客公司与法国达索公司于2018年签署的一项具有里程碑意义的协议,该系统计划于2035至2040年实现投入使用,用于替换目前法国的阵风战斗机和德国的台风战斗机。西班牙也于2019年6月加入该计划,希望替换目前装备的F-18战斗机。FCAS之所以被誉为"具有里程碑意义",主要原因是其首次提出了"系统的系统"概念,由多个相互关联、独立运行的要素组成,包含了下一代战斗机、中空长续航无人机、未来巡航导弹,以及无人机群。这些要素将组成一个系统,相互配合,共享数据链,协同完成指定任务。这也是法德两国面对世界上第五代战斗机大量生产的共同回应:欧洲下一代战斗机将由欧洲独立研发生产。如果FCAS研发顺利,欧洲下一代主力战斗机将能够实现统一化,而不是像目前法国、西班牙、德国各自拥有不同的战斗机型。通过共同采购有利于降低单位价格,在未来军事行动中更有利于协同指挥,还能够降低后勤的压力,因此法德等参与国对该项目重视程度很高。根据最新消息,2020年2月12日,研发计划的第一阶段已经获得了德国议会预算委员会的批准,该项目主要承包商为达索公司,空客为主要合作伙伴。[1]

二是主要地面作战系统。主要地面作战系统(MGCS)是法国和德国于2012年签署的一个项目,主要目的是替换两国目前装备的"勒克莱尔"主战坦克和"豹Ⅱ"主战坦克。MGCS计划的第一步是法德技术演示,以表明两国有能力共同开发下一代坦克。2018年6月首次亮相,预计将于2035年开始部署。该项目的核心是开发性能更好的主炮,主要由大名鼎鼎的莱茵金属公司

---

[1] Aerotime Hub, "European fighter jet demonstrator receives German greenlight," Feb. 13, 2020, https://www.aerotime.aero/clement.charpentreau/24554-european-fighter-jet-demonstrator-receives-german-greenlight.

负责,因此本项目主要依赖于德国,与 FCAS 主要依赖于法国正好相反,两国也希望通过这种方式实现互补,进而增加两国的信任和默契。据报道,意大利和波兰也对该项目表示出极大兴趣,并希望能将该项目纳入欧盟的 PESCO 组织和欧盟国防基金(EDF)之中,西班牙也表示有兴趣以 MGCS 替换目前装备的"豹Ⅱ"坦克。如果能够在欧盟大面积推广,MGCS 或许能够成为欧盟下一代制式主战坦克,进而加速欧洲防务一体化的进程。

三是欧洲导弹集团。欧洲导弹集团(MBDA)是一家由英国、法国、德国和意大利四国联合成立的先进导弹武器系统设计制造商,其组成部分分别来自法国宇航-马特拉导弹公司(欧洲宇航防务集团的分公司,占 37.5% 股份)、意大利芬梅卡尼卡集团(Finmeccanica,占 25% 股份)和贝宜陆上和武器系统公司(BAE,占 37.5% 股份),2001 年 12 月正式合并组建,总部位于法国巴黎,在德国、法国、西班牙和英国都有子公司。其中,欧洲宇航防务集团(EADS)部分隶属于空客公司。2012 年德国导弹系统公司(MBDA Deutschland GmbH)正式成立,因此德国在 MBDA 中的地位与法国大体相等。主要产品为各式各样的导弹,包括空空导弹、地空导弹、空地导弹、反舰导弹、反坦克导弹等,其中较为出名的有紫苑防空导弹、风暴阴影巡航导弹、米兰反坦克导弹等,2018 年的收入为 32 亿欧元,[①]是仅次于美国雷神公司的全球第二大导弹公司。

四是空中客车防务与航天公司。空中客车防务与航天公司于 2014 年 1 月成立,隶属于空客公司,总部位于德国奥托布伦,其前身由阿斯特里姆(Astrium)、凯希典公司(Cassidian)和 EADS 合并而成,主营四类业务。一是军用飞机。空中客车 A330 多用途加油机是基于民用客机 A330 改装而来的,目前已经接到了英国皇家空军、澳大利亚皇家空军、阿拉伯联合酋长国空军、

---

① MBDA,"ABOUT US," May 10, 2020,https://www.mbda-systems.com/about-us/.

沙特皇家空军和新加坡共和国空军的订单,是一款性能优异的空中加油机。A400M 是一款装备四台涡轮螺旋桨的军用运输机,主要作为欧盟的战略运输机,可在简易跑道起降,还可执行空中加油、医疗后送等任务。二是太空系统。"阿丽亚娜"型运载火箭用于执行太空发射任务,目前已开发至阿丽亚娜6号;"自动转运车"是用于向国际空间站进行补给的消耗性货运飞船。三是通信、情报和安全领域。通过加密保护机密性或身份验证信息,实现对卫星通信机密性、完整性和可用性的保护;利用卫星影像、网络监视、高程模型等手段,获得目标有关的情报数据。四是无人机。这方面,中空长航时无人机(MALE RPAS)是一款多用途、模块化设计的无人机,既可以执行侦察监视任务,又可以装备武器进行攻击;"亚特兰特"(ATLANTE)无人机是一种战术无人机,可以协助地面部队 24 小时执行侦察、监视的任务;"雪鸮"(Harfang)是一款中空远程无人机,可执行多重任务,既可以从地面控制站手动操纵又可以自主飞行。

三、欧盟防务一体化框架内的重要进展

在法德两国双边合作的推动及示范作用下,向来在政治及安全防务领域比较积极的欧盟成员国,例如意大利、西班牙、比利时等国,也加入了法德防务合作的扩大范围。当然更重要的是由于英国的退出,欧盟多边框架内的一系列重要进展开始相继出现。

2016 年 6 月 28 日,欧盟高级代表费代丽卡·莫盖里尼(Federica Mogherini)向在布鲁塞尔参加欧盟首脑会议的欧盟领导人介绍了欧盟关于外交和安全政策的全球战略。高级代表在 2015 年 6 月被欧洲理事会授权编制新战略。该战略以"共同的愿景,共同的行动:一个更强大的欧洲"为题,反映了在这个过程中所表达的集体意见,并为欧盟的全球角色提供了一个战略愿景。在这个对欧洲和全球都充满挑战的时代,该战略强调了共同点并提出了

前进的方向;2016年7月在华沙举行的北约峰会上,欧洲理事会主席、欧盟委员会主席和北约秘书长签署了一份关于欧盟-北约合作的联合宣言。该宣言旨在进一步加强欧盟-北约在面临来自东方和南方前所未有的安全挑战时的合作;11月,欧盟委员会提出欧洲防务行动计划。根据计划,欧洲防务基金和其他行动旨在支持成员国在联合防务能力方面更有效的支出,加强欧洲公民的安全,并促进一个有竞争力和创新力的工业基地;12月,欧洲理事会重申了其对《2015—2020年欧盟内部安全战略》的承诺。会议讨论了加强欧盟在对外安全和防务方面的合作,并重点关注三个优先事项:欧盟在安全与防务领域的全球战略;欧洲防务行动计划;落实2016年7月在华沙签署的《欧盟-北约联合声明》后续一系列共同建议。

2017年5月,理事会在欧盟有关外交和安全政策的全球战略背景下通过了关于安全和防务的结论。结论注意到在加强安全和防务领域的合作方面取得的进展,并为进一步的工作提供指导。涉及的领域包括:改进CSDP危机管理结构,特别是建立军事规划和行为能力;加强CSDP与伙伴国家的合作;安全与发展能力建设;发展民事能力,提高民事危机管理的反应速度;加强军事快速反应;深化欧洲防务合作,等等。6月,理事会通过了在欧盟军事人员中建立军事规划和加强行为能力的决定。MPCC将改善欧盟的危机管理结构。它将负责指挥欧盟的非执行性军事任务(目前,欧盟在索马里、中非和马里的军事训练任务)。这将使在外地的特派团工作人员能够专注于其特派团的具体活动,并得到布鲁塞尔的更好支持。11月13日,在外交事务委员会会议间隙,23个成员国签署了一份通知,标志着在建立PESCO方面迈出了第一步。他们将共同发展国防能力,投资共享项目,并加强其武装部队的战备状态。理事会还通过了结论,强调了在加强安全和防务领域合作方面取得的重大进展。12月11日,理事会通过了建立PESCO的决定。除三个国家(丹麦、马耳他和英国)外,所有欧盟成员国都参加了PESCO。参与的成员国就PESCO将开展的17个项目的初步清单达成了一致。这些项目涵盖了以下领域:培训;能力发展;国防领域的行动准备,等等。

2018年3月,理事会通过了实施PESCO的路线图。它为进程安排和进一步加强管理工作提供了战略方向和指导,包括理清项目和履行承诺的顺序。路线图还提供了国家实施计划的审查和评估过程的时间表;就未来可能的项目达成协议的时间表;由理事会在2018年6月底前通过的一套共同的项目管理规则的主要原则。理事会还通过了一项决定,正式确定了17个合作项目的初步清单。6月28日,欧盟领导人在6月的欧洲理事会上表示欧洲必须对自己的安全承担更大的责任。他们讨论了安全和防务合作,并呼吁:履行在PESCO下做出的承诺;迅速实施欧洲国防工业发展计划,并在欧洲国防基金方面取得进一步成果;在2018年底前就民用CSDP契约达成协议;迅速通过一个新的欧盟化学武器限制性措施制度;欧盟对虚假信息作出协调一致的反应;通过新的联合声明加强欧盟与北约的合作,等等。

2019年以来,欧盟又通过了13个在PESCO下开展的项目,目前总共有47个项目。其中,5个新项目侧重于培训;其他项目侧重于加强欧盟的合作行动,以及海上、空中和太空的能力发展。2020年6月,欧盟和北约公布了关于欧盟-北约一套共同提案执行情况的第五份进展报告。报告强调了在以下领域取得的重大进展:政治对话、军事机动性、应对混合型威胁、涉及海洋问题的合作行动、网络安全和防御能力。2021年3月,欧盟建立了"欧洲和平基金"。该基金将承担处置费用,包括港口服务、船只改道等与运输、储存和处置被扣押物品有关的后续行动。这是一个价值约50亿欧元的预算基金,将在2021—2027年通过欧盟成员国的捐款来筹集资金。这是欧盟对外行动融资的一个新方法,旨在提高欧盟预防冲突、维护和平和加强国际稳定与安全的能力。

可见,随着法德防务合作的迅速开展,同样进展迅速的还有欧盟防务一体化项目。法德主导下的欧盟防务,其单一性正在增强,这种单一性在更大的欧洲防务秩序中表现为更强的独立性。这一发展的潜力巨大,其对未来欧洲防务秩序总体状况的影响甚至将不亚于北约状态的变化。

2022年发生的俄乌冲突则进一步助推了欧盟的军事防务建设。俄乌冲突是科索沃战争后欧洲爆发的首次大规模冲突,进一步暴露了欧盟军事能力不足的现实,迫使欧盟内部和欧洲各国重新反省核力量及常规军备建设问题,加速安全能力建设。欧盟通过发布《战略指南》等纲领性文件,设立5亿欧元的联合防务采购基金,出台"欧洲防务投资计划"并拟组建"欧洲防务能力联合体",加快推进常备力量和快速部署能力建设,以应对未来可能发生的军事危机;2023年欧盟夏季峰会讨论了欧委会提出的《欧盟经济安全战略》,决定在2025年前将欧盟防务的支出再增加700亿欧元,还将"欧洲和平机制"融资上限提高至35亿欧元,并加快《支持弹药生产法》《通过共同采购加强欧洲防务工业法案》等相关立法进程。德国在此轮战略调整中表现积极,2022年投入1000亿欧元设立国防特别基金,并有望于2024年实现GDP占比2%的军费开支目标,多次在北约和欧盟框架下主办跨国跨域军演,主导建立"天空之盾"防空系统,意在抢抓欧洲安全秩序主导权。波兰作为"新欧洲"国家代表也借俄乌冲突拓展军事影响力,2023年军费支出占GDP的3%,积极采购各种武器和军事技术装备,其中包括美制"艾布拉姆斯"坦克、F-35战斗机、"海马斯"火箭炮、韩国K2坦克、K9自行榴弹炮等,其有关动向可能对传统欧洲安全机制产生一定冲击。此外,星链、人工智能、大数据、无人机等新兴技术和装备在俄乌冲突中得到广泛应用,助推战争形态加快向"混合战"和智能化方向演变,欧洲国家在军备建设中将持续加大颠覆性技术研发和投入。

总之,在各种重大事态的推动和促进下,欧洲防务秩序的面貌已经有了很大改观,但要确定其阶段性面貌或确切走向仍有待进一步观察。这不仅因为各种关键事态的发展走向本身难以预知,而且各要素之间彼此纠结、相互作用,所以未来发展更加多元化。然而无论如何,欧洲既有的防务秩序正处于嬗变之中。鉴于国际关系的风云际会,尤其是当前处于百年未有之大变局的背景下,欧洲防务秩序调整显然还有相当多的不确定性因素。以俄乌冲突为例,俄罗斯意在重构欧洲政治版图、重新划设"缓冲区",也正因如此,无论是曾对改善对俄关系抱有期望的法、德等欧洲传统强国,还是对俄一直心存戒惧的波罗的海三国,在"援乌抗俄"问题上高度一致。美国也敏锐地捕捉到了各方诉求,并借此一箭双雕:一方面,美利用俄乌冲突使北约摆脱"脑死亡",各国纷纷提升军费在 GDP 中的占比,芬兰、瑞典果断做出加入北约战略选择,即便奉行中立政策的奥地利也选择加入德国主导的"天空之盾"提议;另一方面,欧洲战略自主"进入寒冬",俄乌冲突使得欧洲国家重新审视与俄罗斯关系定位问题,更加认同美国在欧洲防务安全中不可替代的作用,使美国对西方主导地位进一步巩固。可以预见,随着欧洲国家对俄乌冲突本质的战略反思不断深入,其很可能从最初应急式的"抱团取暖"转向谋求更具持久性的集体安全机制。

第六章
从无望到希望——转型期非洲地区秩序与国际关系

（徐　菲）

世纪之交，非洲留给人们的印象多为负面信息所引领，就像英国《经济学人》杂志于2000年推出的非洲专辑，就取名为《无望的大陆》，刊文中充斥了"艾滋病、战争、灾难、饥荒、暗杀、贫穷、瘟疫以及残酷、暴政、腐败"等描述，给人们呈现了一个不可挽回地陷入政治动荡、经济衰退、社会骚乱的大陆形象，并断言非洲的下一代将"更加贫穷，更少受到教育，更加绝望"。[①] 世界银行也在其《2000年非洲发展指标》中指出："撒哈拉以南非洲携全世界最贫穷的国家进入新世纪。人均收入较20世纪60年代低。收入、财产和基本的公共服务分配不均。这一地区绝对贫困人口占全球的比重逐渐增加，而这些人无力影响资源的分配……此外，许多发展问题已经很大程度上束缚了非洲。包括落后的小学入学率、高儿童死亡率和地方病（包括疟疾和艾滋病）。这些问题让非洲比其他发展中地区至少多付出两倍的发展代价。五分之一的非洲人生活在被冲突严重困扰的国家。更糟糕的是，伴随着在全球初级商品市场出口

[①] "The hopeless continent", *The Economist*, May 13, 2000.

份额的下降,缺乏多元化经营来开展全新业务以及大量资本和技术流入其他地区,非洲在全球经济中的地位逐渐被削弱。现在,这个地区已经处于被信息革命抛弃的危险中。"[1]无论是政治生态、安全环境还是就经济和社会发展前景而言,非洲都是全球发展中的"逆流"。故而,在经历了20世纪80—90年代非洲"失去的十年"后,国际社会一度弥漫"非洲悲观论",就连非洲的领导人也对非洲的现状感到失望,[2]他们发现自己已被推到世界舞台的边缘。[3] 作为一个古老又年轻的大陆,尽管非洲面临的现实困扰有目共睹,但它绝非一个"无望的大陆",相反在21世纪展现了巨大的发展潜力,其在全球南方中的地位和作用日益明显,并为世界所瞩目。非洲目前的政治、安全、经济状况如何?它在推进一体化的过程中遇到哪些机遇和挑战?在构建新的地区秩序的同时,非洲与全球秩序构建又存在哪些互动关系?这些都是本章将要探讨的问题。

第一节 从分裂到统一:非洲一体化在曲折中前进

20世纪以来的非洲可以说是一个复杂的矛盾体,既有令人振奋的发展进步的一面,又有让人错愕的诸多麻烦问题,并折射在以下几个方面:非洲首先是一个充满了斗争精神的非洲,充分体现在非洲国家摆脱西方殖民统治的民族解放斗争之中;其次是一个充满了矛盾问题的非洲,在国家发展道路探索上饱经挫折;再次是一个奋发图强的非洲,各次区域一体化尝试方兴未艾;最后

---

[1] World Bank, *African Development Indicators 2000*, Washington D. C. : World Bank Publication, 2000, p. 1.
[2] [加纳]乔治·阿耶提:《解放后的非洲:非洲未来发展的蓝图》,周蕾蕾译,北京:民主与建设出版社2015年版,第12—14页。
[3] [美]凯尔文·邓恩、[加]加-蒂莫西·肖编:《国际关系理论:来自非洲的挑战》,李开盛译,北京:民主与建设出版社2014年版,第2页。

是一个充满希望的非洲,其在全球南方中的影响力越来越明显。

一、非洲的国家转型探索

20世纪50年代中期至60年代末,非洲大陆掀起了民族独立的浪潮,相继诞生了三十多个独立国家。其中仅1960年就有17个国家获得独立,被称为"非洲独立年"。二十世纪七八十年代,非洲民族独立运动深入发展。及至20世纪90年代,纳米比亚的独立标志着帝国主义在非洲的殖民体系最终崩溃,非洲自此真正走上了独立的民族国家发展道路。在争取民族独立和国家经济社会发展的过程中,非洲国家致力于探索一条具有自身特色的发展道路和国家治理模式,其国家转型主要经历了三个阶段。

(一) 早期非洲国家民主政治实验阶段

20世纪60年代初,刚刚摆脱殖民枷锁的非洲国家本着对民主制度的向往,普遍实行以宗主国政治体制为蓝本的民主政治。然而,这种体制并未能在新生的非洲国家落地生根、开花结果。经济高度发展、一定程度的社会分化是西方国家实行民主政治的基本条件。然而,长期的殖民统治严重影响和制约了非洲的经济社会发展,自然经济占据主导地位、经济结构单一、依附性强、阶级分化不明显、文盲率高等现实处境,使得照搬照抄的民主政体在非洲大陆"水土不服",中途夭折。

(二) 20世纪70年代以来非洲的集权政治时期

在经历了独立初期民主政治所引发的一系列政治经济社会负面效应后,非洲新兴国家的领导人认识到,国家独立后相当长一段时期内,主要任务或目标是:维护国家的独立与统一,使之免受国内外敌对势力的威胁;实现民族一体化和经济现代化。但是鉴于非洲国家政治经济社会结构的特殊性,要实现上述目标,亟须一种能胜任这一使命的政治聚合力量,保证国内政治在相当长的一段时间内趋于稳定,同时还能最大限度地调集全国的人力、物力、财力,实行资源优化配置,推动国家建设、民族建设和经济建设,解决发展中存在的种种问题。于是以多党制为主要特征的民主政治便让位于以一党制为主要特征的集权政治。[1]

(三) 冷战后非洲多党制民主运动时期

非洲国家希望通过建立"强政府"来促进政治经济社会发展的初衷并未最终实现。相反,大多数非洲国家自独立以来经济状况不断恶化,政治腐败、领导人独断专行、以权谋私、贪污受贿、分配不公、贫富悬殊等现实问题激起了民众不满,迫切要求实行民主变革。另外,西方国家的政治民主化压力也在非洲起到了推波助澜的作用。[2] 不可否认,政治民主化浪潮引发了非洲大陆规模空前的政局不稳定和社会动荡,新旧矛盾集中爆发,造成了巨大人员伤亡,经济严重下滑,但此次"破旧立新"的阵痛也给非洲政治带来了深远影响,翻开了非洲发展的新篇章:有40多个国家确立了法治体制,实现了从人治走向法治的深刻变革;强调探索适合非洲国情的政治发展模式;非洲国家无一例外地摈弃了计划经济体制,改行市场经济体制或混合经济体制。[3] 从一定程度上讲,非洲在21世纪的全面发展得益于此番国家转型尝试。

总之,经过国家转型浪潮的洗礼,非洲国家的政治制度发生了巨大变化,非洲的民主化建设已搭起一个包括宪法、政党和选举制度在内的民主制度框架,初步完成了民主化第一阶段的制度建设。而民主化的第二阶段,即民主文化和价值观的巩固,以及法律制度的建立与完善则刚刚开始。[4]

---

[1] 张宏明:《多维视野中的非洲政治发展》,北京:社会科学文献出版社2007年版,第15—16页。
[2] 秦玉成:《非洲政治民主变革的背景》,载徐济明、谈世中编:《当代非洲政治变革》,北京:经济科学出版社1998年版,第34页。
[3] 徐济明:《非洲政治民主化浪潮评述》,载徐济明、谈世中编:《当代非洲政治变革》,第142页。
[4] 贺文萍:《论非洲民主化》,载《亚非论坛》2002年第6期,第26页。

二、非洲次区域一体化的兴起与发展

非洲大陆拥有54个国家,在地理上习惯将非洲分为北非、东非、西非、中非和南非五个地区。这些地区内部成立了相应的次区域性组织,主要包括阿拉伯马格里布联盟、南部非洲关税同盟、南部非洲发展共同体、中部非洲经济与货币共同体、中部非洲国家经济共同体、西非国家经济共同体、西非经济货币联盟、东非共同体、东部和南部非洲共同市场等。此外,由于共同的政治经济诉求,一些次区域国家间也成立了一体化组织,例如印度洋委员会、萨赫勒-撒哈拉国家共同体等。这些次区域组织大多成立于20世纪60—80年代,旨在加强区域内成员国在经济、社会、文化、政治、科技、外交、安全等方面的发展与合作,实现成员国经济和社会可持续发展,部分次区域一体化组织还以逐步建立关税同盟、共同市场、货币联盟、政治联盟为最终发展目标。

就非洲一体化组织建设而言,各地区一体化进程有起有落,有快有慢。中部非洲是非洲五大地区中最不发达的地区,尽管于1983年成立了中部非洲国家经济共同体,但由于成员国总体发展水平低、发展能力弱,一体化进程较慢。出于历史和现实的原因,由北部非洲5国组成的阿拉伯马格里布联盟(马盟)[1]仍处于较松散、弱机制化的合作状态,作为马盟最高决策机构的元首委员会自1995年之后未再举行。相反,马盟5国与法国、意大利、西班牙、葡萄牙和马耳他5国于1990年11月建立"5+5"对话机制,旨在维护西地中海地区的和平与安全,并开展了诸多实质性合作。[2] 相比之下,非洲次区域一体化推进比较迅速的是西非国家经济共同体、东非共同体和南部非洲发展共同体。

---

[1] 马盟5个成员国为:阿尔及利亚、利比亚、毛里塔尼亚、摩洛哥、突尼斯。1994年11月,埃及正式要求加入马盟,但马盟迄今未审议埃及的要求。

[2] 中华人民共和国外交部:《阿拉伯马格里布联盟》,http://www.fmprc.gov.cn/web/gjhdq_676201/gjhdqzz_681964/lhg_682734/jbqk_682736/。

(一) 西非国家经济共同体

西非国家经济共同体(以下简称"西共体")成立于1975年5月28日,目前有15个成员国,[①]成员国总面积占非洲总面积的1/6多,人口占非洲总人口的近1/3。西共体的治理架构包括行政、立法、司法三大支柱,通过首脑会议、部长理事会、委员会、西共体议会、西共体法院,以及技术和专业委员会来设定议程、出台文件、执行决议,从而促进成员国在政治、经济、社会和文化等方面的发展与合作。[②]

从其名称可以看出,西共体成立的初衷是实现西非国家的经济一体化。因此,经济一体化一直以来是西共体的主要议程。西共体由两个经济体组成,一个是西非经济与货币联盟,即第一货币区;另一个经济体由西非6个非法语区国家组成,称为西非货币区或第二货币区。[③]"西共体2020愿景"的目标是,到2020年将西共体从国家的共同体发展为人民的共同体,建成共同市场、实现关税同盟、结成货币联盟。根据西共体单一货币路线图进展情况,建成西非货币区的期限从2003年一再被推迟至2005年、2009年、2015年、2020年。[④] 之后,由于新冠疫情的影响,该计划被再次推迟。2021年6月举行的西共体峰会通过了2027年启动单一货币路线图,届时将取代目前在西共体8个国家流通的西非法郎和另外7个国家各自的货币。[⑤]

---

① 西共体15个成员国分别为贝宁、布基纳法索、佛得角、科特迪瓦、冈比亚、加纳、几内亚、几内亚比绍、利比里亚、马里、尼日尔、尼日利亚、塞内加尔、塞拉利昂、多哥。
② Economic Community of West Africa States (ECOWAS), http://www.ecowas.int/。
③ 西非货币区是西非国家经济体内6个不属于西非法郎区的国家(尼日利亚、塞拉利昂、加纳、几内亚、冈比亚和利比里亚)成立的西非国家经济共同体内的第二个货币区。西共体15个国家中的另外8个国家,贝宁、布基纳法索、科特迪瓦、几内亚比绍、马里、尼日尔、塞内加尔和多哥属于西非法郎区。15个国家中只有佛得角仍然未加入上述任何货币区。
④ 中华人民共和国商务部:《西共体重申区域货币一体化目标》,http://www.mofcom.gov.cn/article/i/jyjl/k/201612/20161202186252.shtml。
⑤ 《西共体15国决定于2027年发行统一货币 新货币名为"ECO"》, https://baijiahao.baidu.com/s?id=1703121511342817776&wfr=spider&for=pc。

尽管货币联盟建设之路坎坷不定,但经过40多年的发展,西共体在经济一体化方面的推进力度有目共睹:逐步推进区内贸易自由化;西非国家经济与货币联盟建立共同对外关税;共同组建资本事务委员会,确保成员国资本自由流动不受阻碍;发行西共体支票,便利区内贸易支付;所有西共体居民不需要签证或入境许可,可进入任一成员国,并可居住不超过90天。此外,西共体还在交通、电信、能源等基础设施建设、环境保护等方面取得进展。

西共体发展的另一大亮点就是安全合作。从1981年西共体各国签订《防御互助议定书》,到1990年成立"常设调解委员会"、西共体"停火监督团",再到21世纪对恐怖主义的联合打击等,西共体在调解冲突、维护本地区安全局势稳定方面起到了积极作用。[①]

然而不可否认的是,尽管西共体历经波折取得了一定成就,但是由于成员国间的经济发展水平悬殊、经济结构相似导致恶性竞争、民族矛盾依旧、安全威胁挑战层出不穷等历史和现实原因,西共体距离实现地区一体化的目标还有相当大的距离。

(二)东非共同体

东非共同体(以下简称"东共体")最早成立于1967年,成员有坦桑尼亚、肯尼亚和乌干达三国,后因成员国间政治分歧和经济摩擦于1977年解体。1993年三国恢复合作,并于1996年成立东非合作委员会秘书处。1999年,三国签署《东非共同体条约》,决定恢复东非共同体。2001年东非共同体正式成立。东共体分别于2001年11月和2016年3月吸纳卢旺达、布隆迪、南苏丹为其成员。2022年,刚果(金)正式加入东共体。目前,东共体共有7个成员国。东共体的组织机构主要包括首脑会议、部长委员会、协调委员会、部门委

---

① 刘鸿武、邓文科:《西共体对西非冲突的武装干预:背景、进程及趋势》,载《亚非纵横》2014年第2期,第2—3页。

员会、东非法院、东非议会和秘书处。

2004年召开的东共体第六届首脑会议通过了《加快东共体一体化进程时间表》,设定了东共体发展的战略目标。相关工作虽未能完全按照时间表上的既定时间实施,但东共体一体化进程一直有条不紊地向前推进。第一,2005年7月1日,东共体签署关税同盟协议,开始实行统一的对外关税,区内成员间的关税也于2010年完全取消。第二,《东非共同体共同市场协议》于2010年7月正式生效。调整与完善成员国国内法律、加强跨境投资保护、加强知识产权合作、促进区域内人员流动、加强金融服务等举措有力地推动了东非共同市场发展。第三,东共体国家领导人于2013年11月签署了建立货币联盟协议,确定了建立货币联盟的路线图,即在10年内统一区域内货币,发行单一货币。第四,东共体的最终目标是实现政治联盟。2004年召开的第六届首脑会议同意2010年1月前成立"东非联邦",坦、肯、乌三国在保留各自议会、总统和国旗的同时共同组建联邦议会、内阁和司法机构。但基于历史和现实原因,东共体在2017年召开的第十八届首脑会议上将政治一体化的目标由"政治联邦"调整为"政治联盟"。[①]

随着东共体战略目标的稳步推进,其区域一体化也取得了一定成效,对外贸易和区内贸易快速发展,吸收外资规模逐步扩大,经济发展速度加快,政治关系更加紧密。然而在快速的政治经济一体化进程之中,东共体依然面临诸多问题和挑战:各国经济发展水平差异巨大,贸易发展不平衡,基础设施落后,成员国区域发展政策存在分歧,成员国法规及争端解决机制不成熟,发展资金不足,严重依赖援助伙伴。此外,东共体成员国同时还是很多其他区域组织成员,例如肯尼亚、乌干达、布隆迪和卢旺达均是东南非共同市场的成员,布隆迪

---

① East African Community, "Timeline of East African Regional Integration", https://www.eac.int/, accessed on 14 August 2018. 中华人民共和国外交部:《东非共同体》,http://newyork.fmprc.gov.cn/web/wjb_673085/zzjg_673183/fzs_673445/dqzzhzjz_673449/dfgtt_673535/gk_673537/。

和卢旺达还属于中非经济共同体和大湖地区经济共同体,坦桑尼亚则是南部非洲发展共同体的成员。不同的区域组织有很多相互抵触和冲突的条款,成员国的多重身份使其在发展政策协调和法规制定方面存在更多阻力和难题。[1]

(三) 南部非洲发展共同体

南部非洲发展共同体(以下简称"南共体")的前身是1980年成立的南部非洲发展协调会议。1992年8月17日,南部非洲发展协调会议成员国首脑在纳米比亚首都温得和克举行会议,签署了有关建立南部非洲发展共同体的条约、宣言和议定书,决定朝着地区经济一体化方向前进。南共体拥有16个成员国,总面积约占非洲总面积的33%,人口约占非洲总人口的27%。[2] 其组织机构主要包括首脑会议、部长理事会、部门技术委员会、官员常设委员会、常设秘书处、政治防务和安全机构,以及法庭。

其实,南部非洲的区域合作早在20世纪70年代便已开始。为解决地区内国家反对殖民主义和种族隔离制度引发的冲突,争取整个南部非洲的政治独立与自由,以坦桑尼亚和赞比亚为首的国家创立"前线国家"。[3] 前线国家把有限的资源投入反对殖民主义和种族隔离制度的斗争,从而导致经济形势的日益恶化。为解决经济发展问题,南部非洲9个独立国家[4]的领导人于1980年4月在赞比亚首都卢萨卡通过了《南部非洲:迈向经济自由》的卢萨卡

---

[1] 武芳、田伊霖、王婷:《东非共同体发展成效和问题研究》,载《国际经济合作》2013年12期,第28页。
[2] 南共体16个成员国分别为:南非、安哥拉、博茨瓦纳、津巴布韦、莱索托、马拉维、莫桑比克、纳米比亚、斯威士兰、坦桑尼亚、赞比亚、毛里求斯、刚果(金)、塞舌尔、马达加斯加、科摩罗。
[3] "前线国家"是与南非毗邻或接近的安哥拉、博茨瓦纳、莫桑比克、坦桑尼亚、赞比亚和津巴布韦6国的总称。它们因地处反对南非种族隔离、争取民族独立和解放斗争的前线而得名。
[4] 9个独立国家分别为:安哥拉、博茨瓦纳、莱索托、马拉维、莫桑比克、斯威士兰、坦桑尼亚、赞比亚和津巴布韦。

宣言，宣告了南部非洲发展协调会议的建立，开启了南部非洲区域经济合作进程。[1]

随着成员国数量的不断增加，南部非洲的经济一体化也相继经历了南共体成立、地区贸易自由化、关税同盟筹建、金融领域合作加强等阶段。为此，南共体改变了原先松散的南部非洲发展协调会议，共同体的机制化建设得到了进一步强化。然而，尽管南共体各国制定了地区战略发展规划（RISDP），确立了未来经济发展的详细目标和指标，但由于各成员国的经济不对称、经济发展质量差、成员国身份重叠、吸引外资能力弱等软肋的存在，目标发展时间表一拖再拖，经济一体化进程一再受阻。[2]

除了经济一体化方面，南共体与西共体和东共体的一个显著区别在于其组织机构中单独设立了政治、防务和安全"三驾马车"机构，它是南共体机制化建设的一项重要成就。如前文所述，南部非洲的区域合作最早可追溯至20世纪70年代的"前线国家"，政治安全领域的合作一直是南共体的重要遗产。在政治、防务和安全合作机构的框架下，近年来南共体积极调解刚果（金）冲突和莱索托、津巴布韦及马达加斯加的国内危机，促进成员国的团结与合作；制订地区自主维和机制和成员国民主选举原则与指南，推进地区和平和民主建设，为改善地区安全环境、维护南部非洲的和平稳定起到了巨大的推动作用。[3]

非洲五大地区除了各自成立了一体化组织，不同地区之间也开展合作、优势互补，例如1976年建立的大湖国家经济共同体、1994年正式成立的东部和南部非洲共同市场（科迈萨）、1998年成立的萨赫勒-撒哈拉国家共同体，以及

---

[1] 张凯、王朝霞：《南部非洲地区一体化：进程、挑战与前景分析》，载《社会主义研究》2011年第3期，第129—130页。
[2] 赵长峰、赵积旭：《南部非洲发展共同体经济一体化的成就与问题》，载《非洲研究》2013年第1卷，第146页。
[3] 中华人民共和国外交部：《南部非洲发展共同体》，http://www.fmprc.gov.cn/web/gjhdq_676201/gjhdqzz_681964/lhg_682998/jbqk_683000/。

2015年启动的由南共体、东共体、东南非共同市场三个区域组织组成的三方自贸区。

非洲各次区域一体化组织是为了适应经济集团化和区域化的发展趋势而成立的,组织往往以经济合作为出发点。但是经济的发展离不开稳定的政局、协调的政策和有利的投资环境,加之在一体化进程中一些新问题的不断涌现,政治、安全、环境等议题也越来越多地加入次区域组织的议程。非洲次区域一体化迅速推进是非洲大陆一体化的必经阶段。尽管非洲次区域一体化组织的发展存在着成员国经济水平悬殊、基础设施落后、政策不协调等弊端,但它们的发展为非洲大陆一体化在意识形态、制度建设、适应能力培训和人员配置安排等方面做了一系列准备。① 而次区域一体化进程中出现的问题也为非洲大陆一体化提供了前车之鉴。

三、非洲大陆一体化的动力和阻力

自 20 世纪初民族主义在非洲兴起后,以追求非洲大陆复兴与统一为目标的"泛非运动"就成为非洲大陆历史发展的一条主线。非洲一体化是一个持续而复杂的阶段性演进过程,大致以 20 世纪 60 年代为界,分为前后两个阶段。② 当代地区一体化运动往往以经济贸易的一体化为出发点,而非洲一体化的特点之一在于其成立之初的政治性。20 世纪 60 年代之前泛非运动的目标是在民族觉醒的浪潮中追求最终成立非洲合众国;20 世纪 60 年代之后,随着民族国家的纷纷独立,泛非运动——抑或当代形态非洲一体化——的推动力,又经历了哪些新的变化呢?

国际政治一体化的理论家们普遍认为,超越民族国家的地区一体化进程

---

① 李安山:《序言》,肖宏宇:《非洲一体化与现代化的互动:以西部非洲一体化的发展为例》,北京:社会科学文献出版社 2014 年版,第 3 页。
② 刘鸿武、罗建波:《一体化视角下的非洲历史变迁》,载《西亚非洲》2007 年第 5 期,第 5 页。

的发展动力源于"参与各方所认识到的共同需要",是一种主观的合作性安排。① 其成功的重要条件是人们有能力把一体化变成一种观念或信仰,并把这种观念贯彻到实践中。也就是说,一体化的成功有两个重要引擎,一是推行一体化的信念,二是将信念转化成现实的能力。信念是前提,能力是基础。

20世纪后半叶以来,世界各国在政治、经济、金融、贸易、科技、社会、文化等领域广泛加强联系,相互依存得到了前所未有的强化。冷战的结束宣告两极对抗模式的终结,全球化加速发展。尽管2008年金融危机之后出现了"去全球化"浪潮,一些国家的保护主义抬头,但全球化的大趋势依然没有因此而改变。

面对全球化带来的机遇和挑战,非洲国家形成了这样一个基本共识:只有非洲统一团结,单个的非洲国家才能生存与发展。加纳首任总统恩克鲁玛有句名言:"非洲要么统一,要么死亡!"坦桑尼亚前总统尼雷尔也曾说:"在那些世界强国富国眼里,我们可能无足轻重,它们可能不需要我们中的某一个,却不能不与整个非洲打交道,非洲联合起来便可以站立在世界面前。"②于是,非洲大陆一体化在新的时代条件下有了新的目标与任务,即利用区域合作及区域一体化所带来的规模效应,使非洲国家更有效地维护自己的主权、安全和发展利益,为它们在国际社会争得一席之地,在国际舞台上发出自己的声音。③

由此可见,非洲国家拥有加强一体化的强烈愿望,那么将此愿望转为现实的能力又如何呢?为贯彻泛非主义和一体化运动、协调整个非洲的发展事业,非洲统一组织(以下简称"非统")于1963年5月在埃塞俄比亚首都亚的斯亚

---

① [美]詹姆斯·多尔蒂,小罗伯特·普法尔茨格拉夫:《争论中的国际关系理论》(第五版),阎学通、陈寒溪等译,北京:世界知识出版社2003年版,第548页。
② S. K. B. 阿桑特:《泛非主义与地区一体化》,载[肯尼亚]A. A. 马兹鲁伊主编:《非洲通史:一九三五年以后的非洲》(第八卷),北京:中国对外翻译出版公司2003年版,第533页。
③ 刘鸿武、杨惠:《非洲一体化历史进程之百年审视及其理论辨析》,载《西亚非洲》2015年第2期,第88页。

贝巴成立,制定了《非洲统一组织宣言》。非统的宗旨是促进非洲国家的统一与团结,加强非洲国家在政治、外交、经济、文化、军事等各方面的合作,努力改善非洲各国人民的生活,保卫非洲国家的主权、领土完整与独立,从非洲根除一切形式的殖民主义,促进国际合作。针对非统成立时的非洲地区状况,非统专门设立了调停、和解与仲裁委员会,以及三个专门委员会具体负责经济、社会、教育、科学、文化、卫生、防务等方面的事务。然而,与非洲次区域一体化组织存在的问题相似,由于成员国的经济发展水平差距甚大,民族、宗教问题盘根错节,很多问题在首脑会议上无法获得通过。获得通过的决议也因缺少有效的推动机制和监督机制,使得落实成效大打折扣。当然,除非统的机制化程度较低以外,还有很多根源性问题阻碍了非洲一体化的推进。

第一,非洲文明程度和经济发展水平的制约。在前殖民时代,非洲大陆基本上是由部落酋长国或古代王国组成,未形成具有成熟体系和制度的现代民族国家。近代以后,非洲更是深陷悲怆的殖民泥沼,成为西方列强奴役的对象和工具,文明发展更加无从谈起。这样,非洲大陆进入现代世界之时,尤其缺乏现代一体化进程的物质基础与社会条件。[1] 可以说,极低的发展水平,以及极不发达的经济、科技、教育与社会条件,是从根本上制约非洲走向一体化的一个长久性障碍。[2] 如前文所述,泛非运动的一个重要特点是其政治性,非洲国家为了争取民族独立和复兴走到了一起。然而,非洲国家极低的经济发展水平、各国经济发展的不平衡,以及现实社会条件使得"共赢"难以企及。

第二,非洲文化的多样性与差异性催生的阻力。对于外界而言,非洲文化,尤其是撒哈拉以南非洲文化,看似是具有"大陆性"特征的文化;然而,在非

---

[1] Timothy Murithi, *The African Union: Pan-Africanism, Peacebuilding and Development*, Hampshire: Ashgate Publishing Limited, 2005, p. 1.
[2] 刘鸿武、杨惠:《非洲一体化历史进程之百年审视及其理论辨析》,载《西亚非洲》2015年第2期,第79页。

洲人眼中,他们本族文化有着明显特点,区别于其他部族。正是因为非洲在现代民族国家成立前绝大部分是部族酋长国和古代王国,各地区、各部族文化的发展进程差异较大。此外,内陆交通不便、沙漠阻隔、自然条件恶劣,加之部族之间的封闭和分割,使得这种文化的差异变得更加明显。一些非洲知识分子和学者把非洲文化的这种差异与特性称为非洲文化的"部族性"或"部落性"。[1] 非洲现代民族国家并非按照部族进行划分,这种长久以来根深蒂固的族群观念、部族自豪感,以及殖民统治遗产造成的部族间的历史恩怨,使得现代非洲在推进一体化的过程中阻力重重。

第三,非洲一体化的多重性给其带来了制度困扰。"一体化运动始于前,民族国家成于后"是非洲一体化的一个显著特点。因此,非洲国家在20世纪60年代之后的一体化运动就呈现明显的三维特色,即非洲国家内部一体化、次区域层面一体化、非洲大陆层面一体化同时进行,每个层面又同时存在政治、经济、文化、安全等的一体化。多个不同层面、不同性质、不同目标的一体化进程并行交织,结果不可避免地带来了诸多制度困扰,互推又互阻现象明显。国家内部一体化、次区域层面一体化、非洲大陆层面一体化三者互相影响、互相掣肘成为常态。在此背景下,各方关系如何协调互动,一直是当代非洲一体化进程中的一个复杂问题。[2] 多重任务同时进行,也进一步加大了非洲一体化进程的难度和成本负担。

在历史与现实面前,非洲一体化进程步履蹒跚,面临诸多障碍和阻力。非洲联盟取代非洲统一组织就是为了顺应新时代非洲一体化的需求,将非洲一体化由政治家们的宏图抱负和纸上宣言转为经济增长的民生发展之路。同

---

[1] 刘鸿武、杨惠:《非洲一体化历史进程之百年审视及其理论辨析》,载《西亚非洲》2015年第2期,第82—83页。

[2] 刘鸿武、杨惠:《非洲一体化历史进程之百年审视及其理论辨析》,载《西亚非洲》2015年第2期,第84页。

时,世界多极化趋势、新兴国家的崛起和亚太地区的发展,也为非洲树立了榜样,增强了信心。因此,非洲国家将关注点由过去的"对外"转为"对内",把构建新型民族国家、发展市场经济、建设一体化的非洲这一目标摆在了首要战略位置。处理好发展与稳定的关系,依然是当下非洲国家一项艰巨任务。

第二节 从动荡到稳定:非洲安全治理面临的新旧挑战

无论是传统安全问题,还是非传统安全问题,非洲均面临着严峻的挑战,其中政治暴力活动、恐怖主义威胁、公共卫生安全问题最为突出,使得非洲的安全治理任重而道远。

一、政治暴力的现状、变化及原因

鉴于殖民国家的人为强制性、殖民边界的分裂性以及独立进程的突然性,大规模政治暴力一度成为非洲国家独立后历史的一个重要方面。[1] 一直以来,外界对非洲的认知被一种"顽固误解"支配:"非洲人生产人道主义灾难,而不会创造有意义的政治。"[2]不断的内战、武装冲突、政治暴力让人心有余悸,并在20世纪90年代达到顶峰,甚至还发生了骇人听闻的卢旺达大屠杀事件。这些混乱的战争像病毒一样在非洲扩散。[3] 到处弥漫着杀戮和难民的非洲成

---

[1] [美]斯科特·斯特劳斯:《大战终结:撒哈拉以南非洲政治暴力变化的模式》,载《西亚非洲》2013年第6期,第98页。

[2] Philip Gouvrevitch, *We Wish to Inform you that Tomorrow we will be Killed with our Families: Stories from Rwanda*. New York: Farrar, Strauss & Giroux, 1998, p. 326.

[3] Jeffrey Gettleman, "Africa's Endless Wars: Why the Continent's Wars Never End," *Foreign Policy*, Vol. 178, March/April 2010, pp. 73–75.

为世界上暴力最突出的地区。[1] 国际社会纷纷谴责这些惨绝人寰的人道主义灾难,欧美国家借机加大了对非洲地区的安全介入,非洲安全局势变得更加扑朔迷离。

根据乌普萨拉冲突数据项目(UCDP)与奥斯陆和平研究所(PRIO)的定义,武装冲突为交战双方使用武力,其中至少有一方为政府,每年死亡人数达到25人以上(含25人)的冲突[2]。乌普萨拉冲突数据库还将武装冲突分为四类:体系外战争、国家间战争、国内战争和国际化内战。[3] 据此,除去争取民族独立的民族解放战争外,非洲民族独立之后的暴力冲突主要是国家间战争、国内战争和国际化战争三种类别。

1960年至2020年,有44个非洲国家发生过武装冲突,占非洲国家总数的81%。[4] 64%的非洲内部冲突及国际化的内部武装冲突持续了5年或不足5年;22%的冲突持续了11年或更长。[5] 477 976人在1989至2020年的非洲武装冲突中丧生。[6] 非洲所发生的武装冲突涉及范围之广、持续时间之久、伤亡人数之多令人咋舌。

---

[1] Robert Kaplan, *The Coming Anarchy: Shattering the dreams of the post-Cold War*, New York: Random House, 2000.

[2] Lotta Themnér, "UCDP/PRIO Armed Conflict Dataset Codebook v. 17.1," in Allansson, Marie, Erik Melander, and Lotta Themnér, "Organized violence, 1989-2016," *Journal of Peace Research*, Vol. 54, No. 4, 2017.

[3] 体系外战争指的是一国与领土外的另一个非国家组织间发生的战争,可进一步细分为殖民战争和帝国主义战争。国家间战争发生在两国或更多国家之间。国内战争指一国政府与国内一个或多个反对派之间的没有外国干涉的战争。国际化战争指有外国干涉的国内战争。

[4] Nils Petter Gleditsch, Peter Wallensteen, Mikael Eriksson, Margareta Sollenberg & Havard Strand, "Armed Conflict 1946-2001: A New Dataset," *Journal of Peace Research*, Vol. 39, No. 5, 2002, pp. 615-637; Therese Pettersson, Shawn Davis, Amber Deniz, Garoun Engström, Nanar Hawach, Stina Högbladh, Margareta Sollenberg & Magnus Öberg, "Organized violence 1989-2020, with a special emphasis on Syria," *Journal of Peace Research*, Vol. 58, No. 4, 2021.

[5] [美]斯科特·斯特劳斯:《大战终结:撒哈拉以南非洲政治暴力变化的模式》,载《西亚非洲》2013年第6期,第100页。

[6] Therese Pettersson, Shawn Davis, Amber Deniz, Garoun Engström, Nanar Hawach, Stina Högbladh, Margareta Sollenberg & Magnus Öberg, "Organized violence 1989-2020, with a special emphasis on Syria," *Journal of Peace Research*, Vol. 58, No. 4, 2021.

其中，1960年至2020年发生的武装冲突包括16场国家间战争、482场内战、144场国际化战争（图6-1）。国家间战争数量少、持续时间短，主要为领土争端，除了1998年爆发的厄立特里亚与埃塞俄比亚边境之战，其余国家间战争均在一年内结束，多数战争仅持续几天时间。

国家间战争处于低位主要得益于非洲统一组织（非盟）在处理非洲国家间关系的一贯立场、主张和机制。一是，《非洲统一组织宪章》明确了各国应当遵守主权平等和不干涉内政等现代主权和外交原则。此外，于1965年通过的《关于颠覆问题的宣言》，不允许非洲国家间的颠覆活动，也反对外部势力针对非统或其成员国的颠覆活动。二是确立了边界不可更改的原则。《非洲统一组织宪章》中未直接提及边界问题，仅在第三条第三款中规定"尊重各国的主权和领土完整"。1964年，第一届非统首脑会议通过了《关于非洲国家之间边界争端的决议》，强调"非洲国家的边界在它们独立时已经明确形成……所有成员国保证尊重非洲国家独立时业已存在的边界"。三是建立地区和次地区层面的冲突控制机制，例如"调解、和解与仲裁委员会"，强调所有成员国保证通过和平方式，完全在非洲范围内解决国家间冲突。[①]

内战是非洲武装冲突的主要形式。非洲独立后的前30年，内战数呈上升趋势，1990—1994年达到峰值，1995年后有所缓和，但近年来波动较大。国际化战争自1960年以来一直保持在较低水平，但近十年来数量明显增加。自2016年达到新的高峰后，内战和国际化战争数量近年来快速下降。此外，因武装冲突导致的人员伤亡自21世纪以来基本处于低位（图6-2）。总体而言，非洲在经历了"失去的十年"之后，其政治局势保持了总体稳定，但政治暴力呈现新的特点。

[①] 刘鸿武、罗建波：《一体化视角下的非洲历史变迁》，载《西亚非洲》2007年第5期，第8页。

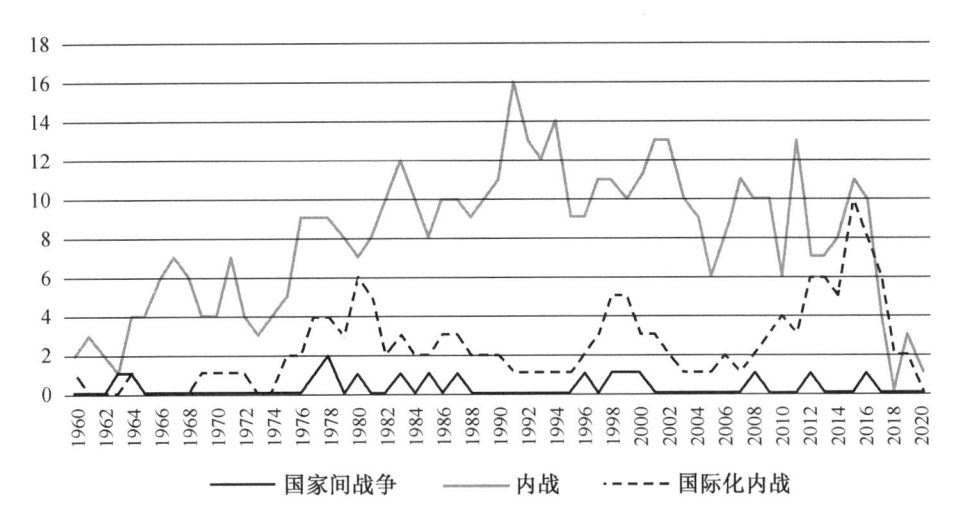

第六章 从无望到希望——转型期非洲地区秩序与国际关系

图 6-1　1960—2020 年非洲不同类型的武装冲突数

数据来源：笔者根据乌普塞拉武装冲突数据库整理而成，具体数据库资料参见 Nils Petter Gleditsch, Peter Wallensteen, Mikael Eriksson, Margareta Sollenberg & Havard Strand, "Armed Conflict 1946—2001: A New Dataset", *Journal of Peace Research* Vol. 39, No. 5, 2002, pp. 615 - 637; and Therese Pettersson, Shawn Davis, Amber Deniz, Garoun Engström, Nanar Hawach, Stina Högbladh, Margareta Sollenberg & Magnus Öberg, "Organized violence 1989—2020, with a special emphasis on Syria," *Journal of Peace Research* Vol. 58, No. 4, 2021。

注：图表中记录的是每年死亡人数达到 25 人的冲突数量。例如，1976 年至 1997 年的埃塞俄比亚内战，每年因此战争死亡的人数均超过 25 人，因而这 22 年期间，每年均计算一次，并非一场战争仅计算一次。

首先，选举暴力明显下降。伴随着非洲政治民主化的推进及多党民选的逐步扎根，伸张政治诉求、展现政治抱负的渠道逐渐拓宽，越来越多的非洲精英放弃暴力手段，从战场走上政治舞台。民众也更加理性地看待选举结果。"逢选易乱"的痼疾有所改善。2016 年是非洲大选年，共 16 个国家进行换届选举，均顺利举行并大多平稳过渡，且产生了 6 位新总统。[①]

---

① 黎文涛：《非洲安全形势评析和中非安全合作》，张宏明主编：《非洲发展报告 No. 19（2016—2017）：非洲工业化与中国在非洲产业园区建设》，北京：社会科学文献出版社 2017 年版，第 184 页。

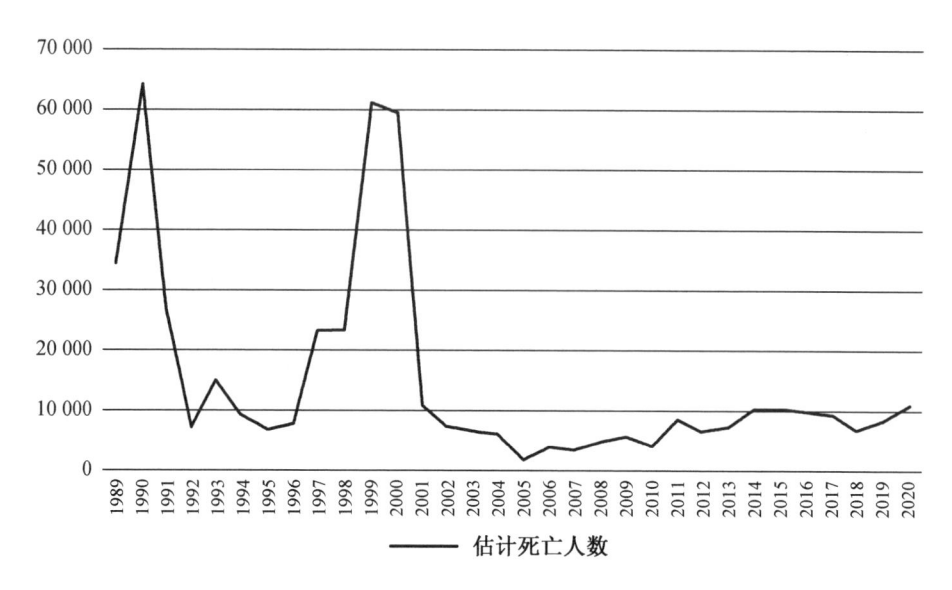

图 6-2 1989—2020 年非洲武装冲突的估计死亡人数

数据来源:笔者根据乌普塞拉武装冲突数据库整理而成,具体数据库资料参见 Therese Pettersson, Shawn Davis, Amber Deniz, Garoun Engström, Nanar Hawach, Stina Högbladh, Margareta Sollenberg & Magnus Öberg, "Organized violence 1989—2020, with a special emphasis on Syria," *Journal of Peace Research* Vol. 58, No. 4, 2021。

注:乌普赛拉数据库中的估计死亡人数均来自权威数据。若不同来源的数据不同,项目组将采纳最可靠的来源数据。若无法辨别不同渠道数据的准确性,则记录较小的数据。

正因为政治精英和民众对选举结果的接纳程度有所提高,政变反而成了"失民心"的举措,因此21世纪第2个十年,非洲的政变发生频次一度降到20世纪60年代以来的最低水平(表6-1和图6-3)。非洲政权交替的逐步正常化是对非洲安全局势的重大利好。但是2020年以来,苏丹、马里、几内亚、布基纳法索、尼日尔、加蓬等国频频发生军事政变。由于领导人"第三任期"、安全环境恶化、新一轮反西方殖民主义的推动,非洲"政变流行病"似乎死灰复燃,这给非洲安全局势蒙上了一层阴影。[①]

表 6-1 非洲政变情况

	1990—1999 年	2000—2016 年	改善程度
年均政变次数	1.5 次(共 15 次)	0.88 次(共 15 次)	59%
政变危机持续时间	23.7 个月	19 个月	20%
两年内恢复宪法秩序的比例	67%	73%	6%

数据来源:黎文涛,《非洲安全形势评析和中非安全合作》,张宏明主编《非洲发展报告 No. 19(2016—2017)非洲工业化与中国在非洲产业园区建设》,北京:社会科学文献出版社 2017 年版,第 185 页。

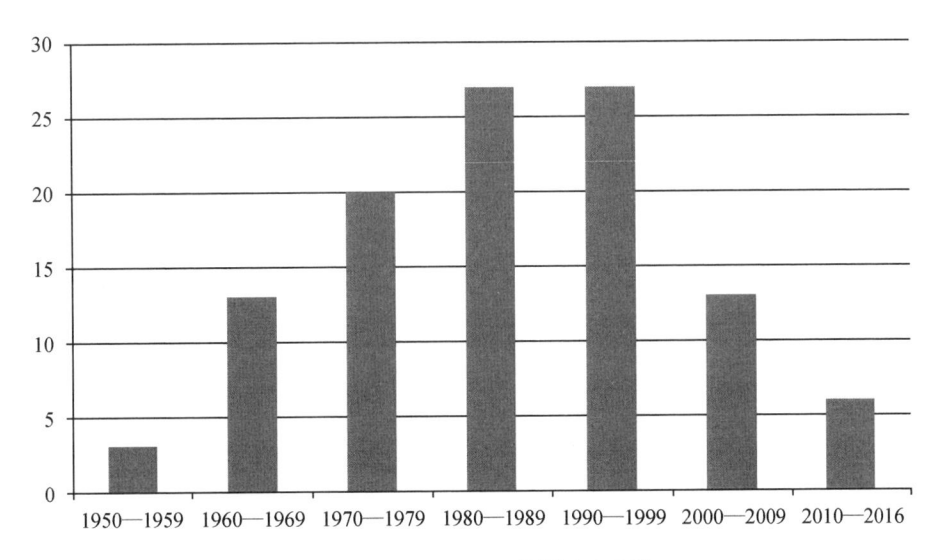

图 6-3 1950—2016 非洲政变次数

数据来源:黎文涛,《非洲安全形势评析和中非安全合作》,张宏明主编《非洲发展报告 No. 19(2016—2017)非洲工业化与中国在非洲产业园区建设》,北京:社会科学文献出版社 2017 年版,第 185 页。

[①] Rédaction Africanews, "Africa: the 7 military coups over the last three years," Africanews, August 30, 2023, https://www.africanews.com/2023/08/30/africa-the-7-military-coups-over-the-last-three-years/, accessed on 2 January 2024.

其次,非洲战争规模"缩小化"、作战地点"边缘化"。2000年之前,非洲内战主要是大规模、有组织的政治暴力,是不同族群、党派为了控制国家政权而争夺的结果,往往在纪律严明、装备精良、训练有素、等级分明的各方军队之间开战。[①] 进入21世纪,随着非洲政治动荡的逐渐平稳,大规模、有组织的政治暴力在发生频率下降、烈度减弱。2001年至2020年,爆发了101场武装冲突,占1960年后武装冲突总数的15.7%。2010年以来,有87 473人在冲突中死亡,约占1989年以来武装冲突死亡人数的18.3%。[②] 由此可见,当代非洲的内战往往是小规模的、涉及派系化的叛乱。由于叛军规模较小,往往盘踞在边远地区,不能占有重要领土或首都。乌普萨拉数据库根据死亡人数绘制了2016年非洲冲突地图,从图上可明显看出,2016年的武装冲突基本发生在乍得湖盆地、南北苏丹界线、大湖区和非洲角。[③] 近年来上升的国际化战争也进一步说明了当代非洲冲突的"边缘性"。由于战争规模有所减小,再加上作战地点的边缘化,大规模杀戮民众的事件也在减少。[④]

再次,生存资源争夺引发的冲突频发。由于乌普萨拉和奥斯陆和平研究所的数据库只记录自然年死亡人数达到25人以上(含25人)的冲突数据,而出于生存资源矛盾引发的冲突的激烈程度较低,死亡人数较少,因此在该数据库中的记录很有限。美国得克萨斯大学奥斯汀分校国际安全与法律研究中心创办的社会冲突分析数据库(Social Conflict Analysis Database)弥补了其不足。该数据库主要从律商联讯(LexisNexis)在1990至2016年的新闻报道中搜集大规模社会和政治动乱以外的冲突事件数据,冲突起因包括多个方面,例

[①] [美]斯科特·斯特劳斯:《大战终结:撒哈拉以南非洲政治暴力变化的模式》,载《西亚非洲》2013年第6期,第102页。
[②] 笔者根据乌普萨拉武装冲突数据库和战争死亡人数数据库整理而得。
[③] Marie Allansson, Erik Melander and Lotta Themnér, "Organized violence, 1989 - 2016," *Journal of Peace Research*, Vol. 54, No. 4, 2017, pp. 574 - 587.
[④] [美]斯科特·斯特劳斯:《大战终结:撒哈拉以南非洲政治暴力变化的模式》,载《西亚非洲》2013年第6期,第98页。

如选举、教育、外交、人权、种族歧视、就业、生存资源以及环境恶化等。结合图6-4,1990至2016年共有485起因食物、水和其他生存资源争夺引发的冲突,53起因环境恶化引发的冲突。生存资源引发的冲突数在缓步上升,于2011年达到顶峰,此后急速下降,回落到20世纪90年代中期水平。相比之下,环境恶化引发的冲突处于较低水平,但近年来出现了持续增长态势。

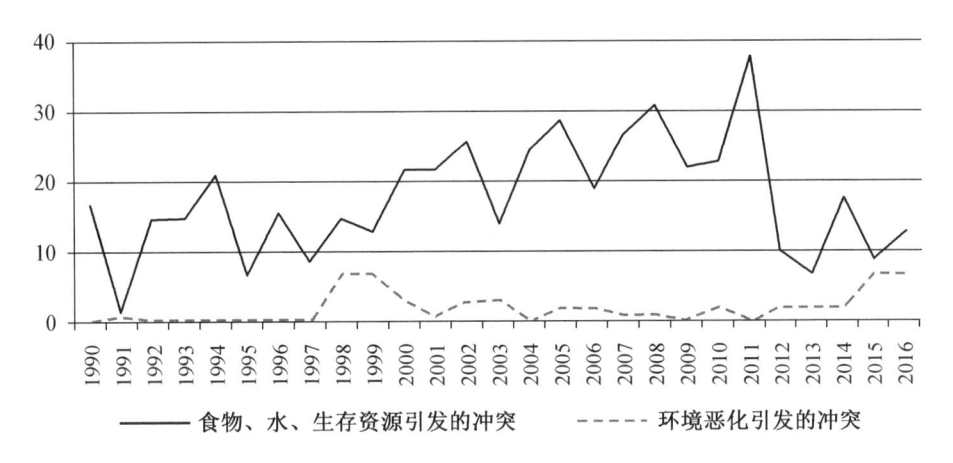

图6-4 1990—2016年非洲生存资源暴力

数据来源:笔者根据美国得克萨斯大学奥斯汀分校的非洲冲突分析数据库整理而得,详见 Idean Salehyan, Cullen S. Hendrix, Jesse Hamner, Christina Case, Christopher Linebarger, Emily Stull, and Jennifer Williams, "Social Conflict in Africa: A New Database," *International Interactions*, Vol. 38, No. 4, 2012, pp. 503-511。

21世纪以来,随着政治民主化的推进和经济自由化的开展,非洲国家的经济发展明显提速,同时也激化了一些社会矛盾。尤其是2008年金融危机爆发以来,物价上涨、失业率上升,民众对生存资源的争夺更加激烈,北非大变局是造成生存资源冲突在2011年达到峰值的直接原因。环境恶化引发的冲突增多则要归咎于政府不可持续的经济发展手段,例如过度砍伐森林、金矿开采污染环境、穿越国家公园修建铁路等。此外,跨国公司对于资源,尤其是石油资源的攫取也容易导致冲突的发生①。

从以上分析中可以看出,非洲政局呈现总体局势趋稳但安全威胁多元、易变的特点。大规模武装冲突和政变次数的减少固然是非洲保持安全局势稳定的基础,但是发展过程中带来的新的安全问题也不容小觑。对游走于边境的流动武装叛军、生存资源暴力事件等问题的应对和解决,才是真正考验非洲国家治理能力的关碍。

二、恐怖主义在非洲的蔓延

民族矛盾、宗教冲突、弱国家、经济落后、地形独特等因素成为恐怖主义滋长的温床,非洲地区俨然成为恐怖主义的重灾区。随着恐怖主义成为非洲面临的新的安全挑战,反恐亦成为非洲安全治理的核心议题之一。

2011年北非大变局之后,埃及、利比亚、苏丹等多国政局动荡,特别是利比亚在卡扎菲政权倒台后无政府状态加剧,大量武器外流助长了大批新的恐怖组织异军突起。2013年起逐渐形成西起塞内加尔,东至索马里,横跨撒哈拉和萨赫勒地区的"动荡弧",非洲成为除中东地区以外受恐怖主义威胁最严重的地区,是国际恐怖活动的"新中心"。②

根据澳大利亚经济与和平研究所发布的《2023年全球恐怖主义指数报告》,非洲大陆深受恐怖主义的影响。全球恐怖主义指数排行榜前20名中有11个国家来自非洲,分别是布基纳法索、索马里、马里、尼日利亚、尼日尔、喀麦隆、莫桑比克、刚果(金)、埃及、乍得、肯尼亚。③ 自2002年澳大利亚经济与

---

① Tim Wegenast, Gerald Schneider, "Ownership matters: Natural resources property rights and social conflict in Sub-Saharan Africa," *Political Geography*, Vol. 61, November 2017, pp. 110-122.
② 黎文涛、王磊:《非洲地缘政治重组与安全评估》,张宏明主编:《非洲发展报告 No,17(2014—2015)中国在非洲的软实力建设:成效、问题与出路》,北京:社会科学文献出版社2015年版,第149页。
③ Institute for Economics & Peace, "Global Terrorism Index 2023: Measuring the impact of terrorism," p. 8.

和平研究所开始发布全球恐怖主义指数报告以来,中东与北非及撒哈拉以南非洲的恐怖袭击次数和死亡人数逐年增多,至2014年达到顶峰,之后呈逐年下降趋势。2002—2019年,中东与北非遭受37 553次恐怖袭击,96 360人丧身。撒哈拉以南非洲排在中东北非和南亚地区之后,发生恐怖袭击次数和死亡人数分别为12 567次和49 791人。尽管遇袭次数和死亡人数排在第三位,但撒哈拉以南非洲的恐怖组织基本都是针对平民发动袭击,因此该地区单次恐怖袭击的平均死亡率最高,达到4人。[①]

恐怖主义在非洲的活跃地区与政治暴力的高发地区具有某些相似性及重合之处,集中分布在萨赫勒-撒哈拉地区及东部非洲。除此之外,恐怖主义还在阿尔及利亚北部、安哥拉沿海和南非东部活跃,成为导致上述地区安全局势动荡的主要因素。非洲恐怖组织众多,仅在萨赫勒地带颇具规模并对该地区国家造成重大影响的恐怖组织就有近30个。[②] 从成员数量、组织架构、武装程度、破坏能力等方面综合考虑,非洲的恐怖组织主要有"伊斯兰马格里布基地组织""博科圣地"索马里"青年党"等。

"伊斯兰马格里布基地组织"是位于阿尔及利亚的一个恐怖组织,其主要力量来自阿尔及利亚原"萨拉夫宣教与战斗组织",是活跃于西非和北非地区的极端主义武装组织,为"基地"组织在北非马格里布地区的分支。多年来,它针对政府机构与平民发动了多次袭击,影响波及阿尔及利亚、利比亚、突尼斯、摩洛哥、毛里塔尼亚、马里、尼日尔、乍得和布基纳法索等国,产生了巨大破坏性影响。作为非洲恐怖主义动荡弧最西边的一个环节,其未来走向关系到马

---

① Institute for Economics & Peace, "Global Terrorism Index 2020: Measuring the impact of terrorism," p. 43.
② 刘青建、方锦程:《非洲萨赫勒地带恐怖主义扩散问题探析》,载《现代国际关系》2014年第11期,第25页。

格里布、萨赫勒乃至西地中海地区的安全。[①]

"博科圣地"是2002年成立于尼日利亚的宗教激进组织,后经"基地"组织渗透,逐步发展成为恐怖主义组织。"博科圣地"具有反西方、反科学、反世俗的极端教义理念。"博科圣地"(Boko Haram)来源于豪萨语,意为"西方教育是罪恶的"。"博科圣地"反对一切非伊斯兰的文明,极力宣扬和推广伊斯兰教法。[②]"博科圣地"的核心势力集中在尼日利亚北部地区,与乍得、喀麦隆、尼日尔等国临界,是西非地区的主要麻烦制造者。

索马里"青年党"于2003年成立并趁索马里内乱强势崛起,该党效忠"基地"组织并接受其领导,是东部非洲最大的安全威胁。2009年5月,索马里"青年党"控制了索马里南部、中部和首都摩加迪沙的大部分地区。直至2011年8月,在非盟驻索马里特派团和索马里政府军的联合打击下,"青年党"撤出控制的大部分地区。[③] 但2016年以来,"青年党"通过招募新成员扩大了组织规模,并成功"夺回"了原先控制的部分地区。其主要活动地带为索马里和肯尼亚北部。[④]

从非洲三个主要恐怖主义组织的活动范围可以看出,非洲恐怖主义组织具有跨国流动性、与国际恐怖主义组织相互勾连等特点。非洲打击恐怖主义的行动应充分考虑这些特点,提升反恐成效。

第一,将恐怖组织的活动范围控制在农村和偏远地区。恐怖组织主要依靠发动大规模的恐怖袭击来扩散影响,并吸引外来资金。因此,为控制恐怖主义的杀伤范围和破坏程度,应坚守大城市和重要的政治、军事、经济目标,尽可

[①] 王涛、曹峰毓:《伊斯兰马格里布基地组织产生的背景、特点及影响》,载《西亚非洲》2016年第3期,第80—81页。

[②] 刘鸿武、杨广生:《尼日利亚"博科圣地"问题探析》,载《西亚非洲》2013年第4期,第59—60页。

[③] 严帅:《非洲恐怖主义发展趋势及其影响》,载《当代世界》2013年第6期,第52页。

[④] United States Bureau of Counterterrorism, *Country Reports on Terrorism 2016*, Washington D. C.: United States Department of State Publication, July 2017, p. 15.

能缩小恐怖袭击的影响范围。将恐怖袭击控制在一定范围和程度之内,能够打击恐怖分子的士气,并提升反恐信心。此外,保证主要城市的政治、经济和安全秩序,对于国家和地区稳定及经济平稳发展都有重要现实意义。

第二,打断"恐怖链条",对恐怖组织逐个围剿、各个击破。非洲主要的三个恐怖组织均与"基地"组织有所关联,国际恐怖主义与非洲本土恐怖主义相互借重、勾连加剧。一方面,国际恐怖主义依靠本土恐怖力量扎根生存;另一方面,本土恐怖主义借助国际恐怖主义的资金、技术和网络等进行恐怖活动。[1] 除此之外,非洲各恐怖组织之间也建立网络,遥相呼应。据相关情报,索马里"青年党"、"伊斯兰马格里布基地组织"和"博科圣地"试图共享资金、训练和爆炸物品的来源渠道,进而在非洲打造恐怖主义的"三角同盟"。[2] 因此,非洲反恐应注重切断不同恐怖组织之间的联系,将其孤立起来。失去了外部资金、技术支持和信息共享,恐怖组织更易被各个击破。

第三,配合国际反恐行动,切断恐怖资金来源。非洲恐怖主义的资金来源一方面是国际恐怖主义的支持,另一方面来自对石油等重要产业控制的获利。因而,非洲政府应积极配合国际反恐行动,打击非法跨境资金流动,并将非洲本土反恐行动的重点放在夺回关键地区上。活动资金是恐怖主义得以生存的物质基础,釜底抽薪能切断恐怖组织的发展后路,并加速其内部分化。

第四,加大非洲地区内部合作和国际合作。非洲是恐怖主义威胁最严重的地区之一,因此也是国际反恐战争的前沿阵地。联合国多次组织非洲地区的反恐行动,例如自 2008 年起,联合国安全理事会授权外国军队经索马里政府同意后进入索马里领海打击海盗及海上武装抢劫活动。美国、欧盟等世界

---

[1] 刘青建、方锦程:《非洲萨赫勒地带恐怖主义扩散问题探析》,载《现代国际关系》2014 年第 11 期,第 25 页。

[2] Marc-Antoine Pérouse de Montclos, *Boko Haram: Islamism, Politics, Security and the State in Nigeria*, Africa Study Centre, 2014, p. 180.

主要国家和地区在非洲的军事存在也参与到非洲的反恐斗争中。例如美国于2005年出资成立的"跨撒哈拉反恐伙伴关系"①和2009年成立的"东非反恐伙伴关系"。② 欧盟也通过与萨赫勒地区、北非、非洲之角等建立安全合作机制参与非洲反恐。在自身反恐能力明显不足的情况下,加大与欧美的合作符合非洲利益,是非洲反恐的必然选择。然而,随着国际秩序变革的加速,欧美国家越来越力不从心,纷纷显露培养非洲反恐"接班人"的心态。为此,非洲应加快自身安全合作机制的建设,将反恐主动权更多地掌握在自己手上。

除了加强与国际社会和域外国家的合作,非洲联盟、非洲各次区域一体化组织均建立了打击恐怖主义的相关机制。例如,2007年组建的非洲联盟驻索马里特派团,除了支持过渡政府、实施国家安全计划、训练索马里安全部队、协助建立安全的人道援助环境,还在打击索马里"青年党"武装分子的战斗中支援索马里联邦政府部队。此外,多国于乍得湖盆地建立联合行动组,成员包括贝宁、喀麦隆、乍得、尼日尔和尼日利亚,成功开展了打击西部非洲"伊斯兰国"和"博科圣地"的联合行动。

根据澳大利亚经济与和平研究所的数据,主要盘踞在尼日利亚北部的恐怖组织"博科圣地"在2013年至2015年发动的恐怖袭击使超过12 000人丧生,到2016年,这一数字急剧下降至762人,比2015年下降81%。③ 近年来,"博科圣地"发动恐袭的死亡人数进一步下降,2022年为204人。④ 这主要得益于贝宁、喀麦隆、乍得、尼日尔和尼日利亚五国组成的多国联合行动组对"博

---

① 加入"跨撒哈拉反恐伙伴关系"的非洲国家有阿尔及利亚、布基纳法索、喀麦隆、乍得、马里、毛里塔尼亚、摩洛哥、尼日尔、尼日利亚、塞内加尔和突尼斯。
② 加入"东非反恐伙伴关系"的非洲国家有吉布提、埃塞俄比亚、肯尼亚、索马里、坦桑尼亚、乌干达、布隆迪、科摩罗、卢旺达、塞舌尔、南苏丹和苏丹。因表现不力,布隆迪、科摩罗、卢旺达、塞舌尔、南苏丹和苏丹六国在2016年未获得该伙伴关系的资金支持。
③ Institute for Economics & Peace, "Global Terrorism Index 2017: Measuring and understanding the impact of terrorism," p. 24.
④ Institute for Economics & Peace, "Global Terrorism Index 2023: Measuring the impact of terrorism," p. 12.

科圣地"的围剿。此外,"博科圣地"组织内部也出现分歧。正是由于政府加强了打击恐怖组织的决心和力度,尼日利亚的恐怖活动得到了明显控制。

第五,发展经济,提升治理水平,根除恐怖主义的滋养温床。导致非洲恐怖主义产生和发展的原因众多,如尖锐的民族和宗教矛盾、发展的不平衡、强有力政府的缺失、西方民主渗透带来的反抗情绪等,但归根结底,非洲的恐怖主义与落后的经济发展水平联系紧密。此外,地方机构的完善程度、治理能力对于地区冲突的控制具有重要意义,[①]但是很多非洲国家在大城市或首都以外的基层政府组织较为软弱,国内"无政府状态"普遍存在。

恐怖主义是非洲面临的主要安全威胁之一,非洲的反恐也是一场全方位的战争。尤其是新冠疫情爆发以来,虽然非洲的恐怖主义袭击次数和死亡人数有所下降,但疫情也为反恐带来了诸多新挑战。例如,非洲国家政府将有限的资源投入防疫工作,导致用于反恐的经费减少;国际反恐合作也因为疫情而暂停;恐怖组织的活动虽然也受到一定影响,但更易利用疫情激化的矛盾招兵买马,为日后的恐怖活动埋下伏笔。

为了走出"越反越恐"的怪圈,非洲国家应广泛吸取中东地区的教训,在后疫情时代,以经济发展为根本抓手,通过消除贫困、普及教育、打击腐败、提升国家治理水平、促进民族和宗教矛盾调解、加强地区和国际合作(同时不丢失自身的主体地位)等方面全方位推进,逐渐改变恐怖主义赖以滋生的土壤。而只有摆脱了恐怖主义威胁,非洲才能真正发展起来。

三、公共卫生状况的改善与困境

正当非洲各国集中精力打击恐怖主义之时,2014 年爆发的埃博拉疫情将

[①] Tore Wig, Andreas Foro Tollefsen, "Local institutional quality and conflict violence in Africa," *Political Geography*, Vol. 53, July 2016, pp. 30 – 42.

全世界的目光聚焦到非洲的公共卫生问题上来。根据世界卫生组织的统计，自 1976 年以来，埃博拉疫情已爆发 30 余次，年均死亡率为 50%。2014 年爆发的埃博拉疫情共波及 11 个国家，[①]而且首次超出边远的丛林村庄，蔓延至人口密集的大城市。2014 年至 2016 年，在这 11 个国家共发现埃博拉疫情 28 712 起，死亡 11 372 人。2017 年以来，刚果（金）和几内亚出现了 6 次埃博拉疫情。[②] 埃博拉疫情的突然爆发和大范围传播，拖累了核心疫区国的经济，扰乱了社会秩序，造成严重人道主义危机，危及西非地区经济发展和社会稳定。

其实，一直以来"艾滋病""疟疾""饥饿""缺水"等公共卫生问题都在非洲频现，非洲的高疾病死亡率、高母婴死亡率，食品安全危机、营养不良等问题是困扰非洲的重要问题。因此改善非洲公共卫生条件，改善非洲人的健康状况也成为近年来非洲安全治理的重要议题。

非洲是全世界公共卫生问题最严峻的地区，疟疾、埃博拉、艾滋病、病毒性肝炎等传染性疾病频发，高血压、糖尿病等非传染性疾病，以及因干旱、洪涝、食品安全等问题引发的卫生事件也同样严重。非洲国家政府在公共卫生安全治理方面担负主要责任，联合国、世界卫生组织等国际组织、私人机构以及整个国际社会在非洲公共卫生安全领域亦扮演了重要角色，为非洲提供了大量人道主义援助。在非洲各国和国际社会的携手努力下，非洲的公共卫生安全近年来得到了显著提升，但与世界其他地区相比，非洲的公共卫生安全形势依然不容乐观。

疫苗接种是预防传染性疾病的最有效途径。目前，非洲的疫苗接种率一直维持在 72% 左右。为进一步推广疫苗接种，"世界卫生组织在非洲大陆的

---

① 这 11 个国家分别是塞拉利昂、利比里亚、几内亚、尼日利亚、马里、塞内加尔、刚果（金）、美国、英国、西班牙、意大利。
② World Health Organization, "Ebola virus disease," Aug. 17, 2021, http://www.who.int/news-room/fact-sheets/detail/ebola-virus-disease.

免疫行动2018—2030"被非洲各国采纳,计划到2030年实现疫苗接种全覆盖。① 此外,非洲在传染性疾病的治疗方面也初见成效。根据联合国艾滋病规划署数据,2022年,非洲有2 580万人口感染艾滋病毒,其中82%接受了艾滋病抗反转录病毒治疗,②艾滋病死亡人数由2010年的120万人,逐步降至2015年的80万人,到2022年死亡人数进一步下降至38.5万。③ 针对病毒性肝炎,有超过一半的非洲国家制定了行动计划,其中16个国家组成了技术小组,由国家卫生部负责相关事项的具体协调。11个国家向公民提供肝炎疫苗,防止新生病例增加,并组建了研究肺结核病的实验室。防治传染性疾病母婴感染的覆盖率也从2015年的67%上升至2017年底的79%。但是在疟疾的治疗上却停滞不前。目前70%的疟疾病例和71%的死亡人数集中在10个非洲国家,④而这些国家对于疟疾的预防和及时医治并未见明显改善。

除了传染性疾病对非洲人的生命健康构成威胁,近年来,非传统性疾病的发病率也呈上升态势。由于政策执行不力、财政资金不到位,包括心脏病、糖尿病等在内的非传染性疾病的控制状况并不理想。非洲公共卫生安全仍然面临巨大威胁。2014年埃博拉疫情的暴发和蔓延集中暴露了非洲公共卫生系统的脆弱。

新冠疫情在全球的蔓延无疑给本就脆弱的非洲公共卫生系统造成巨大的压力。疫情暴发初期,非洲国家中仅南非和塞内加尔两国拥有新冠病毒检测技术和能力。在世界卫生组织、国际社会的援助和非洲内部的协调互助下,拥有检测能力的非洲国家在几个月内上升至47个。⑤ 除了病毒检测设备,非洲

---

① World Health Organization, "The Work of WHO in the African Region 2017 - 2018," p. xiv.
② UNAIDS, "Fact Sheet 2023," pp. 5 - 6.
③ World Health Organization, "The Work of WHO in the African Region 2016 - 2017," p. 5; UNAIDS, Fact Sheet 2023, p. 5.
④ World Health Organization, "The Work of WHO in the African Region 2017 - 2018," p. vii.
⑤ World Health Organization, "WHO's results in Africa July 2020-June 2021: Report of the Regional Director," p. 10.

各国也收到了大量防疫物资的人道主义援助。2021年1月10日,塞舌尔成为接种新冠疫苗的首个非洲国家,在接下来的半年时间中,有5 000万非洲人至少接种了一剂新冠疫苗。截至2021年8月17日,非洲新冠感染538万人,死亡140 682人,死亡率为2.6%,略高于全球平均水平2.1%。[1]

过去几十年里,国际社会一直在不断加大对非洲的医疗卫生援助,但这种援助往往是"点对点"及针对某种疾病的援助。加之非洲国家本身对于公共卫生的投入极为有限,传染性疾病的疫苗研发能力差,医患比例低,高水平的医疗人员严重缺乏,因此,一旦大规模疫情暴发,原本就脆弱的非洲公共卫生体系将不堪一击。

根据预测,未来50年,只有非洲大陆的成年人口处于增长状态。到2040年,全世界将有28%的成年人居住在非洲。[2] 因此非洲公共卫生事业的发展对于非洲乃至全世界人类健康的总体发展都有重要意义。放眼未来,唯有非洲自身的公共卫生体系足够健全和强大,才能从容应对各种突发公共卫生危机的挑战。[3]

有鉴于此,2015年非洲联盟领导人会议将建立非洲疾病预防控制中心的构想提上议事日程。疾控中心总部设在埃塞俄比亚的非盟总部,并在非洲五大地区设立地区协调中心,通过总部与5个区域分支的建设,建立覆盖非洲大陆的一体化疾控体系,引领提升非洲各国公共卫生水平。2016年11月,第27届中美商贸联委会期间,中美双方签署了《中华人民共和国商务部、国家卫生和计划生育委员会和美利坚合众国国际发展署、卫生与公共服务部、疾病预防控制中心关于共同支持非洲疾病预防控制中心谅解备忘录》。中美双方约定

---

[1] Africa Centres for Disease Control and Prevention, "COVID-19 Dashboard," Aug. 17, 2021, https://africacdc.org/covid-19/.
[2] World Health Organization, "The Work of WHO in the African Region 2016 – 2017," p. 54.
[3] 贺文萍:《非洲安全形势特点及中非安全合作新视角》,载《亚非纵横》2015年第2期,第6页。

在该谅解备忘录框架下,共同支持非洲疾控中心建设,帮助加强非洲公共卫生安全能力[①]。在中美两国的建设援助和资金支持下,非洲疾病预防控制中心于2023年1月正式落成。

非洲疾病预防控制中心是非洲建设后埃博拉时代公共卫生体系的重要支点,将成为非洲公共卫生体系建设的指挥中心和协调平台。公共卫生体系建设涉及各级卫生行政部门、疾病预防控制机构、卫生监督管理机构、医疗救治机构、公共卫生研究机构、医药产品的研发与生产,等等。疾控中心在应对新冠疫情中发挥了重要作用,在非洲联盟的指导下,与国际组织、各国政府和私人机构开展了广泛协调与合作,使非洲的新冠疫情应对保持总体可控,说明疾控中心自建成以来初见成效。然而,疾控中心只是公共卫生体系建设的起点,非洲联盟应统筹协调非洲各地区和各国的公共卫生部门,同时国际社会也应继续加大对非支援,将已有的"点对点"项目援助模式扩大为整个公共卫生体系的建设援助,以卫生领域为切入点来支持非洲应对非传统安全威胁。

第三节　从贫穷到发展:非洲经济的结构性转型及其挑战

进入21世纪以来,非洲经历了令人印象深刻的快速发展,随着政治民主化的推进和安全形势总体趋稳,非洲经济也展露强劲的发展势头,国际社会一改往日对非洲的悲观预期。尤其是2008年金融危机之后的几年中,非洲经济依然在逆境中增长,为低迷的世界经济图景带来一抹亮色。然而,新

---

① 《中美签署共同支持非洲疾病预防控制中心谅解备忘录》,新华网,http://www.xinhuanet.com/politics/2016-11/24/c_129377116.htm。

冠疫情暴发以来,非洲经济与全球经济一道下滑,2021年以来虽呈现复苏趋势,但前景仍不明朗。正是这种起起落落,说明了非洲经济的结构性转型势在必行。

一、宏观经济在震荡中发展

(一)经济增长态势在疫情后有所恢复

据联合国统计,2000至2014年,非洲GDP年均增长4.6%。[①] 新冠疫情爆发前的2019年,非洲经济增速为2.9%,高于世界平均水平,仅次于东南亚地区。其中,东部非洲增速最高,增长率为6%;西部非洲和北部非洲次之,增长率分别为3.5%和3.4%;南部非洲和中部非洲增速较低,增长率分别为2.7%和0.3%。[②] 新冠疫情暴发后,2020年全球经济受到严重冲击,非洲出现了3.5%的负增长,其中中东部非洲及北非国内生产总值增长－3.8%,撒哈拉以南非洲增长－2.0%。2021年非洲经济增速低于全球平均水平。据估计,非洲经济在2022至2024年将实现年均3%左右的正增长,但绝对值仍低于疫情暴发前对这一时期的普遍预期,且其经济恢复速度低于发达经济体和东南亚国家。[③]

表6-2 2020—2024年世界主要经济体和非洲地区国内生产总值年均增长率(%)

	2020	2021	2022	2023	2024
世界	－3.1	6.0	3.1	2.1	2.4
中东部非洲及北非	－3.8	3.8	5.9	2.2	3.3

[①] United Nations Economic Commission for Africa, *Transformative Industrial Policy for Africa*, Addis Ababa: United Nations, 2016, p.16.
[②] United Nations, *World Economics Situation and Prospects 2018*, p.3; United Nations, *World Economics Situation and Prospects 2020*, p.3.
[③] World Bank, *Global Economic Prospects*, Washington D.C.: The World Bank, 2023, p.4.

(续表)

	2020	2021	2022	2023	2024
撒哈拉以南非洲	−2.0	4.4	3.7	3.2	3.9
美国	−2.8	5.9	2.1	1.1	0.8
欧元区	−6.1	5.4	3.5	0.4	1.3
日本	−4.3	2.2	1.0	0.8	0.7
中国	2.2	8.4	3.0	5.6	4.6

注：2022年数据为估算值，2023年、2024年数据为预测值。

数据来源：World Bank, *Global Economic Prospects*, Washington D.C.: The World Bank, 2023, p. 4。

（二）对外贸易显著增长，但贸易结构变化不大

就对外贸易而言，非洲实现了某种程度的增长。这方面，通过比较2005年和2017年及之后的贸易数据可以看出其增长情况。

根据联合国贸易与发展会议数据，2005年，西亚北非和撒哈拉以南非洲进口贸易总额6160亿美元，其中，进口农产品620亿美元，自然资源660亿美元，制造业产品4720亿美元；出口贸易总额8080亿美元，其中，出口农产品460亿美元，自然资源4930亿美元，制造业产品2620亿美元。2005年贸易顺差1920亿美元。从不同产业的进出口情况分析，制造业是该地区产品进口的主要来源，占进口贸易总额的76.6%；出口贸易中，自然资源占据主导，出口额占61%，农产品和制造业产品占比分别为5.7%和32.4%。按地区间贸易往来情况，2005年，发达经济体是西亚北非和撒哈拉以南非洲最主要的贸易伙伴，与发达经济体的贸易占该地区贸易总额的57.9%，而排名第二的东亚地区仅占6.7%。[1]

---

[1] United Nations Conference on Trade and Development, *Key Statistics and Trends in International Trade 2018*, New York: The United Nations, p. 9.

随着非洲经济快速发展和新兴经济体的崛起,非洲的进出口贸易出现显著增长。2017年,西亚北非和撒哈拉以南非洲进口贸易总额13 130亿美元,其中,进口农产品1 730亿美元,自然资源1 230亿美元,制造业产品9 730亿美元(表6-3);出口贸易总额13 410亿美元,其中,出口农产品1 030亿美元,自然资源6 440亿美元,制造业产品5 800亿美元(表6-4)。2017年贸易顺差280亿美元。非洲除了自然资源出口,其他行业的进出口额均出现了大幅度增长(表6-5)。从2017年不同产业的进出口情况分析,制造业依然是该地区产品进口的主要来源,约占进口贸易总额的74.1%,与2005年基本持平;出口贸易中,自然资源和制造业产品分别约占贸易总额的48.0%和43.3%,农业仅约占7.7%;制造业产品出口增幅明显,但自然资源出口仍占据较大比重。从贸易伙伴分布看,发达经济体依然是非洲最大的贸易伙伴,出口贸易量约占非洲对外贸易总额的40.3%。东亚国家是与非洲贸易往来增幅最大的地区,贸易量占比增至24.8%。[①]

表6-3　2017年西亚北非及撒哈拉以南非洲进口贸易额

(单位:10亿美元)

出口＼进口	西亚北非				撒哈拉以南非洲			
	总额	农业	自然资源	制造业	总额	农业	自然资源	制造业
发达经济体	463	44	27	375	111	15	14	76
东亚	222	11	2	208	82	10	3	66
转型经济体	50	13	9	20	4	2	1	2
拉美	33	20	4	9	9	5	1	3
西亚北非	154	24	21	106	29	3	14	12

---

① United Nations Conference on Trade and Development, *Key Statistics and Trends in International Trade 2018*, p. 9.

(续表)

出口＼进口	西亚北非				撒哈拉以南非洲			
	总额	农业	自然资源	制造业	总额	农业	自然资源	制造业
南亚	69	10	9	44	19	3	3	13
撒哈拉以南非洲	19	4	2	13	49	9	13	26

数据来源：United Nations Conference on Trade and Development, *Key Statistics and Trends in International Trade* 2018, New York：The United Nations, p. 9。

注：分项数据加总与总额的偏差源自某些贸易的类别划分问题。

表6-4　2017年西亚北非及撒哈拉以南非洲出口贸易额

（单位：10亿美元）

出口＼进口	西亚北非				撒哈拉以南非洲			
	总额	农业	自然资源	制造业	总额	农业	自然资源	制造业
发达经济体	418	18	199	195	122	24	43	53
东亚	259	2	198	58	95	7	53	35
转型经济体	19	4	1	14	3	2	1	1
拉美	15	0	6	9	5	0	3	1
西亚北非	154	24	21	106	19	4	2	13
南亚	119	3	72	43	35	3	18	14
撒哈拉以南非洲	29	3	14	12	49	9	13	26

数据来源：United Nations Conference on Trade and Development, *Key Statistics and Trends in International Trade* 2018, New York：The United Nations, p. 9。

注：分项数据加总与总额的偏差源自某些贸易的类别划分问题。

表6-5 2005年与2017年西亚北非及撒哈拉以南非洲进出口贸易额比较

(单位:10亿美元)

	2005年	2017年	增长比例
进口总额	616	1313	113.1%
农业	62	173	179%
自然资源	66	123	86.4%
制造业	472	973	106.1%
出口总额	808	1341	66%
农业	46	103	123.9%
自然资源	493	644	30.6%
制造业	262	580	121.4%

数据来源:笔者根据联合国贸易与发展会议数据整理,具体参见 United Nations Conference on Trade and Development, *Key Statistics and Trends in International Trade 2018*, New York: The United Nations, p.9。

以上数据对比分析可见,与2005年相比,非洲的对外贸易增长显著,并且这种增长是全面的增长,广泛惠及农业、矿业和制造业。尤其是非洲制造业增势明显,出口份额持续攀升,但是非洲制造业仍具有较高的对外依附性,结构性变化不明显。此外,东亚地区与非洲的贸易往来愈加密切,在制造产业合作方面进展显著。

2018年下半年开始,随着中美贸易摩擦愈演愈烈,以及英国脱欧对全球贸易的负面影响,全球贸易额呈下降趋势,2019年则进一步下滑。2020年全球贸易尤其是服务贸易急剧下降。非洲在2020年第四季度和2021年第一季度的进出口贸易总额同比增长率均为负数,贸易额跌至2005年水平。从以上数据可以看出,虽然非洲的进出口服务贸易全球占比较少,但从整体看,受疫情的冲击仍然较大,下滑百分比超过2008年金融危机。这也从侧面说明非洲贸易在全球贸易的融入程度加深。自2020年第二季度的断崖式下跌后,非洲进出口贸易额逐步回弹,恢复速度也快于2008年金融危机后的经济复苏。[1]

(三) 城市化加速和中产阶级崛起

非洲大陆是全世界人口增速最快的地区,并且是未来50年成年人口处于增长状态的唯一地区。2010年,非洲的劳动人口(15—64岁)占比约为42%(11亿人口中约有4.6亿劳动人口)。该比例预计到2030年将增至50%。[2] 毫无疑问,非洲将从人口增长中获得巨大的人口红利。

自20世纪50年代以来,非洲大陆的城市化率呈现显著增长态势。根据发达国家的城市化发展经验,整个城市化过程持续了100至150年。而随着全球化的快速发展,如今的城市化往往在30年内完成。[3] 根据联合国非洲经济发展委员会的报告,2017年非洲的城市人口达到5亿,城市人口占总人口的42%,城市人口占比以每两年1个百分点的速度递增。[4] 截至2023年年底,非洲城市人口已经达到6.5亿。[5] 预计到2050年,非洲城市人口占比将达到56%。[6] 当然,非洲五大地区的城市化进程也不尽相同。其中东部非洲的城市化率最低,进度也最快;相比之下,南部非洲的城市化率最高,因此进程也相对缓慢。总体而言,东部非洲和西部非洲将是未来非洲城市化率最高,同时也是城市人口最多的地区,其次是北部非洲和南部非洲,中部非洲的发展依

---

[1] United Nations Conference on Trade and Development, "Volume growth rates of merchandise exports and imports, quarterly," Aug. 19, 2021, https://unctadstat.unctad.org/wds/TableViewer/tableView.aspx? ReportId=99.

[2] S. Devarajan, W. Fengler, "Is Africa's Recent Growth Sustainable?" Maghreb Facing New Global Challenges, Institute francais des relations internationales, 2012.

[3] J. Henderson, "Cities and Development," *Journal of Regional Science*, Vol. 50, No. 1, 2010: p. 530.

[4] United Nations Economic Commission for Africa, *Transformative Industrial Policy for Africa*, Addis Ababa: United Nations Economic Commission for Africa, 2016, p. 17.

[5] Statista, "Number of people living in urban areas in Africa from 2000 to 2026," accessed January 3, 2024, https://www.statista.com/statistics/1267863/number-of-people-living-in-urban-areas-in-africa/.

[6] United Nations Economic Commission for Africa, *Transformative Industrial Policy for Africa*, Addis Ababa: United Nations Economic Commission for Africa, 2016, p. 17.

然相对落后。①

城市化的推进与收入水平的提高往往成正比,但是这一正相关性在非洲却略显微弱。非洲许多国家,例如南非、纳米比亚、安哥拉、突尼斯、尼日利亚等都出现了此种情形,故而在20世纪90年代末出现了"没有经济增长的城市化"的论调。进入21世纪,随着大宗商品价格的上涨、多个国家实行经济改革,治理能力不断提升,非洲城市化率与收入水平的正相关性也得到了恢复。② 因此,21世纪以来非洲的中产阶层(日均收入在2美元至20美元之间)规模不断壮大。非洲成为世界上中产阶层增长最快的地区。根据非洲开发银行的报告,非洲大陆中产阶层占人口总数的比重从1980年的27%,增加到2010年的34%。预计到2060年,中产阶层人数将达到非洲总人口的42%。③

人口的聚集、城市的发展、中产阶层的壮大将带来巨大的经济效应,如劳动人口增多、劳动分工细化、交易成本降低、知识溢出效应显著、劳动力匹配优化、市场需求加大,等等。人口的增多和经济的增长将促使政府推行更加亲经济的政策,提升治理水平,优化从商环境,吸引投资。此外,城市还能为人们提供更好的教育、饮用水和卫生条件。良好的经济、政治和社会环境又将反过来刺激大规模基础设施投资、消费导向型产业的发展,从而为非洲城市集聚和产业集群的进一步发展创造基础。

(四) 人类发展指数不断提升

人类发展指数是联合国开发计划署在《1990年人类发展报告》中提出的,它是以预期寿命、教育水准(成年人识字率以及小学、中学和高等教育入学率)

---

① United Nations Economic Commission for Africa, *Economic Report on Africa 2017: Urbanization and Industrialization for Africa's Transformation*, Addis Ababa: United Nations Economic Commission for Africa, 2017, p. 65.
② D. Rodrik, G. McMillan and Í. Verduzco-Gallo, "Globalization, Structural Change, and Productivity Growth, with an Update on Africa," *World Development*, Vol. 63, 2014, pp. 11-32.
③ African Development Bank, *Tracking Africa's Progress in Figures*, 2014, p. 24.

和以美元计算的购买力平价(PPP)这三项基础变量来衡量,并按照一定的计算方法得出的综合指标,用以衡量联合国各成员国的经济社会发展水平。[1] 联合国开发计划署将各成员国依据人类发展指数高低分为四类,分别是:极高人类发展水平、高人类发展水平、中等人类发展水平、低人类发展水平。

根据 2021—2022 年联合国开发计划署发布的《人类发展计划年度报告》,1 个非洲国家跻身极高人类发展水平国家群,9 个非洲国家位列高人类发展水平,17 个非洲国家处在中等发展水平,27 个非洲国家处于低人类发展水平。[2] 世界平均指数为 0.73,仅有 5 个非洲国家超过世界平均水平。不可否认,非洲仍然是发展中国家群体中最不发达的地区。但值得注意的是,近 20 年来,人类发展指数世界年平均增长率为 0.75%,而撒哈拉以南非洲的年均增长率为 1.46%,达到全世界人类发展指数增速的近两倍,高于世界上任何其他地区。[3] 人类发展指数的提升意味着非洲教育水平的提高、人均寿命的延长、购买力的提升,是经济向好的本质体现。

二、经济结构性转型面临挑战

以人工智能、清洁能源、机器人技术、量子信息技术、虚拟现实和生物技术为主的第四次工业革命已经在德国、美国、日本、中国等科技大国广泛兴起,各国争先恐后发展最新科技,抢占发展先机。纵观世界历史,工业和科技的发展是一国崛起的基础条件,是经济发展的发动机。这一道理对非洲国家同样适用。其实,非洲国家也早就认识到工业化的重要性。独立伊始,非洲国家就将工业化列为经济发展的重要目标,希望借此改变被殖民化铸就的依附型经济

---

[1] United Nations Development Program, *Human Development Report* (*Annually*), New York: United Nations, 2001, p.14.
[2] 注:索马里无数据采集。
[3] United Nations Development Program, *Human Development Report 2021/22*, New York: United Nations, 2022, pp. 272-275.

结构。进入21世纪,非洲国家以更加积极的姿态推进工业化进程。在非洲联盟、非洲开发银行、联合国非洲经济委员会的推动下,非洲国家陆续制定了《2030可持续发展议程》《2063年议程》、"非洲发展新伙伴计划"落实方案,确定了各国不同的工业化发展政策和实施纲要,以期通过工业化进程优化非洲各国的经济结构,维系经济社会的可持续发展。[1] 然而,由于非洲经济起点低、发展慢,经济结构转型面临诸多挑战。

(一) 产业结构固化严重

产业结构是指农业、工业和服务业在一国经济结构中所占的比重。随着国民经济的发展,一国的产业结构重心会由农业向工业和服务业逐次转移。因此,各产业部门的产值可反映一国经济发展阶段和发展水平的高低。

进入21世纪以来,尽管非洲经济发展提速,但产业结构未出现明显变化。2000至2016年,农业、采矿业[2]、制造业和服务业产值在GDP中所占的比重变动不大。采矿业产值的GDP占比在2000至2008年期间不断攀升,2009年起有所回落。这一波动主要由矿产和石油的国际需求和价格变动引起,并非非洲产业结构的内生性变化。除了采矿业,其他三个行业的分布基本保持不变。农业产值的GDP占比在2000年为18.9%,2016年为19.2%。16年里,服务业占比仅增长了2个百分点。[3] 为促进非洲产业结构调整,联合国大会于2016年通过决议,将在2016至2025年实施第三个非洲产业发展十年计划。[4] 尽管如此,非洲制造业和服务业的增速和增长绝对值仍远低于世界平

---

[1] 张宏明:《摘要》,载《非洲发展报告 No.19(2016—2017):非洲工业化与中国在非洲产业园区建设》,北京:社会科学文献出版社2017年版,第1页。

[2] 采矿业一般与其他工业一起列入第二产业,但由于非洲部分矿产、石油产出国的特殊性,故将采矿业单列出来。

[3] African Development Bank, *African Economic Outlook 2018*, Abidjan: African Development Bank, 2018, p.7.

[4] United Nations General Assembly, *Third Industrial Development Decade for Africa (2016 - 2025)*, Resolution (A/RES/70/293).

均水平。[①]

就农业而言,整个非洲大陆目前还处在靠天吃饭的手工农业生产阶段,抵御自然灾害的能力低下,对洪涝灾害缺乏防范措施。除部分规模较大的农场外,普遍缺乏水利灌溉设施,而且对农作物鸟害虫害没有有效防治手段。[②] 此外,众多非洲国家主要依赖初级产品加工和自然资源出口,经济转型带来的增长极为有限。[③] 产业结构严重固化,这种畸形的产业结构使得经济结构调整更加举步维艰。

(二)劳动力流动停滞,就业增长乏力

劳动力从传统的、主要从事生存产品的生产行业和低生产力产业转移到高生产力行业是非洲经济增长的主要动力。然而,从整个非洲大陆层面看,产业间劳动人口的变化比各产业产值的变化还要微弱。20世纪末至21世纪初,亚洲和拉丁美洲的劳动人口明显地由农业转向服务业;在欧洲和北美,劳动人口转移主要是从工业流向服务业,有近四分之三的人口从事服务业,农业人口仅占2%左右。然而在非洲,仍有约70%的人口从事低水平的农业生产,服务业从业人口约为24%,工业人口仅占6%。[④] 大量劳动力集聚在低生产力行业,严重妨碍了先进生产方式的推广和现代制造业、服务业的发展。发展绿色气候经济是联合国第三个非洲产业发展十年计划的主要内容,但由于非洲缺少具备绿色技术和气候变化项目经验的人才,项目进展缓慢。据统计,由

[①] United Nations Industrial Development Organization, *African Industrial Competitiveness Report: An Overview of the Manufacturing Industry in the Region*, 2020, pp. 7-8.
[②] 朴英姬:《非洲经济发展呈现结构性变化态势》,张宏明、贺文萍编:《非洲发展报告 No. 17 (2014—2015):中国在非洲的软实力建设:成效、问题与出路》,北京:社会科学文献出版社2015年版,第207页。
[③] M. McMillan, D. Rodrik, "Globalization, Structural Change and Productivity Growth", in M. Bacchetta and M. Jansen (eds.), *Making Globalization Socially Sustainable*, Geneva: International Labor Organization, 2011, p. 15.
[④] African Development Bank, *African Economic Outlook 2018*, Abidjan: African Development Bank, 2018, p. 7.

于缺少能制定出可行性方案和商业规划分析的人员,非洲80%的项目在可行性分析这一环节就夭折了。①

就业增长乏力也是阻碍劳动力由低生产力行业向高生产力行业转移的重要原因。一般情况下,经济的发展会伴随就业岗位的增加,这是实现减贫和包容性增长的必要条件。然而,这一经济增长的附加效应在非洲同样被弱化了。2000至2008年,非洲就业数量年均增速2.8%,仅为经济增速的一半。仅有阿尔及利亚、布隆迪、博茨瓦纳、喀麦隆和摩洛哥的就业数量增速超过4%。2009至2014年,非洲就业数量增速有所提升,达到3.1%,但仍比经济增长速度低1.4个百分点。②工作岗位数量增长缓慢给非洲带来了严峻的社会问题:尽管贫困人口比重下降,但绝对数量增多;社会不平等加剧,非洲的基尼系数呈上升趋势。③受就业数量增长缓慢影响最严重的人群是女性和年轻人(15至24岁)。在北非,年轻人的失业率是整个成年人统计数据的3倍,④给社会稳定带来重大隐患。随着新冠疫情造成的巨大冲击,非洲国家失业率攀升,为本就不乐观的就业前景蒙上了更深的阴影。非洲发展银行估计,仅2020年,非洲就有2500万至3000万人失业。⑤

(三) 人力资本匮乏,劳动力市场混乱

21世纪最宝贵的资源是人才。知识是工业革命的创新源泉,世界各主要

---

① African Development Bank, *African Economic Outlook 2023*, Abidjan: African Development Bank, 2023, p.82.
② African Development Bank, *African Economic Outlook 2018*, Abidjan: African Development Bank, 2018, p.41.
③ L. Jirasavetakul, C. Lakner, *The Distribution of Consumption Expenditure in Sub-Saharan Africa: The Inequality among All Africans*, Working Paper 7557, Washington D.C.: World Bank, 2016.
④ African Development Bank, *African Economic Outlook 2018*, Abidjan: African Development Bank, 2018, p.41.
⑤ African Development Bank, *African Economic Outlook 2020*, Abidjan: African Development Bank, 2020, p.35.

国家一直以来都将人力资本的储备与发展放在重要位置。要搭上全球化和工业 4.0 的列车，非洲的发展也必定离不开高水平人才的贡献。然而，人力资本的匮乏成为非洲实现经济结构转型的又一大障碍。此外，非洲还面临严峻的人才流失问题，大部分高层次人才在大学毕业之后移居欧美。

除了高水平人力资源的匮乏，非洲劳动力市场的非正规性也是经济结构转型的障碍。非正规经济[①]对 GDP 的贡献率达到 50%—80%。60%—80% 的劳动力在非正规经济中工作，90% 的新岗位来自非正规经济。[②] 非正规经济成为非洲的产业常态。只有南非的正规企业劳动人口数量占总劳动人口的半数，在博茨瓦纳和埃及，该比例达到 40%—50%。在绝大多数非洲其他国家，正规企业的从业人口占总劳动人口的比例仅有不到 20%。[③] 非正规企业不仅集中在快速扩张的城市中心，农村的非农家庭作坊也如雨后春笋般迅速发展。不可否认，非正规经济吸纳了大量低技能的劳动人口，为非洲经济发展做出贡献，但是这种作坊式非正规经济从客观上抑制了低技能人口学习新技术的迫切感，阻碍了大规模集约化生产的推进。

（四）商业环境不理想，发展资金严重短缺

经济发展的结构性转型需要有良好的政策环境和治理水平作为支撑，但是许多非洲国家的制度体系不完善，政策起伏波动较大，官僚政治和腐败问题普遍存在，国家治理水平处于低位，再加上传统和非传统安全威胁，对经济结构性转型形成了巨大挑战。

不理想的从商环境为投资非洲蒙上了阴影。2012—2016 年，非洲吸引国

---

① 对非正规经济有多种解释，但主要包括以下指标：注册状态、规模、纳税情况、是否符合社会保险的规定、是否有固定办公地点等。
② A. Shimeles, T. Nabasaga, "Why Is Inequality High in Africa?" Paper presented at the African Economic Conference 2015, Kinshasa, Democratic Republic of Congo.
③ African Development Bank, *African Economic Outlook 2018*, Abidjan: African Development Bank, 2018, p. 46.

际直接投资回报率基本处于下滑状态,降幅明显,尽管在 2017 年有所回升,但 2015—2017 年的回报率均低于世界平均水平。不理想的投资环境和低投资回报率,使得近年来非洲国际直接投资流入量出现了明显下滑,2017 年仅 420 亿美元,比 2016 年下滑 21%,其中大宗商品出口国降幅最大。[1] 2020 年新冠疫情暴发后,非洲国际直接投资资金流入更是出现了跳水,2020 年流入资金同比下降 16%,仅有 400 亿美元。[2] 国际直接投资的缩水使发展资金本就捉襟见肘的非洲雪上加霜。

非洲每年仅有 5 000 亿美元的税收收入,卫生、教育、行政、安全等方面的投入使非洲国家财政不堪重负,即使非洲每年接受高额国外援助,也无法弥补巨大的资金缺口。基础设施建设是经济发展的前提条件,也是投资回报率最高的产业。据非洲开发银行报告,每年非洲的基础设施需要投入 1 300 亿美元—1 700 亿美元,光是基础设施建设这一项的资金缺口就高达 680 亿美元—1 080 亿美元。[3] 因此,非洲国家只能选择性地将有限的资金投入最亟需的项目,整体发展进程缓慢。没有了雄厚资金支持作为后盾,经济结构性转型难上加难。

三、促进区域经济一体化,扩大国际合作

2018 年 3 月起,非洲各国陆续签署了非洲大陆自由贸易区框架协议,并在国内启动批准程序,推进落实该项目所需的技术工作。非洲自贸区旨在通过加强人员、资本、货物和服务的自由流动,促进农业发展、粮食安全、工业化

---

[1] United Nations Conference on Trade and Development, *World Investment Report 2018: Investment and New Industrial Policies*, Geneva: United Nations, 2018, p. 40.
[2] United Nations Conference on Trade and Development, *World Investment Report 2021: Investment and New Industrial Policies*, Geneva: United Nations, 2021, p. 6.
[3] African Development Bank, *African Economic Outlook 2018*, Abidjan: African Development Bank, 2018, p. xvi.

和结构性经济转型。如果成功实施,非洲自贸区将形成一个包括12亿人口、2.5万亿美元经济总量的巨大市场,成为全球最大的区域性自贸区。[①] 全球各界拭目以待非洲自贸区的最终建成,对未来非洲经济的腾飞也充满期待。如前所述,早在20世纪60年代,非洲五大区和整个大陆层面陆续建立了各自的一体化组织,各一体化组织的一项主要目标即实现经济一体化。诚然,各次区域组织成立之后,相继取消了内部贸易壁垒,贸易往来增多,对促进区域内贸易自由化、统一大市场的建立具有明显的推动作用。然而,就目前的发展水平看,各次区域组织离经济一体化的既定目标还存在较大差距,许多次区域组织的经济一体化时间表一再后延,目标达成时间遥遥无期。非洲自贸区是非盟《2063年议程》中最具雄心壮志的项目之一,为了避免重复计划与现实相脱节的老路,促使自贸区目标最终实现,非洲国家应建立更加完善的统筹协调机制,以充分的政治决心将各项决议付诸实施。

除了加快非洲自身的经济一体化建设,国际合作的形式、规模和范围也应进一步扩大。由于历史和现实的原因,作为整体,欧美发达国家仍然是非洲的最大贸易伙伴。然而,国际金融危机之后,发达国家普遍面临增长乏力的局面,而中国、印度、巴西等新兴市场国家已成为世界经济增长新引擎,在非洲大陆的出口贸易和外国投资格局中的地位不断提升。[②] 加快、加大、加深与新兴经济体的国际合作,不仅符合当下南南合作的时代潮流和历史趋势,也能释放双方巨大的发展潜力。全球化带来的是生产分工的细化。国际贸易不再局限于一国生产的商品销售到另一个国家,而是通过跨国分工,降低某一商品的生产成本,扩大市场占有率。全球价值链的存在为非洲国家打开了机会大门。

---

① 刘青海,《非洲大陆自由贸易区推动中非贸易增长》,http://ex.cssn.cn/skjj/skjj_jjgl/skjj_xmcg/201807/t20180712_4501599.shtml.
② 朴英姬:《非洲经济发展呈现结构性变化态势》,张宏明、贺文萍编:《非洲发展报告 No.17 (2014—2015):中国在非洲的软实力建设:成效、问题与出路》,第216—217页。

非洲国家应抓住新兴经济体转型升级的历史机遇,扩大合作,承接产业转移,尽快融入全球价值链。

第四节 从边缘走来:全球秩序变革下的非洲复兴与秩序塑造

冷战结束以来,特别是21世纪以来,非洲呈现了不同于以往的发展趋势,在政治、经济和安全等领域得到了充分的彰显,并为国际社会所关注。一方面,非洲的发展有赖于自身的努力和探索,另一方面也需要国际社会特别是新兴国家给予助力。正是在复兴进程中,非洲秩序得以再造,尽管其面临的挑战依然十分严峻。

一、全球秩序变革在非洲的体现

20世纪,尤其是二战结束以来,是美国全球霸权逐渐建立和巩固的时期,由此带来的以西方国家为主导的国际秩序逐步确立:政治秩序上,建立了联合国秩序和美国霸权秩序的双轨制;经济秩序上,建立了以美元为基础的货币体系、以世界贸易组织为核心的贸易体系和以国际货币基金组织、世界银行为调控的金融秩序;安全秩序上,建立了北大西洋公约组织和以美国为中心的"轴辐"盟友体系。进入21世纪,美国陷入全球反恐战争的泥沼,在世界范围内引起强烈反感和抗议;2008年金融危机更是给美西方发达国家带来严重冲击,经济增长乏力,领衔全球治理力不从心;21世纪随着世界权力转移进程的加速,大国战略竞争及随之而来的世界秩序之争日趋激烈。

与美西方相对衰落形成鲜明对比的,是中国、印度、巴西、南非、墨西哥、土耳其、印尼等系列新兴经济体的"群体性崛起",世界政治和经济重心向非西方国家转移,西方主导的世界秩序正逐步走向终结,国际体系出现结构性变化。为了呼应自身经济的快速增长和在国际社会中的地位上升,新兴经济体纷纷提出推进国际体系和国际制度改革的倡议,比如提出"一带一路""欧亚经济联盟""欧亚倡议""季风计划""东向行动政策",组建金砖国家发展银行、上海合作组织银行、亚洲基础设施投资银行及丝绸之路基金等,南南合作持续深入发展,全球南方的影响力日益上升。近年来发达国家和新兴国家在非洲的利益和政治格局变化正体现了全球秩序变革的趋势,是新兴国家快速崛起在非洲的"逻辑延伸"。

(一)对非合作机制竞争明显

冷战结束之后,非洲一度成为欧美国家的边缘关切。而新兴国家崛起后,为了寻找新的发展机遇,扩大市场占有率,在与发达国家的竞争中保持后发优势,同为发展中国家的非洲自然成为其争相合作的对象。新兴大国纷纷建立对非合作机制,尤其是2006年中非合作论坛北京峰会的召开,刺激了西方大国的神经,发达国家开始重新重视对非合作机制建设。非洲的战略意义在全球秩序变革中得以重新发现。

由于特殊的历史关系,欧洲的对非合作机制起步较早,合作范围广泛。1996年,葡萄牙提出举行欧洲-非洲国家首脑会议的建议,1999年7月举行的非洲统一组织第35届首脑会议接受了这一建议,首届欧盟-非盟峰会(以下简称"欧非峰会")于2000年在埃及召开,会议通过了《开罗宣言》和《行动计划》,旨在建立面向新世纪的欧非合作伙伴关系。第二届峰会原计划于2003年在葡萄牙召开,但因欧盟对津巴布韦实施制裁而使欧非双方在召开峰会的问题上陷入了僵局,第二届峰会也因此多次延期,直到2006年中非合作论坛北京峰会的召开,欧盟才得以搁置争议,于2007年举办了第二届峰会。此后,欧非双方分别于2010年、2014年、2017年、2022年召开了四次会议。欧非峰会为欧非双方在共同关切上提供了交流与合作平台,推动了双方向更为平等的伙伴关系发展。除了欧盟层面的对非合作机制,原主要殖民宗主国也有单独的对非合作机制,主要包括法非首脑会议和英国的非洲委员会。

美国也加大了与非洲的合作力度,尤其是在美国首位非洲裔总统巴拉克·奥巴马上台之后,美非合作机制化建设迅速推进。2014年,首届美非峰会在华盛顿召开,50个非洲国家的领导人受邀出席峰会。会上,奥巴马总统宣布美国将向非洲投资330亿美元,其中120亿美元(包括来自瑞典和世界银行的资金)将投向非洲能源领域,140亿美元将投向其他领域,另有70亿美元用于向非洲出口提供贷款支持。[①] 峰会还宣布美国将继续延长《非洲增长与机遇法案》(AGOA),为非洲国家提供单方面贸易优惠条件。美非峰会的召开旨在整合美国对非合作机制,重塑美非关系,巩固和扩大美国在非利益。特朗普政府时期,美国调整非洲战略,将合作重点由反恐转变为强调与中国和俄罗斯在非洲的竞争。拜登政府于2022年8月出台《美国对撒哈拉以南非洲战略》,并于同年12月召开了第二届美非峰会,强调了非洲对美国的战略意义,成为新时期美国在非洲展开地缘政治竞争的宣言。

1993年创建的东京非洲发展国际会议是发达国家主导的另一对非合作机制。主办方包括日本政府、非洲问题全球联盟、联合国非洲问题特别顾问办公室、联合国开发计划署和世界银行。东京非洲发展国际会议每5年举办一次,至今已经举办了8届,通过了《非洲发展东京宣言》《东京行动议程》《横滨宣言》《横滨行动计划2013—2017》《突尼斯宣言》等文件。日本通过该机制的创立,大大强化了对非洲的经济、政治和军事关系。

除了中国于2000年创办的中非合作论坛,其他新兴大国也建立了各自的对非合作机制,例如2006年首次召开的非洲-南美峰会、韩国-非洲论坛,2008

---

① 中华人民共和国驻赞比亚共和国大使馆经济商务参赞处:《美非峰会舆情》,http://zm.mofcom.gov.cn/article/f/201408/20140800694588.shtml。

年创建的印非首脑峰会、土耳其-非洲峰会等。西方大国和新兴国家对非合作机制的广泛设立和强化,加快了非洲融入世界主流的步伐,加深了非洲的国际交流与合作,客观上为非洲复兴创造了条件。

(二) 经济竞争迅速升温

非洲区域辽阔、资源丰富,是重要的矿物资源和石油产地。此外,非洲拥有巨大的廉价劳动力和消费市场,投资潜力巨大。进入21世纪以来,各国在非洲的经济竞争愈发激烈,西方主要国家和新兴大国在非洲经济版图的地位也出现了明显变化。

根据国际货币基金组织的数据,欧洲一度是非洲最大的传统贸易伙伴。然而在过去20年中,随着亚洲国家和其他新兴经济体的快速发展,非洲贸易伙伴向着多元化发展。2013年,亚洲首次超过欧洲,成为非洲最大出口目的地,占非洲出口总额的26.93%,并在接下来的近10年里稳步上升,2021年达28.34%。[①] 从表6-6和表6-7可以看出,中国和印度与非洲贸易往来的迅速增多是亚洲表现抢眼的主要动力。中非进出口贸易总额在2000年仅为92亿美元,至2008年激增至1 032亿美元,2012年中国取代美国,成为非洲第一大贸易伙伴。相比之下,美非贸易额从2008年的1 232亿美元滑落至2022年的680亿美元,降幅高达44.8%,贸易额排名也从第一退至第三,位于中国、印度之后。[②]

---

① African Export-Import Bank, *African Trade Report 2022*, Cairo: Afreximbank, 2022, p. 75.
② International Monetary Fund, "Direction of Trade Statistics," accessed January 3, 2024, http://data.imf.org/regular.aspx? key=61013712.

表 6-6 2013—2022 年非洲从大国进口贸易额 （单位：10 亿美元）

年份 国家	2013	2014	2015	2016	2017	2018	2019	2020	2021	2022
法国	33.3	33.7	29.0	28.0	26.2	27.9	29.2	23.8	26.0	28.8
德国	30.7	31.4	28.5	24.9	28.0	27.0	26.3	21.6	24.7	25.3
日本	13.7	13.8	12.1	10.1	10.5	10.6	10.9	9.2	10.5	11.6
英国	15.7	15.7	12.6	12.5	11.7	13.1	12.8	10.5	12.0	11.8
美国	38.0	40.2	32.1	26.0	25.0	28.9	30.7	25.2	32.2	38.1
中国大陆	71.4	79.7	81.2	69.4	75.4	87.5	89.7	82.9	103.0	115.5
印度	28.7	29.0	24.3	21.4	23.8	25.5	27.3	24.0	32.1	40.0

数据来源：笔者根据国际货币基金组织数据整理，详见 http://data.imf.org/regular.aspx? key=61013712。

表 6-7 2013—2022 年非洲对大国出口贸易额 （单位：10 亿美元）

年份 国家	2013	2014	2015	2016	2017	2018	2019	2020	2021	2022
法国	35.3	32.2	23.6	21.9	24.2	28.2	26.6	19.5	27.3	37.4
德国	13.7	13.6	11.5	11.6	12.5	14.4	18.9	14.5	22.5	22.3
日本	14.3	13.4	8.9	5.7	6.6	6.9	6.5	6.6	11.8	12.7
英国	25.1	19.0	13.4	11.2	12.5	16.4	13.2	9.6	17.5	20.3
美国	42.9	28.1	20.0	22.2	26.8	27.5	24.0	17.3	27.9	30.3
中国大陆	78.0	63.8	38.1	36.2	50.0	68.6	67.5	55.5	76.2	79.6
印度	40.5	46.1	34.3	27.4	33.7	43.0	38.7	24.3	38.6	42.8

数据来源：笔者根据国际货币基金组织数据整理，详见 http://data.imf.org/regular.aspx? key=61013712。

除了对非贸易的快速增长，新兴国家对非投资热情也逐步高涨，其中以中国的表现最为突出。中国对非投资从 2000 年的几乎零投资激增至 2014 年的

31亿美元。① 到2016年,中国在非洲的对外直接投资存量达到400亿美元,仅次于美国(570亿美元)、英国(550亿美元)和法国(490亿美元)。印度也以140亿美元位列非洲对外直接投资存量的第8位。② 2022年年底,中国对非洲直接投资存量已超过470亿美元。③

上述数据可以看出,进入21世纪以来,新兴国家在非洲的经济竞争中取得了显著成绩。但需指出的是,这一成绩不应被过分夸大,发达国家作为一个整体,仍然是非洲最主要的贸易伙伴、投资来源国和援助来源国。大国在非经济利益格局更多是量变而非质变。④ 但是随着新兴国家的持续发力,发达国家在非洲会越来越多地面临来自新兴大国的竞争,这种态势在今后一段时期内还将继续保持。当然,新兴经济体进入非洲,主观目的不在于挤压发达国家的生存空间、分享其既得利益,而是在与非洲的合作中将蛋糕做大,实现共赢。

(三) 安全合作主体多元化

除了在合作机制和经济领域的竞争升温,21世纪以来世界主要大国的对非安全合作也出现多样化发展。

二战后美国对非军事战略以遏制苏联为目标,在非洲建立军事基地,并通过干预非洲政局来"促进"非洲政治民主化进程。"9·11"事件后,反恐成为美国在非洲最重要的安全战略。由于非洲反恐形势日趋严峻,加上非洲地缘政治地位的提升,美国重新调整了对非安全战略:一方面,成立美国非洲司令部,加大对非洲的军事部署,继续抢占重要战略支点;另一方面,加大国际合作力

---

① Y. M. Awel, H. K. Chavula, "The Impact of the Chinese Economic Slowdown on African Economies", Working Paper, Macroeconomic Policy Division (MPD), UNECA, Addis Ababa, 2016.
② United Nations Conference on Trade and Development, *World Investment Report 2018: Investment and New Industrial Policies*, Geneva: United Nations, 2018, p. 38.
③ 《商务部:2022年中国对非新增直接投资34亿美元》,新华社,2023年6月13日,https://baijiahao.baidu.com/s?id=1768591125012133704&wfr=spider&for=pc。
④ 张春:《大国对非政策的差异化发展及对中非关系的影响》,张宏明、贺文萍主编:《非洲发展报告No.17(2014—2015):中国在非洲的软实力建设:成效、问题与出路》,第177页。

度,以"间接"方式支持非洲国家安全能力建设。特朗普政府在2017年发布的《国家安全战略报告》中指出,美国对非洲地区政治和安全战略的优先政策是与国际社会合作,增强非洲的安全能力,包括反恐、打击人口走私、打击有关武器和自然资源的非法贸易,结束非洲的长期战乱。[①] 为此,美国逐步缩小在非驻军规模,但同时保持对"非洲应急行动训练计划""跨撒哈拉反恐计划""安全治理倡议""非洲维和快速反应伙伴倡议"等的资金和顾问支持,以此帮助非洲国家进行安全能力建设。

北非与欧洲大陆隔地中海相望,素有"欧洲后花园"之称,地缘政治意义上非洲对欧洲安全的重要性不言而喻。殖民时代,法国是占有非洲殖民地最多的国家,在非洲拥有广泛的利益存在。为了护盘并确保其在非既得利益,1960至1994年,法国同27个非洲国家签订了军事合作协定,先后在北非、西非、中非和南印度洋设立了4个战区,建立了数十个军事基地,总兵力约6万人,覆盖面积近非洲的40%,目的是在危机爆发后24小时内向上述地区投射军事力量。[②] 然而,自20世纪末以来,法国宣布放弃直接军事干预的做法,改而推行"新非洲政策",奉行"非洲化"和"开放性"原则。法国秉持"非洲安全问题首先是非洲人的问题"的宗旨,充当协调人的角色,帮助非洲国家进行安全能力建设,同时欢迎世界其他国家参与合作。例如,法国支持萨赫勒五国集团组建联合安全部队,共同打击萨赫勒地区日益严峻的恐怖主义。2018年,法国组织召开了萨赫勒五国集团部长级会议,推动联合部队能力的加速提升,完成相关"行动路线图"。除提供军事支持外,法国还在国际上呼吁加大支持力度,并

[①] The White House, *National Security Strategy of 2017*, Washington D. C. : The White House, 2017, p. 52.

[②] 潘华琼:《二战后法国、美国和日本在非洲的战略综述——兼分析比较三国的战略利益及其影响》,李安山主编:《中国非洲研究评论(2014)》,北京:社会科学文献出版社2015年版,第41页。

为联合部队的组建四处奔走,向沙特、阿联酋、欧盟和美国募集资金。① 法国的对非安全新政策,既是为了继续维护法资企业和侨民的利益、保障法国本土安全,也在于培养维护非洲地区安全与和平的"接力者"。

随着中国国力的提升,以及中非经贸领域合作的深入推进,近年来中国与非洲的安全合作也不断加强,主要表现为联合国框架下的军事安全介入和双边安全合作。中国广泛参与了联合国在非洲的维和行动、打击海盗的亚丁湾护航行动,以及抗击埃博拉疫情等的人道主义援助。2015年,习近平在出席第70届联合国大会期间宣布,中国将在未来5年内,向非盟提供总额为1亿美元的无偿军事援助,支持非洲常备军和危机应对快速反应部队建设。② 2020年,双方召开中非团结抗疫特别峰会,就非洲新冠疫情的应对问题达成多项共识。此外,中非双边军事合作也有所发展。2013至2017年中国对非武器出口金额比2008—2012年期间增长55%。③ 2017—2021年,中国成为仅次于俄罗斯、美国的非洲第三大武器供应国,占其武器进口的10%。④ 2017年,中国人民解放军驻吉布提保障基地正式成立,该基地主要面向陆军、海军部队进行补给,为海军亚丁湾护航编队和非洲维和人员提供后勤保障支持。

一直以来,日本的战略目标是成为世界政治大国。二战后的非军事化对日本而言如鲠在喉,因此日本一直找机会重新武装自己。非洲拥有联合国大会四分之一以上的选票,加之非洲在地缘上的相对"低敏感性"和战乱冲突需

---

① 《法国欲推动非洲萨赫勒五国反恐"提速"》,《中国青年报》,http://news.163.com/18/0117/05/D8B2O9PJ00018AOP.html。
② 《习近平出席第70届联合国大会一般性辩论并发表重要讲话》,人民网,2015年9月29日http://politics.people.com.cn/n/2015/0929/c1024—27644409.html。
③ Pieter D. Wezeman, Aude Fleurant, Alexandra Kuimova, Nan Tian and Siemon T. Wezeman, *Trends in International Arms Transfers 2017*, SIPRI Fact Sheet, March 2018, p. 7.
④ Pieter D. Wezeman, Alexandra Kuimova and Siemon T. Wezeman, *Trends in International Arms Transfers 2021*, SIPRI Fact Sheet, March 2022, p. 7.

要国际援助的"正当性",①加深与非洲的合作成为日本扩大国际政治影响力、发展军事力量的重要渠道。

2000年普京执政后,俄罗斯逐渐走出经济困境,国力有所恢复,在外交上力推世界多极化主张。同时,俄罗斯相应调整对非政策,尤其在防务安全合作方面有所加强。俄罗斯是非洲最大的武器出口国,2017年占非洲武器供应量的39%,该数字在2021年上升至44%。② 2015年,俄罗斯与埃及举行首次联合军事演习,并与埃塞俄比亚、马里、冈比亚等国召开俄非禁毒对话会议,加强俄非在反毒品方面的合作。③ 俄乌冲突爆发后,因受到美西方的全面制裁,俄罗斯的相关行动受到了不同程度的影响,但其与非洲安全合作的意愿并未降低。

因地缘政治发展的需要,近年来印度也不断加强与非洲,尤其是与环印度洋国家在联合打击恐怖主义、建设军事基地、海军舰队互访等方面开展外交与防务合作。此外,为响应联合国号召,日本、俄罗斯、印度、土耳其、韩国等也都派出舰只在亚丁湾巡逻,打击海盗及海上武装抢劫活动。

由于非洲面临的传统和非传统安全威胁的新变化,欧美大国全球干预的布局调整,以及非洲对新兴大国经济和战略意义的提升,主要大国对非安全合作出现多元化发展。一方面,西方大国将对非战略重心转移到维护经济利益之上,在抓住安全合作主动权的同时,将军事责任分散转移,以缓解自身压力;另一方面,由于不断增多的经济存在,新兴大国需要在安全防务领域加大对非

---

① 黎文涛、王磊:《非洲地缘政治重组与安全评估》,张宏明、贺文萍主编:《非洲发展报告 No.17 (2014—2015):中国在非洲的软实力建设:成效、问题与出路》,第153页。

② Pieter D. Wezeman, Aude Fleurant, Alexandra Kuimova, Nan Tian and Siemon T. Wezeman, *Trends in International Arms Transfers 2017*, SIPRI Fact Sheet, March 2018, p.7; Pieter D. Wezeman, Alexandra Kuimova and Siemon T. Wezeman, *Trends in International Arms Transfers 2021*, SIPRI Fact Sheet, March 2022, p.7.

③ Amadou Jallow, "Gambia, Russia Sign Anti-Drug Trafficking Pact," *The Daily Observer (Banjul)*, accessed August 24, 2018, https://allafrica.com/stories/201507282025.html.

合作,维护本国在非经济利益的同时,扩大政治和安全方面的全球影响力和话语权。可以说,西方守成大国和新兴大国在非洲的安全政策调整和攻防变化是全球秩序变革的生动体现。

二、非洲复兴中的国际合作与秩序塑造

非洲在新千年的快速发展吸引了全世界的目光,发达国家和新兴大国纷纷调整或制定新的非洲战略。然而,全球化的深入发展也使更多全球性问题浮出水面。作为世界上最不发达国家集中的大陆,非洲充斥着众多全球性问题,例如恐怖主义、疫情、难民、粮食安全、妇女地位等。这些问题的解决必须依靠国际社会的通力合作。此外,虽然非洲的战略价值得以重新发现,但是在世界经济和政治重心东移的今天,非洲仍非大国战略竞争的核心,因此世界主要国家在非洲不存在太多无法调和的利益分歧和战略冲突,存在较广阔的合作空间。

(一) 国际组织框架下的多边合作

国际组织框架下的涉非国际合作内容涉及经济、政治、安全、卫生、医疗、粮食、教育、人权等多个方面。较为活跃的国际组织有联合国下属机构,包括联合国安全理事会、联合国开发计划署、联合国贸易和发展会议、联合国世界粮食计划署、联合国教科文组织、联合国妇女署、联合国儿童基金会,以及世界银行及其下属的国际开发协会,世界卫生组织,国际红十字会,世界劳工组织,以及欧洲联盟等区域性发展组织。

根据领域和内容的不同,多边合作形式也有相应区别。安全领域,联合国安理会是最具合法性的国际维和机构,其主要职责是遵照《联合国宪章》维持国际和平与安全。安理会根据实地的事态发展,按照具体情况具体分析的原则,确定维和任务,部署维和行动。联合国维持和平全球伙伴包括各会员国、联合国秘书处、东道国、区域组织以及联合国合作伙伴。自成立至今,联合国共部署 71 个维和行动部队,其中 31 个在非洲大陆,目前仍有 7 个在进行中,

包括联合国马里多层面综合稳定特派团、联合国阿卜耶伊临时安全部队、联合国组织刚果民主共和国稳定特派团等。联合国维和行动有效地帮助所在国克服困难,是从冲突走向和平的最有效手段之一。[①]

由于代表的广泛性和合法性,国际组织在人道主义援助方面也发挥了突出作用,例如世界粮食计划署为非洲各国制定了综合性解决饥饿计划,每年为非洲提供数十亿美元的粮食援助;联合国儿童基金会为非洲的弱势儿童提供药品、疫苗和营养品援助;世界卫生组织在非洲防治艾滋病、肺结核,以及非传染性疾病等方面进行了持续投入及努力。世界卫生组织在协助西非抗击2014年爆发的埃博拉疫情和2020年以来新冠疫情的救援行动中发挥了重要作用。

不可否认,国际组织的资金来源于成员国的固定会费摊派,人员和技术也要依赖成员国支持,因此对非洲的援助力度有限,在突发危机之下更多的是扮演呼吁和协调角色。尽管如此,国际组织在协调国际社会维护非洲地区和平稳定、促进非洲经济发展、提升人类发展指数方面发挥了不可磨灭的作用。

(二) 南北合作

南北合作是涉非国际合作的主要形式,也即发达国家、新兴国家和非洲国家之间的"北—南—南"合作模式和发达国家、非洲国家之间的"北—北—南"合作模式。在20世纪,发达国家对非洲的援助是国际援助合作的最主要渠道,"北—北—南"模式以发达国家为主导,非洲受援国处于被动支配地位。进入21世纪,尤其是2008年金融危机以来,发达国家自身经济发展的疲软导致国际援助进展缓慢,支持力度有所降低。相形之下,新兴国家期待更多参与国际三边合作,在经济上开拓非洲市场、政治上团结南方国家的同时,力所能及地帮助非洲发展中国家。南方国家,尤其是新兴国家参与发达国家对非洲的

---

① 联合国:《维持和平行动》,https://peacekeeping.un.org/zh/where-we-operate。

国际援助具有突出的优势。首先能够弥补国际援助资金的不足。其次,南方援助国在减贫促发展方面拥有丰富的经验,能根据非洲国家的实际情况有针对性地开展援助。第三,有利于南方援助国学习北方国家的技术和援助经验,提高自身援助水平。第四,国际援助合作能促进南北国家进行有效沟通,增进了解和互信。

当然,"北—南—南"合作是一把双刃剑,在拥有众多优势的同时,也存在着明显的缺陷和不足。第一,这种合作形式起步较晚,尚无协调三方合作的专门机构,增加了沟通和交流成本。第二,因与北方国家已有较长时间的合作,非洲受援国有时对新加入的南方援助国的技术存疑,给三方合作带来困扰。第三,出于国家利益纷争,南北援助国之间会产生分歧,演变为援助国之间对受援国的利益争夺,反而影响援助进程和效果。第四,发达国家主张将"北—南—南"合作纳入其主导的国际发展援助框架,目的是控制新兴国家的国际援助,维系其在国际发展援助中的主导地位,使得国际援助合作变味。

近年来,随着中国国家实力的不断提升,以及中国在建筑工程等领域的突出优势,中国在国际援助中的可见度越来越高。中国除了能提供充足的资金、技术和人力资源,在三方合作时,一直主张"非方提出,非方认可,非方主导"的原则,愈加受到非洲受援国的认可和推崇。因此,面对发达国家对"北—南—南"合作的主导权之争,新兴国家应站稳立场,在三方合作中既获得发达国家的支持,又保持其国际援助政策和实践的独立性,避免将政治因素过多混入国际援助之中。

(三) 南南合作

新兴国家与非洲国家同为第三世界国家,有着同样的历史遭遇,在 20 世纪 60—70 年代反对殖民统治、争取民族独立的解放斗争中曾相互扶持,是推动世界政治经济秩序变革的伙伴。21 世纪,在新兴国家崛起、全球力量对比发生重大变化的背景下,南南合作成为推动非洲国家复兴、实现 2030 年可持续发展目标的重要动力,"南—南—南"合作也逐渐成为国际三方合作的重要形式。

由于新兴国家之间在非洲直接竞争的领域较多,资金、技术和经验方面无法形成优势互补,再加上战略竞争,新兴国家在涉非问题上开展合作的现实可能和操作性不大。新兴大国、非洲大国和非洲国家之间开展的"南—南—南"合作,重点主要在发挥非洲地区大国作为第三方的作用上。第一,非洲地区大国对本地区国家的情况更为了解,在语言交流、身份认同等方面的障碍较少。第二,非洲地区大国在本地区具有广泛的影响力和号召力,由其参与的三方合作,能够更加顺畅地在受援国开展。第三,按照世界其他地区的经验,地区大国在引领本地区发展、促进一体化的努力上起着关键作用。当然,如何在发挥引领作用与尊重各国国家自主权利方面进行平衡,是非洲地区大国参与三方合作时应重点关注的问题。处理不当,容易引发新的地区矛盾甚至冲突,并让新兴国家背负"新殖民主义"的罪名,给发达国家落下口实。

总之,不论是国际组织框架下的多边合作,还是"北—北—南""北—南—南""南—南—南"三边合作发展的此起彼伏,广泛开展国际合作已然成为涉非发展援助的主要趋势。在非洲发展问题上,发达国家亟需新兴国家分担责任,但又依然希望主导合作;新兴国家认识到应承担的大国责任,但又不愿意继续受发达国家牵制。保持独立性、打破不合理的旧体系桎梏是新兴大国努力的目标。发达国家和新兴大国在非洲的博弈,成为当下世界力量对比变化和全球秩序变革的缩影。

三、中非合作的现状、挑战及建议

中国与非洲的友好往来源远流长。早在 2000 多年前的东汉时期,中国与非洲就有了间接贸易往来,开始互相了解。15 世纪,明朝航海家郑和数次率船队抵达非洲东海岸,索马里和肯尼亚等地的统治者亦派使臣回访中国,中国与非洲的交往逐渐增多。1949年新中国成立开辟了中非关系新纪元。中国不遗余力地支持非洲国家争取民族独立的反帝反殖斗争，非洲国家也为中国恢复联合国合法地位提供了大力支持。冷战期间，全世界都卷入美苏争霸的漩涡，但中非关系经受住了国际风云变幻的考验，双边友谊历久弥坚。进入21世纪以来，随着中国国力的提升和非洲的快速发展，中非关系呈现新的全面发展的良好势头，双边关系进入快车道。中非合作论坛的成立既是双方传统友谊的体现，又为双边关系全面快速发展注入新活力。

中非合作论坛于2000年正式成立，建立了三个级别的机制性会议：部长级会议每三年举行一届；高官级后续会议及为部长级会议作准备的高官预备会分别在部长级会议前一年及前数日各举行一次；非洲驻华使节与中方后续行动委员会秘书处每年至少举行两次会议。除此之外，可根据中非关系发展需要将部长级会议升格为峰会，例如2006年11月的北京峰会暨第三届部长级会议、2015年12月的约翰内斯堡峰会暨第六届部长级会议、2018年9月的北京峰会暨第七届部长级会议。[①]

中非合作论坛为新时期的中非关系提供了指挥平台，制定了计划，指明了方向。2000年召开的第一届部长级会议以推动建立国际政治经济新秩序、加强中非经贸合作为议题，就中非投资与贸易、消除贫困与农业可持续发展、开展科教文卫领域的合作进行磋商，双方还就各自的改革经验进行交流。在此次会议上，中非宣布建立"长期稳定、平等互利的新型伙伴关系"；双边关系在第二届部长会议上升级为"长期稳定、平等互利、全面合作的新型伙伴关系"。2006年北京峰会的召开使中非合作提档升级，迈上新台阶。双方一致同意建立和发展"政治上平等互信，经济上合作共赢，文化上交流互鉴"的中非新型战

[①] 中华人民共和国外交部：《中非合作论坛》，http://www.fmprc.gov.cn/web/gjhdq_676201/gjhdqzz_681964/zfhzlt_682902/jbqk_682904/。

略伙伴关系。为帮助非洲国家实现经济和社会发展,中方在峰会上宣布了加强中非务实合作、支持非洲国家发展的8项政策措施,包括到2009年将中国对非援助在2006年的基础上翻一番,设立价值50亿美元的中非发展基金,3年内在非洲建立3—5个经济贸易合作区,促进社会文化合作,为非洲国家提供各类培训1.5万人次、捐建30所医院、100所农村小学等[①]。中国在自身受2008年金融危机冲击的情况下,仍积极落实各项后续行动,实践了对非承诺。[②] 2009年和2012年召开的两届部长级会议延续了中非合作的良好势头,使合作领域不断拓宽、合作基础更加坚实。2015年约翰内斯堡峰会是中非合作论坛的又一个里程碑。习近平主席在峰会上提出了做强和夯实中非关系的"五大支柱",以及在2015年至2018年与非方重点实施的"十大合作计划",[③] 中非新型战略伙伴关系提升为全面战略合作伙伴关系。2018年北京峰会上发布了《关于构建更加紧密的中非命运共同体的北京宣言》,并制定《中非合作论坛—北京行动计划(2019—2021年)》。2021年11月,中非合作论坛第八届部长级会议在塞内加尔首都达喀尔举行,会议通过了《中非应对气候变化合作宣言》和《中非合作2035年愿景》等多份成果文件。

经过20余年的不懈努力,中非合作内涵不断丰富,合作领域持续扩大,合作主体更加多元,中国与非洲在政治交往、经贸合作、人文交流、和平安全方面得到了全面发展和深化。

第一,政治互信不断加深。中国目前已与53个非洲国家建立外交关系,

---

① 中非合作论坛:《中非合作论坛—北京行动计划(2007—2009年)》,http://www.focac.org/chn/zywx/zywj/t584788.htm。

② 中非合作论坛:《中非合作论坛北京峰会后续行动落实情况》,http://www.focac.org/chn/zywx/zywj/t627503.htm。

③ "五大支柱"即"坚持政治上平等互信""坚持经济上合作共赢""坚持文明上交流互鉴""坚持安全上守望相助""坚持国际事务中团结协作"。"十大合作计划"分别是中非工业化合作计划、中非农业现代化合作计划、中非基础设施合作计划、中非金融合作计划、中非绿色发展合作计划、中非贸易和投资便利化合作计划、中非减贫惠民合作计划、中非公共卫生合作计划、中非人文合作计划、中非和平与安全合作计划。

仅斯威士兰一国因与中国台湾当局保持所谓"外交关系"尚未进入中国的"朋友圈"。近现代史上,中国与非洲有着相似的悲惨遭遇,双方是患难与共的伙伴,在反帝反殖反霸权的斗争中建立了传统友谊。近年来,中非关系更加紧密,在国际事务中团结协作、彼此支持。中国与非盟在2030年可持续发展议程、《2063年议程》、气候变化、打击恐怖主义等重大国际问题,以及非洲热点问题上保持沟通协调,为非盟机构能力建设、维和行动、非洲公共卫生体系建设等提供援助。非盟在涉及中国核心和重大利益问题上积极支持中国。双方携手构建更加紧密的中非命运共同体。

第二,经贸合作纵深发展。根据2000年以来非洲和中国的经济发展数据分析,非洲经济增长与中国经济增长呈明显的正相关。[1] 中国经济发展势头,尤其是中国对非进口总量和投资金额的起伏波动,对非洲经济发展的快慢具有显著影响。可以说,非洲的经济脉搏与中国更紧密地联系在一起。中国资本加速流向非洲,2006年,中国对非直接投资流量为5亿美元,存量为25亿美元,[2]2021年中国对非投资额增至49.9亿美元,同比增长18.8%。[3] 中国对非投资主要分布在建筑、采矿、制造、金融以及租赁与商务服务等五大产业,分别占投资总额的30.6%、24.8%、12.6%、11.8%和5.6%。这五个行业投资存量合计为379.4亿美元,占比高达85.4%。[4] 巨额投资为约翰内斯堡峰会上提出的"十大合作计划"的后续落实提供资金支持,取得了显著成效。随着进一步对接非洲经济转型的需要,中非经贸合作正在经历从政府主导向市场为主的转型,从一般商品贸易向产能合作和加工贸易的升级,以及从简单的

---

[1] Y. M. Awel, H. K. Chavula, "The Impact of the Chinese Economic Slowdown on African Economies," Working Paper, Macroeconomic Policy Division (MPD), UNECA, Addis Ababa, 2016.
[2] 王磊:《中美在非洲的竞争与合作》,载《国际展望》2018年第4期,第16页。
[3] 商务部:《中国对外投资合作发展报告2023》,第8页。
[4] 商务部:《中国对外投资合作发展报告2020》,第73页。

工程承包向投资建设运营的迈进。①

第三,人文交流广泛开展。中非友好交往的历史始于人民间的友好往来。尽管远隔千山万水,但是双方人文交流从未间断,尤其是在 2006 年中非合作论坛北京峰会召开后,中非人文交流得到了空前强化。中非制定双边政府间交流计划项目,互办"文化聚焦"活动,推动和支持双方地方与民间开展文化艺术演展等活动;中国在埃及、毛里求斯、贝宁等国设立中国文化中心,并使其成为非洲人民了解中国和中国文化的重要窗口;中方设立《非洲文化人士访问计划》,邀请非洲学者到访中国交流访问;中国政府增加非洲学生奖学金资助人数,提高资助金额;中国在非洲设立孔子学院,帮助非洲国家开展汉语教学,同时鼓励国内有关院校开展非洲语言教学和非洲研究;扩大实施中国青年志愿者非洲服务计划,推动青年一代的联系与互动……总之,在双方政府和民间交流内生需求增长的双重推动下,中非在文化艺术、教育、旅游、新闻媒体、体育等领域的交流取得了长足发展,双边人员往来节节攀升,人民互相了解和友谊日益增进。

第四,安全防务合作不断深化。政治动荡带来的传统安全威胁和恐怖主义、传染性疾病、气候变化等非传统安全威胁,是危害非洲可持续发展的主要因素,加强安全防务合作也成为中非关系发展的重要方面。2006 年 1 月发布的《中国对非洲政策文件》中,明确了中非在军事合作、冲突解决及维和行动、司法和警务合作,以及应对非传统安全方面建立合作磋商机制。2012 年 7 月,《中非合作论坛第五届部长级会议——北京行动计划(2013 年至 2015 年)》将中非安全合作纳入其中,这是安全合作的内容首次出现在中非合作论坛的纲领性文件中。文件提出,中方将发起"中非和平安全合作伙伴倡议",在力所能及的范围内对非盟维护地区和平稳定、加强安全能力提供资金和技术

---

① 王磊:《中美在非洲的竞争与合作》,载《国际展望》2018 年第 4 期,第 18 页。

支持。[1] 2014年,李克强总理在访问非洲期间也将"实施和平安全合作工程"列入中非合作"六大工程",表示中国将积极探讨向非洲常备军和快速反应部队建设提供帮助,支持非洲集体安全机制建设,与非方共同拓展在人员培训、情报共享、联演联训等方面合作,帮助非方增强维和、反恐、打击海盗等方面的能力。[2] 2017年中国人民解放军驻吉布提保障基地建成并投入使用。2018年6月,中国国防部在华举办首届中非防务安全论坛,主要讨论地区安全问题、非洲自主安全能力建设、中非防务安全合作等。为适应非洲安全环境新形势和中非防务安全合作新需要,中非在安全防务领域的合作不断深化,进展迅速,已经成为中非合作的重要组成部分。2018年北京峰会以来,中国继续推进"中非和平与安全合作计划",加强在军队、警察、反恐等领域的对非援助。

进入21世纪以来,得益于双边合作的全面快速发展,中非关系成为国际社会的关注焦点。中非全面战略合作伙伴关系为非洲发展提供了新的机遇和外部动力,是中非友好的旗帜,是南南合作的典范,是国际对非合作的样板。不可否认,经济社会的快速发展往往会伴生相应的问题,比如,如何将经济增长更多地转化为非洲人民收入的增加,如何实现共同发展而不是加大贫富差距,如何避免以牺牲环境为发展代价的老路,如何在援助过程中保持非洲国家的主体地位等。这些问题同样给中非关系带来了多重压力和挑战。

无论从政治影响、经济体量,还是整体国力的提升方面,中国都是新兴大国中的佼佼者。中国与战略地位不断提升的非洲合作密切,招致国际社会尤其是传统西方大国的猜忌和非议,以及其他新兴大国的争相较劲也在意料之中。当然,中国特色大国外交已经进入了推动构建新型国际关系和人类命运

---

[1] 中非合作论坛:《中非合作论坛第五届部长级会议——北京行动计划(2013年至2015年)》,http://www.focac.org/chn/zywx/zywj/t954617.htm。

[2] 《李克强在非盟会议中心演讲全文:开创中非合作更加美好的未来》,中国政府网,http://www.gov.cn/guowuyuan/2014-05/05/content_2671998.htm。

共同体的新时代,中国政府一直秉持"真""实""亲""诚"的态度和正确的义利观发展对非关系。但是一些别有用心的国家往往借机炒作、曲意误解,宣扬"中国威胁论""新殖民主义论",给中国造成国际舆论压力。

清者自清,浊者自浊。中国与非洲开展合作从不附带任何政治条件,中国有足够的外交自信。中非合作政治互信是前提,合作共赢是基础,构建人类命运共同体是最终目标。

中非合作应实行中非合作论坛和"一带一路"共建双轨制:开展多层次全方位对话,了解非洲不同阶段的发展诉求,有针对性地开展合作,尤其是强化安全防务领域的合作,实现"政策沟通";重点加强基础设施建设,为经济发展夯实基础,实现"设施联通";敦促中国企业遵守当地法律法规和行业规范,进一步鼓励对非投资,加强产能合作,加快非洲工业园区建设,加速产业对接,帮助非洲经济结构性转型,提升自身造血功能,实现"贸易畅通";通过非洲开发银行、金砖国家新开发银行、丝绸之路基金等为非洲发展注资融资,同时帮助非洲建立完整的金融体系,为大规模经济、安全、民生建设提供资金支持,实现"资金融通";鼓励中国在非公民充分了解非洲风土人情,尊重当地风俗习惯,进一步融入当地社会,与此同时加大中国文化宣传力度,增进相互了解,实现"民心相通"。

非洲的发展离不开中国的支持,中国的发展也离不开非洲对全球经济的推动。非洲是中国倡导全球发展倡议、全球安全倡议、全球文明倡议的最重要支持者,全球秩序的变革也将为非洲复兴提供前所未有的历史机遇。可以说,中非双方休戚与共,拥有广阔的合作前景。

经过20余年的发展,非洲一改"失去的十年"之颓废景象,政治环境渐趋稳定,经济发展稳中向好,社会问题进一步改善,人民生活水平得到提高,非洲逐渐从世界舞台的边缘走来,变为举世瞩目的"希望的大陆"。2011年,《经济学人》再次发表封面文章,题为《崛起的非洲》。该篇文章完全颠覆了10年前对非洲的悲观言论,向世人展现出一个蓬勃发展的非洲:"堆积如山的货品、摩肩接踵的顾客、汗流浃背的店员……不要以为你是身处发达国家圣诞购物季的商业大街,这只不过是尼日利亚南部城市奥尼查市场的普通一天。有人认为这里是全球最大的商品集散市场,每天有超过 300 万的人云集该市场购买从大米、肥皂等日用品到计算机、建筑机械等大型设备。这里是几内亚湾地区的商业中心。几内亚湾是一个饱受腐败、海盗、贫困和疾病摧残的地区,但同时也是消费不断繁荣、商人锐意进取的乐土。""在全球经济增长最灰暗的时候,非洲的增长也许会成为带动全球经济复苏的关键所在。"[①]

尽管非洲发展前景被看好,但一些发展中的问题也暴露出来,非洲正处在转型升级的十字路口。非洲许多国家的经济依然过多倚重初级产品出口,应对国际贸易动荡的能力差,近几年非洲经济发展出现波动,经济发展的结构性矛盾逐渐暴露;非洲目前的安全形势总体稳定,但同时局部动荡、恐怖主义威胁等非传统安全问题严峻,公共卫生等领域的治理水平仍然处于低位,尤其是在新冠疫情的冲击下,非洲的政治秩序、经济秩序、安全秩序正经历阵痛,机遇与挑战并存。显然,只有打破旧秩序的桎梏,探索符合非洲实际情况的发展道路,非洲复兴才有希望。其中,新兴大国是助推世界政治经济秩序变革的核心力量,是非洲复兴的天然伙伴,而非洲的复兴又能进一步支持国际秩序的变革,二者相辅相成。非洲国家应加大与新兴国家的合作,稳固已有发展成果,同时不断治理发展进程中的顽疾,应对新情况、新问题,构建顺应非洲发展的地区秩序,参与全球秩序变革,走上可持续的复兴道路。

[①] "Africa rising," *The Economist*, Dec 3, 2011.

第七章
权力与制度视野下拉丁美洲地区秩序与国际关系

（苏鹏宇）

自1823年《门罗宣言》提出以来，美国一直视拉美地区为自己的后院。在其看来，拉美地区关乎美国本土安全，因而要坚决排挤域外大国"染指"拉美。冷战期间，美国时刻警惕苏联和拉美国家关系的发展，对拉美国家内部政局的变动、意识形态的变化保持高度警觉，并多次以煽动叛乱和武力颠覆等手段强行改变拉美国家内政走向。冷战结束后，美国逐步放松了对拉美地区尤其是南美洲国家的政治管控和军事干涉。进入21世纪后，由于美国自身实力的相对衰落和在拉美地区影响力的减退，拉美国家对外事务的主动性明显增强，自主探索地区一体化道路的进程加快，在构建地区秩序方面也取得了一定的成果。但任何国际制度安排根本上离不开权力分配的影响，拉美地区的权力分布很大程度上决定了地区国际关系的发展变化，因而也就决定了地区秩序的基本风貌。总体上，拉丁美洲地区秩序深受地区地缘政治格局、地区内外大国权力对比和互动、地区制度安排这三大因素的影响。

第七章　权力与制度视野下拉丁美洲地区秩序与国际关系

第一节　拉丁美洲的地缘政治权力格局

地缘政治是从地理视角分析国际关系并为决策者处理对外事务和国家安全事务提供见解的学问。从地缘政治视角看,拉丁美洲大致可以分为两大地区,即中部美洲①(Middle America)和南美洲(South America)。中部美洲包括美国以南、哥伦比亚以北之间狭长的中美洲(Central America)地区,以及加勒比地区(the Caribbean)。这片地区布满了弱小、贫困甚至动乱的主权国家,同时还有美、英、法、荷等国属地。南美洲即巴拿马以南整片大陆。需要注意的是,处于重要战略位置的哥伦比亚、委内瑞拉、圭亚那、苏里南四个加勒比海南岸国家,虽然处于南美洲大陆北部,但在加勒比海地区拥有各自的岛屿领土。其中哥伦比亚拥有较为繁荣和稳定的经济实力,委内瑞拉拥有丰富的油气资源,两国无论在中部美洲还是南美洲都扮演了重要的角色,而且"在自然与文化的历史上又都和中部美洲与南美洲紧密地联系在一起"。② 总之,哥、委、圭、苏四国实际上处于两大地区的过渡地带,因而在分别探讨两大地区的地缘政治格局时,应将四国同时纳入分析视野。

一、中部美洲的地缘政治权力格局

中部美洲毗邻美国南部边界。从19世纪中期开始,美国打着"天定命运"的旗号,通过对外战争、武力威胁、外交欺骗等方式,逐渐将该地区纳入自己的

---

① 此处用"中部美洲"一词以区别"中美洲"。中美洲是指美国以南、哥伦比亚以北的美洲大陆中部地区,东临加勒比海,西濒太平洋,也是连接南美洲和北美洲的狭长陆地。包括墨西哥、危地马拉、伯利兹、萨尔瓦多、洪都拉斯、尼加拉瓜、哥斯达黎加和巴拿马8个国家。
② [英]哈罗德·布莱克莫尔、克利福德·T. 史密斯主编:《拉丁美洲地理透视》,复旦大学历史系拉丁美洲研究室、上海师范大学地理系译,上海:上海译文出版社1980年版,第154页。

385

势力范围,加勒比海成了"美国的地中海"。冷战期间,尤其是古巴革命以来,拉美成为美苏地缘政治斗争的重要舞台。1962年爆发的古巴导弹危机表明苏联在加勒比海实现了军事存在,从此苏联直接向中部美洲的革命派别提供军事和经济援助,或者协调古巴派遣军事人员提供支援,意图与美国争夺在该地区的势力范围。20世纪70年代尼加拉瓜革命期间,苏联又给予其大量经济和军事援助,[1]桑地诺民族解放阵线取得政权后,采取了全面的亲苏政策。美苏两国在中部美洲的角力达到高潮。

冷战结束后,由于再无其他域外大国与美国争夺势力范围,中部美洲的"破碎地带"色彩消失,[2]但这里仍然保持着碎片化的格局,一体化进程严重受阻。这一局面的出现主要有两点原因。一是该地区碎片化的政治地理风貌。加勒比海地区岛屿众多,各岛屿间的交流十分不便,而且当地的土著部落在没有形成稳定的文明时就被各个欧洲殖民国家统治,各自宗主国的文化深深地影响了当地民众的生活状态和精神境界,获得独立的岛国在地理空间和精神空间上存在巨大隔阂,更不用说这里还有一些未获独立的西欧国家属地,因而这里从来没有形成统一稳定的政治结构。在中美洲,除了墨西哥国土面积较大,另外7个小国近乎串联地排列在地峡一带。从墨西哥到巴拿马的陆地上布满了起伏巨大的山地,气候差异明显。墨西哥山脉众多而且高大陡峭,有地理学家称"墨西哥像一个揉皱的手帕","26%的土地主要的地势起伏达到了25%或更大的坡度"。[3] 而中美地峡7国也是多山地丘陵,平原靠海且极其狭

---

[1] 叶书宗主编:《苏联历史档案选编(第33卷)》,北京:社会科学文献出版社2002年版,第298—345页。

[2] 关于"破碎地带"的论述,见 George W. Hoffman, "The Shatter-Belt in Relation to the East-West Conflict," *Journal of Geography*, Vol. 51, No. 7, 1952, p. 255; Saul Cohen, *Geography and Politics in a World Divided (2nd Edition)*, New York: Oxford University Press, 1973, p. 85; 吴仕海、阎建忠:《地缘破碎带研究进展及展望》,载《地理科学进展》2022年第6期,第1111—1112页。

[3] [英]哈罗德·布莱克莫尔、克利福德·T. 史密斯主编:《拉丁美洲地理透视》,复旦大学历史系拉丁美洲研究室、上海师范大学地理系译,第26页。

第七章　权力与制度视野下拉丁美洲地区秩序与国际关系

窄,地峡东岸属热带雨林气候,西岸属热带草原气候。这种地形结构造成中部美洲交通不便,不易形成稳定的统一国家,事实上在西班牙入侵之前,中部美洲没有形成统一的文化。虽然墨西哥在政治、军事、经济实力上远超其他中部美洲国家,但是该国长期社会动乱,贩毒猖獗,暴力横行,并遭受拉丁移民问题的困扰,严重损耗着其扮演地区大国角色的能力。此外,中部美洲居民缺乏对该地区的认同,他们"把国内的其他地区看得同最远的外国那样遥远和不可思议,至于对地峡具有一种完整的形象,那是他们所无法理解的了"。[1]

二是美国在该地区的强大地缘影响力。这种地缘影响力主要体现在两大方面。从客观角度来说,中部美洲各国对美国存在不对称依赖关系,削弱了它们区域化的意愿。除了墨西哥,这一地区其他国家都属于经济落后、领土狭小、人口有限的发展中国家。许多国家工业生产能力不足,国内经济主要依赖农产品或初加工产品,对外部冲击的抵抗能力较弱。表7-1反映了2019年中部美洲国家的经济状况,在这25个国家中,人均GDP排名在100名之后的占了近一半(12个),而GDP总量排名在100名之外的则有17个。这里绝大多数国家的经济结构同质性较强,只能依托近邻美国的区位优势,以及与美国产业互补的特点开展对美贸易,从而逐渐加深对美国市场的出口和对美国投资来源的依赖。冷战结束后,多国接受了美国主导的"华盛顿共识",并被深度纳入北美资本主义生产体系,这些国家最重要的贸易伙伴是美国。由于处于产业价值链的末端地位,它们对美国形成了外围对核心的经济依附关系。此外多数国家严重依赖美国的直接投资,1999年至2009年美国投资占墨西哥、哥斯达黎加吸引外资的比例都在50%以上。[2]

---

[1] [英]哈罗德·布莱克莫尔、克利福德·T.史密斯主编:《拉丁美洲地理透视》,复旦大学历史系拉丁美洲研究室、上海师范大学地理系译,第106页。
[2] Alicia Bárcena, *The 2017 version of Foreign Direct Investment in Latin America and the Caribbean*, ECLAC, 2017, p.40.

387

21世纪以来,该地区一体化进程面临迟滞困境。以中美洲一体化体系(SICA)为例,进入新世纪以来,"中美洲一体化一直处于低水平的制度化运作之中……它遭受了一系列的政治危机,经常危及其存在的理由"[1]。在一体化受挫的情况下,中部美洲国家往往单独或少数结伴与美国建立自由贸易区。1994年墨西哥和美国、加拿大签订了《北美自由贸易协定》(NAFTA),2018年三国修改了部分条款并重新达成了《美墨加三国协议》(USMCA)。2004年加勒比海的多米尼加、中美洲5国(尼加拉瓜、洪都拉斯、萨尔瓦多、危地马拉、哥斯达黎加)和美国签订了《美国—多米尼加—中美洲自由贸易协定》(CAFTA-DR)。2007年美国和巴拿马签订了自由贸易协定。

从主观角度来说,为防止该地区出现所谓的安全威胁,维护巴拿马运河货运畅通,美国常常故意激化或放大本地区国家间矛盾。著名地缘政治学家索尔·科恩认为,包括中美洲与加勒比海地区的中部美洲是美洲的地中海,也是潜在的地理门户区,它将美国、南美洲和欧洲沿海地区联系了起来。[2] 由于中部美洲近在咫尺,关乎美国南部边境安全,在美国看来,该地区的海洋属性及碎片化的政治地理风貌容易吸引外部势力的渗透,因此"美国的战略理论一直是将中美洲这个'软肋'与欧亚大陆隔离开来"[3]。历史上中部美洲也是美国门罗主义的实践起点,冷战后外部势力在中部美洲地区的渗透威胁消失,此时美国重点防范的是该地区形成反美联合势力。为此,美国重点遏制本地区反对美国霸权的古巴和委内瑞拉两国,严防反美思潮在本地区的扩展。对于其

---

[1] Kevin Parthenay, "Why Central American Regionalism Never Ends Dying: A Historical Exploration of Regional Resilience", in José Briceño-Ruiz & Andrés Rivarola Puntigliano eds., *Regionalism in Latin America: Agents, Systems and Resilience*, Oxen: Routledge, 2021, p. 31.

[2] Saul B. Cohen, "Geopolitics in the New World Era: A New Perspective on an Old Discipline", in George J. Demko & william B. Wood eds., *Reordering the World: Geopolitical Perspectives on the Twenty-first century (2nd Edition)*, Boulder: Westview Press, 1999, p. 66.

[3] Phil Kelly, *Classical Geopolitics: A New Analytical Model*, Stanford: Stanford University Press, 2016, p. 149.

他国家则是拉打结合,要求它们服从美国的领导。例如,针对伊拉克战争期间本地区国家的不同态度,美国分别实施了"奖励"和"惩罚"。萨尔瓦多、洪都拉斯、尼加拉瓜、哥斯达黎加、多米尼加和巴拿马等国支持美国对伊拉克开战,美国很快与它们达成了自由贸易协定;墨西哥和智利反对美国入侵伊拉克,于是美国迟迟不与墨西哥达成关于这一问题的协议,故意拖延同智利签署已经达成的美智自由贸易协议,在自由贸易协定中给中美洲国家的优惠高于墨西哥和智利。[①]

表7-1 2019年中部美洲各国经济状况

中部美洲国家	所在区域	2019年人均GDP世界排名	2019年GDP世界排名
墨西哥	中美洲	86	15
伯利兹	中美洲	120	183
哥斯达黎加	中美洲	77	78
萨尔瓦多	中美洲	131	105
危地马拉	中美洲	128	71
洪都拉斯	中美洲	155	106
尼加拉瓜	中美洲	163	139
巴拿马	中美洲	68	76
安提瓜和巴布达	加勒比海地区	64	187
巴哈马	加勒比海地区	36	135
巴巴多斯	加勒比海地区	61	163
古巴	加勒比海地区	89	62
多米尼克	加勒比海地区	96	201
多米尼加	加勒比海地区	93	67

---

① 徐世澄:《拉丁美洲政治》,北京:中国社会科学出版社2010年版,第205页。Arturo Santa-Cruz, *US Hegemony and the Americas: Power and Economic Statecraft in International Relations*, New York: Routledge, 2020, p.169.

(续表)

中部美洲国家	所在区域	2019年人均GDP世界排名	2019年GDP世界排名
格林纳达	加勒比海地区	82	193
海地	加勒比海地区	196	151
牙买加	加勒比海地区	116	126
圣基茨和尼维斯	加勒比海地区	56	196
圣文森特和格林纳丁斯	加勒比海地区	101	200
圣卢西亚	加勒比海地区	78	179
特立尼达和多巴哥	加勒比海地区	66	112
哥伦比亚	中南美洲过渡地带	107	39
委内瑞拉	中南美洲过渡地带	123	58
圭亚那	中南美洲过渡地带	106	164
苏里南	中南美洲过渡地带	108	168

数据来源：柴瑜主编：《拉美黄皮书：拉丁美洲和加勒比发展报告（2020—2021）》，北京：社会科学文献出版社2021年，第377—388页。

二、南美洲的地缘政治权力格局

尽管门罗主义声称的"新世界"范围包括整个美洲，但事实上美国的权力在南美洲大陆的投射始终有限。冷战期间，为防范共产主义势力的扩展，美国确实对拉美右翼政权，甚至是军人独裁政权给予了一定支持，[1]但是苏联势力从未在此建立稳固的阵地。20世纪70年代智利曾出现短暂执行社会主义理念的阿连德（Salvador Allende）政府，但是在苏联给予实质性军事援助前，阿连德政府即被皮诺切特（Augusto Pinochet）率领的叛军武力推翻。所以与中部美洲不同，南美洲没有成为美苏冷战对抗的破碎地带。美国对南美洲，尤其

---

[1] Phil Kelly, *Classical Geopolitics: A New Analytical Model*, Stanford: Stanford University Press, 2016, p. 200.

第七章　权力与制度视野下拉丁美洲地区秩序与国际关系

是亚马孙河以南地区（即南锥体地带）的关注度和资源投入远不如环加勒比海的中部美洲。在该地区，美国仅在哥伦比亚有驻军，①在其余地方从未实施军事干预。美国对拉美政策的首要考虑依然是地理空间视角下的安全威胁问题，"华盛顿特区离布宜诺斯艾利斯（5 187 英里）比离莫斯科（4 909 英里）更远"②。冷战期间，美国遏制苏联的战略构想实质是前沿防御，在欧亚大陆边缘地带部署军事力量或建立同盟，因而南美洲在美国对外战略中的地位较低。美国很少担心域外大国在南美洲的军事渗透会对美国构成安全威胁，而南美洲各国长期以来政局不稳，经济落后，军事力量不足，加上距离美国本土遥远，它们本身不足以对美国构成威胁，在历史上也没有吸引东半球反美国家参与地缘政治争夺。20 世纪 80 年代以后，随着大国权力斗争形势的缓和，美国对南美洲各国政治发展和外交政策的关注力度明显减弱。总之，与中部美洲相比，南美洲与北半球的政治、军事和安全事务牵涉不深，"南美洲与撒哈拉以南非洲一道成了世界权力格局中的边缘……因为在地理上没有与北美洲和中部美洲整合起来，南美洲没有受到美国带来的军事/政治影响，而美国将这种影响施加给了中部美洲"③。结果，与外界的相对孤立使得南美洲的地缘政治权力格局自成一体，这里呈现出可用经典地缘政治学概念和规律解释的权力空间布局，即内嵌缓冲国的跳棋盘（checkerboard）格局。④

跳棋盘格局是大陆国家在结盟制衡政策指导下形成的权力均衡体系在地

---

① Thomas F. O'Brien, *Making the Americas: The United States and Latin America from the Age of Revolution to the Era of Globalization*, Albuquerque: University of New Mexico Press, 2007, p. 297.

② Tom Long, "The United States in Latin America: Lasting Asymmetries, Waning Influence?," in Gian Luca Gardini ed., *External Powers in Latin America: Geopolitics between Neo-extractivism and South-South Cooperation*, Oxen: Routledge, 2021, p. 17.

③ Saul Bernard Cohen, *Geopolitics: The Geography of International Relations (Third Edition)*, Lanham: Rowman & Littlefield, 2015, p. 161.

④ Philip Kelly, *Checkerboards and Shatterbelts: The Geopolitics of South America*, Austin: University of Texas Press, 1997, p. 16.

理上形成的独特局面,其中结盟制衡的指导逻辑是"敌人的敌人是我的朋友"。在大陆上,由于相邻国家间联系接触和摩擦冲突的机会更高,各国首先要防范陆地邻国的入侵。为此,国家往往采用"远交近攻"的策略,和毗邻大国另一侧的国家结盟,以期在未来的权势竞斗中给毗邻大国戴上两线作战的"紧箍咒",从而限制该国的扩张举动,维护自身的主权独立和领土安全。这就形成了经典的"A—B—A$_1$"的"三明治"地缘权力结构。[①] 但是 A 国结盟制衡的策略极易引发 B 国的警惕,从而导致 B 国也采取同样的战略逻辑制衡 A 国,"三明治"结构演变为"A—B—A$_1$—B$_1$"的"跳棋盘"联盟结构。在联盟对立关系螺旋上升的情况下,这一联盟链可以继续延伸。这种地缘权势格局本质上是陆地国家为防范陆地邻国扩张而采取的联盟策略,进而引发联盟安全困境在地理空间上的生动呈现。实际上古印度现实主义政治家考底利耶(Kautilya)在《政事论》中提出的"曼荼罗"(Mandala)体系正是对"跳棋盘"地缘权势格局的描述。[②]

南美洲共有 12 个主权独立国家和 1 个欧洲国家领地(即法属圭亚那)。其中巴西、阿根廷、智利、秘鲁、委内瑞拉、哥伦比亚是综合国力较强的沿海国家,而从经济实力和领土面积来看,巴西和阿根廷处于地区前两强,但是这两个强国的综合实力没有远超其他国家,也无法主宰南美大陆政治与安全事务,所以南美洲权力格局不符合两极特征,而是属于多极均衡格局。历史上巴阿两国对立一直是南美大陆最突出的国际关系矛盾:巴西和阿根廷分属葡语国家和西语国家,两国民众本就存有心理隔阂,巴西一直梦想着将影响力扩展至

---

① 姜鹏对"三明治"地缘权力结构进行了理论构建和实证分析。参见姜鹏:《结盟均势理论中的"三明治"结构与大国崛起成败的实证分析》,载《太平洋学报》2012 年第 10 期,第 20—27 页。

② 参见 Arthashastra Kautilya: *The Way of Financial Management and Economic Governance*, translated by R. Shamasastry, San Francisco: Bottom of the Hill Publishing, 2010. 实际上考底利耶的"曼荼罗"体系远比"跳棋盘"体系复杂,因为他考虑了友好、敌对、中间状态和中立四种国家间关系并据此划分了四类国家,从而形成双层复合的"曼荼罗"体系。参见曾祥裕、魏楚雄:《〈政事论〉国际政治思想研究》,北京:时事出版社 2019 年版,第 72—79 页。

太平洋,而向西扩张的首要地理障碍就是阿根廷。于是南美大陆几个重要国家分别形成了两个对立的外交阵营,即哥伦比亚—巴西—智利阵营和委内瑞拉—秘鲁—阿根廷阵营。这六个国家在地理上正好构成了"哥伦比亚—委内瑞拉—巴西—阿根廷—智利—秘鲁—哥伦比亚"的闭合圆环,从而形成"A—B—A_1—B_1—A_2—B_2—A"的环形跳棋盘结构。"在1982年英阿马岛海战中,不同国家的外交政策呈现明显的阵营特征:阿根廷得到了秘鲁和委内瑞拉的外交支持,却受到了智利的反对和巴西的忽视。"[1]两个阵营在地理上的跳棋盘式布局蕴含了国家间冲突时两线作战的风险,从而降低了国家领导人轻率发动大规模战争的可能性。

另外两个因素也提升了国家间相互避战的可能,或者说至少限制了边境武装冲突转化为全面战争的可能。一是自然地理的限制。巴西北部与委内瑞拉、秘鲁的毗邻之地是大片热带雨林,不适宜大量人口生存,也不适宜地面军事力量部署;智利和阿根廷两国以安第斯山脉为漫长的边境线,这段安第斯山脉高大险峻,耸入云霄,山顶积雪,里面夹着陡峭窄狭的山谷,[2]一定程度上阻隔了两国的军事对抗。二是对立国家之间存在缓冲国。这几个缓冲国主要包括厄瓜多尔、玻利维亚、乌拉圭和巴拉圭。这几个领土小国内嵌于大国间,曾经被毗邻大国夺取了领土,但是它们的存在能防止周边国家之间的直接接触,从而降低了边境矛盾或战争的规模。菲尔·克里(Phil Kelly)特别重视巴拉圭的作用,将其称为"门楣国家"(lintel state)。巴拉圭位于巴西和阿根廷两个对立大国之间,由于其封闭的地形及境内重要的水利资源,它不仅不会被任一邻国单独吞并,而且可以对这两个大型邻国灵活采取制衡或追随的外交政

---

[1] Phil Kelly, *Classical Geopolitics: A New Analytical Model*, Stanford: Stanford University Press, 2016, p.102.
[2] [英]哈罗德·布莱克莫尔、克利福德·T. 史密斯主编:《拉丁美洲地理透视》,复旦大学历史系拉丁美洲研究室、上海师范大学地理系译,第409页。

策,在处理两国关系时左右摇摆,游刃有余,从而稳定了整个地区。①

这种内嵌缓冲国的跳棋盘格局既确保了南美大陆主要国家权力均衡,又遏制了主要国家间的军事冲突。这种架构为20世纪80年代以来巴阿两国关系的和解奠定了基础。20世纪70年代,巴阿双边关系中的冲突远多于合作,表面看双方之间的紧张局势与拉普拉塔盆地的水资源纠纷有关,但是"这场争吵的根源在于更广泛和更深层次的问题。巴西在该地区日益增长的经济优势及阿根廷相应的衰退被视为两国对抗的另一个根源。当时在两国都占主导地位的地缘战略思维加剧了恐惧和猜疑"②。由于20世纪70—80年代两国经济先后出现困难以及国内政治民主化进程,两国领导层均出现了改善双边关系的政治意愿。1979年巴西、阿根廷和巴拉圭签订了《伊泰普/科尔普斯三方协定》。1980年时任巴西总统若昂·菲格雷多将军访问阿根廷,并达成了一项核协定。由于当时两国均不是《核不扩散条约》的签约国,核协定对促进双边和睦关系至关重要:核发展不再是一种相互威胁,而是一种服从于两国经济和社会发展的工具。随着相互信任的增大,两国其他领域的关系也得到了改善。双方缔结了一项关于联合建造军用飞机和火箭的议定书,同时签署了一项关于两个国家电力系统互联的公约,加强了在能源领域的理解。在外交方面,根据一份谅解备忘录,两国外交部长之间建立了长期政治磋商机制,这是在发展政治对话方面的一个重大进展。80年代中期,两国军政府先后还政于民,随之开始了经济一体化的进程,其中1985年巴阿《伊瓜苏宣言》的发表被视为两国经济一体化开始的标志。③ 此后的10年,两国加快了建设共同市场的步伐,并吸引了乌拉圭和巴拉圭的加入。1991年南方共同市场

---

① Phil Kelly, *Classical Geopolitics: A New Analytical Model*, Stanford: Stanford University Press, 2016, pp. 160 - 162.
② Gian Luca Gardini, *The Origins of Mercosur: Democracy and Regionalization in South America*, New York: Palgrave Macmillan, 2010, p. 22.
③ 张宝宇:《阿、巴关系与南方共同市场》,载《拉丁美洲研究》1991年第5期,第12页。

(MERCOSUR)成立,1995年正式运行。2009年两国还通过南美国家联盟下的南美洲防务理事会(South American Defense Council)开展防务与安全的合作。

应该说在巴阿关系的和解进程中,巴西发挥了主导作用,其中缘由与巴西对大国地位的追求及美国对拉美的政策有关。"巴西有朝一日将成为大国俱乐部成员的想法一直是巴西外交政策中的一个常量。"[1]20世纪以来,巴西把谋取地区乃至世界大国地位作为长远战略目标。冷战期间巴西追求该目标的主要路径是积极推动南美地区合作,促进自身经济发展并主导南美地区事务,同时与美国加强联系,充当美国与其他拉美国家的协调人,并积极配合美国的冷战政策,遏制本地区共产主义势力,由此获得美国的军事和发展援助,以及美国对其大国地位的认可。然而,冷战时期美国的战略重点主要在欧洲和东亚,对巴西推动南美经济合作的倡议并不热心,也没有给予巴西所期盼的援助。20世纪60年代起巴西实行进口替代战略,减轻了对美国经济的依赖,同时有意拉开与美外交政策上的距离。1979年的第二次石油冲击和80年代的债务危机严重打击了巴西的经济发展势头,对巴西的大国梦想不啻当头一棒。当时全球经济也出现了衰退,世界主要国家纷纷出台各种保护主义政策,并积极推动建立排他性的自由贸易区。1983年和1985年阿根廷和巴西分别摆脱军政府"官僚威权主义"统治,两国民选政府迫切希望实现经济发展以稳固民选政府的地位。在上述背景下,巴西主动向阿根廷抛出了橄榄枝,在顺利解决拉普拉塔河权益纷争后,逐步推进南锥体国家实现经济、政治、安全一体化。"冷战结束后,巴西没有放弃对大国地位的追求,而是'重新发现'了南美,采取了在该地区实现和行使微妙的领导风格的战略……巴西信奉协商主义和法律

---

[1] Mario E. Carranza, "Rising Regional Powers and International Relations Theories: Comparing Brazil and India's Foreign Security Policies and Their Search for Great-Power Status," *Foreign Policy Analysis*, Vol. 13, No. 2, 2017, p. 265.

主义的准则,在处理国际关系上逐渐形成了一种通过外交和法治来处理冲突和合作的精神。巴西愿与其邻国共享系列价值观和制度,这些为南美洲独特的地区性国际社会奠定了基础,从而实现了'合作霸权'或'共识霸权'的领导。"[1]

此时的阿根廷接受了巴西递来的橄榄枝,配合巴西倡议的地区主义建设,这体现了阿根廷对巴西南美地区领导地位的默认。阿根廷调整政策行为的根本原因是两国的实力差距愈加明显。阿根廷经济在20世纪80年代和21世纪初经历了两次衰退,从南美一枝独秀的发达经济体衰落为发展中国家。21世纪初全球经济繁荣刺激了巴西大宗商品的出口,2000—2010年这10年间,巴西GDP从6523.6亿美元增长到22088.4亿美元,而阿根廷同期的GDP只从3081.5亿美元增长到4264.9亿美元[2],两国GDP的差距从2倍增长到了5倍。当然阿根廷参与巴西主导的经济一体化可视为应对国内经济衰退的务实举措。首先,缓和与巴西的安全竞争关系有利于降低军事开支。其次,参与区域经济一体化能规避自身在冷战后全球化浪潮中被边缘化的危险。最后,一定程度配合巴西的外交政策可以获取巴西对阿根廷经济的纾困。

需要指出的是,巴西和阿根廷关系的和解并不意味着现实主义视角下权力和地位竞争的失效。阿根廷始终认为"两国的伙伴关系是建立在地位平等而不是巴西至上的基础上。事实上,阿根廷领导人甚至认为他们的国家是地区领导权的合法竞争者,并促进与美国或其他间接盟友(最近是委内瑞拉)的亲近,以制衡巴西的力量"[3]。21世纪初,巴西为争取联合国安理会常任理事

---

[1] 张耀、姜鹏:《地区次大国缘何接受地区大国的领导》,载《东北亚论坛》2022年第1期,第76页。

[2] 数据来源于联合国经济与社会事务部网站,https://unstats.un.org/unsd/snaama/downloads。

[3] Andrés Malamud, "A Leader without Followers? The Growing Divergence Between the Regional and Global Performance of Brazilian Foreign Policy," *Latin American Politics and Society*, Vol. 53, No. 3, 2011, p. 11.

国,在联合国成立60周年纪念会前夕与德国、日本、印度组成"四国联盟"。而阿根廷与墨西哥一道加入了"团结谋共识"运动反对巴西"入常"。所以,南美经济一体化进程仍然没有消除本地区权力争斗,内嵌缓冲国的跳棋盘地缘政治格局在建构南美地区秩序中依旧发挥着重要作用。

第二节 拉美地区大国权势影响及其政策效应

上文所述的地缘政治格局主要是探讨拉美地区内部各国之间权力对比和相互关系在空间上所呈现的构造。拉丁美洲是广袤的战略地区,美国在这里的霸权地位十分牢固,但这并不意味着东半球的大国在此毫无建树。事实上,全球大国权力的变动在拉美地区形成了映射,而拉美地区部分大国的崛起也不断侵蚀着美国在拉美地区的霸权秩序。

一、美国在拉美地区实力的相对衰落与霸权护持政策

21世纪,在"两场战争""一场危机""一场疫情"冲击下,伴随着中国等众多新兴国家崛起,美国总体实力地位呈现相对衰落的演进态势。硬实力方面,重点是经济实力的相对下降,不仅"两场战争"极大地耗费了美国的物力财力,拖累了经济发展,而且次贷危机演化为系统性金融危机,直接影响了美国实体经济,导致大衰退及此后经济长期缓慢复苏。2001年至2014年,十多年间美国年均GDP增长率仅为1.8%,创二战以来新低。[①] 2020年新冠疫情严重冲击了美国刚刚复苏的经济,生产成本的上升导致近两年美国国内通胀率高企,

---

① 甄炳禧:《21世纪:美国世纪还是中国世纪——全球视野下的中美实力对比分析》,载《人民论坛·学术前沿》2015年第21期,第56页。

"国际货币基金组织(IMF)在最新经济展望报告中预计美国今年经济增长1.4%,考虑到基数效应,美国经济增长前景不容乐观"①。美国占世界经济的份额,以及在此基础上对拉美经济、世界经济的牵引能力明显下降。2001年至2014年的十多年间,美国占世界GDP比重由32.4%降至22.3%,美元占世界外汇储备比重由71.1%降至60.9%,美国先后失去了世界第一大制造国、第一大货物贸易国"桂冠"。② 凡此无疑降低了拉美对美国的经济依附,削弱了美国霸权秩序的经济根基。从长期看,随着美国在世界经济中的份额进一步下降,其对世界经济、拉美经济发展的牵引能力将持续削弱。特朗普上台后,美国国内经济民族主义逐渐盛行,对外经济政策的保护主义取向愈演愈烈,美国与拉美国家间的自由贸易机制遭受冲击,拉美对美国的经济依附将持续减弱。此外,21世纪以来美国的软实力亦呈总体下滑态势。小布什政府时期,美国穷兵黩武、单边主义、先发制人等政策做派不得人心;特朗普政府上台后,美国狭隘的利己主义、趋于保守的孤立主义等政策取向与特朗普本人非理性的言辞行为,令美国海外形象严重受损。更为显著的是,受金融危机爆发及此后美国国内经济持续疲弱、政治极化与两党缠斗、民族主义与民粹主义发展等种种经济政治乱象影响,美国发展模式对海外国家吸引力不断下降。特别是"失败发生在资本主义体系心脏地带,使得更为严肃地质疑新自由主义成为必需",③而"随着美国模式在亚洲、非洲以及世界其他地区失去吸引力,美国的软实力衰减,在具体问题上美国政策推进能力下降,从更宽广的角度看,美国按照自身意识形态与偏好塑造世界的能力也将下降"④。无疑,对于长期深

---

① 刘英:《美联储八次加息难遏通胀》,载《经济日报》2023年2月3日,第4版。
② 甄炳禧:《21世纪:美国世纪还是中国世纪——全球视野下的中美实力对比分析》,第56页。
③ Tom Chodor, *Neoliberal Hegemony and the Pink Tide in Latin America: Breaking Up with TINA?*, Hampshire: Palgrave Macmillan, 2015, p. 172.
④ Aaron L. Friedberg, "Implications of the Financial Crisis for the US‑China Rivalry," *Survival*, August‑September, 2010, p. 45.

受新自由主义、华盛顿共识之苦的拉美国家而言,金融危机及此后美国诸多乱象,进一步促使它们告别美国发展模式的"神话",更坚定了立足自身国情并更广泛吸收他国治国理政经验以探索本国发展道路的决心,从而削弱了美国对拉美的政治引领作用。

实际上,21世纪以来,新自由主义带给多国的经济灾难在拉美地区引发了两波"粉红潮"(pink tide),多国左翼政党取得执政地位,并在公开场合批评美国的政治主张,在处理对外关系中有意与美国拉开距离。第一波"粉红潮"大致发生在2003年至2015年,当时阿根廷、巴西、厄瓜多尔、智利、乌拉圭等国政府由左翼或中左翼政党把控,委内瑞拉、玻利维亚的激进左翼政权顶住了国内抗议压力并稳定了政局。第二波"粉红潮"从2018年延宕至今,以2022年巴西总统卢拉(Luiz Inácio Lula da Silva)再次赢得总统大选为标志,"粉红潮"达到高峰。这波"粉红潮"比第一波势头更猛,不仅是左派政权国家数量增加,连美国在拉美地区传统的经济和安全伙伴——墨西哥和哥伦比亚——都成为左翼国家,而美国在委内瑞拉和玻利维亚鼓动的反激进左翼政府叛乱并没有取得实质效果,激进左翼政府很快巩固了自己的统治地位。

美国主观上忽视拉美以及对拉美霸权主义、利己主义的政策实质,加速了其霸权秩序衰退。冷战结束后,拉美国家一度普遍对美国有较高期待,希望其在摆脱冷战"包袱"后基于地缘邻近能重视拉美,帮助拉美解决发展过程中一系列结构性难题。然而,美国历届政府不仅战略上继续忽视拉美,而且在政策上以美国利益为中心,实施霸权统治的政策实质一如既往,包括"在促进民主与人权言辞掩饰下……美国积极支持那些能够助力其经济、安全与外交政策的政府与运动,而对于反对者则竭力消灭之"[①]。小布什政府时期,美国启动

[①] Alexander Main, "Is Latin America Still the US's 'Backyard'?" September 12, 2018, https://www.commondreams.org/views/2018/09/12/latin-america-still-uss-backyard.

全球反恐,拉美不仅不是美国的对外政策重点,还要服从于美国反恐战略的需要,美国拉美政策遂以反恐为主线,以侵蚀拉美国家主权为代价积极推进军事反恐,并打着反恐旗号打压古巴、委内瑞拉等反美国家,不仅使反恐扩大化,而且难以有效回应拉美国家在促进国内经济发展、加强公共安全、强化政府治理方面的现实需要。奥巴马政府时期,在"亚太再平衡"战略下,美国战略重心移至亚太,拉美依然不被美国重视,美国虽有一些新举措,包括在政策风格上一改小布什政府时期的强势做派,强调与拉美国家平等合作,时任国务卿克里甚至表示"门罗主义时代已经结束",[1]以及美国历史性地开启与古巴关系正常化进程,但其霸权主义、利己主义的政策实质依旧。2009年洪都拉斯政变中,美国支持右翼军事集团取代民选左翼反美政府执政;2013年美国拒绝承认委内瑞拉马杜罗政府赢得大选胜利并对委实施经济制裁;2016年美国支持巴西右翼势力启动弹劾程序将左翼的罗塞夫政府赶下台。特朗普政府时期,在"美国优先"战略下,美国对拉美政策中的霸权主义、单边主义、利己主义倾向进一步加强,美国在经济上大搞保护主义,逼迫墨西哥重谈北美自由贸易协定,退出智利、秘鲁等国参加的 TPP 协定,外交上进一步制裁委内瑞拉、为美国与古巴关系正常化设置障碍,安全上则力图在美墨边境修建隔离墙、驱逐国内拉美裔移民。结果,美国的政策不断推升拉美国家对美国的反感。2017年盖洛普民调显示,拉美对美国的支持率屡创新低,巴西、智利、阿根廷等拉美大国对于美国的支持率分别低至 23%、11%、11%。[2]

---

[1] John Kerry, "Remarks on U. S. Policy in the Western Hemisphere," November 18, 2013, https://2009—2017. state. gov/secretary/remarks/2013/11/217680. htm.

[2] Elizabeth Keating, "Outlook Grim in Latin America for Relations Under Trump," Gallup, January 24, 2018, https://news. gallup. com/poll/226193/outlook-grim-latin-america-relations-trump. aspx.

二、中国与拉美地区国家关系的发展

进入21世纪,中国崛起成为牵动国际战略格局演进的重要因素之一。在地区层面,随着中国日益被推到世界舞台中心,中国的影响力向全球扩展,世界大部分地区的形势演变、秩序变革均深深刻上了"中国崛起"的印记。在拉美地区,中国崛起的溢出效应也显现了出来。一方面,拉美对中国的重要性与日俱增,中国的利益加速向该地区扩展,尤其是随着"一带一路"倡议的实施、中国特色大国外交的推进、全球伙伴关系网络的搭建、人类命运共同体理念的落地,中国与拉美地区的关系有了长足进展。

经济上,拉美作为世界主要能源资源、原材料产地,能够持续助力中国的现代化进程,而且,拉美作为全球南方国家中极具增长潜力的地区之一,能够成为中国在新时期推进经济结构转型、更加均衡全面地扩大对外开放、实施"一带一路"倡议的重要合作伙伴。政治上,拉美国家在内的广大发展中国家是中国在国际事务中的天然同盟军,是中国构建人类命运共同体的重要伙伴,是中国推动国际体系与全球治理改革的重要支持力量。正是基于这种重要性,近年来中国积极推进拉美外交,中拉全面合作伙伴关系深入发展。2013年、2014年、2016年、2018年习近平主席先后四次访问拉美,凸显中国对拉美的高度重视。2014年访问中,习近平主席发表题为《努力构建携手共进的命运共同体》的演讲,呼吁中拉共同构建政治上真诚互信、经贸上合作共赢、人文上互学互鉴、国际事务中密切协作、整体合作和双边关系相互促进的中拉关系五位一体新格局。[①] 同年,中国—拉共体论坛(简称"中拉论坛")成立,并先后在2015年、2018年和2021年召开三次中拉论坛部长级会议。2016年中国发

---

① 《习近平在中国—拉美和加勒比国家领导人会晤上的主旨发言》,新华网,2014年7月8日,http://www.xinhuanet.com/world/2014-07/18/c_1111688827.htm.

布第二份《中国对拉美和加勒比政策文件》,强调在"新兴市场国家和发展中国家崛起成为不可阻挡的历史潮流"时代背景下,"推动中拉全面合作伙伴关系再上新台阶"具有重要战略意义。① 2018年1月,中国与拉美和加勒比国家共同体共同发表《"一带一路"特别声明》,标志着"一带一路"倡议正式延伸至拉美。智利、乌拉圭、委内瑞拉、玻利维亚、厄瓜多尔等十多个拉美国家与中国签订了"一带一路"合作文件,特立尼达和多巴哥与中国签署的《共同推进丝绸之路经济带和21世纪海上丝绸之路建设的谅解备忘录》,是中国同加勒比地区国家首份"一带一路"合作文件,拉美和加勒比地区已经成为"一带一路"建设重要参与方。② 截至2023年,中国已经和22个拉美国家签署了有关"一带一路"的谅解备忘录。③

毋庸讳言,中国的崛起正在深刻地影响着拉美地区。一是中国崛起令中国成为拉美经济增长新引擎,客观上有助于拉美减少对美国的经济依附。21世纪以来,中国经济崛起助力中拉经贸关系大发展,从最初以贸易关系为主向贸易、投资、金融齐头并进、三位一体的复合性方向发展,中拉贸易实现跨越式发展。2000年至2013年,中拉贸易额由120亿美元增长至2750亿美元,年增长率达到27%,远高于同期拉美与除中国之外的世界其他国家3%的年贸易增长率。④ 截至2022年年底,中国已经连续十年成为拉美第二大贸易伙伴。投资与金融方面,2010年以来,中国对拉美直接投资井喷式增长,年均对拉美投资额在100亿美元以上,到2017年累计投资额已超过2000亿美元,中国已成为拉美第三大投资来源国,拉美亦成为中国第二大境外投资目的地,

---

① 《中国对拉美和加勒比政策文件》,中华人民共和国外交部网站,2016年11月24日,https://www.fmprc.gov.cn/web/zyxw/t1418250.shtml。
② 《2018"一带一路"大事记:共建"一带一路"发生了这些重大变化》,中国一带一路网,2019年1月9日,https://www.yidaiyilu.gov.cn/xwzx/roll/76800.htm。
③ 章婕妤:《中拉整体合作进入加速轨道》,载《世界知识》2023年第20期,第25页。
④ Gaston Fornes & Alvaro Mendez, *The China-Latin America Axis: Emerging Markets and their Role in an Increasingly Globalised World*, Bristol: Palgrave Macmillan, 2018, pp. 26, 60.

投资增长亦牵引配套的金融融资大幅增加,300亿美元的中拉产能合作专项基金、200亿美元的中拉基础设施专项贷款、200亿美元的中国与巴西基础设施合作基金先后成立,从2005年到2016年,中国政府对拉美的政策性贷款总额超过1 410亿美元。① 近年来,人民币国际化在拉美取得重大突破,巴西和阿根廷决定对华贸易使用人民币结算。② 无疑,作为拉动拉美经济增长新引擎,中国的崛起正日益重塑着几个世纪以来拉美地区在资本主义生产体系"中心—外围"结构下主要依托南北关系发展经济的局面,南南合作对拉美的重要性显著上升,拉美对外经济关系更趋多元,经济自主性明显增强。

二是中国的崛起彰显了中国发展道路的生命力,以榜样的力量鼓舞拉美国家"走自己的路",从而削弱了拉美对于美国的模式依赖。正如党的十九大报告所阐释那样,"中国特色社会主义进入新时代……给世界上那些既希望加快发展又希望保持自身独立性的国家和民族提供了全新选择,为解决人类问题贡献了中国智慧和中国方案"③。随着中国日益崛起,中国发展道路的强大生命力全面显现,这对于长期以来孜孜以求而命运坎坷的拉美国家而言,尤其具有强大感召力。在此基础上,近年来中拉之间不断加强治国理政经验交流。2014年习近平主席访问巴西时即强调"道路决定命运","鞋子合不合脚,只有穿的人才知道……世界上没有包治百病的灵丹妙药,也没有放之四海而皆准的发展模式。我们应该继续坚定支持对方走符合自身国情的发展道路"④。

---

① 中国现代国际关系研究院拉美研究所课题组:《"一带一路"视角下提升中拉合作的战略思考》,载《拉丁美洲研究》2018年第3期,第4页。
② 章婕妤:《中拉整体合作进入加速轨道》,第25页。
③ 习近平:《决胜全面建成小康社会 夺取新时代中国特色社会主义伟大胜利——在中国共产党第十九次全国代表大会上的报告》,新华网,2017年10月18日,http://www.xinhuanet.com/politics/19cpcnc/2017-10/27/c_1121867529.htm。
④ 习近平:《弘扬传统友好 共谱合作新篇——在巴西国会的演讲》,新华网,2014年7月16日,http://www.xinhuanet.com/world/2014-07/17/c_1111665403.htm;《习近平在中国—拉美和加勒比国家领导人会晤上的主旨发言》,新华网,2014年7月8日,http://www.xinhuanet.com/world/2014-07/18/c_1111688827.htm。

2016年的第二份《中国对拉美和加勒比政策文件》，明确将治国理政经验交流作为中拉政治领域合作的重要内容，主张双方"从各自历史传统和发展实践中汲取经验智慧……助力双方共同发展"①。正如古巴共产党中央书记处书记卡布莱拉（José Cabrera）所说："中国共产党开辟了中国特色社会主义道路，是中国做出的最佳选择。每个国家都应根据自己的历史、社会经济条件和地缘政治情况探索适合自己的发展模式。"②这正是新时代中国的崛起对于拉美的意义所在。

随着中拉"一带一路"合作的推进和中国经济辐射力的加强，加上太平洋联盟国家相对开放的经贸环境和重视亚洲市场的政策取向，未来中国与拉美国家特别是太平洋沿岸拉美国家的经贸往来可能出现大幅跃进。

三、拉美地区国家的崛起及其对外战略

21世纪以来，以巴西为首的地区大国呈现出群体性崛起之势。以巴西为例，"2006年，巴西经济总量首次突破1万亿美元，世界排名位于西班牙之后，居第八位；2010年超过2万亿美元，跃居世界第七位；2011年巴西经济规模超过英国，成为世界第六大经济体。"③除了经济方面，巴西的社会和谐程度亦显著加强，贫困人口比例由2001年37.5%降至2012年18.6%，3 200万人口迈入中产阶级行列。④ 巴西还先后举办世界杯、奥运会，在G20、金砖国家系列会议、联合国气候变化会议等重要国际活动或会议中，大国崛起之势凸显。巴

---

① 中华人民共和国外交部：《中国对拉美和加勒比政策文件》，2016年11月24日，https://www.fmprc.gov.cn/web/zyxw/t1418250.shtml.
② 贺钦：《拉美各界热议中国道路》，中国社会科学网，2018年5月28日，http://ex.cssn.cn/zx/bwyc/201805/t20180528_4308493.shtml.
③ 吴国平、王飞：《浅析巴西崛起及其国际战略选择》，载《拉丁美洲研究》2015年第2期，第23页。
④ Tom Chodor, *Neoliberal Hegemony and the Pink Tide in Latin America: Breaking Up With TINA?* Hampshire: Palgrave Macmillan, 2015, p. 136.

第七章　权力与制度视野下拉丁美洲地区秩序与国际关系

西作为拉美大国的崛起,既带动了拉美地区整体发展,为冲击美国霸权秩序奠定了实力基础,更引领拉美国家内外政策之潮流,予美国霸权秩序以冲击。

一是引领地区发展模式。正如巴西总统卢拉所言:"当下我们最重要的目标就是,重建我们的自尊,相信自己,相信我们是有竞争力的,从而在这个愈加全球化的世界中,探索如何使我们变得有竞争力。"[①]21世纪以来,以巴西、委内瑞拉为代表的拉美地区大国不再痴迷于新自由主义经济学、华盛顿共识,而是增强"道路自信",从本国实际出发探索发展道路。以巴西为例,自2003年卢拉领导的劳工党政府上台以来,巴西不再教条照搬新自由主义经济学,不再搞"市场原教旨主义",而是吸取这一发展模式的长处,包括发挥市场机制的作用、建立独立的中央银行、抑制通货膨胀等。与此同时,立足自身国情,突出政府的作用,包括通过政府宏观调控,以促进投资、鼓励创新、拉动基础设施建设、扶植重要产业发展、平衡国内各地区发展等,围绕着促进社会和谐、增加国家凝聚力这一根本目标,实施劳工权益计划,注重收入分配调节,大幅增加对民生的投入,着力于教育、医疗等公共服务的完善。与巴西在探索发展道路上的循序渐进、相对温和不同,委内瑞拉则较为激进,其致力于推进"玻利瓦尔革命",以"21世纪的社会主义"埋葬新自由主义,将斗争的矛头直接对准美国,实施国有化政策、外汇管制等。以上拉美大国对于发展模式的自主性探索,及其在一定时期内对于国家发展的促进作用,对于该地区其他国家起着重要示范作用,坚定了它们自主探索本国发展道路的信心与决心,有助于摆脱对于美国的模式依赖。

二是引领拉美地区主义发展。21世纪以来,在拉美地区主义发展过程中,巴西、委内瑞拉成为两面旗帜,除了委内瑞拉通过组建美洲玻利瓦尔联盟、

---

① Tom Chodor, *Neoliberal Hegemony and the Pink Tide in Latin America: Breaking Up With TINA?* Hampshire: Palgrave Macmillan, 2015, p. 135.

405

以激进方式反对美国地区制度霸权,巴西亦成为拉美地区主义发展的重要策源地。在巴西对外战略中,追求世界大国地位与改革现有国际秩序联系在一起,因此,在全球层面,巴西彰显其"金砖国家"、发展中国家身份,积极推动国际体系朝公平合理方向发展;在拉美地区层面,巴西着力推动拉美地区合作,力图通过拉美地区主义发展,确保拉美国家享有更多独立自主权力,进而削弱美国的地区影响力和制度霸权,并在此基础上使巴西成为拉美的领袖,进而以拉美为平台追求世界大国地位。为此,巴西着力塑造其"南美国家"身份,在南方共同市场基础上推动成立南美国家联盟,与墨西哥、委内瑞拉一道推动成立将美国排除在外的"拉美和加勒比国家共同体"。

三是引领地区国家更多元地发展对外经济关系。21世纪以来,巴西、墨西哥、委内瑞拉等拉美大国,在继续发展对美经贸关系的同时,借助经济全球化深入发展、发展中国家群体崛起等有利外部条件,积极推进对外经济关系多元化。比如委内瑞拉在向美国继续供给石油的同时,积极开拓中国市场;墨西哥受特朗普政府经济保护主义政策影响,亦开始探索加强与中国在能源、基础设施等方面合作。受上述国家政策牵引,拉美地区对外经济关系格局更加多元,很大程度上改变了美国在地区经济方面"一家独大"的局面。值得注意的是,在拉美地区对外经济关系多元化进程中,除了中国、韩国、印度等亚太国家日益成为拉美重要经济伙伴,拉美与欧盟的经贸关系亦得到长足发展,这一关系发展既植根于双方在历史与文化上的共性、经济上的互补性,亦是双方政策推动的结果。自1999年双方建立战略伙伴关系至今,拉美33国中已有26国与欧盟签署自贸协定,近年来随着美国经济保护主义政策发酵,拉美与欧盟更加积极地推动自贸谈判,包括欧盟与南方共同市场国家自贸谈判重新恢复,欧盟分别与墨西哥、智利谈判升级自贸协定等。如今,欧盟已是拉美第三大贸易伙伴、第一大投资来源地,2008年至2017年十年间,与欧盟贸易占拉美对外贸易额的比例稳定在15%左右。2016年,欧盟在拉美的直接投资存量达

8 257亿欧元,超过了欧盟在中国、印度、俄罗斯的总和。① 正是基于欧盟对拉美对外经济格局多元化的重要意义,欧盟客观上也成为削弱美国地区经济霸权、推动拉美地区秩序变革的重要力量。

第三节 拉丁美洲的地区制度机制建设

按照制度自由主义者的理解,国际制度要么是一种国际组织,要么是一套在特定领域管理国家关系的准则,也就是"规制"。② 二战以后,拉美地区围绕地区制度建设进行了有益的探索,以致有学者认为拉美地区形成了"地区一体化组织的字母汤"(An Alphabet Soup of Regional Integration Organizations),各种地区性组织让人应接不暇。③ 冷战结束后,拉美地区组织有了进一步发展,1990年,拉丁美洲和加勒比地区只有7个主要的多议题地区和次地区组织,而到2012年则增至13个。④ 需要说明的是,拉美地区各国际组织合作深度和广度往往不同,有些组织虽然带有机构性的名字,但是没有专门的执行部门,更像是一种定期会商的规制。

拉美地区国家联合的思想早已有之。从历史来看,有两个重要思想渊源。一是玻利瓦尔主义,即18世纪末19世纪初南美独立运动领袖西蒙·玻利瓦

---

① "EU-CELAC relations", July 17, 2018, https://eeas.europa.eu/headquarters/headquarters-homepage_en/13042/EU-CELAC%20relations.
② [加]罗伯特·杰克逊、[丹]乔格·索伦森:《国际关系学理论与方法(第四版)》,吴勇、宋德星译,北京:中国人民大学出版社2012年,第92页。
③ Rachel Glickhouse, "Explainer: An Alphabet Soup of Regional Integration Organizations", March 22, 2012, http://www.as-coa.org/articles/explainer-alphabet-soup-regional-integration-organizations.
④ Tanja Börzel, "Comparative Regionalism: European Integration and Beyond", in Walter Carlsnaes, Thomas Risse and Beth A. Simmons eds., *Handbook of International Relations*, London: SAGE, 2013, pp. 503–531.

尔(Simón Bolivar)提出的"把全美洲人民引向联合,组成联邦"的美洲主义理想。玻利瓦尔设想了各种地缘政治联盟,既帮助新成立的主权国家摆脱欧洲列强(尤其是西班牙)的干涉,同时也防范当时新兴霸权国家美国。玻利瓦尔曾经发出先见之明的警告:"美国似乎注定要以自由的外形来折磨美洲。"[①] 1825年,玻利瓦尔提出,建立安第斯联邦设想。根据玻利瓦尔的提议,1826年召开的巴拿马大会讨论了建立美洲国家联盟和入盟国家应遵守的原则。1846年、1856年和1864年又接连举办了西语美洲会议,这些都是区域一体化项目的一些早期例子。由于国内政治体制因素以及各国在边界划分上的矛盾,早期拉美一体化实践没有取得成功。"这些早期的政治统一尝试因为对立的偏好和竞争不断加深,未能在区域层面产生任何地区形式的制度性政治合作,但它们仍然播下了地区团结的种子,这一理念自此渗透到拉丁美洲的知识界。"[②]

另一个拉美联合的思想是美国提倡的"泛美主义"。泛美主义是19世纪80年代美国提出的外交方略。美国对外宣称泛美主义是团结美洲国家的运动,其目的是巩固南北美洲经济、社会及文化等联系。但实际上,泛美主义是为美国在拉丁美洲取得贸易上的优势地位服务的,是美国用以扩张贸易的外交符号。[③] 1823年的"门罗主义"就暗含了泛美主义的政治理念。由于美国的强势推动,泛美主义思想取得了一定的实践成果。1889年10月至1890年4月,第1届美洲国际会议在华盛顿召开,会议宣布成立"美洲共和国国际联盟"。二战结束之前共召开了8次美洲国际会议。

[①] Louise Fawcett, "The Origins and Development of Regional Ideas in the Americas", in Louise Fawcett & Mónica Serrano eds., *Regionalism and Governance in the Americas: Continental Drift*, New York: Palgrave Macmillan, 2005, p.31.

[②] Andrea C. Bianculli, "Latin America", in Tanja A. Börzel & Thomas Risse eds., *The Oxford Handbook of Comparative Regionalism*, Oxford: Oxford University Press, 2016, p.156.

[③] 林华等编著:《列国志·拉丁美洲和加勒比地区国际组织》,北京:社会科学文献出版社2010年版,第2页。

第七章　权力与制度视野下拉丁美洲地区秩序与国际关系

上述两种思想渊源为当前拉美地区一体化提供了不同的思路,同时,在不同意识形态取向和大国权力竞争的干扰下,拉美产生了不同类型的地区制度。从制度的协调内容来看,拉美地区制度既有单纯经济一体化性质的,又有以政治合作为主要属性但更多是经济内容、政治内容和社会内容并存的制度。从制度的地理范围来看,既有覆盖整个西半球地域的,也有基本契合拉美地域的,但更多的则是次区域层面的组织。从制度的组织结构来看,既有建设目标明确、实现深度合作的组织,也有几乎属于论坛性质的松散规制。从制度的运行效果来看,一些制度正在加速推进机制建设并最终走向成熟,一些制度则因相关国家间矛盾而出现运行困难甚至功能瘫痪。所以,拉美的地区主义是"折中的、多面的和多层次的(eclectic, multi-faceted and multi-layered)"。[1]

一、美洲国家组织

1947年,美国和拉美18个国家在巴西里约热内卢签署了旨在维护美洲国家集体安全的《美洲国家互助条约》。1948年,在哥伦比亚波哥大举行的第9届美洲国际会议通过了《美洲国家组织宪章》,成立了"美洲国家组织"(Organization of American States,以下简称OAS)。美洲国家组织最高权力机构为大会,每年召开一次年会,由各成员国外长参加。该组织的宗旨是:加强美洲大陆的和平与安全;确保成员国之间和平解决争端;成员国遭到侵略时,组织声援行动;谋求解决成员国间的政治、经济、法律问题,消除贫困,促进各国经济、社会、文化合作;控制常规武器;加速美洲国家一体化进程。[2] 然而美国推动建立的美洲国家组织原本是与苏联开展冷战、在西半球推行霸权的

---

[1] Joren Selleslaghs et al, "Regionalism in Latin America: Eclectic, Multi-faceted and Multi-layered", in Madeleine O. Hosli & Joren Selleslaghs eds., *The Changing Global Order: Challenges and Prospects*, Cham: Springer, 2020, pp. 223–245.

[2] 中华人民共和国外交部:《美洲国家组织》,http://russiaembassy.fmprc.gov.cn/wjb_673085/zzjg_673183/ldmzs_673663/dqzz_673667/mzgjzz_673669/gk_673671/.

工具。"冷战期间,当该地区被与美国结盟的右派政府所控制时,OAS 通常为组织中最强大成员的行动充当'橡皮图章'。1962 年对古巴政府的一致驱逐是该组织屈从于华盛顿地缘政治利益的缩影。几十年来,OAS 几乎完美地反映了美国的优先事项,只有少数明显的例外。"[1]到了冷战中后期,越来越多的拉美国家开始利用美洲国家组织这一平台抗衡美国的外交政策,美国对该组织的掌控力逐渐减弱。20 世纪 70 年代末的尼加拉瓜冲突中,美国未能与拉美国家就美国领导的"维和部队"达成协议,这个协议被普遍认为试图尽早扼杀桑地诺革命。[2] 1982 年英阿马岛海战中,OAS 违背美国的立场,表达了对阿根廷的支持。

然而,OAS 作为西半球最成熟的多边合作场所,对美国的外交政策仍然至关重要。1994 年在时任美国总统克林顿的筹划下,第一届美洲国家首脑会议(美洲峰会)在美国迈阿密举行,除古巴之外的美洲 34 个国家领导人与会。后冷战时代,美国更加强调"促进民主"的政策取向,在美洲国家组织中大力宣扬"人权至上""民主自由"等价值观。2001 年所有 OAS 成员签署的"美洲国家民主宪章"就是一个例证。随着新自由主义在 21 世纪初被美西方奉为圭臬,美国认为 OAS 应继续在维护新自由主义民主价值观上发挥重要作用。2010 年,美国国务卿希拉里·克林顿在美洲国家组织大会声称,美国希望"一个更强大、更有活力的美洲国家组织",但"要加强该机构还有很多工作要做",优先事项包括:通过美洲首脑会议制定区域议程;促进代议制民主;解决安全问题;以及保护人权。[3] 这期间,美国以"维护民主"为借口,妄图利用该组织

---

[1] Rubrick Biegon, *US Power in Latin America: Renewing Hegemony*, Oxen: Routledge, 2017, p. 118.

[2] Carolyn M. Shaw, *Cooperation, Conflict, and Consensus in the Organization of American States*, New York: Palgrave Macmillan, 2004, pp. 121 – 129.

[3] Rubrick Biegon, *US Power in Latin America: Renewing Hegemony*, Oxen: Routledge, 2017, p. 121.

干涉拉美国家内政。2002年当委内瑞拉查韦斯(Hugo Rafael Chávz)被短暂赶下台时,该组织表达了对政变者的支持。OAS"在没有干预的情况下进行了干预",并促进了解决方案的达成。[1]

但是到了2005年之后,拉美地区刮起了第一波"粉红潮",众多拉美国家除了"另立山头"纷纷建立排除美国的地区组织外,还在OAS内部表达自己的价值理念和政治立场。2009年6月,美洲国家组织大会通过了一项决议,宣布1962年将古巴排除出美洲国家组织的法案无效。2012年1月,OAS常设理事会批准了一份关于改革美洲人权委员会的重要报告,该报告呼吁应提升人权报告的普遍性,更明确地考虑经济、社会和文化权利。同年6月的美洲国家组织大会通过了《美洲社会宪章》,该宪章由委内瑞拉在2005年提出,旨在推进西半球的社会和经济权利议程。当时的拉美左翼政府试图利用宪章将美洲国家体系建设重心转向社会发展与经济正义问题。美国对此十分不满,认为宪章违背了新自由主义理念。[2] 随着拉美国家日益团结,美国对OAS的掌控力逐渐下降,越来越难以将其作为推进自身霸权政策的工具。2018年美国总统特朗普直接缺席了第八届美洲峰会,可见美国对OAS和泛美主义的前景十分失望。2022年6月美国举办第九届美洲峰会,却以所谓"独裁政权"为由拒绝邀请古巴、委内瑞拉和尼加拉瓜参会,引发众多拉美国家的不满和抗议,这届美洲峰会遭到了包括墨西哥在内的许多国家抵制,35个美洲国家中仅23国参会。

二、美国主导的自由贸易协定

为维护美国在西半球的霸权地位,从20世纪80年代,美国大力推进双边

---

[1] Olivier Dabène, *The Politics of Regional Integration in Latin America: Theoretical and Comparative Explorations*, New York: Palgrave Macmillan, 2009, pp. 79 - 80.

[2] Rubrick Biegon, *US Power in Latin America: Renewing Hegemony*, Oxen: Routledge, 2017, pp. 123 - 124.

或者小多边的自由贸易协定,制定了新一波以自由市场为主导的区域一体化议程,并在此基础上形成了《北美自由贸易协定》(NAFTA)。

20世纪80年代,拉美众多国家陷入了严重的债务危机,当时拉美国家领导人认为持续20年的进口替代战略已经失效,同时也为了获得美国和国际金融机构的资金支持,拉美国家接受了美国开出的"处方",纷纷采取了新自由主义的市场化改革政策,主要方针是放松金融管制和财政调控,推动进口自由化,向外国开放直接投资和私有化。1989年约翰·威廉姆森(John Williamson)创造了"华盛顿共识"一词,为那些希望采用美国和其他发达国家经济模式的国家提出了10项政策改革清单:财政纪律、重新安排公共开支的优先次序、税制改革、利率自由化、有竞争力的汇率、自由贸易、开放外来直接投资、私有化、放松管制以及加强产权保护。[1] "华盛顿共识"一方面指北方巨人在该地区推行的政策建议,另一方面也指已经在拉丁美洲推行的经济改革。[2] 拉丁美洲接受新自由主义经济模式为美国在西半球推行各类自由贸易协定提供了经济上的前提条件。而20世纪80年代末,苏联威胁的消失为美国创造了与邻国建立新关系的政治空间,美国从而掌握了推行新自由主义意识形态的物质和话语霸权。为此,时任美国总统乔治·布什提出了覆盖西半球的美洲自由贸易区(Free Trade Area of Americas,FTAA)计划。

20世纪90年代,美国在推进FTAA计划中取得了重要成果,主要标志是由美国、加拿大、墨西哥三方签订于1994年1月1日生效的《北美自由贸易协定》(North American Free Trade Agreement,NAFTA)。第一届美洲峰会中,34个与会国同意在2005年建立FTAA。参会的国家元首签署了一项行

---

[1] John Williamson, "A Short History of the Washington Consensus", in N. Serra & J. E. Stiglitz eds., *The Washington Consensus Reconsidered: Towards a New Global Governance*, Oxford: Oxford University Press, 2008, pp. 14-30.

[2] Rubrick Biegon, *US Power in Latin America: Renewing Hegemony*, Oxen: Routledge, 2017, p.84.

动计划,旨在将自由贸易区进程与现有的关贸总协定/世贸组织谈判并列,承诺在广泛的领域内最大限度地开放市场。但是 1994 年几乎是美国贸易自由化的顶峰。此后 FTAA 计划受到了两方面的阻力。一是来自美国国内利益集团和公众舆论的压力。农业贸易自由化是美国与拉美国家建立自贸区的关键议题,然而美国国内既得利益集团坚决反对在农业补贴方面做出让步。同时,战后贸易自由议程中基本上被忽视的环境和劳工标准问题,在此时的美国贸易辩论中变得十分突出,1999 年在西雅图召开世界贸易组织部长级会议期间,会场外美国民众出现骚乱便与此有关。[①] 1994 年、1997 年和 2001 年,美国国会均阻止政府获得自贸区谈判快速通道的权力。二是来自拉美国家的反对和抵制。这一方面与美国在自贸区谈判中的立场有关,美国坚决反对取消国内农业补贴,而农业补贴政策严重影响了拉美国家农产品出口,美国希望建立的 FTAA 成为美国维护自身经济利益的霸权工具。美国这种决不妥协的态度刺激了一系列地区制度的发展,这些制度可以被视为反霸权主义的举措。但更为重要的是新自由主义经济政策给拉美国家带来了各种社会问题甚至经济灾难,导致"华盛顿共识"的破产。进入 21 世纪,拉美多国左翼政党上台执政,尤其是 2002 年劳工党候选人卢拉赢得巴西总统大选和 2003 年庇隆主义候选人基什内尔(Nestor Kirchner)赢得阿根廷总统大选,拉美第一波"粉红潮"达到高峰。南美地区最大的两个国家拒绝 FTAA 计划,使相关谈判议程陷入停滞。于是美国转向了双边或小多边的自由贸易区谈判,以减轻国内外阻力。

2001 年,共和党的乔治·W. 布什担任美国总统后,美国对中美洲的贸易政策发生了重大变化,尤其是"9·11"事件后美国将自由贸易、拓展市场经济

[①] Rubrick Biegon, *US Power in Latin America: Renewing Hegemony*, Oxen: Routledge, 2017, p. 85.

作为保障美国安全的重要手段,因此极力推动建立中美洲自由贸易区。2004年签署的包含多米尼加共和国的《中美洲自由贸易协定》(CAFTA-DR)在2005年7月以217比215的微弱优势获得美国众议院通过,可见FTAA计划在美国内阻力之大。"支持者希望它能启动自由贸易区。然而,这被证明是牵强的。中美洲自由贸易区是由小国组成的,其议价能力远远低于巴西或阿根廷。最后,与其说它是走向自由贸易区的一块垫脚石,不如说是华盛顿在西半球规划中的一个暂时性退步。尽管这个议程坚定地专注于新自由主义的西半球政治经济,中美洲自由贸易协定仅是通往一个更有限的议程的'安慰奖'。"①

2003年和2004年,随着FTAA谈判的恶化,布什政府启动了与智利、玻利维亚、哥伦比亚、多米尼加、厄瓜多尔、巴拿马和秘鲁的双边自由贸易协定(FTAs,也称为贸易促进协定,TPAs)的正式谈判。2003年6月完成的《美国—智利自由贸易协定》是这一阶段的重大成果,因为美国与一个中左翼政党执政的国家签订了自由贸易协定。美国与多米尼加的双边自由贸易协定被纳入《中美洲自由贸易协定》。2006年《美国—秘鲁双边自由贸易协定》完成。与玻利维亚和厄瓜多尔的FTA谈判被迫终止,因为在此期间两国政府由激进左翼替代。2011年,美国奥巴马政府与哥伦比亚、巴拿马分别签订了双边自由贸易协定。通过双边协议,美国为拉美国家外贸提供了大量市场准入机会,但也迫使拉美国家依据美国要求进行监管改革。美国还赢得了这些国家的服务市场准入,并将农业自由化排除在协议之外。优惠贸易协议之下的市场准入比通过普遍优惠制度给予各国的市场准入更加稳定和安全。对美国来说,双边主义也代表着一种有利的"分而治之"战略,这会增加非协议国家签订

---

① Rubrick Biegon, *US Power in Latin America: Renewing Hegemony*, Oxen: Routledge, 2017, p. 75.

类似协议或面临被美国市场边缘化的压力。①

尽管美国和部分拉美国家达成了《中美洲自由贸易协定》和双边自由贸易协定,但毕竟美洲自由贸易区计划连同当时的世贸组织多哈回合谈判基本失败了。FTAA 计划破灭的根本原因是美国在谈判中自私自利,为维护自身经贸利益强行设置不合理议程,甚至逼迫各国就范,却在农业等弱势领域拒绝公平的国际市场竞争。尤其进入 21 世纪,美国在自由贸易上设置新问题、新障碍,如知识产权、劳工、环境及服务贸易问题,这些问题对拉美国家来说并不是国家治理的优先事项。"21 世纪初,从半球一体化向双边主义的明显转变表明,美国对该地区的愿景是促进其自身的商业利益,而不是对某个区域共同体的意识形态承诺。当美国显然有可能通过双边主义更成功地促进其新的贸易议程时,政策制定者接受了这一战略,并没有回头。今天,拉丁美洲的枢纽型区域结构是一种设计,旨在确保美国将指导该地区的经济治理,并推进其自身的 WTO-plus 贸易和投资议程。"②2017 年特朗普上台后着力修改《北美自由贸易协定》,美国分别与加拿大和墨西哥进行双边谈判,谈判中经常以加征关税或单方面退出贸易协定相威胁,逼迫两国向美方的立场让步,最终达成了新的《美加墨协定》(USMCA)以取代运行了 25 年的《北美自由贸易协定》。"从 NAFTA 进入 USMCA 时代,北美地区合作的政治基础更为脆弱。"③

自 2008 年以后,金融危机削弱了美国政府对"自由市场"的热情。美国陷入严重的经济衰退,其经济政策转向救助和财政刺激。在经济萎缩、贸易赤字

---

① Ken Shadlen, "Globalisation, Power and Integration: The Political Economy of Regional and Bilateral Trade Agreements in the Americas," *The Journal of Development Studies*, Vol. 44, No. 1, pp. 1-20.

② Mary Anne Madeira, "Hegemony and Its Discontents: Power and Regional Integration in Latin America", in Min-hyung Kim, James A. Caporaso eds., *Power Relations and Comparative Regionalism: Europe, East Asia and Latin America*, London: Routledge, 2021, p.99.

③ 王翠文:《从 NAFTA 到 USMCA:霸权主导北美区域合作进程的政治经济学分析》,载《东北亚论坛》2020 年第 2 期,第 29 页。

增加和制造业工作岗位持续流失的背景下,支持自由贸易的政界人士常常遭到攻击。"华盛顿共识在贸易方面的崩溃在拉丁美洲甚至更加明显。在那些没有与美国签订自由贸易协定的拉美国家中,没有一个国家对这个前景持开放态度。从美洲关系的角度来看,新自由主义资本主义的对立面已经(进一步)破坏了美国的结构性力量,新拉美左翼(New Latin Left)已经发起了挑战。"[1]正因如此,美国在拉美的主导性作用也就不可避免地下降了。

三、南方共同市场

二十世纪八九十年代,巴西和阿根廷共同推动了南方共同市场(MERCOSUR,简称"南共市")的建立。值得一提的是,南方共同市场建立的初衷并不是构建一个封闭排他的经济一体化组织。南方共同市场体现了一种新的次区域结盟战略,被广泛认为是典型的"防御性"区域项目。[2] 南共市的发展很大程度是受到了美国在自由贸易谈判中不妥协态度的刺激。"20世纪90年代的防御性'新区域主义'不是为了保护拉丁美洲免受全球经济的影响。相反,这些项目以贸易自由化为中心,旨在帮助拉丁美洲融入全球经济。"[3]当时拉美各国普遍接受了自由贸易理念,发展中国家的政策制定者开始将融入关贸总协定和世贸组织结构视为经济增长的关键。因此,"1991年南方共同市场的建立代表了一种努力,它不是为了保护南美洲不受全球经济的影响,而是为了保护它不受美国的影响。南方共同市场的一个主要目的是通过坚持南方共同市场国家作为一个集团与美国进行谈判,来加强南美国家在自由贸易

---

[1] Rubrick Biegon, *US Power in Latin America: Renewing Hegemony*, Oxen: Routledge, 2017, p. 82.

[2] Diana Tussie, "Latin America: Contrasting Motivations for Regional Projects," *Review of International Studies*, Vol. 35, Supplement 1, 2009, pp. 169–188.

[3] Olivier Dabène, *The Politics of Regional Integration in Latin America: Theoretical and Comparative Explorations*, New York: Palgrave Macmillan, 2009, p. 21.

区谈判中的议价能力"。①"南方共同市场的建立反映了一种基于市场导向议程的更加务实的区域合作方法,以及一种更加开放和广泛的区域贸易自由化战略,以应对加速的全球化和自由化所带来的竞争挑战。"②

其中,巴西作为实力首屈一指的成员国,其对南方共同市场的态度决定了南共市的制度建设深度。巴西致力于将自己建设成为一个全球大国,但是20世纪90年代以来,巴西放弃了提高硬实力的努力,而是将区域一体化作为一项战略性工具,旨在加强巴西的经济实力,在全球范围内投射影响力,对美国进行软制衡,并在国际体系中保持政治自主性。从卡多佐到卢拉再到罗塞夫执政期间,巴西有意利用南共市来拉抬巴西的国际政治地位。

根据1991年南共市成立时的规划,其目标旨在建立一个具有共同对外关税的共同市场,并协调宏观经济和部门政策。但是在南共市成立的最初十年,这一机构的运行遭遇了多种挑战,几乎导致南共市成员国关系的破裂和该机构的瘫痪。

首先是1991年巴西出现了短暂的经济衰退;1996年巴拉圭的未遂政变则是南共市的第一次重大危机,危机解决后该组织引入了民主政治的条款;1999年巴西为应对货币危机,在未与南共市成员国协商的情况下自行允许巴西货币雷亚尔贬值,严重影响了阿根廷、乌拉圭和巴拉圭的贸易,阿根廷政府则采取报复性措施,如增设反倾销税、颁发进口许可证和增加对巴西商品的关税,而巴西则威胁要在世贸组织对阿根廷的措施进行起诉;2001年末阿根廷遭受了极其严重的经济、政治和社会崩溃。

---

① Mary Anne Madeira, "Hegemony and Its Discontents: Power and Regional Integration in Latin America", in Min-hyung Kim, James A. Caporaso eds., *Power Relations and Comparative Regionalism: Europe, East Asia and Latin America*, London: Routledge, 2021, p. 96.

② Andrea C. Bianculli, "Regionalism and Regional Organisations: Exploring the Dynamics of Institutional Formation and Change in Latin America," *Journal of International Relations and Development*, Vol. 25, No. 2, 2022, p. 569.

2002年南共市成员国,尤其是巴西和阿根廷两驾马车重启经贸谈判,巴西卡多佐政府为阿根廷提供了积极的援助。2003年,具有共同经济和社会理念的卢拉和基什内尔分别执政巴西和阿根廷,为南共市的运作注入了新的动能。两位领导人均属于左翼阵营,主张政府应当适度干预经济运行并维持社会公平正义,他们都反对"华盛顿共识",认为新自由主义导致了国家经济动荡,拉大了贫富差距。经过多次会谈,基什内尔和卢拉于2003年签署了"布宜诺斯艾利斯共识","该共识与当时占主导地位的'华盛顿共识'相对立。在强调巩固民主的同时,该文件强调了区域合作,以消除贫困、失业、社会排斥和文盲,并促进健康和教育以及其他社会目标,所有这些都要求国家发挥积极作用"。① 两位领导人大力支持地区主义,深化地区制度合作内容,主张加强国际货币、金融和能源领域的合作,将以前对经济和贸易自由化的重视转移到地区工业化。② 此后南共市的制度建设进入了快车道,主要在经贸流通、社会政策、安全合作和民主制度保护上达成了一系列成果。在经贸领域,当巴拉圭和乌拉圭对日益严重的"内部不对称"表示担忧时,巴西和阿根廷为此建立了一个区域结构基金;2002年成员国签订了《居留协议》(Residence Agreement),简化了移民的法律手续,促进了成员国间的人员流通。在社会领域,南共市在教育、卫生、人权方面建立了一系列协商机制。在安全领域,成员国在打击恐怖主义和毒品犯罪上有一定的合作行动,如联邦警察部队的协调行动和安全数据网络的建立。在保护民主领域,成员国签署了《蒙得维的亚议定书》(the

---

① Andrea C. Bianculli, "Regionalism and Regional Organisations: Exploring the Dynamics of Institutional Formation and Change in Latin America," *Journal of International Relations and Development*, Vol. 25, No. 2, 2022, p. 571.

② Andrea C. Bianculli, "Regionalism and Regional Organisations: Exploring the Dynamics of Institutional Formation and Change in Latin America," *Journal of International Relations and Development*, Vol. 25, No. 2, 2022, p. 570.

Protocol of Montevideo），对成员国相互干预内部政治危机的行为放宽了限制。①

但是南共市的发展进程明显体现出巴西的功利主义态度，也展现了巴西对南美地区塑造的愿景。虽然巴西对大国地位的追求没有改变，但是在对美政策，尤其是处理美拉关系上出现了历史性变化。如果说冷战结束之前巴西在对美政策上以追随和配合为主，充当美国和拉美诸国的协调人，那么冷战结束之后巴西对美态度以独立和制衡为主，强调自己拉美国家身份，排斥美国介入拉美事务，因此巴西往往以排美的姿态来确立自己在拉美国家中的领导者地位。巴西认为南共市是政府间性质的，寻求分阶段将其成员引入全球经济，并优先考虑经济自由化和政治民主化，同时与美国的西半球自由贸易区愿景切割。这意味着，只有南共市最终扩大到整个南美大陆，才足以支撑巴西实现其全球政治和经济地位。可惜的是，阿根廷在2001年以后固然支持巴西对地区塑造的愿景，但决不接受巴西成为南美大陆唯一地区强国的前景。巴西和阿根廷在南美一体化中既合作又斗争的现实，导致了南共市不能深化为一个对内高度凝聚、对外明显区别的地区组织。阿根廷在南共市中常常扮演"软制衡者"的角色，"通过拉美和加勒比国家共同体等其他区域规划，培养与智利、委内瑞拉和墨西哥的伙伴关系。阿根廷与智利一起设想了一个包括整个拉丁美洲的区域空间；将墨西哥纳入俱乐部意味着巴西必须与一个以美国为导向的竞争对手抗衡，从而限制巴西的影响力"②。

"从拉丁美洲的角度来看，在推动地区主义和进行地区制度设计方面，总

---

① Andrea Ribeiro Hoffmann, "Mercosur between Resilience and Disintegration", in Detlef Nolte & Brigitte Weiffen eds., *Regionalism Under Stress: Europe and Latin America in Comparative Perspective*, Oxen: Routledge, 2021, pp. 120 – 126.

② Mary Anne Madeira, "Hegemony and Its Discontents: Power and Regional Integration in Latin America", in Min-hyung Kim, James A. Caporaso eds., *Power Relations and Comparative Regionalism: Europe, East Asia and Latin America*, London: Routledge, 2021, p. 103.

统为地区组织的创建和发展发挥了根本性的作用。"[1]这就意味着南共市的进程受成员国尤其是巴西和阿根廷国内政治的深刻影响。在巴西卢拉—罗塞夫执政期间和阿根廷基什内尔夫妇执政期间,两国领导人意识形态同属左翼,重视发挥地区组织的社会功能,南共市的贸易合作得到了社会和生产层面的补充。而在巴西特梅尔—博索纳罗和阿根廷马克里执政期间,两国领导人意识形态属于右翼,认为南共市的功能仅局限于自由贸易区性质,更关注与美国和欧盟的双边合作,所以这期间南方共同市场没有明显发展。

总而言之,"南方共同市场面临的挑战主要是制度和政治性质的。事实上,南共市高度依赖其两个核心成员国阿根廷和巴西之间的关系。由于这两个国家(及其关系)的特点是经常性的紧张和(经济)不稳定,南共市区域一体化进程也是如此"[2]。

四、南美国家联盟

2004年12月于秘鲁库斯科举行的会议上,南美洲所有12个主权国家首脑发起组建了南美国家共同体(简称"南共体")。2008年,12国首脑或代表齐聚巴西利亚并签署条约,南美国家联盟(UNASUR)成立。其核心目标是"优先考虑政治对话、社会政策、教育、能源、基础设施、融资和环境,以消除南美洲的社会经济不平等"[3]。然而,UNASUR的创立过程同样反映了巴西对南美领导者地位的追求和排挤美国影响力的政策倾向。"巴西领导人的一个战略

---

[1] Andrea C. Bianculli, "Regionalism and Regional Organisations: Exploring the Dynamics of Institutional Formation and Change in Latin America," *Journal of International Relations and Development*, Vol. 25, No. 2, 2022, p. 557.

[2] Joren Selleslaghs et al, "Regionalism in Latin America: Eclectic, Multi-faceted and Multi-layered", in Madeleine O. Hosli & Joren Selleslaghs eds., *The Changing Global Order: Challenges and Prospects*, Cham: Springer, 2020, p. 238.

[3] Joren Selleslaghs et al, "Regionalism in Latin America: Eclectic, Multi-faceted and Multi-layered", in Madeleine O. Hosli & Joren Selleslaghs eds., *The Changing Global Order: Challenges and Prospects*, Cham: Springer, 2020, p. 239.

视角是把自身设想为一个接受巴西投资和工业出口的次大陆地区的轴心。这样一个地区将具有双重战略意义,不仅是经济上的,也是地缘政治上的。一个在经济上和地缘政治上都围绕着巴西的地区将提高巴西在国际社会中的地位……对于试图削弱老牌大国对国际多边机构控制权的巴西来说,这一点非常重要,因为如果它能以次大陆对话者的身份可信地与联合国安理会对话,它获得安理会席位的机会就会增加。"[1]早在2000年,时任巴西总统卡多佐在巴西利亚主持了一次由全体南美国家首脑参与的会议,由此产生了南美基础设施一体化倡议(IIRSA)。在启动时,IIRSA计划在最初的十年里扩大南美洲有形基础设施并使之现代化,特别是在能源、交通和电信部门领域。虽然倡议没有取得明显成果,但它"表明人们认识到南美洲实际上是一个独特的区域子系统,巴西在其中发挥了核心作用。巴西政府在巴西利亚的一次会议上召集了所有南美国家的首脑,正式表明它试图将南美国家团结在巴西的政治项目周围,组织一个南美空间,作为将该地区纳入冷战后国际体系的一种手段"[2]。IIRSA现在与UNASUR紧密相连,因为2009年UNASUR成立了南美基础设施和规划理事会(COSIPLAN),该理事会将IIRSA的执行委员会作为其技术咨询机构。UNASUR目前的许多基础设施项目都集中于建立两洋运输走廊,通过铁路、公路和河船将该大陆的大西洋海岸与太平洋港口连接起来,以促进与亚洲的贸易。

南美国家联盟取得的主要成就有如下几个方面。一是取消了南美内部旅行的所有护照和签证要求。这为所有UNASUR成员国的公民带来了巨大便利。南美公民只需出示国民身份证就可以进入另一个南美国家,并以游客身

---

[1] Carlos Espinosa, "The Origins of the Union of South American Nations: A Multicausal Account of South American Regionalism," in Ernesto Vivares ed., *Exploring the New South American Regionalism*, Oxen: Routledge, 2016, p. 38.

[2] Thomas Andrew O'Keefe, *Bush II, Obama, and the Decline of U.S. Hegemony in the Western Hemisphere*, New York: Routledge, 2018, pp. 67-68.

份停留长达90天。美洲国家组织解决移民问题的能力则相形见绌,《美洲国家组织宪章》第1条第2款明确规定,美洲国家组织无权干预属于成员国内部管辖的事务。特别是在美国,移民事务属于国土安全部的专属管辖权。除了实际发放签证,美国国务院在移民方面没有发挥其他作用,如何处理移民问题历来不是美洲国家组织审议的议题。

二是降低南美各国间的冲突风险。为回应2008年哥伦比亚、厄瓜多尔和委内瑞拉的边界军事危机,巴西于2008年首次提议成立南美洲防务理事会(South American Defense Council),并得到了阿根廷和智利的支持。南美国家不希望理事会变成一个类似北约的联盟,其目标是设置一个合作性的防务安排,以加强多边军事合作,促进信任和安全建设措施,并推动南美洲制造的武器装备的洲内贸易。[①] 南美国家联盟的防务安排没有提及集体安全或联合指挥架构。为了避免南美国家之间爆发军备竞赛,所有南美国家联盟政府现在都被要求公开其国防开支,作为南美国防开支登记的一部分。2014年还建立了一个南美军事库存登记册。"南美洲防务理事会提供了一个工具,促进各国在确定国防优先事项上的自主权,发展适当的国防技术,并使美国失去了传统上利用区域内冲突来实现自身目标的可能,消除外部代理人的干预机会。"[②] 卢拉政府特别推动防务理事会以加强其作为地区稳定器的能力,从而避免了美国的任何介入。

三是维护各国的民主制度。2010年10月,UNASUR通过了一项民主条款,要求对任何因民主秩序遭到破坏而上台的成员国政府实施制裁。这项措

[①] Jorge Battaglino, "Defense in a Post-Hegemonic Regional Agenda: The Case of the South American Defense Council", in Pia Riggirozzi et al. eds., *The Rise of Post-Hegemonic Regionalism: The Case of Latin America*, Dordrecht: Springer, 2012, p. 82.

[②] Francisco Carrión Mena, "Washington and the New South American Regionalism," in Ernesto Vivares ed., *Exploring the New South American Regionalism*, Oxen: Routledge, 2016, p. 62.

施是对 2010 年 9 月厄瓜多尔警察领导的针对总统拉斐尔·科雷亚的兵变的直接回应。2012 年 6 月,巴拉圭总统费尔南多·卢戈在国会接受了不到 48 小时的"审判"后被弹劾,UNASUR 援引这一规定暂停了巴拉圭的组织资格,因为大多数 UNASUR 国家认为弹劾是一场闹剧,构成了对民主秩序的破坏。此后 UNASUR 民主条款被正式纳入《南美国家联盟组织条约关于民主承诺的附加议定书》,该议定书于 2014 年 3 月 19 日生效。根据第 1 条,该议定书适用于所有打破或威胁打破民主秩序的情况,违反宪法秩序的情况,或任何危及合法行使权力或维护民主价值和原则的情况。UNASUR 可以通过对违反规定的国家进行制裁来作出回应。在最极端的情况下,这些制裁可能包括暂停该国对 UNASUR 机构的参与,以及部分或全部的贸易、运输、通信和能源禁运,直到恢复民主代表制。[①]

四是积极保障能源安全。事实上在 UNASUR 正式启动之前的 2007 年 4 月,委内瑞拉举行了第一次南美能源峰会,所有南美洲国家首脑都出席了会议。这次峰会导致了南美洲能源理事会(South American Energy Council)的成立。能源理事会由 UASUR 所有成员国的能源部长组成,自成立以来,已经发布了南美能源战略的指导原则、区域能源一体化行动计划以及谈判南美能源一体化条约的一般参数。

五是打击毒品犯罪。2010 年 4 月,UNASUR 成立了一个南美洲打击毒品贩运理事会(South American Council to Combat Drug Trafficking),试图协调打击毒品生产、贩运及洗钱等相关犯罪的政策。理事会成立的最初目的是限制美国以监控遏制毒品贩运为名提升其在哥伦比亚的军事存在和在该地区的军事干预。该理事会的成立也为成员国提供了一个便利论坛,在 2012 年

---

① Thomas Andrew O'Keefe, *Bush II, Obama, and the Decline of U. S. Hegemony in the Western Hemisphere*, New York: Routledge, 2018, p. 70.

卡塔赫纳第六届美洲首脑会议之前就新的毒品政策协调统一立场。美洲国家组织正是由于这次首脑会议,于2013年5月发布了两份关于美洲毒品问题的独立但相互关联的报告。此外,UNASUR在提高公共卫生水平、监督各国内部选举方面也发挥了重要作用。

然而UNASUR的运作从来都不是一帆风顺的,它本身就是一个松散的地区组织,且与南美地区其他地区治理机制存在重叠或冲突。"南美国家联盟首先是一个政治组织,在这个组织中,具有相同(与更右翼的拉共体和/或太平洋联盟相比,偏向左翼)政治和经济关系的各个国家可以找到彼此,在区域治理问题上进行合作,一旦政府发生变化和(轻微的)政权变化,这样一个区域合作计划的未来会是什么,还有待观察。"[1]随着第一波"粉红潮"退潮,右翼党派依次掌控南美各国政局,"南美国家联盟处于消失的边缘"[2]。由于各国在确定UNASUR秘书长人选时产生了严重分歧,2018年4月,巴西、阿根廷、智利、哥伦比亚、巴拉圭和秘鲁6国政府决定暂停参与UNASUR活动,此后厄瓜多尔也退出该组织活动,而2019年博索纳罗领导的巴西政府直接退出UNASUR,使该组织陷入了瘫痪。但随着第二波"粉红潮"席卷南美洲,尤其是积极推动南美地区一体化的卢拉重返巴西总统之位,UNASUR的前途似乎有了转机。2023年4月卢拉宣布巴西重返UNASUR,5月30日南美国家联盟峰会在巴西利亚召开,12个南美国家的领导人和高级别代表与会,并签署了《巴西利亚共识》,表明要继续推动南美一体化。

---

[1] Joren Selleslaghs et al, "Regionalism in Latin America: Eclectic, Multi-faceted and Multi-layered", in Madeleine O. Hosli & Joren Selleslaghs eds., *The Changing Global Order: Challenges and Prospects*, Cham: Springer, 2020, p.240.

[2] Nicolás Matías Comini and Alejandro Frenkel, "UNASUR on the Edge", in Detlef Nolte & Brigitte Weiffffen eds., *Regionalism Under Stress: Europe and Latin America in Comparative Perspective*, Oxen: Routledge, 2021, p.133.

五、美洲玻利瓦尔联盟

早在2001年,在加勒比共同体第三届国家元首峰会上,委内瑞拉总统查韦斯就明确表示他打算推出一个替代"华盛顿共识"和西半球贸易协定的方案。2004年12月,查韦斯访问古巴,并与古巴国务委员会主席劳尔·卡斯特罗(Raúl Modesto Castro Ruz)签署了创立"美洲玻利瓦尔替代计划"(Bolivarian Alternative for Our America,ALBA)的协议。ALBA最初只是一个模糊的建议,目的是集合拉丁美洲左翼势力对抗美国推动的美洲自由贸易区计划(FTAA)。与巴西领导的南方共同市场不同,委内瑞拉领导的ALBA的反美色彩更加鲜明。正如ALBA协议所说,"只有这样一个广泛的拉美主义愿景——我们必须承认我们的国家不可能以孤立的方式实现发展和真正独立——才能实现玻利瓦尔所说的:看到美洲形成世界上最伟大的国家,这个国家的伟大不是由于它的规模和财富,而是它的自由和荣耀。马蒂把它理解为'我们的美洲',以区别于另一个具有帝国主义胃口的扩张主义的美洲"。[①] 2006年4月,玻利维亚总统莫拉莱斯(Juan Evo Morales Ayma)与查韦斯到访古巴,莫拉莱斯随即签署了ALBA协定。此外,三方还签订了《人民贸易条约》(People's Trade Treaty,TCP),由此该组织的全称改为ALBA-TCP。2009年,"美洲玻利瓦尔替代计划"正式更名为"美洲玻利瓦尔联盟"(Bolivarian Alliance for Our Americas,英文简称仍为ALBA或ALBA-TCP)。

"美洲玻利瓦尔联盟代表了前所未有地推动一种议程的尝试,这种议程不以贸易自由化为主要基础,而实际上以福利合作和团结为基础,特别强调公民

[①] Arturo Santa-Cruz, "Regionalism in Latin American Thought and Practice", in Amitav Acharya et al. eds., *Latin America in Global International Relations*, New York: Routledge, 2021, p. 170.

社会参与规划和管理的实践。"①"ALBA 强调需要与社会排斥和贫困作斗争,而美洲自由贸易区被描述为一个优先考虑国际资本利益的过程,不会改善普通拉丁美洲人的生活。ALBA 进一步寻求鼓励内生的经济发展,并承诺提供补偿性或结构性的重新调整资金,以克服成员国之间经济发展的不对称性。最后,ALBA 设想加强国家的作用,在国家层面上克服市场的结构性失误。"② ALBA 协议签订后,该组织发展迅速。除了最初的三个成员国外,ALBA 组织很快扩容,包括尼加拉瓜(2007 年)、圣文森特和格林纳丁斯(2007 年)、多米尼克(2008 年)、洪都拉斯(2008 年,2010 年退出)、安提瓜和巴布达(2009 年)、厄瓜多尔(2009 年)、苏里南(2012 年)、圣卢西亚(2013 年)、格林纳达(2014 年)以及圣基茨和尼维斯(2014 年)。其他几个国家,包括多米尼加共和国、格林纳达和海地,已经以某种身份与 ALBA 建立了联系。自 2004 年成立以来,ALBA 成员国间已经达成了一些双边和区域协议,包括在能源、食品安全、文化、金融和银行、社会发展、医疗保健和教育方面的合作。传统自贸区意义上的合作协议旨在促进货物流通和人员往来,而 ALBA 成员国间的合作更像是各国政府力量牵头的相关领域国际分工。2008 年,古巴和委内瑞拉在这些领域的项目达到 13.55 亿美元,包括一个旗舰项目"石油换医生":委内瑞拉通过该项目出口有补贴的石油,用于交换古巴派遣医生和古巴提供培训项目。古巴也慷慨地向成员国提供自身先进的医疗服务。"玻利维亚受益于 600 名古巴医疗专家。玻利维亚医生在古巴接受教育,同时,古巴通过派遣专家和医生

---

① Pia Riggirozzi, "Reconstructing Regionalism: What does Development have to do with It?" in Pia Riggirozzi et al. eds., *The Rise of Post-Hegemonic Regionalism: The Case of Latin America*, Dordrecht: Springer, 2012, p.26.

② Thomas Andrew O'Keefe, *Bush II, Obama, and the Decline of U.S. Hegemony in the Western Hemisphere*, New York: Routledge, 2018, p.100.

帮助玻利维亚的卫生中心进行协调。"①另外,扫盲也是美洲玻利瓦尔联盟中社会经济发展的一个关键组成部分。古巴为玻利维亚提供了实施扫盲计划所需的经验、教学材料和技术资源,并一直在协助玻利维亚扩大其公立学校和医院。委内瑞拉和古巴为多米尼加的学生提供奖学金或教学服务。此外,还有以物易物的贸易安排,即基什内尔领导下的阿根廷出口奶牛和公共汽车,以换取委内瑞拉的燃油。ALBA 成员创建了一个地区统一货币机制苏克雷(Sucre),主要作为一种虚拟的记账单位使用。苏克雷的进一步制度化可以减少拉丁美洲内部贸易对美元的依赖。

委内瑞拉为扩大其石油影响力,在推动建立 ALBA 的同时启动了加勒比石油计划(Petrocaribe)。该组织成立于 2005 年,有三个核心功能:"对油价上涨的金融缓冲、易货贸易机制和(社会)发展基金。"②与仅限于 ALBA 正式成员参与的 TCP 和苏克雷不同,Petrocaribe 则对更广泛的加勒比地区永久开放。根据计划方案,"委内瑞拉向大多数加勒比海岛国以及伯利兹、萨尔瓦多、危地马拉(直到 2013 年)、圭亚那、洪都拉斯、尼加拉瓜和苏里南出售石油,有一年或两年的宽限期和 15 至 25 年的长期还款计划,利息为 1%或 2%。参与国甚至可以用产品或服务代替硬通货来支付。加勒比海盆地国家几乎不可能拒绝签署该计划,因为它们是世界上负债最重的国家之一,主要是因为需要为能源进口提供资金"。③ 委内瑞拉有意利用 Petrocaribe 平台强化经济联系、改善周边关系,从而为 ALBA 寻求新的伙伴。

美洲玻利瓦尔联盟由委内瑞拉主导,是委内瑞拉提升拉美地区影响力和

---

① Pia Riggirozzi, "Reconstructing Regionalism: What does Development have to do with It?" in Pia Riggirozzi et al. eds., *The Rise of Post-Hegemonic Regionalism: The Case of Latin America*, Dordrecht: Springer, 2012, p.27.

② Asa K. Cusack, *Venezuela, ALBA, and the Limits of Postneoliberal Regionalism in Latin America and the Caribbean*, New York: Palgrave Macmillan, 2019, p.153.

③ Thomas Andrew O'Keefe, *Bush II, Obama, and the Decline of U.S. Hegemony in the Western Hemisphere*, New York: Routledge, 2018, p.102.

扩展意识形态的制度手段,[①]是其依托丰富的石油资源开展反美斗争的重要平台,也是拉美地区反对新自由主义最激进的堡垒。除了委内瑞拉和古巴,ALBA 和 Petrocaribe 参与国多为拉美地区经济落后的国家,这就导致各成员国间合作与互惠程度较低,更多体现出委内瑞拉对拉美弱国的单向支援。在21世纪头10年,全球经济形势大好,石油价格高企,委内瑞拉的石油资源尚能发挥强劲的地缘政治牵引力。然而,2013 年查韦斯去世后,委内瑞拉国家治理遭遇重大危机,经济问题丛生,政治局势动荡,社会矛盾加剧,连民众所需基本药品都面临短缺,加上近些年国际市场上石油价格下跌,马杜罗(Nicolás Maduro Moros)政府执政期间的委内瑞拉已经大大减少了慷慨解囊。除石油外,ALBA 国家之间的贸易量仍然很低,而且贸易量已经下降,2016 年只相当于 2005 年的四分之一。[②] 连古巴和委内瑞拉的双边能源协定的履行都成了问题,当前 ALBA 除了定期的代表团会晤和交流,几乎没有进行实质性事务,前景堪忧。

六、太平洋联盟

2012 年 6 月 6 日,智利、哥伦比亚、秘鲁和墨西哥四国总统在智利的安托法加斯塔签署了《太平洋联盟组织条约》,太平洋联盟(Pacific Alliance,PA)成立。太平洋联盟的起源可以追溯至 2006 年秘鲁政府提议建立的"拉丁美洲太平洋弧论坛"(APL),论坛内部上述四国对推动商品、服务、资本和人员的自

---

① 委内瑞拉是美洲玻利瓦尔联盟、加勒比石油计划和南方共同市场的唯一纽带,马杜罗政府雄心勃勃地计划在美洲玻利瓦尔联盟、加勒比石油计划、加勒比共同体和南方共同市场之间建立一个大的区域性融合。参见 Asa K. Cusack, *Venezuela, ALBA, and the Limits of Postneoliberal Regionalism in Latin America and the Caribbean*, New York: Palgrave Macmillan, 2019, pp. 191 - 212。

② Arturo Santa-Cruz, "Regionalism in Latin American Thought and Practice", in Amitav Acharya et al. eds., *Latin America in Global International Relations*, New York: Routledge, 2021, p. 171.

由流动最为积极,并在 2011 年四国第一次首脑会议上决定建立太平洋联盟。一方面,PA 的四个成员国实际上是美国倡导的美洲自由贸易区(FTAA)最坚定的支持者,PA 成立的首要动因是维护和拓展自由贸易体制。2005 年FTAA 谈判失败,而与四国相关的重要经济一体化组织安第斯共同体(CAN,简称"安共体")①出现了严重的政治危机:2006 年委内瑞拉决定退出安共体,玻利维亚和厄瓜多尔左派领导人执政,对自由贸易持批评态度。与此相反的是,亚太经贸合作进程不断加快,拉美太平洋沿岸国家意图联合起来以增加与亚洲市场尤其是中国市场交流的机会。另一方面,PA 四国对巴西主导的南方共同市场愈加不满,认为南方共同市场逐渐成为一个封闭的地区保护组织,与南方共同市场成员国开展自由贸易的前景渺茫。需要说明的是,PA 虽然与美国的新自由主义理念接近,但并不是美国领导或推动建立的经济组织。PA 建立时正值美国金融危机持续影响,拉美与美国的贸易量在 2008 年后开始减弱;而拉美与亚太国家,特别是与中国的贸易量开始增加。PA 特别强调与中国加强经济联系的重要性,"较小的国家可能更喜欢与遥远的大国进行低政治成本的合作和交流,而不是与该地区的主导大国密切接触,因为这样做可能会产生不对称的经济依赖。PA 完全符合这一逻辑,它可以减少对地区内大国的依赖。就墨西哥而言,这是指美国;在南美洲,这意味着巴西。一些学者甚至认为 PA 是(制度)软制衡的工具"。②

太平洋联盟虽然非常年轻,但已经成为拉美地区主义的典型代表。"作为

---

① 1996 年安第斯共同体成立时共有 5 个成员国,分别是秘鲁、哥伦比亚、玻利维亚、智利和委内瑞拉。安共体的宗旨是"充分利用本地区资源,促进成员国之间平衡和协调发展,取消成员国之间的关税壁垒,组成共同市场,加速经济一体化进程。"参见《安第斯共同体》,中华人民共和国外交部网站,https://www.fmprc.gov.cn/web/wjb_673085/zzjg_673183/ldmzs_673663/dqzz_673667/adsgtt_673725/gk_673727/。

② Detlef Nolte, "The Pacific Alliance: Regionalism without stress?" in Detlef Nolte & Brigitte Weiffen eds., *Regionalism Under Stress: Europe and Latin America in Comparative Perspective*, Oxen: Routledge, 2021, pp. 156-157.

一个集团,太平洋联盟构成了世界第八大经济体和第七大出口实体。在拉丁美洲和加勒比次区域,联盟占该地区国内生产总值的36%,集中了50%的贸易总额,并吸收了41%流向该地区的外国投资。联盟的四个创始成员国共有2.12亿人口,其中大多数人的年龄在30岁以下。它的人均GDP为1万美元,可以被看作是经济合作与发展组织(OECD)最新成员(墨西哥和智利)和目前正在谈判加入工业化国家集团条件的成员(哥伦比亚和秘鲁)之间的一个融合俱乐部。"[1]当前,拉美地区主义陷入困境,诸多国际组织或机制处于停滞不前甚至濒临解体的状态。相反PA逆势而上,成为中小国家在多极化趋势加快的世界中主动参与经济全球化的重要组织,因而PA的影响力已扩展到世界。虽然PA的成员国只有4个,但是其观察员国有61个,遍布世界五大洲,包括中国、美国、日本、英国、法国、德国、印度等世界主要经济体,其中新加坡是正式联系国,加拿大、澳大利亚、新西兰、韩国、厄瓜多尔为候选联系国。

  太平洋联盟的主要目标是建立一个深度经济一体化地区,并确保在货物、服务、资本和人员自由流动方面取得进展。根据2014年2月在哥伦比亚卡塔赫纳签署的补充协议规定,成员国之间92%的贸易关税将被取消。其余8%的关税将逐步取消。2011年创建了拉丁美洲一体化市场(MILA)作为一个金融监管框架,其目标是协调四个成员国的金融市场政策。2014年,当墨西哥加入MILA时,这四个国家的证券交易所合并为一个,成为拉丁美洲最大的证券交易所。[2]人员流动方面,自2012年年底以来,在太平洋联盟内旅行不再需要签证。此外,PA成员国已经开始共享海外外交和领事代表权,目前在加纳(智利、哥伦比亚、墨西哥和秘鲁)、越南(哥伦比亚和秘鲁)、摩洛哥(智利

---

[1] Pierre Sauvé et al., "The Pacific Alliance in a World of Preferential Trade Agreements: An Introduction", in Pierre Sauvé et al eds., *The Pacific Alliance in a World of Preferential Trade Agreements: Lessons in Comparative Regionalism*, Cham: Springer, 2019, p. ix.

[2] Marcel Nelson, "The Pacific Alliance: Regional Integration as Neoliberal Discipline," *Globalizations*, Vol. 19, No. 4, 2022, p. 574.

和哥伦比亚)、阿尔及利亚(智利和哥伦比亚)、阿塞拜疆(智利和哥伦比亚)和巴黎的经济合作与发展组织(OECD)(智利和哥伦比亚)设有联合大使馆。PA成员国已开始协调贸易和投资促进活动,以便将该区域联盟打造为一个综合经济空间。

就建设方向而言,PA的目标较为有限。与20世纪90年代拉美地区的经济一体化组织不同,它不寻求建成一个关税同盟或共同市场,PA各国只需协调彼此之间的关税率,而不必与外部国家协调关税率。PA的重点"在于双边承诺的'多边化',目的是减少在PA成员国经营或与其进行贸易的公司的交易成本。这意味着该联盟将使许多原本只适用于双边的贸易便利化承诺(如原产地规则的积累)适用于其所有成员,这可能有助于建立区域价值链。"[1]在对外关系方面,PA奉行开放的地区一体化策略。它不限制成员国的自主权,各国在对第三国的贸易政策方面是完全自由的。PA对其他国家的加入持开放态度,根据2014年的补充协议,只要已经与每个PA成员国签订了自由贸易协定的国家就会被授予正式成员资格。在组织架构方面,太平洋联盟没有常设秘书处或行政机构来支持决策。成员国的外交和贸易部长组成了部长理事会,每年举行一次例会,并应成员国的要求举行特别会议。PA与大多数拉美地区组织一样贯彻政府间主义原则,也没有创建超国家机构,它选择了一个比南方共同市场甚至南美国家联盟更精简的制度结构。在成员国内部环境方面,专业技术官僚主导了国家核心经济机构[2],且企业家阶层在国家

---

[1] Detlef Nolte, "The Pacific Alliance: Regionalism without stress?" in Detlef Nolte & Brigitte Weiffen eds., *Regionalism Under Stress: Europe and Latin America in Comparative Perspective*, Oxen: Routledge, 2021, p.157.

[2] 参见 Marcel Nelson, "The Pacific Alliance: Regional Integration as Neoliberal Discipline," *Globalizations*, Vol.19, No.4, 2022, pp.571-586。

政治生活中发挥了重要作用,积极推动成员国间经济一体化进程。[1] 上述原因,加上联盟成员仅 4 国,使得 PA 成员国在联盟事务上协调一致的难度小很多,这有利于 PA 稳步发展。

当然 PA 的发展也存在阻碍因素。一方面成员国之间缺乏经济互补性,尤其是哥伦比亚、秘鲁和智利同属安第斯山脉国家,贸易商品具有同质性,"南南型区域贸易协定对促进成员国经济增长的作用不明显"。[2] 另一方面,政府间主义的国际组织都会受到成员国政治生态变化的影响,当前来自左翼政党的墨西哥总统奥夫拉多尔对 PA 持保留态度,秘鲁政局动荡不止,这些都妨碍了成员国间的合作深化。而最为关键的是,PA 称将打造"对亚洲最具吸引力的拉美次区域组织和亚洲进入拉美市场最便利的入口",[3] 在面对"全面与进步跨太平洋伙伴关系协定"(CPTPP)这一亚太深度经济合作平台且三个 PA 成员国(墨西哥、秘鲁、智利)已经加入该协定的情形下,PA 的独特性受到质疑,甚至面临被消融的风险。

七、拉美和加勒比国家共同体

拉美和加勒比国家共同体(CELAC,简称"拉共体")于 2010 年 2 月在墨西哥的坎昆成立。它是拉美地区所有 33 个主权国家正式参加的且仅由它们参加的一个地区性国际组织。它的起源可以追溯到 1986 年由 8 个拉丁美洲

---

[1] 参见 Rita Giacalone & Giovanni Molano Cruz, "Entrepreneurs in Latin American regional integration from 1960 to 2018", in José Briceño-Ruiz & Andrés Rivarola Puntigliano eds., *Regionalism in Latin America: Agents, Systems and Resilience*, Oxen: Routledge, 2021, pp. 168 - 171。

[2] Athanasios Vamvakidis, "Regional Integration and Economic Growth," *The World Bank Economic Review*, Vol. 12, No. 2, 1998, pp. 251 - 270. 转引自贺双荣:《太平洋联盟的建立、发展及其地缘政治影响》,载《拉丁美洲研究》2013 年第 1 期,第 43 页。

[3] 中华人民共和国外交部:《太平洋联盟》,https://www.mfa.gov.cn/web/gjhdq_676201/gjhdqzz_681964/tpylm_683648/jbqk_683650/.

国家为推动中美洲和平、反对外部势力干涉拉美事务而建立的里约集团。[1]拉共体从根本上说是巴西和墨西哥这两个在外交上争夺拉美地区领导权的国家共同倡议的结果。[2] 2007年的里约集团峰会上,时任墨西哥总统费利佩·卡尔德龙提出了建立拉丁美洲和加勒比国家集团的想法。2008年12月,时任巴西总统卢拉在巴西东北部组织召开了拉美地区所有国家元首参加的会议——第一届拉丁美洲和加勒比地区发展与一体化峰会(CALC),古巴获邀并出席此次会议,美国和加拿大被故意排除在外。2009年,作为里约集团的临时主席,墨西哥正式提出提案,建议采纳拉美和加勒比地区峰会的议程,将里约集团转变为拉美和加勒比联盟(ULC)。2010年2月,第21届里约集团峰会暨第二届CALC峰会在墨西哥坎昆举行,会议决定筹建涵盖所有33个拉美和加勒比独立国家,旨在深化该地区文化、经济、政治和社会一体化共同空间的新地区组织,即"拉美和加勒比国家共同体",以替代里约集团和CALC。

"拉共体的议程涵盖了成员国合作的广泛议题,其中包括国际金融危机、贸易、能源、基础设施、科学技术、食品安全、卫生、教育、文化、移民、性别、可持续发展、气候变化、自然灾害、人权、安全、麻醉品和恐怖主义等。毫无疑问,这个新地区组织的标准定得相当高。然而,按照该地区一体化努力的惯例,制度化和授权水平很低,这使得它只能由高级别首脑会议在动态方面发挥中心作用。"[3]拉共体的制度框架很薄弱,它缺乏永久性的秘书办公室,决策靠协商一致,甚至没有自己的网站。协商一致政策带来的风险是,"任何经批准的文本

---

[1] 里约集团包括孔塔多拉集团四国(哥伦比亚、墨西哥、委内瑞拉和巴拿马)和利马集团四国(巴西、阿根廷、乌拉圭和秘鲁)。

[2] Michael Shifter, "The Shifting Landscape of Latin American Regionalism," *Current History*, Feb., 2012, p.57.

[3] Arturo Santa-Cruz, "Regionalism in Latin American Thought and Practice", in Amitav Acharya et al. eds., *Latin America in Global International Relations*, New York: Routledge, 2021, p.172.

在变得对每个国家都适用时,会变得过于笼统,缺乏任何真正的实质内容或力量。这一决策因成员国总统自身的行动而变得更加复杂,他们本质上把它作为一种政治协商和协议机制"。① 事实上,拉共体内部在处理机构发展方向及其与美国的关系等问题时有各种不同看法,由此削弱了拉共体的集体行动力。墨西哥在建立"拉美与加勒比联盟"提案中明确指出,新的组织"不应该被视为一个排斥其他论坛的机制,而应该是对它们(美洲国家组织)的补充"。卢拉则出于提升巴西的地区和全球地位、制衡美国霸权的角度来规划拉共体的发展,他在2008年第一届CALC峰会上表示:"有必要阐明南方国家的集体行动,以改变目前的状况,改变国际准则,并通过建设地区权力中心来追求全球平衡。"而属于激进左翼阵营的尼加拉瓜总统奥特加在2011年拉共体第一次峰会上表示:"我们正在宣判门罗主义的死刑。"②此外,拉美各国左右翼政治势力的博弈同样影响拉共体的发展。以巴西为例,2020年初属于保守派的巴西总统博索纳罗宣布暂停参与拉共体框架内活动,理由是他认为拉共体支持包括古巴和委内瑞拉在内的"非民主"政权。2023年卢拉刚上任就宣布重返拉共体,并参加了1月24日在阿根廷布宜诺斯艾利斯举办的第七届拉共体峰会。

虽然拉共体很难称得上是健全的国际组织,但它至少发挥了拉美国家集体参加跨地区交流的功能。目前中国借助拉共体开展中拉经济合作与文化交流的机制较为成熟。2015年1月,中拉论坛首届部长级会议在北京举行,会上通过了《中拉论坛机制设置和运行规则》,文件规定:中拉论坛定位为由中国和拉共体成员国外交部牵头的政府间合作平台,主要机制包括部长会议、中

---

① Daniela Segovia, "Latin America and the Caribbean: Between the OAS and CELAC," *European Review of Latin American and Caribbean Studies*, No. 95, Oct., 2013, p. 101.
② Arturo Santa-Cruz, "Regionalism in Latin American Thought and Practice", in Amitav Acharya et al. eds., *Latin America in Global International Relations*, New York: Routledge, 2021, p. 172.

国—拉共体"四驾马车"外长对话、国家协调员会议(高官会)、各专业领域论坛和会议。① 此后,各类会议和论坛如期召开。2023年1月,中国国家主席习近平获邀在第七届拉共体峰会上作视频致辞。另外,欧盟与拉共体的交流也在增强,目前至少已经举行了两次拉共体—欧盟峰会,第一次是2013年1月在智利圣地亚哥举行,第二次是2015年6月在布鲁塞尔举行。②

八、拉美地区制度建设的主线和特征

拉美地区制度构建成果远不止上文列举的7项内容,但是它们深刻体现了冷战结束30多年来拉美地区主义的进程,能够昭示进程的主线有三条。第一条是地区联合的路线之争。整个西半球国家联合的泛美主义与拉美国家联合(排除美国和加拿大)的玻利瓦尔主义的矛盾,是拉美地区主义两种思想渊源的延续。"就拉丁美洲而言,地区主义通常与共享身份的观念以及将该地区视为'破碎的国家'的信念联系在一起。这种身份因素源于几个世纪以来西班牙和葡萄牙共同的殖民统治以及独立后政治和经济发展的类似经历。"③21世纪以来,美洲自由贸易区计划遭受挫败,泛美主义逐渐式微。全体拉美国家联合的愿望也仅仅以拉共体的形式迈出了一小步,"拉共体目前不过是一个谈话场所,它让拉美国家领导人参加另一场地区会议以获得又一次拍照的机会"④。在这两种路线中,墨西哥的定位比较尴尬。从近10年的经济总量和

---

① 中华人民共和国外交部:《拉美和加勒比国家共同体》,https://www.mfa.gov.cn/web/gjhdq_676201/gjhdqzz_681964/lmhjlbgjgtt_683624/jbqk_683626/。

② Thomas Andrew O'Keefe, *Bush II, Obama, and the Decline of U.S. Hegemony in the Western Hemisphere*, New York: Routledge, 2018, p.75.

③ Kevin Parthenay, "Why Central American Regionalism Never Ends Dying: A Historical Exploration of Regional Resilience", in José Briceño-Ruiz & Andrés Rivarola Puntigliano eds., *Regionalism in Latin America: Agents, Systems and Resilience*, Oxen: Routledge, 2021, p.31.

④ Thomas Andrew O'Keefe, *Bush II, Obama, and the Decline of U.S. Hegemony in the Western Hemisphere*, New York: Routledge, 2018, p.75.

人口数量来看,墨西哥在拉美地区始终是仅次于巴西的第二强国[①],本应在拉美地区发挥强大的影响力。但它与北方邻国美国的经济联系十分密切,1994年加入《北美自由贸易协定》后遭到了拉美地区反美国家(尤其是巴西和委内瑞拉)的排挤,为此墨西哥积极推动建立拉共体和太平洋联盟以重塑自己的拉美身份,提升对拉美其他国家的吸引力。

第二条主线是政治经济模式的意识形态之争。"拉美政党的意识形态光谱差异较为显著,左右政治钟摆对国家对外政策、地区关系造成显著影响。"[②]拉美各种地区制度或多或少带有意识形态色彩。20世纪的最后10年,美国大力吹捧的新自由主义理念为绝大多数拉美国家所接受,右翼政党在拉美众多国家纷纷上台执政,一大批新组织、新机制得以创立,原有的制度则被改革并增添了新的合作内容或方式。除了上文所述的北美自由贸易协定和南方共同市场,还有加勒比国家联盟(1993年成立)、中美洲一体化体系(1991年成立)、安第斯共同体(1996年由安第斯集团转变而来)等。所有这些新制度以经贸合作为主要内容,遵循开放的区域主义,其目标是利用地区经济一体化,更好地融入全球市场。其中南方共同市场虽仍然是一个贸易协定,但新的政策倡议补充了生产力、社会政策和教育等领域的内容,有人甚至把它称为"新南方共同市场",而美洲玻利瓦尔联盟则被描述为反资本主义、反帝国主义和反霸权主义的倡议。[③] 因此,南方共同市场及后来的南美国家联盟属于温和左翼地区制度,美洲玻利瓦尔联盟属于激进左翼地区制度。2010年之后,太

---

① 2013—2022年墨西哥的人口数据及其在拉美地区的排名来自联合国人口司(UNPD)网站,https://www.un.org/development/desa/pd/,访问日期:2023年4月7日。2013—2022年墨西哥的GDP数据及其在拉美地区的排名来自世界银行(World Bank)的世界发展指数(WDI)数据库,https://datacatalog.worldbank.org/search/dataset。

② 周志伟:《拉美"左转",地区一体化重获新生?》,载《世界知识》2023年第20期,第15页。

③ Joren Selleslaghs et al, "Regionalism in Latin America: Eclectic, Multi-faceted and Multi-layered", in Madeleine O. Hosli & Joren Selleslaghs eds., *The Changing Global Order: Challenges and Prospects*, Cham: Springer, 2020, p.227.

平洋沿岸国家再次擎起"自由贸易"的大旗,组建了太平洋联盟这一开放性地区主义的组织,太平洋联盟属于右翼地区制度。"不同意识形态主导的区域主义活动有着完全不同的目标和路径,彼此并不兼容。"①

第三条主线则是对拉美地区的影响力之争。冷战结束之初,俄罗斯势力完全退出美洲,美国毫无疑问成为拉丁美洲地区的霸权国家,但是 21 世纪初全球经济繁荣为出口大宗商品的国家带来了丰厚的收益,巴西和委内瑞拉的经济实力快速提高,从而为其追求地区大国乃至世界大国地位提供了动力。南方共同市场改革、南美国家联盟和拉共体成立明显代表了巴西削弱美国地区霸权的野心,委内瑞拉则主要将影响力扩展至加勒比海域周围国家,但也拉拢古巴积极参与后自由主义的一体化项目以抬升自己"反美先锋"的地位。2010 年之后的美国在拉美地区的霸权明显衰落,在南美洲的霸权可谓岌岌可危。

拉美地区主义有其自身特征,从近期来看,这些特征给拉美国家深化合作带来了复杂的影响。第一,不同的区域和次区域一体化计划相互重叠,相互影响。拉丁美洲是一个支离破碎的地区,拉美一体化也呈现碎片化的表征,而功能重叠的地区主义可能导致各自政府在挑选国际制度和维系机构关系时面临冲突,并可能导致地区规范的淡化,甚至地区组织的瘫痪。第二,拉美地区合作的经济基础薄弱。地区外的经济联系比地区内的联系强得多。1990 年至 2014 年,全球各地区内贸易占全球贸易的 45%,而同期拉美地区的地区内贸易在总贸易中的份额低于 20%。② 经济领域的联合是拉美传统地区一体化项目的核心目标,但却很难有大幅拓展的空间。第三,拉美地区主义项目坚持政

---

① 李德鹏、思特格奇:《拉美区域主义的特点及影响因素》,载《拉丁美洲研究》2022 年第 4 期,第 59 页。
② Chad P. Bown et al, *Better Neighbors: Toward a Renewal of Economic Integration in Latin America*, Washington, DC: World Bank, 2017, pp. 45-46.

府间主义原则,以维护和捍卫主权为中心。绝大多数项目采用协商一致的决策原则,这就使每个成员国拥有否决权,限制了更深层次的一体化建设。成员国越多的机构,其决策效率往往越低。第四,拉美各国的总统在推动地区主义项目时发挥了主导作用。这就使得地区内合作在很大程度取决于国内政治,拉美地区一体化深受意识形态的影响,政治周期的变化(左派政府的"粉红潮"或右派政府的"浅蓝潮")往往导致地区合作模式的转变。例如2017年巴西总统博索纳罗上台后其先后退出了南美国家联盟和拉共体,这两个组织都曾是巴西推动建立的。

总体上,拉丁美洲地区秩序深受地区地缘政治格局、地区内外大国权力对比和互动、地区制度安排这三大因素的影响。从理论上说,制度安排才是国际秩序的核心要素,但是"秩序建立在相对清晰和稳定的权力结构之上……权力结构的变化会对业已形成的秩序造成冲击,为新的秩序安排提供动力"[1]。所以,从权力分布入手分析拉美地区秩序依旧重要。其中,就拉美地区内部地缘政治格局而言,中部美洲处于碎片化状态,这里国家数量众多,绝大多数国力弱小,自然地理破碎,尽管该地区有较为强大的墨西哥,但是这里离美国太近。中部美洲国家尽管与美国开展经贸和人员往来十分便利,却容易受美国政治、经济、文化、安全等方面的影响,而且美国也对中部美洲的联合保持高度警惕,利用各种手段遏制古巴、委内瑞拉反美势力。南美洲国家数量不多,美国在此的外交和军事干预不多,因而南美洲的地缘政治格局自成一体,从而形成了内嵌缓冲国的环形跳棋盘格局,限制了南美洲国家权力斗争的规模和烈度,为巴西和阿根廷的和解和共同推进地区一体化排除了重大干扰。

在地区内外大国权力对比和互动方面,21世纪以来美国在拉美的权力投射明显削弱,美国与拉美国家的矛盾愈加凸显;中国的崛起为拉美国家的经济

---

[1] 刘丰:《中美战略互动与东亚地区秩序》,载《国际展望》2021年第1期,第29页。

发展和外交独立带来了机遇,中拉关系稳步推进;以巴西为首的地区大国快速崛起,在外交上逐渐展现对美的独立性。在地区制度建设方面,冷战以后拉美地区出现了各类组织和机制,原有的组织和机制则增添了新的合作内容,但是拉美地区主义进程也出现了诸多波折,一些地区机制几乎停摆。拉美地区主义进程有三条主线:地区联合的路线之争、政治经济模式的意识形态之争、主要国家对拉美地区的影响力之争。它们共同作用,塑造着地区秩序和国家间关系。

正是在内外因素的作用下,冷战后拉美地区秩序的总体风貌是:美国在拉美地区的霸权秩序在2000年前后达到顶峰,此后在功能层面和地理层面呈现非对称性衰退,即美国在南美洲的权势衰退要明显快于中部美洲;随着美国影响力的削弱,拉美地区部分大国(巴西、委内瑞拉、墨西哥)跃跃欲试,意图推动新的制度安排来追求与自身实力相称的国际地位;目前拉美国家间基本可以维持和平状态,它们努力尝试各种地区制度机制来共同解决经济、政治、外交、社会、环保等各类问题。在可预见的未来,拉美国家之间不会出现高强度的地缘政治博弈。国家之间的领土纷争也处于可控范围,拉美地区大国也不会出现传统战略竞争,而只会在各类全球或地区性制度框架内进行地位和影响力竞争。从经济实力和地缘政治角度看,拉美整体上仍然处于国际体系的相对次要位置,这类竞争不会对国际格局产生重要影响。

有学者认为,拉美地区特有的地理条件、人文背景和经济结构等中长时段因素导致拉美地区主义"弱而不竭";拉美政府国家的政策和一些域外大国的具体政策作为短时段因素,造成拉美地区主义"起伏不定"。[①] 所以拉美地区主义建设不会出现重大退步,目前拉美地区仍处于左翼政党执政周期,由巴西

---

① 李德鹏、思特格奇:《拉美区域主义的特点及影响因素》,载《拉丁美洲研究》2022年第4期,第47—61页。

主导或积极推动的、具有明显政治合作和社会治理的地区制度，如南美国家联盟、拉共体等，将有较明显的建设成果；美国主导的美洲国家组织和自由贸易协定等制度的影响力则继续下降。但是这次"新粉红潮"周期能持续多久仍有待观察。从目前的形势看，拉美政治钟摆似乎有右倾趋势。智利左翼总统加尔列夫·博里奇推动的新宪法草案包含强烈的福利社会和政治平权的色彩，却在2022年9月的全民公决中遭否决；而2023年年底，经济上主张"休克疗法"、外交上全面亲美的阿根廷极右翼政党领导人哈维尔·米莱开始担任该国总统。但是从历史轨迹来看，拉美地区主义制度机制建设呈现"你方唱罢、我方登场"的特点，即使部分地区制度机制在未来受挫，又会有其他地区制度机制取得重大成果，甚至诞生新的地区制度机制。总之，拉美国家独立自主推进地区一体化的总体进程不会中断。

参考文献

一、中文文献

(一)中文著作(含译著)

柴瑜主编:《拉美黄皮书:拉丁美洲和加勒比发展报告(2020—2021)》,北京:社会科学文献出版社2021年版。

陈峰君主编:《世界现代化历程南亚卷》,南京:江苏人民出版社2012年版。

陈继东、晏世经等:《南亚区域合作发展前景研究》,成都:巴蜀书社2018年版。

冀开运、蔺焕萍:《二十世纪伊朗史》,兰州:甘肃人民出版社2002年版。

康灿雄:《西方之前的东亚:朝贡贸易五百年》,北京:社会科学文献出版社2016年版。

孔刚:《欧盟共同安全与防务政策:1999—2009》,北京:军事谊文出版社2010年版。

李安山主编:《中国非洲研究评论(2014)》,北京:社会科学文献出版社

2015年版。

林华等编著:《列国志·拉丁美洲和加勒比地区国际组织》,北京:社会科学文献出版社2010年版。

刘竞、安维华:《现代海湾国家政治体制研究》,北京:中国社会科学出版社1994年版。

毛世昌、刘雪岚主编:《辉煌灿烂的印度文化的主流:印度教》,北京:中国社会科学出版社2011年版。

宋清润:《"亚太再平衡"战略背景下的美国与东南亚军事关系:2009—2014》,北京:社会科学文献出版社2015年版。

宋伟:《捍卫霸权利益:美国地区一体化战略的演变(1945—2005)》,北京:北京大学出版社2014年版。

孙士海主编:《南亚的政治、国际关系及安全》,北京:中国社会科学出版社1998年版。

孙学峰、刘若楠等:《东亚安全秩序与中国周边政策转型》,北京:社会科学文献出版社2017年版。

陶亮:《理想主义与地区权力政治:冷战时期印度的对外政策》,昆明:云南大学出版社2014年版。

王玉玲、王润球主编:《印度经济》,北京:中国经济出版社2016年版。

韦民:《小国与国际关系》,北京:北京大学出版社2014年版。

习近平:《高举中国特色社会主义伟大旗帜 为全面建设社会主义现代化国家而团结奋斗——在中国共产党第二十次全国代表大会上的报告(2022年10月16日)》,北京:人民出版社2022年版。

习近平:《习近平谈治国理政》,北京:外文出版社2014年版。

肖宏宇:《非洲一体化与现代化的互动:以西部非洲一体化的发展为例》,北京:社会科学文献出版社2014年版。

邢广程:《2006年:俄罗斯东欧中亚国家发展报告》,北京:社会科学文献出版社2006年版。

徐济明、谈世中编:《当代非洲政治变革》,北京:经济科学出版社1998年版。

徐世澄:《拉丁美洲政治》,北京:中国社会科学出版社2010年版。

曾祥裕、魏楚雄:《〈政事论〉国际政治思想研究》,北京:时事出版社2019年版。

张宏明:《多维视野中的非洲政治发展》,北京:社会科学文献出版社2007年版。

张宏明、贺文萍编:《非洲发展报告No.17(2014—2015):中国在非洲的软实力建设:成效、问题与出路》,北京:社会科学文献出版社2015年版。

张宏明主编:《非洲发展报告No.17(2014—2015)中国在非洲的软实力建设:成效、问题与出路》,北京:社会科学文献出版社2015年版。

张宏明主编:《非洲发展报告No.19(2016—2017):非洲工业化与中国在非洲产业园区建设》,北京:社会科学文献出版社2017年版。

张力主编:《世纪之交的中印关系与发展趋势》,北京:时事出版社2016年版。

中国现代国际关系研究所:《亚太战略场》,北京:时事出版社2002年版。

朱翠萍、[印]斯瓦兰·辛格编著:《孟中印缅经济走廊建设:中印视角》,北京:社会科学文献出版社2015年版。

朱锋、[美]罗伯特·罗斯主编:《中国崛起:理论与政策视角》,上海:上海人民出版社2008年版。

卓南生:《日本外交》,北京:世界知识出版社2006年版。

[澳]大卫·布鲁斯特:《印度之洋:印度谋求地区领导权的真相》,杜幼康、毛悦译,北京:社会科学文献出版社2016年版。

［巴基斯坦］伊夫提哈尔.H.马里克：《巴基斯坦史》，张文涛译，北京：中国大百科全书出版社2010年版。

［德］赫尔曼·库尔克、迪特玛尔·罗特蒙特：《印度史》，王立新、周红江译，北京：中国青年出版社2008年版。

［加］阿米塔·阿查亚、［英］巴里·布赞：《全球国际关系学的构建：百年国际关系学的起源和演进》，刘德斌等译，上海：上海人民出版社2021年版。

［加］罗伯特·杰克逊、［丹］乔格·索伦森：《国际关系学理论与方法（第四版）》，吴勇、宋德星译，北京：中国人民大学出版社2012年版。

［加拿大］阿米塔·阿查亚：《构建安全共同体：东盟与地区秩序》，王正毅、冯怀信译，上海：上海人民出版社2004年版。

［加纳］乔治·阿耶提：《解放后的非洲：非洲未来发展的蓝图》，周蕾蕾译，北京：民主与建设出版社2015年版。

［肯尼亚］A.A.马兹鲁伊主编：《非洲通史：一九三五年以后的非洲》（第八卷），北京：中国对外翻译出版公司2003年版。

［美］彼得·卡赞斯坦：《地区构成的世界：美国帝权中的亚洲和欧洲》，秦亚青、魏玲译，北京：北京大学出版社2007年版。

［美］亨利·基辛格：《世界秩序》，胡利平、林华、曹爱菊译，北京：中信出版社2015年版。

［美］霍华德·威亚尔达主编：《民主与民主化比较研究》，榕远译，北京：北京大学出版社2004年版。

［美］凯尔文·邓恩、［加］加-蒂莫西·肖编：《国际关系理论：来自非洲的挑战》，李开盛译，北京：民主与建设出版社2014年版。

［美］罗伯特·基欧汉、约瑟夫·奈：《权力与相互依赖》（第3版），门洪华译，北京：北京大学出版社2002年版。

［美］斯蒂芬·科恩：《大象和孔雀——解读印度大战略》，刘满贵等译，北

京:新华出版社 2002 年版。

[美]苏米特·甘古利主编:《印度外交政策分析:回顾与展望》,高尚涛等译,北京:世界知识出版社 2015 年版。

[美]亚历山大·温特:《国际政治的社会理论》,秦亚青译,上海:上海人民出版社 2000 年版。

[美]詹姆斯·多尔蒂、小罗伯特·普法尔茨格拉夫:《争论中的国际关系理论(第五版)》,阎学通、陈寒溪等译,北京:世界知识出版社 2013 年版。

[美]兹比格纽·布热津斯基:《大棋局——美国的首要地位及其地缘战略》,中国国际问题研究所译,上海:上海人民出版社 1998 年版。

[日]星野昭吉:《全球化时代的世界政治——世界政治的行为主体与结构》,刘小林、梁云祥译,北京:社会科学文献出版社 2004 年版。

[印度]K. M. 潘尼迦:《印度简史》,简宁译,北京:新世界出版社 2016 年版。

[印度]贾瓦哈拉尔·尼赫鲁:《印度的发现》,齐文译,北京:世界知识出版社 1956 年版。

[印度]金舒克·纳格:《莫迪传:从街头小贩到大国总理之路》,陈义华、霍舒缓译,广州:花城出版社 2015 年版。

[印度]拉贾·莫汗:《莫迪的世界——扩大印度的势力范围》,朱翠萍、杨怡爽译,北京:中国社会科学出版社 2016 年版。

[印度]雷嘉·莫汉:《中印海洋大战略》,朱宪超、张玉梅译,北京:中国民主法治出版社 2014 年版。

[英]巴里·布赞、[丹]奥利·维夫:《地区安全复合体与国际安全结构》,潘忠岐译,上海:上海人民出版社 2010 年版。

[英]哈罗德·布莱克莫尔、克利福德·T·史密斯主编:《拉丁美洲地理透视》,复旦大学历史系拉丁美洲研究室、上海师范大学地理系译,上海:上海

译文出版社 1980 年版。

[英]赫德利·布尔:《无政府社会:世界政治秩序研究》,北京:世界知识出版社 2003 年版。

(二) 中文论文

毕世鸿:《"自由开放的印度太平洋战略"视阈下的日本对印度外交》,载《南亚研究》2020 年第 3 期。

曹云华:《东南亚地区形势:2006 年》,载《东南亚研究》2006 年第 2 期。

曹云华:《后东盟共同体时代的中国—东盟关系》,载《人民论坛·学术前沿》2016 年第 20 期。

曹云华:《论当前东南亚局势》,载《东南亚研究》2017 年第 2 期。

曹云华:《论东盟内部的关系——东盟区域一体化的发展及其主要成员国间的关系》,载《东南亚研究》2006 年第 5 期。

曹云华:《论东南亚地区秩序》,载《东南亚研究》2011 年第 5 期。

陈寒溪:《"东盟方式"与东盟地区一体化》,载《当代亚太》2002 年第 12 期。

陈翔、熊燕华:《沙特与伊朗在地区博弈中的代理人战略》,载《阿拉伯世界研究》2019 年第 1 期。

陈衍德、彭慧:《当代东南亚民族关系模式探析》,载《厦门大学学报(哲学社会科学版)》2010 年第 4 期。

陈奕平:《从奥巴马到特朗普:美国东南亚政策的走势》,载《东南亚研究》2017 年第 1 期。

陈奕平:《改革与延续:奥巴马政府的东亚政策与东亚一体化》,载《东南亚研究》2009 年第 5 期。

成汉平、邵萌、宦玉娟:《前路漫漫的东盟共同体》,载《唯实》2016 年第 7 期。

丁隆:《海合会:决裂只是时间问题》,载《世界知识》2017年第9期。

段小平:《东盟方式与东盟的发展》,载《湖北社会科学》2004年第9期。

傅以恒、吴彦:《塔米姆时期卡塔尔的外交战略:内涵、动因与前景》,载《中东研究》2018年第2期。

高程:《区域公共产品供求关系与地区秩序及其变迁——以东亚秩序的演化路径为案例》,载《世界经济与政治》2012年第11期。

葛红亮:《地区视野下"印太"的内涵及其价值评析》,载《印度洋经济体研究》2020年第6期。

宫小飞:《"勉力"重返:俄罗斯在中东的突破与局限》,载《新疆社会科学》2020年第6期。

宫小飞:《碎片化的中东地区格局与中国的地区秩序愿景》,载《南大亚太评论》2022年第1辑。

宫小飞:《特朗普治下美土关系恶化及前景探析》,载《和平与发展》2019年第4期。

宫小飞:《"伊斯兰国"遭重创后的前景评估》,载《和平与发展》2018年第2期。

郭金灿:《"阿拉伯之春"四周年下的突尼斯政治转型》,载《当代世界》2015年第3期。

韩召颖、岳峰:《美国的中东政策探析》,载《当代美国评论》2018年第2期。

何军民:《欧盟与东盟经济关系的新发展及其特点》,载《亚太经济》2008年第3期。

贺文萍:《论非洲民主化》,载《亚非论坛》2002年第6期。

胡波:《中美东亚海上权力转移:风险、机会及战略》,载《世界经济与政治》2013年第3期。

胡志勇:《南亚恐怖主义的特点及根源析》,载《现代国际关系》2008年第12期。

黄凤志、吕平:《中国东北亚地区政治安全探析》,载《现代国际关系》2011年第6期。

姜鹏:《结盟均势理论中的"三明治"结构与大国崛起成败的实证分析》,载《太平洋学报》2012年第10期。

蒋真、韩志斌:《伊朗政治进程中宗教领袖地位的演进》,载《世界宗教研究》2007年第3期。

金景一、金强一:《东北亚国际秩序转型与大国的角色定位》,载《东北亚论坛》2013年第1期。

金良祥:《试析中东地区主义的困境与前景》,载《西亚非洲》2017年第4期。

康霖:《俄罗斯东南亚政策演变及其对南海问题的影响》,载《太平洋学报》2012年第11期。

李春华:《印度尼西亚民主化进程的评价与展望》,载《东南亚纵横》2002年第11期。

李开盛:《东北亚地区碎片化的形成与治理——基于分析折中主义的考察》,载《世界经济与政治》2014年第4期。

李一平:《冷战后中国与东盟国家关系探析》,载《世界历史》2004年第5期。

李志斐:《东亚安全:合作模式与结构》,载《当代亚太》2010年第6期。

林民旺:《"印太"的建构与亚洲地缘政治的张力》,载《外交评论》2018年第1期。

刘阿明:《权力转移过程中的东南亚地区秩序——美国、中国与东南亚的角色》,载《世界经济与政治》2009年第6期。

刘丰:《东亚地区秩序转型:安全与经济关联的视角》,载《世界经济与政治》2016年第5期。

刘鸿武、邓文科:《西共体对西非冲突的武装干预:背景、进程及趋势》,载《亚非纵横》2014年第2期。

刘鸿武、罗建波:《一体化视角下的非洲历史变迁》,载《西亚非洲》2007年第5期。

刘鸿武、杨广生:《尼日利亚"博科圣地"问题探析》,载《西亚非洲》2013年第4期。

刘鸿武、杨惠:《非洲一体化历史进程之百年审视及其理论辨析》,载《西亚非洲》2015年第2期。

刘乐:《"伊斯兰国"组织与"基地"组织关系探析》,载《阿拉伯世界研究》2017年第3期。

刘文、徐荣丽:《"双轮驱动"自贸区战略与中日韩贸易研究》,载《山东社会科学》2020年第10期。

刘中民、赵跃晨:《"博弈"兄弟会与中东地区的国际关系走势》,载《外交评论》2018年第5期。

龙兴春、兰江:《南亚区域合作中的功能主义实践及其局限》,载《南亚研究季刊》2009年第1期。

娄亚萍、庾润清:《"亚太再平衡"背景下印度的"东向政策":调整、影响及对策》,载《美国问题研究》2016年第2期。

吕满文:《伊朗与以色列由"热"变"冷"的关系探析》,载《史学月刊》2012年第10期。

吕雪峰:《东盟—俄罗斯对话伙伴关系20年述评(1994—2014)》,载《东北亚论坛》2016年第1期。

马博:《俄罗斯"转向东方"战略评析—动机、愿景与挑战》,载《俄罗斯研究》2017 年第 3 期。

马晓霖:《奥巴马主义与叙利亚危机》,载《阿拉伯世界研究》2017 年第 1 期。

钮松:《中东乱局持久化背景下欧盟中东战略的调整及困境》,载《当代世界》2020 年第 3 期。

庞中英:《亚洲地区秩序的转变与中国》,载《外交评论》2005 年第 4 期。

祁怀高、李开盛、潘亚玲、吴其胜:《未来十年东北亚地缘政治结构的变化及其影响》,载《世界经济与政治》2016 年第 8 期。

任琳、程然然:《欧盟东南亚政策论析》,载《欧洲研究》2005 年第 3 期。

任远喆:《特朗普政府的东南亚政策解析》,载《美国研究》2019 年第 1 期。

沈铭辉:《RCEP 谈判中的区域合作博弈与东北亚国家的角色》,载《东北亚学刊》2018 年第 5 期。

宋德星:《后冷战时代大战略缔造特有的困难——兼论中国大战略缔造问题》,载《外交评论》2008 年第 6 期。

宋德星:《论巴基斯坦的安全战略——地缘政治方面的强制性因素》,载《战略与管理》2001 年第 6 期。

宋德星:《南亚地缘政治构造与印度的安全战略》,载《南亚研究》2004 年第 1 期。

宋文志:《在制衡与依赖之间:韩国地区主义战略的进程与特点》,载《上海交通大学学报(哲学社会科学版)》2017 年第 4 期。

苏浩:《地区主义与东亚区域合作机制的建立》,载《外交学院学报》2003 年第 1 期。

苏瑛:《社会失范理论视角下的也门部落与国家关系》,载《阿拉伯世界研究》2019 年第 4 期。

孙德刚:《以色列与伊朗关系评析》,载《现代国际关系》2009 年第 5 期。

孙茹:《美国亚太同盟体系的网络化及前景》,载《国际问题研究》2012 年第 4 期。

孙士海:《南亚民族宗教问题的现状、成因及其影响》,载《当代亚太》1998 年第 8 期。

孙学峰、黄宇兴:《中国崛起与东亚地区秩序演变》,载《当代亚太》2011 年第 1 期。

唐志超:《俄罗斯与土耳其关系的内在逻辑与发展趋势》,载《西亚非洲》2017 年第 12 期。

田文林:《中东政治转型需要超越"民主陷阱"》,载《社会观察》2011 年第 10 期。

田文林:《转型中的中东地缘政治格局》,载《阿拉伯世界研究》2014 年第 2 期。

王建:《中东国家和地区治理困境的根源》,载《阿拉伯世界研究》2017 年第 5 期。

王锦:《奥巴马中东政策评析》,载《现代国际关系》2016 年第 11 期。

王晋:《"伊斯兰国"与恐怖主义的变形》,载《外交评论》2015 年第 2 期。

王磊:《中美在非洲的竞争与合作》,载《国际展望》2018 年第 4 期。

王林聪:《中东安全问题及其治理》,载《世界经济与政治》2017 年第 12 期。

王胜今、于潇:《东北亚地区建立自由贸易区的现状与趋势》,载《东北亚论坛》2007 年第 4 期。

韦明:《论日本与东盟的相互认知及双边关系的演进》,载《国际政治研究》2009 年第 1 期。

吴冰冰:《中东地区的大国博弈、地缘战略竞争与战略格局》,载《外交评论》2018 年第 5 期。

吴仕海、阎建忠:《地缘破碎带研究进展及展望》,载《地理科学进展》2022年第6期。

吴心伯:《论亚太大变局》,载《世界经济与政治》2017年第6期。

武琼:《大国战略与地区秩序:双重视角下的俄罗斯南亚外交评析》,载《印度洋经济体研究》2020年第6期。

徐进:《东亚多边安全合作机制:问题与构想》,载《当代亚太》2011年第4期。

徐梅:《日本对华直接投资:中日建交50年回顾、思考与展望》,载《现代日本经济》2022年第5期。

严帅:《非洲恐怖主义发展趋势及其影响》,载《当代世界》2013年第6期。

杨保筠:《东盟与欧盟关系三十年评析》,载《东南亚研究》2007年第6期。

杨思灵:《南亚地区安全:多重层次分析视角》,载《国际安全研究》2016年第6期。

杨晓萍:《双重互动与南亚安全秩序构建》,载《国际展望》2016年第3期。

杨新华:《东盟经济共同体建设路径及展望》,载《东南亚纵横》2017年第5期。

叶青:《试论认同多元化对中东局势发展的影响》,载《阿拉伯世界研究》2006年第6期。

尤洪波:《冷战期间苏联对东南亚的政策》,载《东南亚研究》2001年第3期。

余建华:《世纪之交以来亚欧会议合作机制评估》,载《国际关系研究》2016年第4期。

张贵洪:《东南亚地区安全与中美关系》,载《国际论坛》2004年第3期。

章波:《"后伊核时代"的俄伊关系》,载《当代世界》2015年第12期。

赵长峰、赵积旭:《南部非洲发展共同体经济一体化的成就与问题》,载《非洲研究》2013 年第 1 卷。

赵晨阳、曹以伦：《APEC 三十年与我国参与亚太区域经济合作的战略新思考》，载《东北亚论坛》2020 年第 2 期。

赵怀普：《英、法、德三国在欧洲防务特性问题上的政策》，载《外交学院学报》2001 第 2 期。

赵建明：《伊沙战略对峙、美以沙三角与中东格局的未来平衡》，载《当代世界与社会主义》2018 年第 6 期。

赵明昊：《把控世界政治"拐点"：美国国家安全战略的调整》，载《美国研究》2022 年第 6 期。

赵全胜：《中美关系和亚太地区的"双领导体制"》，载《美国研究》2012 年第 1 期。

赵毅：《当前美国在东南亚的军事存在探析》，载《东南亚研究》2014 年第 5 期。

中国现代国际关系研究院拉美研究所课题组：《"一带一路"视角下提升中拉合作的战略思考》，载《拉丁美洲研究》2018 年第 3 期。

周方银：《中国崛起、东亚格局变迁与东亚秩序的发展方向》，载《当代亚太》2012 年第 5 期。

邹志强：《中东地缘政治经济新格局及其对"一带一路"的影响》，载《当代世界与社会主义》2018 年第 6 期

二、外文文献

(一) 外文著作

Alicia Bárcena, *The 2017 Version of Foreign Direct Investment in Latin America and the Caribbean*, ECLAC, 2017.

Arndt Michael, *India's Foreign Policy and Regional Multilateralism*,

London: Palgrave Macmillan, 2013.

Bo Huldt, Sven Rudberg, ed. *The Transatlantic Link*, The Swedish National Defence College, Stockholm, 2001.

Evelyn Goh, *The Struggle for Order: Hegemony, Hierarchy, and Transition in Post-Cold War East Asia*, Oxford: Oxford University Press, 2014.

Federico Santopinto, Megan Price, ed. *National Visions of EU Defence Policy: Common Denominators and Misunderstandings*, Centre for European Policy Studies, Brussels, 2013.

Francis Fukuyama, *The End of History and the Last Man*, New York: The Free Press, 1992.

Graham Allison, *Destined For War: Can America and China Escape Thucydides's Trap?* New York: Houghton Mifflin Harcourt Publishing Company, 2017.

Hedley Bull, *The Anarchical Society: A Study of Order in World Politics*, Beijing: Peking University Press, 2007.

Henry Kissinger, *Diplomacy*, New York: Simon & Schuster, 1994.

Ian Hall, *Modi and the Reinvention of Indian Foreign Policy*, Bristol: Bristol University Press, 2019.

José Briceño-Ruiz & Andrés Rivarola Puntigliano eds., *Regionalism in Latin America: Agents, Systems and Resilience*, Oxen: Routledge, 2021.

Joseph S. Nye, JR, *Understanding International Conflicts: An Introduction to Theory and History*, New York: Pearson Longman, 2009.

Kai He, *Institutional Balancing in the Asia Pacific: Economic Interdependence and China's Rise*, London: Routledge, 2009.

Kanti P. Bajpai and Amitabh Mattoo, eds., *Securing India: Strategic Thought and Practice*, New Delhi: Manohar, 1996.

McKinsey Global Institute, *Africa at Work: Job Creation and Inclusive Growth*, Mckinsey & Company, 2012.

Michael J. Mazarr, Samuel Charap, eds., *Stabilizing Great-Power Rivalries*, Santa Monica, California: The RAND Corporation, 2021.

Muthiah Alagappa, ed., *Asian Security Order: Instrumental and Normative Features*, Stanford University Press, 2003.

Olivier Dabène, *The Politics of Regional Integration in Latin America: Theoretical and Comparative Explorations*, New York: Palgrave Macmillan, 2009.

Paul Taylor, *Safer Together: The United Kingdom and the Future of European Security and Defense*, Friends of Europe, 2018.

Philip Gouvrevitch, *We Wish to Inform you that Tomorrow we will be Killed with our Families: Stories from Rwanda*. New York: Farrar, Strauss & Giroux, 1998.

Phil Kelly, *Classical Geopolitics: A New Analytical Model*, Stanford: Stanford University Press, 2016.

Ronald E. Powaski, *The Entangling Alliance: The United States and European Security, 1950—1993*, Greenwood Press, 1994.

Rubrick Biegon, *US Power in Latin America: Renewing Hegemony*, Oxen: Routledge, 2017.

Saul Cohen, *Geography and Politics in a World Divided (2nd Edition)*, New York: Oxford University Press, 1973.

Stanley R. Sloan, *NATO, the European Union, and the Atlantic*

Community: The Transatlantic Bargain Reconsidered, New York: Rowman & Littlefield Publishers, INC. 2003.

Stephen P. Cohen, *India: Emerging Power*, Washington, D. C.: Brookings Institution Press, 2001.

Stephen P. Cohen, *The Idea of Pakistan*, Washington D. C.: Brokings Institution Press, 2004.

Swain, Pratap Chandra, *Bharatiya Janata Party: Profile and Performance*, New Delhi: A. P. H. Publishing Corporation, 2001.

Thomas F. O'Brien, *Making the Americas: The United States and Latin America from the Age of Revolution to the Era of Globalization*, Albuquerque: University of New Mexico Press, 2007.

Tom Chodor, *Neoliberal Hegemony and the Pink Tide in Latin America: Breaking Up With TINA?*, Hampshire: Palgrave Macmillan, 2015.

（二）外文论文

Aaron L. Friedberg, "Implications of the Financial Crisis for the US-China Rivalry," *Survival*, August-September, 2010.

Adam P. Liff and G. John Ikenberry, "Racing towards Tragedy? China's Rise, Military Competition in Asia Pacific, and the Security Dilemma," *International Security*, Vol. 39, No. 2, 2014.

Adam Shaw, "*Merkel calls for creation of 'European army,' backing Macron in spat with Trump*," FOX NEWS, https://www.foxnews.com/world/merkel-calls-for-creation-of-european-army-backing-macron-in-spat-with-trump.

Alexandra Kuimova, "Russia's Arms Exports to the MENA Region: Trends and Drivers," *EuroMeSCo Policy Brief*, No. 95, April 1, 2019.

参考文献

Alice Ba, "Systemic Neglect? A Reconsideration of US-Southeast Asia Policy," *Contemporary Southeast Asia*, Vol. 31, No. 3, 2009.

Amaury de Riencourt, "India and Pakistan in the Shadow of Afghanistan," *Foreign Affairs*, Vol. 81, No. 2, 1982/1983.

Andrés Malamud, "A Leader without Followers? The Growing Divergence Between the Regional and Global Performance of Brazilian Foreign Policy," *Latin American Politics and Society*, Vol. 53, No. 3, 2011.

Anna Ahronheim, "Bennett: Israel's goal is to remove Iran from Syria within 12 months," *Jerusalem Post*, February 28, 2020, https://www.jpost.com/breaking-news/civilian-killed-in-israeli-drone-strike-in-quneitra-syrian-media-619072.

Anna Borshchevskaya, "The Tactical Side of Russia's Arms Sales to the Middle East," Jamestown Foundation, December 20, 2017, https://jamestown.org/program/tactical-side-russias-arms-sales-middle-east/.

Arnab, "PM Narendra Modi's Entire Interview to Times Now," http://economictimes.indiatimes.com/opinion/interviews/pm-narendra-modis-entire-interview-to-times-now/articleshow/52942007.cms, March 10, 2017.

Ashley J. Tellis, "The Merits of Dehyphenation: Explaining U.S. Success in Engaging India and Pakistan," January 15, 2022, https://www.researchgate.net/publication/236797310_The_Merits_of_Dehyphenation_Explaining_US_Success_in_Engaging_India_and_Pakistan/link/5a2830350f7e9b71dd0fe8b8/download.

Clara Marina O'Donnell, "Britain's coalition government and EU defence cooperation: undermining British interests," *International Affairs*, Vol. 87:

No. 2, 2011.

Council of the European Union, "Defence cooperation: Council launches 17 new PESCO projects," Nov. 19, 2018, https://www.consilium.europa.eu/en/press/press-releases/2018/11/19/defence-cooperation-council-launches-17-new-pesco-projects/.

David Chazan, Justin Huggler, "France and Germany to increase defence spending amid fears Donald Trump may pull US troops from Europe," *The Telegraph*, July 8, 2018. Diane K. Mauzy and Brain L. Job, "U. S. Policy in Southeast Asia: Limited Re-engagement after Years of Being Neglect," *Asian Survey*, Vol. 47, No. 4, 2007.

D. Rodrik, G. McMillan and Í. Verduzco-Gallo, "Globalization, Structural Change, and Productivity Growth, with an Update on Africa," *World Development*, Vol. 63, 2014.

Ely Ratner, "Resident Power: Building a Politically Sustainable U. S. Military Presence in Southeast Asia and Australia," *Center for a New American Security Report*, October 2013.

Ernst H. Preeg, "Who's Benefiting Whom?: A Trade Agenda for High-technology Industries," in Brad Robert, ed., New Forces in the World Economy, Cambridge: The MIT Press, 1996.

Eszter Zalan, "Merkel calls for 'real, true' EU army," EUobserver, Nov 13, 2018, https://euobserver.com/political/143375.

George Bush, "The UN: World Parliament of Peace," *U. S. Department of State Dispatch*, Vol. 1. No. 6, October 8, 1990.

Georgette Mosbacher, Piltr Wilczek, "The US-Poland bond is stronger than ever," *The Hill*, Nov. 10, 2018, https://thehill.com/opinion/

international/416006-the-us-poland-bond-is-stronger-than-ever.

George W. Hoffman, "The Shatter-Belt in Relation to the East-West Conflict," *Journal of Geography*, Vol. 51, No. 7, 1952.

George W. Hoffman, "The Shatter-Belt in Relation to the East-West Conflict," *Journal of Geography*, Vol. 51, No. 7, 1952.

https://www.telegraph.co.uk/news/2018/07/08/france-germany-increase-defence-spending-amid-fears-donald-trump/

http://www.spiegel.de/international/world/trump-in-brussels-the-germans-are-bad-very-bad-a-1149330.html.

Ja Ian Chong and Todd H. Hall, "The Lessons of 1914 for East Asia Today: Missing the Trees for the Forest," *International Security*, Vol. 39, No. 1, 2014.

James Guild, "How the US Is Losing to China in Southeast Asia," *The Diplomat*, October 25, 2017.

Jessica T. Mathews, Power Shift, *Foreign Affairs*, Vol. 76, No. 1, Jan.-Feb., 1997.

Jorge Valero, "France 'at War' Inaugurates EU's Mutual Defence Clause," Euractiv, Nov. 16, 2015.

Khurshid Hyder, "Strategic Balance in South and Southeast Asia," *Pakistan Horizon*, Vol. 24, No. 4, 1971.

Kristina Spohr, "Germany, America and the shaping of post-Cold War Europe: a story of German international emancipation through political unification, 1989—90," *Cold War History*, Vol. 15, No. 2, 2015.

Liu Ming, "Northeast Asia Order after WWⅡ: Continuity, Compliance, Power-Transition and Challenges," *The Korean Journal of Defense Analysis*,

Vol. 27, No. 2, 2015.

Ludo Cuyvers, "Lurong Chen, Philippe De Lombaerde: 50 years of regional integration in ASEAN," *Asia Pacific Business Review*, Vol. 25, 2019.

Ludo Cuyvers, "Lurong Chen, Philippe De Lombaerde: 50 years of regional integration in ASEAN," *Asia Pacific Business Review*, Vol. 25, 2019.

Lydia Tomkiw, "India's Modi Accuses Pakistan of Waging a Proxy War. Will It Deter Peace Talks?" *The Christian Science Monitor*, August 12, 2014.

Mallory Shelbourne, "Trump handed $300 billion-plus NATO invoice to German chancellor," *The Hill*, March 26, 2017. https://thehill.com/homenews/administration/325847-donald-trump-printed-out-made-up-ps300bn-nato-invoice-and-handed-it

Mario E. Carranza, "Rising Regional Powers and International Relations Theories: Comparing Brazil and India's Foreign Security Policies and Their Search for Great-Power Status," *Foreign Policy Analysis*, Vol. 13, No. 2, 2017.

Mary Tyler, "Trump: US wants 'a strong Europe', but defense burden has to be 'fair'," *The Hill*, Nov. 10, 2018, https://thehill.com/homenews/administration/416047-trump-us-wants-a-strong-europe-but-defense-burden-has-to-be-fair.

Michael Bachner and Tol Staff, "Iran said increasing Hamas funding to $30m per month, wants intel on Israel," *The Time of Israel*, August 5, 2019, https://www.timesofisrael.com/iran-agrees-to-increase-hamas-funding-to-

30-million-per-month-report/.

Michael McDevitt, "The 2006 Quadrennial Defense Review and National Security Strategy: Is There an American Strategic Vision for East Asia?" *Issues and Insights Pacific Forum CSIS*, Vol. 7 No. 1, 2007.

N. Ganesan, "ASEAN's Relation with Major External Powers," *Contemporary Southeast Asia*, Vol. 22, No. 2, 2000.

Nicholas Vinocur, Paul Dallison, "Donald Trump: Without the US, the French would be speaking German," *Politico*, Nov. 13, 2018.

Nicu Popescu and Stanislav Secrieru, "Russia's Return to the Middle East: Building Sandcastles?" *Chaillot Papers*, No. 146, July 2018.

Patrick Kingsley, "Turkey Throws Support Behind Qatar in Rift Among Arab Nations," *New York Times*, June 7, 2017, https://www.nytimes.com/2017/06/07/world/europe/turkey-qatar-support.html?auth=login-email&login=email.

Peter Muller, "Trump in Brussels: 'The Germans Are Bad, Very Bad'," Spiegel Online, May 26, 2017. Peter van Ham, "Trump's Impact on European Security: Policy Options in a Post-Western World," Clingendael Report, Netherlands Institute of International Relations, January 2018.

Przemysław Osiewicz, "The EU and the Middle East: In search of a strategy", Middle East Institute, January 24, 2019, https://www.mei.edu/publications/eu-and-middle-east-search-strategy.

Rebecca Morin, "Trump calls Macron's comments on building a European army to defend against US 'insulting'," *Politico*, Nov. 9, 2018. https://www.politico.eu/article/trump-calls-macrons-comments-on-building-a-european-army-to-defend-against-u-s-insulting/.

Rezaul H. Laskar, Kuala Lumpur, "ASEAN Creats New Economic Community That's Larger Than EU," *Hindustan Times*, November 22, 2015.

Richard Stubbs, "Signing on to Liberalization: AFTFA and the Politics of Regional Economic Cooperation," *The Pacific Review*, Vol. 13, Issue 2, 2000.

Robert Ross, "The Geography of the Peace: East Asia in the Twenty-First Century," *International Security*, Vol. 23, No. 4, 1999.

Rohan Ray, Cledwyn Fernandez, "Does India's Growth Matter? Evidence From the SAARC Nations," *Journal of Public Affairs*, Vol. 19 Issue 2, May 2019.

Sanjay Kathuria, Ravindra A. Yatawara, and Xiao'ou Zhu, "Regional Investment Pioneers in South Asia," May 20, 2022, https://openknowledge.worldbank.org/bitstream/handle/10986/36530/9781464815349.pdf?sequence=2&is Allowed=y.

Sebastian Sprenger, "Germany officially knocks F-35 out of competition to replace Tornado," *Defense News*, Jan. 31, 2019. https://www.defensenews.com/global/europe/2019/01/31/germany-officially-knocks-f-35-out-of-competition-to-replace-tornado/.

Shintaro Hamanaka, "Evolutionary Paths toward a Region-wide Economic Agreement in Asia," *Journal of Asian Economic*, Vol. 23, 2012.

Sven Biscop, "The UK and European defence: leading or leaving?," *International Affairs*, Vol. 88, No. 6, 2012.

T. Flockhart, "The Coming Multi-order World," *Contemporary Security Policy*, Vol. 37, No. 1, 2016.

Timo Kivimaki, "East Asian Relative Peace-Does it Exits? What is it?"

The Pacific Review, Vol. 23, No. 4, 2010.

Tore Wig, Andreas Foro Tollefsen, "Local institutional quality and conflict violence in Africa," *Political Geography*, Vol. 53, July, 2016.

Zoya Sheftalovich, "US considering building 'Fort Trump' in Poland," *Politico*, Sep. 19, 2018, https://www.politico.eu/article/poland-wants-to-build-fort-trump-andrzej-duda/.

索 引

A

阿富汗 123,124,130,136,150,153,154,159－161,168,170,171,173,184,186,190,192,283,284,286

阿富汗战争 12,161,176,190,283

阿根廷 392－397,399,400,403,410,413,414,416－420,422,424,427,433,434,438,440

"阿拉伯之春" 12,176－180,185,187,189,191,192,212,215,216,221,222,230－232,235,244,247,249－252

阿联酋 178,179,186－188,194,197,205,210,216,217,230－235,240－242,244,245,255,256,371

阿盟 187,188,251,255,256

埃博拉 345－347,349,371,374

B

巴尔干地区冲突 293

巴基斯坦 110,112－114,116－118,122－124,127,128,130,131,133－136,138－142,147,149－155,159－161,164－166,168,170－173,186

巴西 13,363,364,392－397,399,400,403－406,409,413,414,416－422,424,425,429,433,434,436－439

巴以冲突 182,183,196,197,211,216,218,224,227,228,230

保守党 259,260

北非 176,186,272,322,339－341,344,350－354,360,370

北美自由贸易协定 388,400,412,415,436

北约 38,41,46,75,123,124,177,181,192,197－199,202,203,214,231,257,260,269－271,273－295,299－301,305,306,309,314－317,422

北约军事架构 294

玻利瓦尔主义 407,435

"博科圣地" 341-345

不丹 110,112-114,118,125,128,130,136,137,142-145,150,151,153,164

C

朝核问题 31,56

朝鲜半岛 15,29-31,44,45,47,48,52,53,60

次区域组织 127-129,322,328,363,432

D

大东盟 67,76,77,93,94

德国 17,42,133,134,211,213,215,258-260,263,264,273,275-278,285,286,288-290,292,295,296,299,302-306,310-312,316,317,357,368,397,430

地缘政治 3,8,9,11-13,15-17,19,23,58,93,102,111,123,124,143,156-158,160,170,171,173-179,185,186,188-190,193,199,203,206,207,209,215,216,227,228,230,246,248-250,281,340,366,369,370,372,384-386,388,390,391,397,404,408,410,421,428,432,438,439

钓鱼岛问题 32

东北亚 9,11,15-22,24,26-29,31,37,39,41-49,51-62,88,91,102,104,169,396,415

东北亚地区安全秩序 54,58,60

东北亚区域安全合作 51

东北亚区域一体化 48

东北亚权力格局 20

东非 157,234,322,324,325,344

东非共同体 322,324-326

东海划界问题 32,52

东海油气田 34,35

东京非洲发展国际会议 366

东盟 9,11,49,51,53,55-57,63,66-72,74-109,127,135,137,148,149,158,163,174,181,193,194,196,208,221

东盟地区论坛 57,68,79,80,100

"东盟方式" 70,77,107,137

东盟共同体 67,74,76,93-95,109

东盟一体化 11,63,86

东盟中心地位 70,72,78,81,95,107

东南亚 11,15,48,63-82,84-87,92-103,105-110,169,350

东南亚地区秩序 11,63,64,67-72

《东南亚国家联盟宪章》 76,95

东南亚条约组织 75,116

东南亚协会 75

《东南亚友好合作条约》 11,63,75,102,107,108

东亚峰会 55,57,79,80

多元文化主义 261-263

E

俄罗斯 11,15-19,23,24,26,27,31,35,36,54,59,67,69,79,90,92,103-105,110,156,170-173,175,180,181,189,192,194,198-209,211,212,215,218,228,231,250,261,272-274,279-282,286,287,317,366,371,372,407,437

俄乌冲突 27,172,174,272-274,281,316,317,372

F

法国 17,133,134,211,213-215,259,260,263,266,273,275-279,286,289,290,293-297,299,302-306,310-312,322,368-371,430

泛美主义 408,411,435

非传统安全威胁 102,349,361,372,380

非洲 13,146,169,187,202,214,219,222,226,247,255,283,303,305,318-323,326-383,391,398

非洲安全治理 332,340,346

非洲的国家转型 320

非洲工业化 335,337,358

非洲公共卫生 346-349,379

非洲疾病预防控制中心 348,349

非洲联盟 331,344,348,349,358

非洲统一组织 329-331,334,365

非洲统一组织宪章 334

非洲五大地区的城市化进程 355

非洲一体化 319,322,328-331

非洲政治民主化进程 369

菲律宾 66,73,75,78-80,83-85,98,99,102

佛教 119,120,150,151,153,164

G

工党 259,260,294,405,413

共和国前进党 259

共同安全与防务政策 267,274,275,278,294,304,308

共同外交与安全政策 266,267,307,308

国民阵线 259

H

哈马斯 183,201,218,224,228,229,231,234

海合会 178,181,185-188,205,206,210,214,217,218,222,225,230,232,233,235,241,242,244

韩国 15,16,19,27,29,30,35,36,38,43-

索 引

47,49,50,53,54,56,57,87－89,148,
316,366,372,406,430

和平宪法 39

华盛顿共识 387,399,405,412,413,416,
418,425

J

"基地"组织 12,154,176,184,341－343

基督教联盟党 259

集体自卫权 39,40,42

柬埔寨 49,51,66,67,75－77,83,94,
95,101

教派 178,180,190,217－222,225,228,
235,237,238,248,249

K

克什米尔问题 131,138,140,141,152

恐怖主义 12,13,43,70,81,101,107,
126,129,150,153－155,160,174,
176,181,184,188,190,195,196,200,
202,212,215,217,230,248,251,253,
263,271,272,280,283,285,303,324,
332,340－345,370,372,373,379,
380,383,418,433

库尔德人 185,238－240

L

拉丁美洲 13,359,384－387,389,390,
393,394,397,403,404,407,408,412,
415,416,419,425－428,430,432,
433,435,437－439

拉美和加勒比国家共同体 402,406,419,
432,433,435

老挝 66,67,83,85,101,105

里斯本条约 265,267,295,296,307,309

联合国维和 374

"两个民族"理论 134

卢拉 399,405,413,417,418,420,422,
424,433,434

绿色生态主义 261,263,264

M

马尔代夫 110－113,118,126,127,130,
136,145,146,149,151,165,166

马来西亚 67,68,75,83－85,93－95,97,
99,102,137

《马斯特里赫特条约》 265,267,295

《曼谷宣言》 75

美菲峰会 366

美菲同盟 78

美国 1－3,7,8,11－13,15－24,26－28,
30－34,37－39,41－48,53－61,63,
65－75,77－79,81,89,90,92,96－99,
102,103,105,110,116,124,156－171,
173,175－177,180－185,189－199,

467

201-203,205-209,211-217,220, 221,224-227,229-231,235-237, 246,249,250,252,257,269-271, 273,275,277-294,298-301,312, 317,333,338,339,343,344,346,351, 357,364-371,384-391,395-417, 419-425,429-431,433-440

美韩同盟 20,43,56

美加墨协定 415

美日安保条约 44

美日同盟 28,40,42,47,48,56

美洲 385,388,390,391,408-412,416, 424,425,437

美洲玻利瓦尔联盟 405,425,427, 428,436

美洲国家组织 409-411,422,424, 434,440

美洲自由贸易区 412,414,415,425,426, 429,435

门罗主义 114,117,141,388,390,400, 408,434

孟加拉国 101,102,110,112,113,117, 118,126,128,130,133,135,136,139, 142,143,145,147-149,151,152, 165,166

缅甸 51,66,67,83,97,98,101,102,106, 111,112,128,151

民粹主义 52,213,259-262,398

民主改造 190,191,236

民族主义 52,85,120-122,137,152, 154,226,236,244,249,262,271, 328,398

莫迪 102,115,121,122,126,131,140, 141,144,145,147,152,155,161,162, 167,169

墨西哥 13,97,364,385-389,397,399, 400,406,411,412,415,419,428- 430,432-436,438,439

穆斯林兄弟会（穆兄会） 222,223,225, 232,233,235,246

N

南北关系 29-31,52,403

南北合作 374

南部非洲发展共同体 322,326,327

南方共同市场 394,406,416,417,420, 425,428,429,431,436,437

南非 322,325,326,328,341,347,356, 361,364

南海问题 41,69,78,81,98,102,107

南美国家联盟 395,406,420-424,431, 436-438,440

南美洲 13,384,385,388,390-392,395, 396,416,420-424,429,437-439

南南合作 363,365,375,381,403

南千岛群岛(北方四岛)问题 52

南亚 9,11,12,101,110-114,116-125,127-139,141-156,158-171,173-175,186,341,353

南亚地区秩序 12,110,111,118,120,130,156,173

南亚区域合作联盟 11,110,127,130-133,135,137,143,146

尼泊尔 110,112,113,118,125-128,130,133,142-145,149-151,153,162,164,166

尼赫鲁 114,115,120,122,134

疟疾 318,346,347

O

欧盟—非盟峰会 365

欧盟委员会 265,266,295,296,298,300,314

欧洲 7,12,27,38,42,46,53,60,66,69,92,105,111,133,177,186,194,199,202,209-211,213,214,221,238,242,257-317,359,365,367,370,386,388,392,395,408

欧洲防务合作 275,293-295,306,314

欧洲防务一体化 257,274-276,291,301,302,307,309,310,312

欧洲军团 309

欧洲联盟 266-268,270,276,304,373

欧洲一体化 85,259,260,266,269,272,274,277,279,289,290,292,302,309

P

婆罗门教 119

Q

区域全面经济伙伴关系协定 50,57,89,149,163

R

日本 3,11,15-19,24-27,31-42,44-50,52-55,57,59,60,63,67-71,87-90,96,97,99-101,105,148,156-159,163,167-169,173,351,357,366,368,370-372,397,430

S

沙特阿拉伯 176,224,231,240,253,255

社会民主党 258-260,264

什叶派 179,200,217-221,223,228-230,234,237,238

斯里兰卡 101,102,110-113,118,126,128,130,133,136,139,143,147-151,153,154,165,166

碎片化 12,58,176 - 178,185,186,188, 189,193,236,240,245,248 - 250, 386,388,437,438

索马里"青年党" 341 - 344

T

太平洋联盟 404,424,428 - 432,436,437

泰国 15,66,75,78,79,83 - 85,89,94, 101,102,106,128,148

土耳其 149,176 - 181,185,186,191, 193,197,200,202,203,207,210,213, 216,221 - 226,232 - 235,238,239, 243,250,255,284,297,308,310,364, 367,372

脱欧 215,257,260,262,267,275,276, 279,289,295 - 302,310,354

W

委内瑞拉 13,385,388,390,392,393, 396,399,400,402,405,406,411,419, 422,423,425 - 429,433,434,436 - 439

文莱 84,97

X

西非 322 - 324,341,342,346,370,374

西非国家经济共同体 322,323

新加坡 3,35,73 - 75,78,79,84,85,91, 93,97,102,148,174,313,430

新自由主义 138,222,236,249,398,399, 405,410 - 414,416,418,428,429,436

叙利亚危机 12,176,180,181,184,188, 191,192,195,197,199 - 201,207, 209,225,228,238,250,253

逊尼派 177,218,219,221 - 224,228,237, 238

Y

亚国家行为体 250

亚欧会议 91,92,106

亚太经合组织 57,89,90

"一带一路" 25,50,108,165 - 167,169, 175,186,253 - 256,365,382,401 - 404

伊核协议 179,181,182,191,195,201, 212,213,220,227,228

伊拉克战争 12,176 - 178,190,191,211, 217,237,250,269,389

伊朗 123,124,149,176 - 182,185,186, 188,190,191,193 - 202,204,206 - 208,211,213,214,216 - 221,225 - 235,238,241,243,244,250,253,255

伊朗核问题 181,199,201,206,212,213, 225 - 227,233,253

"伊斯兰国" 12,154,176,178,180,181, 184,185,192,194,195,201,202,213,

237,305,344

伊斯兰教　118,119,122,123,151,153,176,219,220,224,228,236,237,245,246,262,342

"伊斯兰马格里布基地组织"　341,343

以色列　44,176-179,181-183,185,186,191,193,194,196-198,206,207,211,213,216,218,224-230,234,235,238,239,250

印巴战争　116,117,135,140,152

印度　12,23,38,46,48,53,55,63,66,67,69-71,79,85,87-89,92,101-103,110-131,133-155,157-175,363,364,367-369,372,392,397,406,407,430

印度教　118-123,134,138,151-153

印度尼西亚　15,73,75,84,85,93,137

印度人民党　115,121,152

印度洋　12,41,63,79,102,110-112,157-159,161,163-169,171,173,175,234,283,322,370,372

"印太"　3,12,38,102,110,155-163,168-171,173-175

英国　11,12,16,17,38,111,112,144,150,151,201,211,213,215,257,259,260,262,263,265,267,269,275,276,278,279,285,286,289,292-302,306,308,310,312-314,318,346,354,366,368,369,404,430

英属印度　150

右翼　39,52,213,259-262,390,400,420,424,434,436,437,440

越南　15,56,66,67,69,70,75,80,83-85,89,97,101,104,430

Z

"正常国家"化　39,67

中部美洲　385-391,438,439

中东　8,12,19,81,158,176-182,184-200,202-217,219-223,225-228,230-232,234-256,268,272-274,340,341,345,350,355

中非　282,305,314,322,326,335,337,348,363,367,369-371,376-382

中非合作论坛　365,366,377,378,380-382

中国—拉共体论坛　401

中拉论坛　401,434

中美洲　13,214,385,386,388,389,413,433,436

中美洲自由贸易协定　388,414,415

中日韩峰会　57

中日韩自贸区　49

种姓制度　119,120

驻日美军基地　45